KB202213

고용, 이자 및 화폐의 일반이론

경제학 고전 선집

J.M. 케인즈 저

고용, 이자 및 화폐의 일반이론

조 순 역

비봉출판사

THE GENERAL THEORY OF
EMPLOYMENT, INTEREST AND MONEY
BY JOHN MAYNARD KEYNES

한글개역판 서문

19세기 말 영국의 대 경제학자였던 마샬(Alfred Marshall)은 그의 명저 『경제학원리』를 쓰는 데 20년이 걸렸다. 역사에 남는 대작(大作)을 내기 위해 만전을 기하기 위함이었다. 이에 대해 마샬의 제자 격이었던 케인즈는 "불후(不朽)의 경제학 명저(名著)는 단 하나 — 아담 스미스의 『국부론』만 있으면 족할 터인데, 우리 선생님은 좀 너무 신중하시다"는 말을 한 적이 있다. 다소 미진한 책이라도 제때에 내놔야 후배들 연구에 좋은 밑거름이 될 것이 아니냐는 취지의 말이었다. 사실 케인즈 스스로는 바쁜 와중에도 다방면에 걸친 많은 책을 내놨지만, 불후의 명저를 쓰고자 애쓴 흔적은 없다.

그런데 케인즈는 그의 희망과는 달리 불후의 명작을 쓰고 말았다. 『고용, 이자 및 화폐의 일반이론』이 그것이다. 이른바 유효수요(有效需要)의 이론을 포함하여 오늘날 우리가 배우는 거시이론(巨視理論)의 기본 골격이 이 책에서 비로소 천명된 것이다. 이 책이 출간된 1936년 이후 약 10년 동안 케인즈의 이론과 사상은 세계의 경제학계를 풍미하였다. 그러나 70년대에 접어든 후로는 점차 퇴색하여 글로벌리제이션(globalization)의 시대를 맞이하기 시작한 1980년대 이후로는 이 책의 광채(光彩)는 크게 바래진 감이 있다. 그러나 겉으로는 그렇게 보이지만 사실은 그렇지 않다. 케인즈 혁명은 영원히 살아 있고, 이 책은 역시 20세기 최대의 저작이며, 이 책이 담고 있는 내용과 비전은 영원히 경제학도의 양식이 될 것이다.

이 책은 이제 모든 사람들이 중요하다고는 생각하고 있지만 잘 읽지는 않는 책, 즉 고전(古典)이 되었다. 이 책을 읽지 않아도 박사학위를 받고, 논문을 쓰고, 교수가 되는 데 별 지장이 되지 않는 시대가 되었다. 그러나 내가 보기에는 이 책은 경제학도라면 언젠가는 정신을 가다듬어 재삼 정독(精讀)해야 할 기본서이다. 사실 지금도 그렇게 알고 있는 학자들이 많은 모양이다. 아직도 이 책을 찾는 이가 상당히 있다는 것이다.

이 책이 번역된 것은 22년 전, 그때만 해도 이 번역서는 거의 한자로 이루어졌다고 해도 과언이 아니다. 세상이 달라져서 이제는 이 책은 한자를 모르는 사람들이 읽어야 할 시대가 되었다. 그래서 이번에 이 책의 한자를 전반적으로 한글로 바꾸어 한글판 증보판을 내기로 했다. 필요한 경우에는 괄호를 사용하여 한자어를 첨부하도록 하고 또 활자도 좀 더 크게 하여 독자의 편의를 돕기로 했다. 아마 학자들은 이 책을 대부분 원문으로 읽겠지만, 그래도 번역서가 옆에 있으면 원문을 읽는 데 많은 도움이 될 것으로 생각한다.

나는 언어(言語)가 빈약한 나라에서는 좋은 학자가 나오기 어렵다고 느끼고 있다. 그런 의미에서 영국의 학자들은 처음부터 복을 잘 타고난 사람이라고 보아왔다. 아담 스미스나, J. S. 밀(Mill) 또는 케인즈를 읽을 때마다 그들이 구사한 말의 높은 수준을 재삼 음미하고 그들의 사상이나 논리도 그들의 언어와 무관하지 않다고 항상 느끼고 있다.

나의 번역서는 조잡하지만, 아직도 이 책을 찾는 사람이 있다는 것은 여간 기쁜 일이 아니다. 일본 사람들은 인문 사회의 명저에 관한 한 약 30년에 한 번씩 같은 역자가 젊은 역자의 도움을 받아 다시 번역한 경우를 나는 많이 알고 있다. 이 나라에서 언제 누가 케인즈의 이 책을 다시 번역하게 될지는 알 수 없다. 그러나 만일 이 한글판이 부족한 상태에서

나마 독자들의 공부에 도움이 된다면 그 이상의 기쁨은 없을 것이며, 이 책의 명운(命運)을 지켜보고자 한다.

2007년 12월 10일

조 순

역자 서문

이 책은 John Maynard Keynes 저, *General Theory of Employment, Interest, and Money* 의 완역(完譯)이다. 이 번역은 케인즈 탄생 1백주년이었던 재작년(1983년) 가을에 일단 완료한 바 있었으나, 일차 번역을 다시 한 번 읽어 내려갈 시간을 얻지 못하여 오늘에 이르고 말았다. 이제 겨우 이 작업을 대충 끝냄으로써 미숙하나마 이 졸역(拙譯)을 상재(上梓)하게 되니, 2년에 걸친 정체의 세월이 한탄스럽기는 하나, 한편으로는 후련한 느낌이 이를 데 없다. 세상 사람들은 케인즈의 경제학은 이제 현실 타당성을 완전히 상실했다고 말한다. 20년 전까지만 해도 영원히 계속될 것만 같았던 그의 인기는 낙조(落照)와 같이 급격히 사라져버린 감이 있다. 이런 때를 당하여 새삼 케인즈를 번역하는 것은 시대착오가 아니냐고 묻는 사람이 있을는지 모른다.

그러나 케인즈의 이론은, 다른 학자들의 이론도 마찬가지지만, 시대의 각광으로부터 멀어졌다고 해서 영영 그 가치를 상실하는 것은 아니다. 현실적합성(現實適合性)만을 기준으로 어떤 이론을 평가할 수는 없다. 누가 어디에서 무엇이라고 하든, 케인즈는 우리에게 많은 것을 가르쳐주는 위대한 교사이다. 그의 이론과 사상은 시대사조(時代思潮)와의 부합 여부와는 관계없이, 시공(時空)을 초월한 가치를 지니고 있는 것이다.

이 미숙한 역서가 독자들로 하여금 케인즈를 이해하고 그의 원전(原

典)과 친숙해지는 데 조금이라도 도움이 된다면 이보다 더 큰 보람은 없다. 다만 역자의 미력 때문에 이 대작(大作)의 의미와 표현이 충분히 옮겨지지 못했을 것이 두려울 따름이다. 앞으로 여러 독자들의 질정(叱正)을 바라마지 않는다.

이 역서를 내놓는 데 있어서는 출판을 담당해준 박기봉(朴琪鳳) 사장의 도움이 컸다. 내가 이 번역에 착수하게 된 것 자체가 박 사장의 제안에 의한 것이었고, 번역이 끝난 후에도 박 사장은 원고를 일일이 원문과 대조하면서 윤문(潤文)을 해주었으며, 또 학자에 못지않은 안목으로 색인을 작성해 주었다. 영어에 능숙한 대학원생 김종면(金宗勉) 군은 번역문을 처음부터 끝까지 원문과 대조하면서 읽어주었다. 이 역서의 모든 오류와 미숙은 나의 책임에 속하지만, 양군에게 진심으로 감사의 뜻을 표한다.

이 번역 작업을 함에 있어서는 김두희(金斗熙) 교수의 한역(民衆書館, 1970년 초판,1975년 재판)과 鹽野谷九十九 교수의 일역(東洋經濟新報社, 1941년 제1쇄, 1982년 제67쇄)을 많이 참고하였다. 양 선배교수의 선구적 노고에 삼가 경의를 표하는 바이다.

1985년 7월 10일
조 순(趙 淳)

원저자 서 문(序文)

　이 책은 주로 나의 동료인 경제학자들을 대상으로 쓰여진 것이다. 나는 이 책이 그 밖의 사람들에게도 이해될 수 있기를 바란다. 그러나 이 책의 주된 목적은 난해(難解)한 이론상의 문제들을 다루고자 하는 데 있는 것이며, 이러한 이론을 현실에 적용하는 것은 단지 부차적인 목적에 불과하다. 왜냐하면, 만일 정통파 경제학에 잘못이 있다면 그 오류는 이론적 일관성을 위하여 대단히 정성스럽게 구축된 상부구조 속에 있는 것이 아니라, [그 이론의] 전제(前提)들의 명확성과 일반성의 결여에 있는 것이기 때문이다. 따라서 고도로 추상적인 논의와 적지 않은 논쟁을 거치지 않고서는 경제학자들로 하여금 그들의 기본가정(假定)들 중의 일부를 비판적으로 재검토하도록 [그들을] 설득하려는 나의 목적을 달성할 수가 없다.

　나는 논쟁을 좀 덜했더라면 좋았을 것으로 생각한다. 그러나 나는 나의 관점을 설명하기 위해서뿐만 아니라, 나의 관점이 어떤 면에서 통설적(通說的)인 이론으로부터 이탈하고 있는가를 보이기 위해서도 논쟁이 중요하다고 생각하였다. 내가 이하에서 「고전파이론」이라고 부르고자 하는 것에 매우 강하게 집착하는 사람들은 내가 분명히 틀렸다고 믿어야 할지, 또는 내가 이야기하는 것에 새로운 것이 전혀 없다고 믿어야 할지, 우왕좌왕할 것이다. 이 두 가지 중의 어느 것이 옳은가, 아니면 어떤 제3의 경우가 옳은가를 판정하는 것은 제3자가 할 문제이다. 나의 논쟁적인 문장들은 이에 대한 답변을 위한 다소의 자료를 제공하기 위한 것들이며, 만일 내가 [이론의] 차이점을 명확하게 하기를 추구한 나머지 그 논조(論調) 자체가 지나치게 날카롭게 되었다면, 나는 용서를 구할 따름이다. 이제 내가 공격하는 이론들은 나 자신이 다년간에 걸쳐 확신을 가지고 수용하고 있었던 것으로서, 나는 그 [이론]들의 강점(强點)을 모른다고는 생각하지 않는다.

[여기서] 거론되고 있는 문제들은 아무리 강조해도 부족할 정도의 중요성을 가지고 있다. 그러나 만일 나의 설명이 옳다면, 내가 우선 납득시켜야 하는 상대는 일반 공중(公衆)이 아니라 나의 동료 경제학자들이다. 논의의 현 단계에 있어서는 일반 공중은, 비록 [그들이] 논쟁에 참여하는 것은 환영하지만, 동료 경제학자들 사이의 심각한 의견차이 ―그것은 한동안 경제이론의 실천적 영향력을 거의 완전히 파괴하여 왔고 그리고 그것이 해소될 때까지는 계속 그럴 수밖에 없을 것이다.― 를 문제삼고자 하는 한, 경제학자의 시도(試圖)의 방청자에 불과한 것이다.

이 책과 5년 전에 출간했던 『화폐론(貨幣論)』간의 관계는 아마 누구보다도 나 자신이 더 잘 알고 있을 것이다. 그리고 수년에 걸쳐 추구해왔던 사고(思考)의 노선에서의 자연스러운 진화(進化)라고 나에게는 생각되는 것도 독자들에게는 매우 혼란스러운 관점의 변화로 보일지도 모르겠다. 이러한 어려움은 내가 그것을 꼭 할 필요가 있다고 느꼈던 용어상(用語上)의 몇 가지 변화가 추가됨으로써 더욱 커진 것 같다. 이러한 용어상의 개변(改變)에 대해서는 이하에서 서술을 진행하는 과정에서 내가 지적하기는 하였지만, 두 책 간의 일반적인 관계는 다음과 같이 간단하게 표현할 수 있을 것이다.

내가 나의 『화폐론』을 쓰기 시작했을 때에는 나는 아직도 화폐의 영향을 수요(需要)와 공급(供給)의 일반원리(一般原理)와는 별개인 그 무엇으로 간주하는 전통적인 사고방식에 사로잡혀 있었다. 내가 집필을 마쳤을 때, 나는 『화폐론』을 경제 전체로서의 산출이론(産出理論)의 일부가 되도록 [그 방향을] 돌리는 데 약간의 진전을 보았다. 그러나 내가 고정관념으로부터 아직 완전히 해방되지 못하고 있었다는 사실은, 이제는 나에게 그 저술의 이론적인 부분의 (구체적으로는 제3편 및 제4편) 현저한 오류라고 생각되는 것, 즉 내가 산출수준(産出水準)의 변화의 영향을 완전하게 다루는 데 실패했다는 사실에 잘 나타나 있다. 나의 소위 「기본방정식(基本方程式)」은 산출량(産出量)이 일정하다는 가정 하에서 찍은 순간적 묘사(描寫)였다. 그 방정식들은, 산출량이 일정하다는 가정 하에서, 이윤불균형(利潤不均衡)을 야기하고 따라서 산출수준의 변화가 일어나도록 하는 힘들이 어떻게 형성되는가를 나타내고자 하는 시도였다. 그러나 순간적 묘사와는 다른 것으로서의 동태적(動態的) 발전의 이론은 불완전하고 극히 혼란스러운 채로 남게 되었다. 반면에, 이 책은 주로 전체로서의 고용(雇用) 및 산출규모(産出規模)의 변화를 결정하는 힘들에 대한 연구로서 전개되고 있으며, 화폐는 본질적이고 독특한 방식으로 경제조직에 도입되고 있음에도 불구하고 기술적인 화폐적 세부사항은 뒷전으로 밀려나 있다.

우리들은 화폐경제(貨幣經濟)란 본질적으로는 미래에 대한 예상(豫想)의 변화가 단순히 고용의 방향뿐만 아니라 그 양(量)에 대해서까지도 영향을 미칠 수 있는 경제임을 알게 될 것이다. 그러나 미래에 대한 예상의 변화에 의해 영향을 받는 현재의 경제의 움직임을 분석하는 우리의 방법은 수요와 공급의 상호작용에 의존하는 것이며, 그렇게 함으로써 우리의 가치이론(價値理論)의 기본과 연결된다. 이렇게 하여 우리는 우리에게 매우 친숙한 고전파이론(古典派理論)을 하나의 특수한 경우로 포괄하는 더욱 일반적(一般的)인 이론(理論)을 전개하게 되는 것이다.

낯선 길을 따라 걸음을 옮겨야 하기 때문에, 이 책과 같은 [성격을 가진] 책의 저자는, 과도한 오류를 피하기 위해서는, 비판과 대화에 극단적으로 의존할 수밖에 없다. 사람이 오랫동안 혼자서 사유(思惟)할 때 일시적으로나마 극히 황당한 것까지도 믿어버리게 될 수 있다는 것은 정말 놀라운 일이다. 특히 우리의 생각을 형식적이든 실험적이든 결정적인 검정(檢定)에 붙일 수 없는 경제학에서는 (다른 분야의 도덕과학(道德科學)에 있어서도 그렇지만) 더욱 그렇다. 이 책에서는, 아마도 나의 『화폐론』을 쓸 때보다도 더욱, 나는 R.F. 칸(R.F. Kahn) 씨의 끊임없는 충고와 건설적인 비판에 의존하였다. 이 책에는 그의 시사(示唆)가 없었더라면 지금 갖춰진 모양을 갖추지 못했을 부분이 많이 있다. 나는 또한 교정쇄를 전부 읽어주신 조온 로빈슨(Joan Robinson) 여사, R.G. 호트리(R.G. Hawtrey) 씨, R.F. 해롯(R.F. Harrod) 씨로부터도 많은 도움을 받았다. 색인은 케임브리지의 킹스칼리지(King's College, Cambridge)의 D.M. 벤수전 벗트(D.M. Bensusan~Butt) 씨에 의해 작성되었다.

이 책을 만드는 일은 저자에게 있어서는 기나긴 탈출의 고투 ─ 사고와 표현의 습관적 양식으로부터의 탈출의 고투 ─ 였는데, 대부분의 독자들에게도, 그들에 대한 저자의 공격이 성공적인 것이 되려면, 이 책을 읽는다는 것은 똑같은 탈출의 고투일 수밖에 없을 것이다. 여기에서 그렇게도 힘들여 표명된 생각들은 극히 단순하고 자명한 것들이라고 생각한다. 어려움은 새로운 관념(觀念)에 있는 것이 아니라, 우리 대부분이 자라온 방식과 똑같은 방식으로 자라온 사람들에게는, 마음의 구석구석까지 침투되어 있는 낡은 관념으로부터 탈출하는 데 있는 것이다.

1935년 2월 13일
J.M. 케인즈

목 차

제1편 서 론

제2편 정의와 개념

제3편 소비성향

제4편 투자에 대한 유인

제5편 화폐임금과 가격

제6편 일반이론에서의 시사점에 관한 주석

[범 례(凡例)]

1. 번역문 중에서 ( )는 원전 그대로이고, 원전의 " "은 번역문에서는 「 」로, 원전의 이탤릭체는 번역에서는 굵은 고딕체로 표시하였다. 또 번역문 중 [ ]는 모두 원문에 대한 이해를 돕기 위하여 역자가 삽입한 보족어구(補足語句)이다.

2. 소수이기는 하지만, 주석이 필요하다고 생각되는 곳에는 [역자주]를 첨가하였다.

3. 원전(text)으로 사용한 것은 케인즈 전집(*The Collected Writings of John Maynard Keynes*, Macmillan St. Martin's Press, 1973)의 제7권이다. 이것은 면수를 포함하여 원래의 Macmillan 원전과 똑같다. 다만 몇 군데에서 대문자로 시작되는 단어가 현대식으로 소문자로 바뀌어져 있을 뿐이다.

제 1 편
서 론

"개인이 어떤 다른 사람으로부터 명백히 아무것도 수탈하지 않고 그 자신을 부유하게 만드는 행동은 사회 전체를 부유하게 만들기 마련이며, 따라서 (방금 인용한 마샬의 구절에 있어서와 같이) 개인의 저축행위는 불가피하게 그것과 평행하는 투자(投資)라는 행동을 유발한다고 생각하는 것은 당연한 일이다. 왜냐하면, 이 경우에도 또한 개개인의 부(富)의 순증분(純增分)의 총계가 사회의 부의 순증분의 총계와 정확하게 균등하여야 한다는 것은 의심의 여지가 없는 것이기 때문이다.

그럼에도 불구하고 이와 같이 생각하는 사람들은, 본질적으로 다른 두 개의 행위가 똑같은 것으로 보이게 하는 시각상의 환각(幻覺)에 의해 기만당하고 있는 것이다. 그들은 현재의 소비를 하지 않는 의사결정과 장래의 소비를 마련하기 위한 의사결정은 서로 연계관계가 있는 것처럼 잘못 생각하고 있는 것이다. 사실인즉, 후자를 결정하는 동기는 전자를 결정하는 동기와 결코 어떠한 단순한 방식으로 연결되어 있지 않은 것이다."   (본문 p.26에서)

제1장

일반이론

나는 이 책을 일반(一般)이라는 접두어(接頭語)를 강조하면서 『고용, 이자 및 화폐의 일반이론(一般理論)』이라 부르기로 하였다. 책의 표제(標題)를 이렇게 정한 목적은, 나의 논의와 결론의 성격을, 같은 주제에 관한 고전파(古典派)[1] 이론의 그것과 대비시키고자 함에 있다. 나는 고전파의 전통 속에서 자라왔으며, 그 이론은 지난 백 년 동안에 있어서도 그랬듯이 현세대에 있어서도 지배계급과 학자계급의 실천적 및 이론적 경제사상을 지배하고 있다. 나는 고전파 이론의 공준(公準)들은 오직 특수한 경우에 한하여 타당하고 일반적인 경우에는 타당하지 않다는 것을 주장하고자 한다. 왜냐하면, 고전파이론이 상정(想定)하고 있는 상태는 존재 가능한 여러 균형상태(均衡狀態)들 중의 하나의 한계점(限界點)에

---

1) 「고전파 경제학자」란, 리카도(D. Ricardo)와 제임스 밀(James Mill) 및 그들의 선구자들, 즉 리카도 경제학에 이르러 그 절정을 이루는 이론의 건설자들을 지칭하기 위하여 마르크스(K. Marx)가 지어낸 명칭이다. 어법상(語法上) 무리가 있을지 모르나, 나는 습관적으로 「고전파」의 범주 속에 리카도의 후계자들, 즉 밀(J.S. Mill), 마샬(A. Marshall), 에지워스(Edgeworth), 그리고 피구(Pigou) 교수와 같이 리카도 경제학의 이론을 채택하고 완성시킨 학자들을 포함시켜 왔다.

불과하기 때문이다. 뿐만 아니라 고전파이론이 상정하고 있는 그 특수한 경우의 성격은 우리가 실제로 살고 있는 경제사회의 그것과는 매우 다를 것이며, 따라서 우리가 그 교리(敎理)를 경험의 세계에 적용하려 할 때에는 사람을 오도하고 재해(災害)를 자아내는 결과를 빚게 되는 것이다.

제 2 장

고전파경제학의 공준(公準)

　가치(價値) 및 생산(生産) 이론에 관한 대부분의 논저(論著)는 다음과 같은 문제들을 다루고 있다. 즉, 사용되고 있는 일정량의 자원(資源)들이 어떻게 여러 가지 용도에 배분(配分)되느냐 하는 문제와, 이 자원들의 [전(全)] 양(量)이 사용된다는 가정 하에, 그 상대적 보수(報酬) 및 그 생산물의 상대적 가치(價値)를 결정하는 조건들은 무엇이냐 하는 문제가 그 것이다.[1]

---

　1) 이것은 리카도의 전통에 따른 것이다. 왜냐하면 리카도는 국민분배분(國民分配分: national dividend)의 분배(分配)와 그 양(量)을 구별하고, 후자에 대하여 고찰하는 것을 명백하게 거부하였기 때문이다. 이 점에 있어서 그는 그 자신의 이론의 성격을 옳게 평가하고 있었다. 그러나 투시력(透視力)이 그만 못하였던 그의 후계자들은, 부(富)의 근원을 논하는 데 있어서도 고전파 이론을 원용하였다. 리카도가 맬더스(Malthus)에게 보낸 1820년 10월 9일자의 편지에는 다음과 같은 대목이 있다.

　「귀하가 생각하는 정치경제학은 부(富)의 본질과 근원에 관한 연구이지만, 본인의 생각으로는 그것은 근로의 생산물이 그 생산에 참여한 계급들 간에 분배되는 관계를 규정하는 법칙에 관한 연구이어야 한다고 생각합니다. 양(量)에 대해서는 아무런 법칙도 찾아낼 수가 없지만, 비율(比率)에 관해서는 그런대로 정확하다고 할 수 있는 법칙을 찾아낼 수가 있는 것입니다. 날이 갈수록 본인은 전자의 연구는 무익하고 의심스러운 것이며, 후자의 연구만이 이 학문의 참된 목적이라는 생각이 굳어져 또한 사용가능한 자원들의 양에 관한 문제도, 고용 가능한 인구(人口)의 크기, 자연의 부(富)와 축적된 자본설비(資本設備)의 규모 등의 의미에 있어서는 지금까지는 흔히 기술적(記述的)으로만 다루어져 왔다. 그러나 무엇이 사용가능한 자원의 현실적인 사용(使用)을 결정하느냐에 관한 순수이론이 자세하게 검토된 적은 거의 없다. 그런 것이 검토된 적이 전혀 없었다고 하는 것은 물론 말도 되지 않을 것이다. 왜냐하면 고용(雇用)의 변화에 관하여 지금까지 이루어진 많은 논의는 모두 이 문제에 관련되어 있는 것이기 때문이다. 내가 말하고자 하는 것은, 이 문제가 완전히 간과되었다는 것이 아니라 그 바탕을 이루는 기본이론이 너무나 단순하고 자명한 것으로 간주된 나머지 이에 대하여는 겨우 부수적으로 언급되는 정도에 지나지 않았다는 것이다.[2]

I

고전파의 고용이론(雇用理論)은 ― 단순하고 자명하다고 여겨지고 있지만 ―, 비록 실제로 논의되는 경우는 적으나, 두 개의 기본공준(基本公

가고 있습니다.」

2) 예를 들어, 피구 교수는 그의 『후생경제학(厚生經濟學)』(제4판, 제127 페이지)에서 이렇게 썼다.

「이 논의의 과정에서, 반대의 경우가 특별히 명백하게 지적되지 않는 한, 일부의 자원이 그 소유자의 의사에 반하여 일반적으로 사용되지 않을 수도 있다는 사실은 무시되고 있다. 이것은 논의의 전개를 쉽게 하면서도, 그 실질에는 아무런 영향을 미치지 않는다.」 이와 같이, 리카도가 국민분배분(國民分配分)의 양을 총체적으로 다루려는 모든 시도를 분명히 거부한 것과는 달리, 피구 교수는 특히 국민분배분의 문제를 중점적으로 고찰하는 책에서 상당한 비자발적(非自發的) 실업(失業)이 있을 때에도 완전고용의 경우에 있어서와 똑같은 이론이 타당하다고 주장하고 있는 것이다.

準)의 기초 위에 서 있다고 나는 생각한다. 즉,

1. 임금(賃金)은 노동의 한계생산(限界生産: marginal product)과 같다.

다시 말해서, 한 피고용자의 임금은 만약 노동의 고용이 한 단위 적어진다면 그것 때문에 상실될 가치(고용 감소에 수반되는 산출량의 감소에 의해 불필요하게 되는 그 밖의 모든 비용을 공제하고)와 맞먹는다. 다만, 경쟁과 시장이 불완전하다면, 일정한 원리에 따라, 이 균등성(均等性)이 교란될 수는 있을 것이다.

2. 일정량의 노동이 고용되었을 때, 임금의 효용은 그 고용량의 한계비효용(限界非效用: marginal disutility)과 일치한다.

다시 말해서, 한 피고용자의 실질임금은 현재 고용되고 있는 노동량을 출현시키도록 유인하는 데 꼭 알맞은 (피고용자 스스로의 계산으로) 수준의 임금이라는 것이다. 다만, 각 노동 단위에 대한 이 균등성(均等性)도, 자유경쟁의 불완전성이 제1공준(公準)에 한정을 가하는 것과 같이, 고용 가능한 노동단위 간의 단결에 의해 교란될 수는 있을 것이다. 여기서 [한계(限界)] 비효용(非效用)이라 함은 한 개인 또는 개인의 집단으로 하여금 어떤 일정한 최소한 이하의 효용을 가져다주는 임금을 받기보다는 차라리 그들의 노동의 제공을 거부하게 하는 일체의 이유를 포괄하는 것으로 이해되어야 한다.

이 공준은 이른바 「마찰적(摩擦的)」 실업(frictional unemployment)과 양립할 수 있다. 왜냐하면, 이 공준을 현실에 비추어 해석한다면, 여러 가지 조정이 부정확하기 때문에 지속적인 완전고용의 실현이 방해되는 경우를 감안하더라도 무방하기 때문이다. 예를 들어, 오산(誤算) 또는 단속적(斷續的) 수요의 결과로 전문화된 자원들의 상대적 수량 사이에 일시적으로 균형이 깨어짐으로써 일어나는 실업, 예견하지 못한 변화의 결과 나타나는 시차(時差)로 말미암은 실업, 또는 하나의 고용으로부터 다른 고용으로의 전환은 일정한 지체 없이 이루어질 수가 없기 때문에 비정태적(非靜態的)인 사회에 있어서는 「직장과 직장 사이에」 자원들의 일정 비율이 유휴상태(遊休狀態)에 있다는 사실로 말미암은 실업 등이 그것이다.

「마찰적」 실업과 아울러, 위의 공준은 또한 「자발적(自發的)」 실업 (voluntary unemployment)과도 양립할 수 있다. 자발적 실업이란, 법제(法制) 또는 사회적인 관례(慣例), 혹은 단체교섭을 위한 단결, 변화에 대한 느린 반응, 또는 단순히 인간의 고집 등으로 말미암아 노동자 각자가 노동의 한계생산력(限界生產力)에 의한 생산물의 가치에 해당하는 보수를 받기를 거절하거나 또는 받을 능력이 없기 때문에 일어나는 실업을 말한다. 그러나 「마찰적」 실업과 「자발적」 실업의 두 가지 범주는 모든 실업을 포괄하는 것으로 되어 있다. 고전학파의 공준은 내가 이하에서 「비자발적」 실업(involuntary unemployment)이라고 부르고자 하는 제3의 범주의 실업의 가능성을 인정하려고 하지 않는 것이다.

이와 같은 한정(限定)을 감안할 때, 고전파 이론에 따르면, 자원의 고용량은 위의 두 가지 공준에 의해 당연히 결정된다는 것이다. 제1의 공준은 고용에 대한 수요곡선(需要曲線)을, 제2의 공준은 그 공급곡선(供給曲線)을 만들어 내며, 고용량은 한계생산물(限界生產物)의 효용이 한계고용의 비효용과 균형을 이루는 점에서 결정된다는 것이다.

이러한 이론으로부터 고용을 증가시키는 가능한 수단에는 다음의 네 가지가 있을 뿐이라는 결론이 나오게 된다.

(a) 조직상의 개선이나 예측력의 개선이 있음으로써 「마찰적」 실업이
   감소하는 경우,

(b) 노동의 추가고용을 가능하게 하는, 실질임금으로 표시되는 노동의
   한계비효용이 감소함으로써 「자발적」 실업이 감소하는 경우,

(c) 임금재(賃金財: wage-goods) 산업(이는 피구 교수의 편리한 용어에 따
   른 것인데, 어떤 재(財)의 가격이 화폐임금(貨幣賃金)의 효용을 결정할 때
   그 재(財)를 임금재(賃金財)라고 부른다)에 있어서 노동의 한계실물(限界
   實物)생산성이 증가하는 경우,

(d) 비(非)임금소득자의 지출이 임금재로부터 비임금재(非賃金財)로 이
   동함으로써 임금재의 가격에 비하여 비임금재의 가격이 상대적으로
   상승하는 경우.

내가 이해하는 한에 있어서는 이상이 곧 피구 교수의 「실업이론」
(Theory of Unemployment)의 주요 내용인데, 이 책이야말로 고전파 고
용이론을 상세하게 설명하고 있는 유일한 현존 문헌인 것이다.[3]

$$\mathrm{II}$$

일반적으로 사람들은 현행 임금을 받고 일하고 싶은 만큼 일하는 경
우가 드물다는 사실에 비추어 볼 때, 위의 [두 개의] 범주가 모든 실업을
다 포괄한다는 것은 과연 옳은 말일까? 왜냐하면, 누구나 인정할 수 있

---

3) 피구 교수의 『실업이론』에 관해서는 제 19장 보론(補論)에서 더욱 자세히
설명할 것이다.

는 바와 같이, 만약 수요만 있다면 기존의 화폐임금[수준]에서도 더 많은 노동의 제공이 있을 것이기 때문이다.[4]

고전파는 이 현상을 그들의 제2의 공준(公準)으로 조화시키고 있는데, 그들의 설명에 의하면, 기존의 화폐임금 수준에서 일하고 싶은 모든 사람들이 다 고용되기 전에 노동에 대한 수요가 이미 다 충족되는 수가 있기는 하나, 이러한 경우는 임금을 덜 받고는 일하지 않겠다는 노동자들 사이의 현시적(顯示的) 또는 암묵적(暗黙的)인 합의에 기인하는 것이며, 노동자들 전체가 화폐임금(貨幣賃金)의 인하에 동의한다면 고용은 증가할 것이라는 것이다.

만약 이것이 사실이라면, 그와 같은 실업은 비록 겉으로는 비자발적(非自發的)인 것처럼 보이지만 엄밀히 말하면 비자발적인 것은 아니며, 그것은 마땅히 단체교섭 등의 결과로 나타나는 「자발적(自發的)」 실업의 범주에 속해야 하는 것이다.

이와 관련하여 두 가지 관찰이 필요하다. 그 중 첫 번째 것은 실질임금(實質賃金)과 화폐임금(貨幣賃金)에 대한 노동자들의 현실적 태도에 관한 것으로서, 이것은 이론적으로는 기본적인 것이 아니다. 그러나 두 번째 것은 [이론상] 기본적으로 중요한 것이다.

우리는 잠시 노동자들은 보다 낮은 화폐임금으로는 일할 용의가 없으며, 기존 화폐임금 수준을 인하하면 파업 또는 그 밖의 이유로 현재 고용되고 있는 노동자들이 노동시장으로부터 빠져나가게 된다고 가정하자. 이와 같은 사실로부터 우리는 기존의 실질임금의 수준이 정확하게 노동의 한계비효용(限界非效用)을 나타낸다고 추리할 수 있는가? 반드시 그렇지는 않다. 왜냐하면, 비록 기존 화폐임금의 인하가 노동의 퇴거(退

---

4) 제5페이지의 각주(脚註)에서 인용한 피구 교수의 말을 참조할 것.

去)를 초래하는 것이 사실이라 하더라도, 만약 임금재로 측정된 기존 화폐임금의 가치의 하락이 임금재의 가격상승에 기인하는 것이라면, 그 화폐임금의 가치하락은 반드시 노동의 퇴거를 초래한다고 할 수는 없는 것이기 때문이다. 바꾸어 말하면, 일정 한도 내에서는 노동자들이 요구하는 것은 최저화폐임금(最低貨幣賃金)이지 최저실질임금(最低實質賃金)이 아닐지도 모른다는 것이다. 고전파는 이것이 그들의 이론에 대하여 아무런 중대한 변화를 가져오지 않는다고 암암리에 가정해 왔다. 그러나 사실은 그렇지 않다. 왜냐하면, 만약 실질임금이 노동의 공급을 결정하는 유일한 변수가 아니라고 한다면, 고전파 이론은 송두리째 무너지고 실제의 고용수준이 어떻게 결정되는가의 문제는 완전히 미정(未定)의 상태에 놓이게 될 것이기 때문이다.5) 고전파는 노동의 공급이 실질임금(實質賃金) 한 가지만의 함수(函數)가 아니라면 노동의 공급곡선(供給曲線)은 물가가 변동할 때마다 전체적으로 이동(移動)한다는 것을 인식하지 못한 것 같다. 이와 같이 그들의 분석방법은 그들의 매우 특별한 가정에 얽매어져 있으며, 보다 일반적인 경우를 다루는 데 적용될 수 없게 되어 있다.

어쨌든 우리의 일상 경험에 의하면, 노동자가 (일정한도 내에서) 요구하는 것은 실질임금(實質賃金)이라기보다는 화폐임금(貨幣賃金)이라는 현실이 단순한 하나의 가능(可能)한 경우가 아니라 오히려 정상적(正常的)인 경우라는 것은 의심의 여지가 없다. 노동자들은 보통 화폐임금의 하락에는 저항하지만, 임금재의 가격이 상승할 때마다 그들의 노동력 제공을 철회하는 것은 그들의 관행이 아니다. 흔히, 노동자가 화폐임금의 하락에는 저항하면서 실질임금의 하락에는 저항하지 않는다는 것은 이

---

5) 이 점에 관해서는 제19장 보론(補論)에서 상술하기로 한다.

치에 맞지 않는다고 하는 말을 듣는다. 아래에서 설명하고자 하는 바와 같이(제17면), 처음에 겉으로 보기에는 이것이 불합리한 것처럼 보일지 모르나 그런 것은 아니며, 오히려 나중에 설명하는 바와 같이, 다행히도 이치(理致)에 잘 맞는 것이다. 그러나 합리적이건 비합리적이건 간에, 경험이 보여주는 노동자의 실제 행동은 바로 이와 같다.

뿐만 아니라 공황시(恐慌時)의 특징으로 나타나는 실업은 노동자가 화폐임금(貨幣賃金)의 하락을 거부하기 때문에 일어난다는 주장은 분명히 사실에 의해 뒷받침되고 있다고 할 수 없다. 1932년의 미국의 실업이 노동자들이 완강하게 화폐임금의 하락을 거부함으로써 일어났다고 하거나, 또는 노동자가 경제(經濟)라는 기계의 생산성이 제공할 수 있는 수준을 넘는 실질임금(實質賃金)을 완강하게 요구함으로써 일어났다고 주장한다면, 그 주장에는 별로 설득력이 없다. 노동자 측의 최저실질임금의 요구나 또는 노동의 생산성에 어떤 분명한 변화가 없는데도 고용량은 광범위한 기복을 보이고 있는 것이다. 노동자들이 호황(好況) 때보다는 공황(恐慌) 때에 더욱 강경해지는 것은 아니다. ― 오히려 강경과는 거리가 먼 것이다. (불황기에는) 노동의 실물생산성(實物生産性)이 줄어드는 것도 아니다. 이러한 모든 경험상의 사실은 고전파 분석의 타당성을 의문시하게 되는 제1차적인 이유가 된다.

화폐임금의 변화와 실질임금의 변화의 실제적인 관계에 대한 통계적인 결과를 고찰하는 것은 흥미있는 일일 것이다. 어떤 특정한 산업에서만 변화가 일어나는 경우에는 실질임금의 변화의 방향은 화폐임금의 변화의 방향과 일치한다고 보아도 좋을 것이다. 그러나 임금의 전반적인 수준이 변화하는 경우에는 화폐임금의 변화로 말미암은 실질임금의 변화는, 보통 같은 방향으로 움직이기는커녕, 거의 항상 반대방향으로 움직이는 것으로 나타나리라고 나는 생각한다. 즉, 화폐임금이 상승할 때에는 실질임금은 하락하고, 화폐임금이 하락할 때에는 실질임금은 상승하는 것이다. 왜 그러냐 하면, 단기(短期)에 있어서는 화폐임금의 하락(下落)과 실질임금의 상승(上昇)은, 각각 별도의 이유로 말미암아, 고용의 감소에 따라서 나타나기 때문이다. 노동자들은 고용이 감소할 때에 임금인하를 보다 쉽게 받아들인다. 그러나 같은 상황에서는 생산이 감소함에 따라 주어진 자본설비에 대하여 한계수입(限界收入)이 증가하기 때문에 실질임금은 불가피하게 상승하는 것이다.

만일 기존의 실질임금이, 그보다 낮은 임금으로는 어떤 경우에도 현재 고용되고 있는 노동보다 더 많은 노동의 제공이 있을 수 없는 최소한의 것이라면, 마찰적 실업과는 별도의 비자발적 실업이란 존재하지 않을 것이다. 그러나 이것이 항상 그러리라고 생각하는 것은 당치도 않다. 왜냐하면, 임금재의 가격이 상승하고 그 결과로 실질임금이 하락하는 경우에도 현재 고용되고 있는 노동량보다 더 많은 노동이 기존의 화폐임금 수준에서 공급될 수 있는 것이 보통이기 때문이다. 만약 이것이 사실이라면, 기존의 화폐임금과 동일한 가치를 갖는 임금재는 노동의 한계비효용(限界非效用)을 정확하게 나타내는 지표가 될 수 없으며, 따라서 제 2의 공준(公準)은 성립할 수 없는 것이다.

그러나 이보다도 더 기본적인 반론(反論)이 있다. 제 2의 공준은, 노동자들과 기업주 사이의 임금교섭에 의해 노동의 실질임금(實質賃金)이 결정된다는 생각에 입각하고 있다. 물론 임금교섭이 실제로는 화폐단위로 이루어진다는 것은 인정되고 있으며, 또 노동자들이 받아들일 수 있는 실질임금은 이에 대응하는 화폐임금(貨幣賃金)의 수준과 전혀 무관하지 않다는 것조차도 인정되고 있다. 그러나 실질임금을 결정한다고 간주되고 있는 것은 그와 같이 해서 도달된 화폐임금인 것이다. 그리하여 고전파이론은 노동자들이 화폐임금의 인하를 받아들임으로써 언제나 실질임금을 감소시킬 수 있다는 가정을 하고 있는 것이다. 실질임금이 노동의 한계비효용과 일치하게 되는 경향이 있다는 공준(公準)은 노동자들이 그들의 노동의 보수인 실질임금을 결정할 수 있는 지위에 있다 ― 비록 이 임금에서 출현하는 고용량(雇用量)을 결정할 수는 없지만 ― 는 것을 명백히 가정하고 있는 것이다.

요컨대, 전통이론은 기업주와 노동자들 사이의 임금교섭이 실질임금을 결정하며, 따라서 고용주들 사이에 자유경쟁이 있고 노동자들 사이에 경쟁 제한적인 단결이 없다고 가정한다면, 노동자들은, 만약 그들이 원하기만 한다면, 그들의 실질임금을 그 임금수준에서 고용주들이 제공하는 고용량의 한계비효용과 일치하게 할 수 있다고 보는 것이다. 만약 이것이 옳지 않다면, 실질임금과 노동의 한계비효용 사이의 균등이 이루어질 경향이 있다고 기대할 아무런 이유가 없는 것이다.

여기서 기억해 두어야 할 사항은, 고전파의 결론은 단순히 어떤 한 노동자가 그의 동료들이 거부하는 화폐임금의 인하를 받아들임으로써 일자리를 얻을 수 있다는 것이 아니라 전체 노동자들에게 적용되도록 의도된 것이라는 사실이다. 이 결론은 개방체제(開放體制)에서처럼 폐쇄체제(閉鎖體制)에도 똑같이 적용될 수 있다는 것이며, 또한 개방체제의 특성이라든가 한 국가에 있어서의 화폐임금의 인하가 그 나라의 대외무역에 미치는 효과 등은 그 결론에 아무런 영향도 주지 못한다는 것이다. 화폐임금의 인하가 대외무역에 미치는 효과에 관한 논의는 이 책이 다루는 범위를 완전히 벗어나는 것이다. 고전파의 결론은 또한 화폐로 표시한 임금액(賃金額)의 감소가 은행제도와 신용(信用)의 상태에 어떤 반작용을 미침으로써 일어나는 간접적 효과 ― 이들에 관해서는 제19장에서 상세하게 검토될 것이다 ― 에 기초를 두는 것도 아니다. 그 결론은, 폐쇄체제에 있어서는 화폐임금(貨幣賃金)의 전반적 수준의 인하는, 적어도 단기간 동안에 있어서는, 그리고 몇 가지 사소한 예외의 경우를 빼놓고 는, 비록 항상 비례적은 아니라 할지라도 반드시 실질임금(實質賃金)의 인하를 가지고 온다는 믿음에 근거를 두고 있는 것이다.

그런데 실질임금의 일반적 수준은 고용주들과 노동자들 사이의 화폐 임금 교섭에 의존한다는 가정은 분명히 옳지 않다. 사실 이 가정의 타당 성을 증명하거나 또는 반박하려는 시도가 거의 없었다는 것은 기이한 현 상이다. 왜냐하면 그 가정은, 가격(價格)이란 화폐로 표시한 한계주요비 용(限界主要費用: marginal prime cost)에 의해 좌우되며, 화폐임금이 대체로 한계주요비용을 좌우한다는 고전파 이론의 일반적 논조와는 대 단히 거리가 먼 것이기 때문이다. 그리하여 우리는 만약 화폐임금이 변 화한다면 고전학파는 의례히 다음과 같이 주장할 것이라고 기대함직하 다. 즉, 가격은 화폐임금과 거의 같은 비율로 변화하고, 실질임금과 실 업(失業)은 사실상 전의 수준을 그대로 유지하고, 노동자들에게 사소하 나마 이득이나 손실이 발생한다면 그것은 전과 아무런 변화도 없는 한계 생산비의 그 밖의 요소(要素)의 손실 내지 이익에 의해 상쇄된다는 것이 다.6)

그러나 고전학파는 이러한 사고의 노선으로부터 벗어나고 있는 것 같다. 그 이유는, 한편으로는, 노동자 측은 그 자신의 실질임금을 결정 할 수 있는 위치에 있다는 고정관념 때문이고, 다른 한편으로는, 아마도 물가(物價)는 화폐량(貨幣量)에 의존한다는 선입관 때문일 것이다. 그리 고 노동자 측은 항상 그 자신의 실질임금을 결정할 수 있는 위치에 있다 는 명제(命題)에 대한 믿음은, 일단 그것이 받아들여진 후부터는, 노동자 측은 어떤 수준의 실질임금이 완전고용(즉, 주어진 실질임금과 양립할 수 있

---

6) 화폐임금의 변화의 결과는 제19장에서 보는 바와 같이 이보다 더 복잡하기는 하나, 나의 생각으로는, 이 주장은 사실 상당한 진리를 내포하고 있다.

는 최대고용량)과 대응할 것인가를 결정할 수 있는 위치에 있다는 명제와
혼동됨으로써, 지금까지 유지되어온 것이다.

요약하면, 고전파 이론의 제2의 공준(公準)에 대하여는 두 가지 반론
이 있다. 첫째는 노동자 측의 실제 행동에 관한 것이다. 화폐임금이 불
변(不變)인 가운데 물가의 상승으로 말미암아 실질임금이 하락하는 경우
에는, 일반적으로 현행 임금에서 고용되고자 하는 노동의 공급은 물가상
승 이전의 실제 고용량 이하로 떨어지지는 않는다. 그러한 실질임금의
하락으로 노동의 공급이 떨어진다고 생각하는 것은, 현행임금 수준에서
일하고자 함에도 불구하고 현재 실업 중에 있는 모든 노동자들은 생계비
(生計費)의 사소한 상승이 있는 경우에도 그들의 노동의 제공을 철회할
것이라고 생각하는 것과 같다. 그럼에도 불구하고 이 기이한 생각은 분
명히 피구 교수의 『실업이론』[7]의 밑바닥에 깔려 있고, 이것이 정통파의
모든 학자들이 암묵적으로 전제하고 있는 것이기도 하다.

그러나 두 번째의 더욱 기본적인 반론은— 다음 여러 장(章)에서 전개
할 것이지만 — 실질임금의 일반적 수준이 임금교섭의 성격에 의해 직접
적으로 결정된다는 가정에 대한 반박으로부터 도출되는 것이다. 임금교
섭이 실질임금을 결정한다고 가정함으로써 고전학파는 부당한 가정 속
으로 빠져 들어간 것이다. 왜냐하면, 노동 전체에게는 화폐임금의 일반
적 수준과 등가(等價)인 임금재(賃金財)를 당해 시점에서의 고용량(雇用
量)의 한계비효용(限界非效用)과 일치하도록 할 수단이라고는 전혀 없을
수도 있기 때문이다. 노동 전체는 고용주들과의 화폐 임금 교섭을 재개
함으로써 그 실질 임금을 주어진 액수로 줄일 수 있는 어떤 방법도 없을
지 모른다. 이것이 나의 주장이다. 나는 실질임금의 일반적인 수준을 결
정하는 것은 기본적으로 임금교섭 이외의 다른 힘이라는 것을 보여주고

---

7) 제19장 보론(補論) 참조

자 한다. 이 문제를 확실히 밝히고자 하는 것이 이 책의 기본논제(基本論題) 중의 하나이다. 나는 이 점에 있어서 우리가 살고 있는 경제가 실제로 어떻게 운행되고 있는가에 대하여 지금까지 기본적인 오해가 있었다고 주장하고자 하는 바이다.

Ⅲ

개인과 집단들 사이의 화폐임금(貨幣賃金)에 대한 투쟁이 종종 실질임금(實質賃金)의 일반적인 수준을 결정한다고 믿어지고 있기는 하나, 그것은 실제로는 별개의 목적과 관련되어 있다. 노동의 이동성(移動性)은 불완전하고, 임금은 여러 가지 직업에 있어서의 순(純)이점을 정확하게 균등화시키지 못하기 때문에, 화폐임금을 다른 사람들에 비하여 낮게 받을 것에 동의하는 개인이나 개인의 집단들은 실질임금의 상대적인 감소에 직면하게 될 것이며, 이것은 화폐임금의 감소에 저항하는 충분한 이유가 된다. 반면에 모든 노동자들에게 일률적인 영향을 미치는 화폐의 구매력(購買力)의 변화로 말미암은 실질임금의 감소에 일일이 저항한다는 것은 현실적인 일이 되지 못할 것이다. 또 사실 이렇게 야기되는 실질임금의 감소에 대해서는, 그것이 극단적인 정도로 진행되지 않는 한, 노동자들은 저항하지 않는 것이 보통이다. 뿐만 아니라, 어떤 특정산업에서 일어나는 화폐임금의 감소에 대한 저항은 총고용(總雇用)을 증가시키는 데 있어서, 실질임금의 [전반적인] 감소가 있을 때마다 일어나는 유사한 저항이 야기하는 바와 같은, 도저히 극복할 수 없는 장애가 되는 것은 아닐 것이다.

바꾸어 말하자면, 화폐임금(貨幣賃金)에 대한 투쟁은 주로 여러 노동

집단들에 대한 총실질임금(總實質賃金)의 분배(分配)에 영향을 미칠 따름이며, 고용 1단위에 대한 실질임금의 평균액수(平均額數)를 결정하는 것은 아니다. 후자는 다음에 고찰하는 바와 같이 다른 일련의 힘에 의해 결정되는 것이다. 한 노동자 집단의 단결의 효과는 그들의 상대적 실질임금을 옹호하는 데 있는 것이다. 실질임금의 전반적인 수준은 경제체계의 다른 힘들에 의해 결정되는 것이다.

이와 같이 노동자들은 다행스럽게도, 비록 무의식중에서나마, 고전학파보다도 본능적으로 더 합리적인 경제학자가 되고 있다. 그들은 비록 화폐임금의 기존 실질가치가 기존 고용의 한계비효용을 능가하는 경우에 있어서조차도, 경제 전반에 걸쳐 일률적으로 일어나는 법이 거의 또는 전혀 없는 화폐임금의 감소에는 저항하지만, 다른 한편으로는, 총고용의 증가와 관련되어 있으면서도 상대적 화폐임금은 변화시키지 않는 실질임금의 감소에 대하여는, 그 감소가 기존 고용량의 한계비효용 이하로 실질임금을 떨어뜨릴 정도로 과도하게 진행되지 않는 한, 저항하지 않는 것이다. 모든 노동조합은 화폐임금의 삭감에 대하여는, 그것이 아무리 소액(少額)일지라도, 어느 정도는 저항을 보일 것이다. 그러나 생계비(生計費)의 상승이 있을 때마다 파업할 것을 몽상(夢想)하는 노동조합은 없을 것이므로, 노동조합이 고전학파가 책임을 귀속시키는 것처럼 총고용의 증가에 대한 장애가 되지는 않을 것이다.

IV

우리는 이제 고전파이론이 그 가능성을 인정하지 않는 실업의 제3의 범주, 즉 엄밀한 의미에서의 「비자발적(非自發的)」 실업에 대한 정의를 내려야 한다.

분명히 우리는 아직 다 사용하지 않은 노동능력이 단순히 존재한다는 사실만을 가지고 비자발적(非自發的) 실업이 있다고 말하는 것은 아니다. 인간이 하루에 10시간 노동도 능히 할 수 있다는 이유로, 하루에 8시간 노동하는 것은 실업(失業)을 구성한다고 할 수는 없다. 노동자들의 집단이 어떤 일정한 실질보수 이하로는 노동하는 것을 선택하지 않기 때문에 그들의 노동을 철회하는 것을 가지고 「비자발적」 실업으로 간주해서도 안 된다. 뿐만 아니라, 우리는 「비자발적」 실업의 정의로부터 「마찰적」 실업을 제외하는 것이 편리할 것이다. 그러므로 나의 정의(定義)는 다음과 같이 된다. 만약 임금재(賃金財)의 가격이 화폐임금에 비하여 다소 상승할 때, 그 때의 화폐임금에서 일하기를 원하는 총노동공급(總勞動供給)과 그 임금에서 고용하고자 하는 총노동수요(總勞動需要)가 다같이 현재의 고용량보다 크다면, 사람들은 비자발적인 실업을 하고 있는 것이다. 똑같은 의미를 가진 또 하나의 정의는 다음 장(章)에서 내리고자 한다(제 32면 참조).

이 정의로부터 제 2공준(公準)에 의해 전제된 실질임금과 고용의 한계비효용의 균등성은, 이것을 현실적으로 해석한다면, 「비자발적」 실업이 존재하지 않음을 의미한다는 결론이 자연히 흘러나온다. 이러한 상태를 우리는 「완전(完全)」고용이라고 표현하고자 한다. 「마찰적」 실업과 「자발적」 실업은 이와 같이 정의된 「완전」고용과 양립하는 것이다. 뒤에서 설명하는 바와 같이, 이것은 고전파 이론 ― 그것은 완전고용 상태에 있어서의 분배이론(分配理論)이라고 보는 것이 가장 타당할 것이다 ― 의 특징들과도 잘 부합된다. 고전파의 공준들이 타당한 한에 있어서는, 위의 의미에 있어서의 비자발적인 실업이란 있을 수 없다. 따라서 표면으로 나타나는 실업은 「직장과 직장 사이」에서 일어나는 임시적인 직장의 상실의 결과이거나, 고도로 특화된 자원에 대한 단속적(斷續的)인 수요(需要)의 결과이거나, 아니면, 「크로즈드 샵(closed shop)」노동조합이 조합 외의 노동고용에 미치는 효과의 결과가 아니면 안 될 것이다. 그리하여 고전파의 전통을 따르는 저술가들은 그들의 이론의 기초가 되어 있는 특수한 가정을 간과함으로써, 표면에 나타나는 실업(몇 가지 인정되는 예외를 제외하고는)은 근본적으로는 실업하고 있는 생산요소(生産要素)가 그들의 한계생산성(限界生産性)과 상응하는 보수(報酬)를 받기를 거부함으로써 일어날 수밖에 없다는, 그들의 가정 하에서는 완전히 논리적으로 타당한 결론에 도달하지 않을 수 없었다. 어떤 고전파 경제학자는 노동자 측이 그 화폐임금의 인하를 받아들이는 것을 거부하는 데 대하여 노동자 측에 동정할 수도 있고, 또 노동자 측이 일시적인 상태에 순응하기 위하여 임금의 인하를 받아들이는 것이 현명하지 않을지도 모른다는 것을 인정하기도 할 것이다. 그러나 과학자로서의 일관성(一貫性)이 그로 하여금 노동자들의 그 거부야말로 문제의 근원(根源)이라고 선언하지 않을 수 없게 하는 것이다.

그러나 만약 고전파 이론이 오직 완전고용(完全雇用)의 경우에만 타당하다면, 그 이론을 비자발적 실업 ― 만약 그런 것이 있다면 (그것이 있다는 것을 누가 부정할 것인가?)― 의 문제에 적용한다는 것은 명백한 오류(誤謬)일 것이다. 고전파 이론가들은 마치, 겉으로 보기에는 평행(平行)인 두 개의 직선(直線)이 실제로는 가끔 교차하는 수가 있다는 것을 발견하고는, 불행하게도 직선 사이에 일어나는 충돌에 대한 유일한 이유는 그 선들이 계속해서 직선인 상태를 유지하지 않기 때문이라고 책망하는, 비(非)유클리드적인 세계에 있어서의 유클리드 기하학자(幾何學者)와 비슷하다. 그러나 사실은, 평행에 관한 공리(公理)를 폐기하고 비(非)유클리드적인 기하학을 새로 연구해 내는 길밖에는 개선책이 없는 것이다.

오늘날 경제학에 있어서도 이와 비슷한 것이 요청되고 있다. 우리는 고전학파의 제2의 공준(公準)을 폐기하고 엄정한 의미에 있어서의 비자발적(非自發的)인 실업이 가능한 경제체계의 행태를 밝혀낼 필요에 직면하고 있는 것이다.

V

우리는 우리의 이론이 고전파 체계와 다른 점을 강조하면서도 두 이론의 중요한 일치점(一致點)을 간과해서는 안 된다. 왜냐하면 우리는 고전파 이론에 있어서와 똑같은 한정(限定)을 붙이면서 제1의 공준(公準)을 그대로 인정하기 때문이다. 이하에서 잠시 멈추어서 이것에 함축되어 있는 의미가 무엇인지에 관하여 고찰하기로 한다.

그것이 의미하는 것은 주어진 조직, 설비 및 기술에 있어서는 실질임금과 산출량은 (따라서 고용량은) 1 대 1의 상관관계를 가지고 있으며, 그래서 일반적으로 실질임금률(實質賃金率)의 하락을 수반하지 않고는 고용의 증가는 결코 있을 수 없다는 것이다. 그러므로 나는 고전파 경제학자들이 폐기할 수 없다고 (정당하게) 주장한 이 중요한 사실에 이의를 제기하지는 않는다. 조직, 설비 및 기술이 주어진 상태에서 노동 1단위에 의해 가득(稼得)되는 실질임금은 고용량과 1 대 1의 (역(逆)의) 상관관계에 있는 것이다. 그리하여 만약 고용이 증가하면, 단기에 있어서는, 임금재로 측정되는 노동 단위당 보수는 일반적으로 감소할 수밖에 없고 이윤(利潤)이 증가할 수밖에 없는 것이다.[8] 이것은 단지 설비 및 그 밖의 것

---

8) 이 논의는 다음과 같이 진행된다. 노동자 n명이 고용될 때 n번째의 노동자는 총수확고(總收穫高)에 하루에 1부셸을 추가시키고, 임금은 하루에 1부셸을 구입할 구

이 불변이라고 가정되는 단기간에 있어서는 산업은 통상적으로 수확체
감(收穫遞減) 하에서 운영되며, 따라서 (실질임금을 지배하는) 임금재 산
업의 한계생산(限界生産)은 고용이 증가함에 따라 필연적으로 감소한다
는 잘 알려져 있는 명제(命題)의 반쪽 면[半面]에 불과하다. 사실 이 명제
가 옳은 한에 있어서는 고용을 증가시키는 어떤 수단이든지 간에 한계생
산을 동시에 감소시키고, 따라서 이 한계생산으로 측정되는 임금률(賃金
率)도 감소시키지 않을 수 없는 것이다.

　　그러나 우리가 제2 공준을 폐기한다면, 고용의 감소는, 그것이 비록
노동자들이 보다 많은 양의 임금재와 동일한 가치의 임금을 받는 현상과
필연적으로 결부되어 있다고 하더라도, 그것은 반드시 노동자들이 보다
많은 양의 임금재를 요구하기 때문은 아니다. 그리고 노동자 측에서 더욱
낮은 화폐임금을 받을 용의가 있다고 하는 것이 반드시 실업의 구제책으
로 되는 것도 아니다. 우리는 여기에서 고용과 관련된 임금이론에 관하
여 논할 단계에 와 있지만, 이에 대한 충분한 해명은 제19장 및 그 장의
보론(補論)에 도달할 때까지는 불가능하다.

VI

매력을 가진다. 그러나 $n+1$번째의 노동자는 하루에 0.9부셀밖에 추가시킬 수 없기
때문에 매일의 임금이 0.9부셀의 구매력을 가질 때까지 곡물가격이 임금에 비하여
상대적으로 올라가지 않는다면 고용은 $n+1$명으로 증가할 수가 없다. 총임금은 전
에는 n부셀이었는데 이제는 $\frac{9}{10}(n+1)$부셀이 되는 것이다. 그러므로 또 한 사람을
추가로 고용하면 그것은 필연적으로 지금까지 일하던 노동자로부터 기업가로 소득이
이전하는 결과를 가지고 온다.

세이(J.B. Say)와 리카도의 시대부터 고전파 경제학자들은 공급(供給)이 그 자체의 수요(需要)를 창출한다고 가르쳐 왔다. 이 명제가 지닌 의미는 명확하게 규정되지는 않았으나 상당히 중요한 것으로서, 생산비(生産費)의 총액은 그 생산물을 구입하는 데 직접적으로나 또는 간접적으로 그 전액(全額)이 반드시 지출되어야만 한다는 것을 의미하는 것이다.

밀(J.S. Mill)의 『경제학원리』(Principles of Political Economy)에서 이 학설은 다음과 같이 명백하게 서술되고 있다.

「상품구입을 위한 지불수단(支拂手段)을 구성하는 것은 단순히 상품(商品)이다. 타인의 생산물에 대한 각자의 지불수단은 그 자신이 소유하는 물건으로 구성된다. 모든 판매자(販賣者)들은 불가피하게, 또 그 말의 의미 그대로, 구매자(購買者)이다. 만약 우리가 당장에 일국(一國)의 생산력을 2배로 만들 수 있다면, 우리는 모든 시장에서의 물건의 공급을 2배로 만들게 될 것이다. 그러나 또한 동시에 구매력도 2배가 될 것이다. 누구나 공급과 수요를 2배로 가지게 된다. 누구나 전보다 2배를 구입할 수가 있게 되는 것은 누구나 교환에 제공할 수 있는 2배의 물건을 가지게 될 것이기 때문이다.」[9]

같은 학설의 계통(系統)으로서 다음과 같은 것이 가정되어 왔다. 즉, 소비를 절제하는 개인의 행위는 모두, 필연적으로, 그 때문에 소비재를 공급하는 것으로부터 해방된 노동과 상품들이 자본재의 생산을 위하여 투자되도록 하는 것으로서, 양자는 결국 동일한 것으로 귀착한다. 마샬의 「국내가치의 순수이론」(Pure Theory of Domestic Values)에서의 다

---

9) J.S. Mill. 『경제학원리』, 제3편 제14장, 제2절.

음과 같은 구절도[10] 이 전통적인 접근을 예시하고 있다.

「사람의 소득의 전부는 재화와 용역의 구매를 위하여 지출된다. 사실 사람은 그의 소득의 일부는 지출(支出)하고 나머지 부분을 저축(貯蓄)한 다고 보통 말한다. 그러나 사람은 그가 소비한다고 하는 소득의 부분을 가지고 노동이나 상품을 구입하는 것과 똑같이, 저축하는 소득의 부분을 가지고 노동과 상품을 구입한다는 것은 잘 알려져 있는 경제학상의 공리(公理)인 것이다. 그가 구입하는 재화와 용역으로부터 현재의 향락(享樂)을 얻기를 꾀할 때에는 그는 소비(消費)한다고 한다. 그가 구입하는 노동과 상품을 그것으로부터 장래에 있어서의 향락의 수단을 얻을 수 있으리라고 기대되는 부(富)의 생산에 투입할 때에는 그는 저축(貯蓄)한다고 하는 것이다.」

이와 비교할 만한 구절(句節)을 마샬의 그 후의 저작(著作)[11]이나 에지워스(Edgeworth)나 피구 교수로부터 인용하기가 쉽지 않다는 것은 사실이다. 오늘날에 있어서는 이 학설은 이렇게 소박한 형태로 서술되지는 않는다. 그러나 그럼에도 불구하고 그것은 아직도 전체 고전파 이론의 기초를 이루고 있으며, 그것이 없이는 고전파 이론은 붕괴될 것이다. 밀

---

10) 같은 책 p.34.

11) 홉슨(J.A. Hobson)씨는 그의 『산업생리학』(제102면)에서 밀의 위의 구절을 인용한 다음, 마샬이 그의 『산업경제학』제154면에서 벌써 이 구절에 대하여 다음과 같은 논평을 가하였다는 사실을 지적하고 있다. 「그러나 비록 사람들이 구매할 능력이 있다고 하더라도, 그들은 그것을 사용하지 않을 수도 있다.」「그러나,」하고 홉슨 씨는 말을 계속한다. 「그는 이 사실의 결정적인 중요성을 파악하지 못하고 있으며, 이러한 행동은 다만 공황(恐慌)의 시기에 국한되는 것으로 생각하는 것 같다.」마샬의 그 후의 저작에 비추어 보건대, 이는 공평한 논평인 것으로 나는 생각한다.

의 의견에 동의하는 데에는 주저할지도 모르는 당대의 경제학자들이, 밀의 학설을 전제로 하는 결론을 받아들이는 데에는 주저하지 않는다. 예를 들어, 피구교수의 거의 모든 저작을 관류하는 확신은, 화폐(貨幣)란 마찰적인 경우를 제외하면 아무런 실질적인 차이를 가져 올 수 없고, 생산 및 고용의 이론은 (밀의 경우에 있어서와 같이) '실물(實物)' 교환에 입각하여 구성할 수가 있으며, 화폐는 뒷부분의 장에서 의례적으로 도입하면 된다는 것인데, 이것이 바로 고전파 전통의 현대적 표현이다. 당대의 사조(思潮)는, 사람은 그들의 화폐를 어떤 한 방법으로 지출하지 않는다면 다른 방법으로 지출한다는 관념에 아직도 깊이 물들어 있다.12) 하기는 전후의 경제학자들이 이 입장을 일관성 있게 유지하는 데 성공한 적은 거의 없는 것이 사실이다. 왜냐하면 오늘날 그들의 사고에는 그 이론과 상반되는 경향과, 그들의 종전의 견해와는 너무도 분명히 상반되는 경험의 사실이 너무도 많이 스며들어 있기 때문이다.13) 그러나 그들은 아직 영향력이 충분히 멀리 미치는 결과들을 도출해 내지 못했고, 그들의 기본 이론을 개정하지도 못한 상태에 있다.

첫째, 이와 같은 결론들은, 사람들의 생산 활동의 결과로서 얻어지는 소비(消費) 또는 유보되는 소득(所得)이 실제로, 그리고 전적으로, 그 활동이 낳은 실물 형태의 산출물일 수밖에 없는 일종의 교환 없는 로빈슨

---

12) 마샬 부처(夫妻) 저, 『산업경제학』 제17면을 참조하라. 「빨리 닳아버리는 천으로 의상을 만드는 것은 좋지 않다. 왜냐하면 만약 사람들이 그들의 구매수단을 새 의상을 사는 데 쓰지 않는다면, 그들은 그것을 어떤 다른 방법으로 노동자들에게 일자리를 만들어주는 데 쓸 것이기 때문이다.」 독자들은 내가 다시 한 번 초기의 마샬을 인용하고 있다는 것을 알아차렸을 것이다. 『원리』에서의 마샬은 매우 조심스럽고 둔사적(遁辭的)으로 될 만큼 회의적이 되었다. 그러나 묵은 사고가 결코 폐기되거나 그의 사고의 기본 가정으로부터 근절된 적도 없었다.

13) 로빈스(Robbins) 교수는 거의 혼자서 남다르게 모순 없는 사상체계를 계속 유지하고 있다. 그의 실천상의 권고들도 그의 이론과 똑같은 체계에 속한다.

크루소 경제에서 타당한 이치를, 우리가 실제로 살고 있는 종류의 경제에 잘못 유추한 결과로 생각할 수 있다. 그러나 이와는 별도로, 산출물의 모든 비용은 총체적으로는 수요(需要)로부터 나오는 판매수입(販賣收入)에 의해 항상 충당된다는 결론은 매우 그럴듯한 일면을 지니고 있다. 왜냐하면, 그것을 또 하나의 비슷하게 보이는, 의심의 여지가 없는 명제와 구별하기는 어렵기 때문이다. 즉, 사회 안에 있어서 생산 활동에 종사하는 모든 요소(要素)들이 총체적으로 얻는 소득(所得)은 필연적으로 산출물의 가치(價値)와 정확히 균등한 가치를 가지고 있다는 명제가 그것이다.

이와 비슷한 이치로, 개인이 어떤 다른 사람으로부터 명백히 아무것도 수탈하지 않고 그 자신을 부유하게 만드는 행동은 사회 전체를 부유하게 만들기 마련이며, 따라서 (방금 인용한 마샬의 구절에 있어서와 같이) 개인의 저축행위는 불가피하게 그것과 평행하는 투자(投資)라는 행동을 유발한다고 생각하는 것은 당연한 일이다. 왜냐하면, 이 경우에도 또한 개개인의 부(富)의 순증분(純增分)의 총계가 사회의 부의 순증분의 총계와 정확하게 균등하여야 한다는 것은 의심의 여지가 없는 것이기 때문이다.

그럼에도 불구하고 이와 같이 생각하는 사람들은, 본질적으로 다른 두 개의 행위가 똑같은 것으로 보이게 하는 시각상의 환각(幻覺)에 의해 기만당하고 있는 것이다. 그들은 현재의 소비를 하지 않는 의사결정과 장래의 소비를 마련하기 위한 의사결정은 서로 연계관계가 있는 것처럼 잘못 생각하고 있는 것이다. 사실인즉, 후자를 결정하는 동기는 전자를 결정하는 동기와 결코 어떠한 단순한 방식으로 연결되어 있지 않은 것이다.

따라서 고전파이론의 「평행(平行)의 공리(公理)」로 간주되어야 할 것은 산출물 전체의 수요가격과 그 공급가격의 균등성(均等性)의 가정이라 할 수 있다. 이것을 받아들인다면, 그 밖의 모든 것이 자동적으로 따라 나온다. — 개인 및 국민 전체의 검약(儉約)의 사회적 이익, 이자율에 대한 전통적인 관념, 실업에 대한 고전파이론, 화폐수량설, 대외무역에 대한 자유방임(自由放任)의 무제한의 이익, 그리고 그 밖에 우리가 이의를 제기하게 될 많은 명제들이 저절로 도출되는 것이다.

VII

이 장(章)의 여러 대목에서 우리는 고전파 이론이 차례로 다음과 같은 가정(假定)에 의존한다는 것을 밝힌 바 있다.

(1) 실질임금(實質賃金)은 기존 고용의 한계비효용(限界非效用)과 일치한다.

(2) 엄밀한 의미에 있어서 비자발적(非自發的) 실업 같은 것은 없다.

(3) 산출 및 고용의 수준 여하를 막론하고 총체적인 수요가격(需要價格)은 총체적인 공급가격(供給價格)과 일치한다는 의미에서, 공급(供給)은 그 자체의 수요(需要)를 창출한다.

그러나 이들 세 개의 가정은 타당하면 다 같이 타당하고, 무너지면 다 같이 무너지며, 그들 가운데 어느 하나는 반드시 다른 두 개를 논리적으로 함축하고 있다는 의미에서 모두 동일한 것으로 귀착하는 것이다.

제3장

유효수요의 원리

I

우선 우리는 차후에 정확하게 정의(定義)하고자 하는 몇 개의 용어(用語)를 필요로 한다. 기술, 자원 및 비용이 주어진 상태에서, 기업자는 일정량의 노동을 고용할 때 두 가지 지출을 하여야 한다. 첫째는, 그가 생산의 요소들(다른 기업자를 제외한)에게 그들이 제공하는 경상(經常) 용역에 대하여 지불하는 금액인데, 우리는 이것을 당해 고용에 대한 요소비용(要素費用: factor cost)이라고 부르고자 한다. 그리고 둘째는, 그가 그의 설비(設備)를 놀리는 대신에 가동함으로써 부담하는 희생과, 다른 기업자들로부터 매입하여야 하는 것의 대가로서 그들에게 지불하는 금액인데, 우리는 이것을 당해 고용의 사용자비용(使用者費用: user cost)이라고 부르기로 한다.[1] 그 결과로 나타나는 산출물의 가치가 요소비용과 사용자비용의 합계를 초과하는 액수는 이윤(利潤), 또는 우리의 용어에 의하면, 기업자의 소득(所得)이 된다.

---

1) 사용자비용의 정확한 정의는 제6장에서 내릴 것이다.

요소비용(要素費用)이란 말할 나위 없이 기업자의 견지에서 본 것으로서, 그것은 생산요소들이 그들의 소득이라고 간주하는 것과 동일한 것이다. 그리하여 우리는 기업자가 제공하는 고용으로부터 나오는 총소득(總所得)은 요소비용과 기업자의 이윤(利潤)의 합계로 구성된다고 정의하고자 한다. 이렇게 정의된 기업자의 이윤은, 마땅히 그래야 하는 것처럼, 기업자가 얼마만큼의 고용을 제공할 것인가를 결정할 때에 극대화하려고 노력하는 양(量)이다. 우리가 기업자의 입장에서 볼 때에는, 주어진 고용량으로부터 나오는 총소득(즉, 요소비용 플러스 이윤)을 그 고용의 매상금액(賣上金額: proceeds)이라고 부르는 것이 편리할 때가 가끔 있다. 그 반면에, 주어진 양의 고용으로부터 나오는 생산량의 총공급가격(總供給價格)[2]은 기업자가 바로 그만한 고용을 제공할 만한 가치가 있다고 여기게 하는 매상금액(賣上金額)의 기대치이다.[3]

---

2) 이 용어의 통상적인 의미에 있어서의 산출물 1단위의 공급가격과 혼동해서는 안 된다.(후술 참조).

3) 독자들은 내가 주어진 산출량으로부터 나오는 매상금액(賣上金額)이나 총공급가격(總供給價格)으로부터 사용자비용(使用者費用)을 공제함으로써 이 두 개의 용어가 다 사용자비용을 포함하지 않고 있다는 것을 알았을 것이다. 구매자가 지불하는 총액은 물론 사용자비용을 포함하는 것이다. 이렇게 정의하는 것이 편리한 이유는 제 6장에서 설명할 것이다. 요점은 다음과 같다. 즉, 사용자비용을 포함하지 않는 총매상금액이나 총공급가격은 독특하게 혼동의 여지없이 정의될 수가 있다. 이에 비하여 사용자비용은 분명히 산업의 통합(統合)의 정도와 기업자들 서로간의 매매(賣買)의 정도에 의존하기 때문에, 이러한 요인들과 관계없이 사용자비용이 포함된 구매자들의 지불총액의 정의를 내릴 수는 없는 것이다. 통상적인 의미에 있어서의 개인 생산자의 공급가격을 정의하는 데 있어서조차도 이와 유사한 어려움이 있다. 산출물 전체의 총공급가격의 경우에 있어서는 중복(重複)이라는 심각한 문제가 있는데, 이 문제는 항상 적절하게 해결되고 있지는 못하다. 만약에 이 용어가 사용자비용을 포함하는 것으로 해석된다면, 기업자들을 소비재(消費財)생산자 또는 자본재(資本財)생산자로 유별(類別)하고 그들 사이의 통합관계에 대한 특별한 가정을 함으로써 비로소 위의 어려움이 극복될 수가 있다. 그런데 소비재생산자, 자본재생산자의 유별이

따라서 기술(技術), 자원(資源) 및 매 고용 단위당 요소비용(要素費用)이 주어진 상태에서, 각 기업과 산업의 경우에 있어서나 그 총체의 경우에 있어서나, 고용량은 기업자가 당해 산출물로부터 받을 것으로 기대하는 매상금액의 액수에 의존한다는 것을 알 수가 있다.[4] 왜냐하면, 기업자들은 매상금액이 요소비용을 초과하는 금액이 극대화되리라고 기대하는 수준에서 고용의 양(量)을 정하고자 할 것이기 때문이다.

지금 N 명을 고용함으로써 얻는 산출물의 총공급가격(總供給價格)을 Z 라 하면, Z 와 N 과의 관계는 $Z = \emptyset(N)$ 으로 쓸 수 있으며, 이것을 총공급함수(總供給函數)라고 부를 수 있다.[5] 이와 비슷하게, 기업자가 N 명을 고용함으로써 받으리라고 기대하는 매상금액(賣上金額)을 D 라고 하면, D 와 N 과의 관계는 $D = f(N)$ 이라 쓸 수 있으며, 이것을 총수요함수(總需要函數)라고 부를 수 있다.

그런데 만약 N 의 주어진 수치에서 기대되는 매상금액이 총공급가격보다 큰 경우에는, 즉 만약 D 가 Z 보다 큰 경우에는, 기업자에게는 N

라는 것도 모호하고 복잡하며, 사실과 부합되지도 않는다. 그러나 만약 총공급가격을 상술한 바와 같이 사용자비용을 포함하지 않는 것으로 규정한다면 이러한 곤란은 일어나지 않는다. 그러나 독자들은 제6장 및 그 보론(補論)에서의 보다 완전한 논의를 기다려주기 바란다.

4) 생산의 규모에 관한 현실적인 의사결정을 해야 하는 기업자는, 말할 나위 없이, 주어진 산출량으로부터의 매상금액이 얼마나 될 것인가에 대하여 의심의 여지가 없는 단 하나의 기대가 아니라, 그 확률(確率)과 확실성(確實性)의 정도가 서로 다른 몇 개의 가설적(假說的)인 기대를 가질 것이다. 따라서 내가 말하는 매상금액에 대한 기대란, 만약 그것이 확실성을 가지고 기대되는 경우에, 기업자가 그의 의사결정에 도달할 때에 그의 기대의 상태를 실제로 구성하는 막연하고 더욱 다양한 한 묶음의 가능성(可能性)이 인도하는 것과 똑같은 행동으로 인도하는, 그러한 매상금액에 대한 기대를 의미하는 것이다.

5) 제20장에서는 위의 것과 밀접하게 관련되어 있는 하나의 함수를 고용함수(雇傭函數)라고 부를 것이다.

이상으로 고용을 늘리고, 필요하다면 Z 가 D 와 같게 되는 N 의 값이 될 때까지 생산요소를 얻고자 서로 경쟁함으로써 비용을 증가시키는 유인(誘因)이 작용할 것이다. 그리하여 고용의 양은 총수요함수(總需要函數)와 총공급함수(總供給函數)의 교차점에서 주어진다. 왜냐하면, 기업의 예상이윤이 극대화되는 것은 바로 이 교차점에서가 될 것이기 때문이다. 총수요함수가 총공급함수와 교차하는 점에 있어서의 D 의 값을 유효수요(有效需要: effective demand)라고 부르고자 한다. 이것이 고용의 일반이론(一般理論)의 요지를 이루는 것으로서, 이것을 밝히는 것이 우리의 목표이기 때문에 다음의 모든 장(章)들은 대부분 이 두 개의 함수가 그 기초를 두고 있는 여러 가지 요인(要因)들에 대한 검토를 행하는 데 할애될 것이다.

그 반면에, 지금까지 「공급이 그 자체의 수요를 창출한다」는 명제에서 단정적으로 표현되어 왔고, 또한 아직도 모든 정통파 경제이론의 기초가 되고 있는 고전파의 학설은 이 두 개의 함수 사이의 관계에 대하여 특수한 가정을 함축하고 있는 것이다. 왜냐하면 「공급은 그 자체의 수요를 창출한다」는 것은 $f(N)$ 과 $\varnothing(N)$ 이 모든 N 의 값에 대하여, 즉 모든 수준의 산출과 고용에 대하여, 서로 일치한다는 것을 의미하지 않을 수 없으며, 또한, N 의 증가에 상응하여 $Z(= \varnothing(N))$의 증가가 있을 때에는 $D(= f(N))$는 필연적으로 Z 와 같은 양(量)만큼 증가한다는 것을 의미하는 것이기 때문이다. 다시 말해서, 고전파이론은 총수요가격(즉, 매상금액)은 항상 총공급가격에 맞추어 자체 조정된다고 가정한다. 따라서 N 의 값이 무엇이든지 간에, 매상금액 D 는 N 과 상응하는 총공급가격 Z 와 일치하는 값을 가지게 되는 것이다. 즉, 유효수요는 유일의 균형치(均衡値)를 갖는 것이 아니라 모두가 똑같이 타당한 무한히 많은 값을 가지며, 노동의 한계비효용(限界非效用)이 상한(上限)을 규정해 주지 않는 한, 고용량(雇用量)은 확정될 수가 없는 것이다.

만약 이것이 사실이라면, 기업자 사이의 경쟁(競爭)은 항상 산출물의 공급이 완전히 탄력성(彈力性)을 잃을 때까지, 다시 말해서 유효수요의 값이 그 이상 증가하더라도 산출량(産出量)의 증가를 전혀 수반하지 못하게 될 때까지, 고용의 확대를 가져올 것이다. 명백히 이것은 완전고용과 같은 것이다. 앞 장(章)에서 우리는 노동의 행태(行態)라는 관점에서 완전고용의 정의를 내린 바 있다. 비록 같은 것이기는 하나 우리는 지금 완전고용에 대한 또 하나의 기준에 도달하였다. 그 기준이란, 산출물에 대한 유효수요의 증가에도 불구하고 총고용(總雇用)이 비탄력적(非彈力的)으로 되는 상태를 말한다. 이렇게 볼 때, 생산물 전체의 총수요가격은 산출량 여하를 막론하고 그 총공급가격과 일치한다는 세이의 법칙은 결국 완전고용에 대한 장애는 없다는 명제와 같은 것이 된다. 그러나 만약 이 법칙이 총수요함수와 총공급함수를 연관시키는 진정한 법칙이 아니라면, 경제이론에는 앞으로 쓰여져야 할 결정적으로 중요한 한 장(章)이 남아있는 것이며, 그 장(章)이 없이는 총고용량(總雇用量)에 대한 모든 논의는 무용지물(無用之物)이 될 것이다.

Ⅱ

다음에 오는 여러 장(章)에서 전개될 고용이론(雇用理論)에 대하여 간략하게 요약하는 것이, 비록 그것이 아직은 충분히 이해될 수 없다고 할지라도, 이 단계에서 독자들에게 도움이 될 것이다. 여기에서 사용될 용어들은 적당한 곳에서 더욱 주의 깊게 정의될 것이다. 이 요약에 있어서 우리는 화폐임금(貨幣賃金) 및 그 밖의 요소비용(要素費用)은 고용되는 노동의 각 단위에 대하여 일정하다고 가정한다. 그러나 이 단순화를 위한 가정은 오직 설명을 쉽게 하기 위하여 도입하는 것으로서, 나중에는 그것이 불필요하게 될 것이다. 화폐임금 및 기타의 것이 변화하기 쉽건 않건 간에 논의의 본질적인 특징은 정확하게 동일한 것이다.

우리의 이론의 개략(槪略)은 다음과 같이 나타낼 수 있다. 고용이 증가하면 총실질소득(總實質所得)이 증가한다. 사회의 심리작용에 의해 총실질소득이 증가하면 총소비(總消費)도 증가하지만 소득만큼 증가하지는 않는다. 따라서 만약 고용의 증가분 전체가 당장의 소비에 대한 수요의 증가분만을 만족시키기 위하여 사용된다면, 고용주는 손실을 보게 될 것이다. 그리하여, 어떤 주어진 양의 고용을 지탱하기 위해서는, 고용이 그 수준에 있을 때에 사회가 소비하기를 선택하는 양을 초과하는 산출량의 부분을 흡수할 만큼 충분한 경상투자량(經常投資量)이 있어야 한다. 왜냐하면, 이 만큼의 투자량이 없다면 기업자들의 수입은 그 고용량을 제공하도록 그들을 유도하는 데 필요한 액수보다 적을 것이기 때문이다. 그러므로 우리가 사회의 소비성향(消費性向: propensity to consume)이라고 부르는 것이 주어져 있을 때, 균형고용수준(즉, 고용주 전체로 하여금 고용을 확대하거나 축소시키도록 하는 아무런 유인이 없는 수준)은 경상투자량에 의존한다고 볼 수 있다. 경상투자량은 다시 우리가 투자유인(投資誘因)이라고 부르고자 하는 것에 의존하며, 투자유인은 자본의 한계효율표(限界效率表)와, 기한(期限) 및 위험을 각기 달리하는 대부(貸付)에 대한 이자율(利子率)의 복합체 사이의 관계에 의존한다는 것이 발견될 것이다.

이리하여 소비성향과 신(新)투자율이 주어지면, 균형과 양립하는 고용수준은 오직 하나밖에 없다. 왜냐하면, 그 이외의 고용수준은 산출물 전체의 총공급가격과 그 총수요가격 사이의 불균등을 가져올 것이기 때

문이다. 이 수준은 완전고용보다 클 수는 없다. 즉, 실질임금은 노동의
한계비효용보다 적을 수는 없다. 그러나 일반적으로 그 고용수준이 완전
고용과 일치하리라고 기대할 이유는 없다. 완전고용과 연관되어 있는 유
효수요는 특수한 경우인데, 그것은 소비성향과 투자유인이 서로 특정한
관계에 있을 때에 한하여 실현될 수가 있는 것이다. 이 특수한 관계가
바로 고전파 이론의 가정(假定)에 해당하는 것인데, 그것은 어떤 의미에
있어서는 최적관계(最適關係)이기도 하다. 그러나 그것은, 우연히 또는
작위(作爲)에 의해, 완전고용 때에 생산되는 산출물의 총공급가격이 완
전고용된 사회가 소비를 위하여 지출하기를 선택하는 양을 초과하는 부
분과 꼭 일치하는 수요량(需要量)을 경상투자가 만들어 낼 때에 한하여
존재할 수가 있는 것이다.

이 이론은 다음과 같은 명제(命題)들로 요약될 수 있다:

(1) 기술, 자원 및 비용(費用)이 주어진 경우, 소득(화폐소득과 실질소득 모
두)은 고용량 N 에 의존한다.

(2) 사회의 소득과 그 사회가 소비에 지출하리라고 기대될 수 있는 액수
— 그것을 D_1 으로 표시한다 — 의 관계는 우리가 소비성향(消費性向)
이라고 부르고자 하는 사회의 심리적 특성에 의존한다. 다시 말해서,
소비는 소비성향에 어떤 변화가 없는 한 총소득 수준에 의존하며, 따
라서 고용수준 N 에 의존한다.

(3) 기업자들이 고용하기로 결정하는 노동량 N 은 두 액수의 합계 (D),
즉 사회가 소비에 지출하리라고 기대되는 액수 D_1 과 그 사회가 새로
운 투자에 투입하리라고 기대되는 액수 D_2 의 합계에 의존한다. D 는
우리가 위에서 유효수요라고 부른 것이다

(4) $D_1 + D_2 = D = \varnothing (N)$ — 여기서 $\varnothing$ 는 총공급함수(總供給函數)이다

— 이고, 또 위의 (2)에서 본 바와 같이 D_1은 소비성향에 의존하며,
N의 함수 — 그것을 $X(N)$이라 쓸 수 있다 — 이기 때문에, $\varnothing(N) -$
$X(N) = D_2$가 된다.

(5) 따라서 균형고용량(均衡雇用量)은 (i) 총공급함수 $\varnothing$, (ii) 소비성향
X, 및 (iii) 투자량 D_2에 의존한다. 이것이 고용의 일반이론의 골자이
다.

(6) N의 모든 값에 대하여 임금재(賃金財) 산업에 있어서는 이에 상응하
는 노동의 한계생산성(限界生産性)이 있으며, 바로 이것이 실질임금(實
質賃金)을 결정하는 것이다. 따라서 위의 (5)는, N은 실질임금을 감소
시켜 노동의 한계비효용(限界非效用)과 일치하도록 만드는 값을 초과
할 수 없다는 조건하에 성립하는 것이다. 이것은 D의 모든 변화가 다
화폐임금(貨幣賃金)을 불변(不變)이라고 한 우리들의 잠정적인 가정과
양립하는 것은 아니라는 것을 의미한다. 따라서 이 가정을 버리는 것
이 우리의 이론을 완벽하게 천명(闡明)하는 데 있어 불가결한 일이 될
것이다.

(7) N의 모든 값에 대하여 $D = \varnothing(N)$이 되는 고전파이론에 있어서는,
고용량은 그 최대치(最大値)보다 적은 모든 N의 값에 대하여 중립적
균형의 상태에 있게 된다. 그리하여 기업자들 사이의 경쟁의 힘이 그
것을 그 최대치로 밀어 올리리라고 기대할 수 있다. 고전파이론에 있
어서는 오직 이 점에 있어서만 안정적인 균형이 있을 수 있다.

(8) 고용이 증가할 때에는 D_1은 증가하되 D만큼 증가하지는 않는다. 왜냐하
면, 우리의 소득(所得)이 증가하면 우리의 소비(消費)도 또한 증가하지
만 소득의 증가만큼은 증가하지 않기 때문이다. 우리의 현실적인 문제
에 대한 관건은 이 심리적 법칙 속에서 발견될 수 있다. 왜냐하면 이
명제로부터, 고용량이 크면 클수록, 고용에 대응하는 산출량의 총공급

가격 (Z)와 기업자들이 소비자들의 지출로부터 돌려 받아낼 것으로 기대할 수 있는 액수 (D_1)과의 차이는 크게 될 것이기 때문이다. 따라서 소비성향에 아무런 변화가 없다면, Z 와 D_1 사이의 벌어지는 간격을 메울 수 있도록 D_2 가 동시에 증가하지 않는 한, 고용은 증가할 수가 없다. 그리하여 ― 고용이 증가함에 따라 Z 와 D_1 사이의 벌어지는 간격을 메우기 위하여 D_2 가 충분히 증가하도록 모종의 힘이 작용한다고 하는 고전파 이론의 특수한 가정 위에 서지 않는 한 ― 경제체계는 완전고용보다 낮은 수준의, 즉 총수요함수와 총공급함수의 교차점에 의해 주어지는 수준의 N 을 수반하는 안정적 균형상태에 놓일 수도 있을 것이다.

이와 같이, 주어진 실질임금에서 제공되는 노동의 공급이 고용의 최대 수준을 한정짓는 경우를 제외하고는, 고용량은 실질임금으로 측정된 노동의 한계비효용(限界非效用)에 의해 결정되는 것은 아니다. 소비성향(消費性向)과 신투자율(新投資率)이 그들 사이에서 고용량을 결정하고, 고용량은 일정한 실질임금 수준에 1대 1로 관련되어 있다 ― 그 역(逆)의 관계가 아닌 것이다. 만약 소비성향과 신투자율이 유효수요의 부족 상태를 가지고 온다면, 실제 고용수준은 현재의 실질임금에서 잠재적으로 제공될 수 있는 노동의 공급에 미달하게 되고, 균형실질임금은 균형고용수준의 한계비효용보다 높을 것이다.

이 분석은 풍요 속의 빈곤이라는 역설(逆說)에 대한 설명을 우리에게 제공해준다. 왜냐하면, 유효수요의 부족이 존재한다는 사실만으로도, 완전고용의 수준이 실현되기 전에 고용의 증가가 정지되는 결과를 가져올 수 있고 또 실제로 그런 경우가 흔히 있기 때문이다. 노동의 한계생산이 그 가치에 있어 아직 고용의 한계비효용을 능가하고 있는데도 불구하고 유효수요의 부족이 생산의 진행을 저지하는 것이다.

뿐만 아니라, 사회가 부유하면 할수록 실제생산(實際生産)과 잠재생산(潛在生産)과의 사이의 간격은 클 것이다. 따라서 경제체계(經濟體系)의 결점은 더욱 명백하고 또 포학한 것이 될 것이다. 왜냐하면, 더욱 가난한 사회는 산출물의 훨씬 큰 부분을 소비하는 경향을 보이게 됨으로써 매우 근소한 정도의 투자가 완전고용을 달성하는 데 충분할 것인데 비하여, 부유한 사회는 비교적 부유한 구성원의 저축성향이 더 가난한 구성원의 고용과 양립하기 위해서는 훨씬 더 풍부한 투자기회(投資機會)를 발견해야 할 것이기 때문이다. 만약 잠재적으로 부유한 사회에서 투자유인이 약한 경우에는, 그 잠재적인 부(富)에도 불구하고 유효수요의 원리의 작용으로 말미암아 그 사회는 부득이 그 실제생산을 감소시키지 않을 수 없게 되어, 마침내 사회는 매우 빈곤해져서 그 소비를 초과하는 잉여(剩餘)가 투자유인의 취약성에 상응하는 정도까지 충분히 감소하게 될 것이다.

그러나 더욱 나쁜 일이 있다. 부유한 사회에 있어서는 한계소비성향이(限界消費性向)[6] 보다 약할 뿐만 아니라 그 자본축적(資本蓄積)이 이미 더욱 커져 있기 때문에, 이자율(利子率)이 충분히 빠른 속도로 하락하지 않는 한, 그 이상의 투자를 유치할 기회가 미약해져 있다. 이것은 우리를 이자율(利子率)의 이론 및 그것이 자동적으로 적당한 수준까지 하락하지 않는 이유에 대한 고찰로 인도하게 되는데, 이에 대하여는 제4편에서 논할 것이다.

이리하여 소비성향에 대한 분석, 자본의 한계효율의 정의, 및 이자율의 이론이 우리의 기존 지식 중에서 메워져야 할 필요가 있는 3대 공백이 된다. 이것이 성취되면 가격이론(價格理論)은 우리의 일반이론(一般理

---

6) 후의 제10장에서 그 정의를 내린다.

論)의 보족적(補足的)인 사항으로서의 그 본래의 위치를 찾게 된다는 것을 발견할 것이다. 그러나 우리는 우리의 이자율 이론에 있어서 화폐가 매우 중요한 역할을 수행한다는 것을 발견하게 될 것이며, 우리는 다른 것과 구별되는 화폐의 특수한 성격을 해명하려고 노력할 것이다.

Ⅲ

총수요함수(總需要函數)는 무시해도 무방하다는 사고(思考)야말로 리카도 경제학의 기본적인 측면이며, 이것은 백 년이 넘도록 교수(敎授)되어 온 그 이론의 기반을 이룬다. 하기야 맬더스는 유효수요(有效需要)가 부족하다는 것은 있을 수 없다는 리카도의 학설에 맹렬히 반대하기는 하였으나, 그것은 도로(徒勞)로 끝났다. 왜냐하면, 맬더스는 유효수요가 어떻게, 그리고 왜 부족 또는 과다하게 되느냐에 대하여 확실히 (일상적으로 관찰되는 사실에 입각한 호소 이외에는) 설명할 수가 없었기 때문에, 그는 대안이 될 만한 이론 구성을 제시하는 데 실패하였기 때문이다. 그래서 리카도는 마치 종교재판소가 스페인을 정복한 것과 같이 완전히 영국을 정복하였던 것이다. 그의 이론은 재계나 정치가나 또는 학계에 의해 받아들여졌을 뿐만 아니라 논쟁은 종식되고 다른 견해는 완전히 자취를 감춘 채 거론되는 일조차 없게 되었다. 맬더스가 풀려고 씨름했던 유효수요의 큰 수수께끼는 경제학 문헌에서 사라져버렸다. 독자들은 고전파 이론을 가장 성숙한 모습으로 구현한 마샬, 에지워스 및 피구 교수의 전체 저작을 통하여 그것이 단 한 번도 언급되는 대목을 찾아내지 못할 것이다. 그것은 겨우 칼 마르크스, 실비오 겟셀, 또는 더글러스 소령 등의 지하세계에서 표면에 나타나지 못하고 숨어서 겨우 명맥을 유지할 수 있었을 뿐이다.

리카도 경제학이 거둔 승리의 완벽함은 기이하고 불가사의한 일이 아닐 수 없다. 그것은 틀림없이 그 학설이 투영된 환경에 그 학설이 여러 가지로 적합한 점이 있었기 때문이었을 것이다. 그 학설이 교육받지 못한 보통 사람들이 기대하는 것과 전혀 다른 결론에 도달하였다는 사실이, 그 학설의 지적인 명성에 보탬이 되었으리라고 생각된다. 그 교리가 현실에 적용될 때에 냉엄하고 가끔은 입맛이 쓰다는 사실이 그 학설에 덕성(德性)을 부여하였다. 그것이 광대하고 일관성 있는 논리적 상부구조(上部構造)를 지탱하는 데 적합하였다는 사실이 그것에 아름다움을 주었다. 그 학설이 많은 사회적 불의(不義)와 적나라한 잔인성을 발전의 구조 속에 놓인 불가피한 현상이라고 설명하고, 그러한 것들을 개혁하고자 하는 시도는 일반적으로 득(得)보다는 실(失)이 많다고 설명할 수 있었다는 사실이 그것을 권력자의 비위에 맞게 하였다. 그것이 개개의 자본가들의 자유 활동에 어느 정도의 정당성을 부여할 수 있었다는 사실은 권력자의 배후를 이루는 지배적인 사회세력의 지지를 이끌어내도록 하였다.

그러나 비록 그 학설 자체는 정통파 경제학자들에 의한 의문의 제기 없이 최근에 이르기까지 그대로 내려오기는 하였으나, 과학적인 예측(豫測)의 목적에 부응하는 데 있어서의 현저한 실패는 시간이 흐름에 따라 그 학설의 실천자(實踐者)의 명성을 크게 실추시켰다. 즉, 맬더스 이후의 직업적인 경제학자들은 그들의 이론의 결과와 관찰된 사실이 서로 부합하지 않는다는 사실에 의해서도 요지부동한 것처럼 보였던 것이다. — 그러나 보통 사람들은 이 양자의 불일치(不一致)를 간과하지 않았으며, 그 결과, 그 이론적인 결론이 사실에 적용될 때 관찰을 통하여 확인될 수 있는 다른 분야의 과학자들에게 주어지는 경의를, 날이 갈수록 경제학자들에 대해서는 주기를 꺼리는 경향이 나타나게 되었다.

전통적인 경제이론이 갖는 유명한 낙관주의(樂觀主義)는 경제학자들을, 자기 밭을 경작하기 위하여 이 세상을 등진 후에 세상만사를 방임상태(放任狀態)로 내버려 두기만 하면 모든 것이 가능한 세상에서 최선(最善) 중의 최선이 된다고 가르치는 깡디드(Candide: 볼테르의 깡디드라는 소설에 나오는 낙관론자.―역자)처럼 여겨지도록 만들었는데, 이 낙관론 역시 유효수요의 부족에 의해 야기되는 번영에의 장애를 등한시한 데서 온 것으로 나는 생각한다. 왜냐하면, 고전학파의 공준(公準)들에 따라 움직이는 사회에 있어서는 자원의 최적사용(最適使用)을 지향하는 자연적인 경향이 분명히 있을 것이기 때문이다. 고전파 이론은 우리에게 우리 경제가 움직여 주기를 원하는 것이 어떤 것인가를 제시하는 것으로 생각할 수는 있다. 그러나 경제가 실제로 그렇게 움직인다고 생각한다는 것은 우리가 당면하는 여러 어려움을 없는 것으로 간주하는 것과 같은 것이다.

제 2 편
정의와 개념

"모든 생산의 목적은 궁극적으로는 소비자를 만족시키는 데 있다. 그러나 생산자가 (소비자를 염두에 두고) 생산비를 부담할 때와 최종적인 소비자가 산출물을 구입할 때와의 사이에는 보통 시간이 — 때로는 많은 시간이 — 경과한다. 그 동안 기업자(이 말에는 생산자와 투자자의 양자가 포함된다)는, 경우에 따라서는 오랜 기간이 될지도 모르는 시간이 경과한 후에, (직접 또는 간접으로) 산출물을 소비자에게 공급할 수 있게 되었을 때에 소비자가 과연 얼마만큼을 지불할 용의가 있을 것인가에 관하여 가능한 한 최선의 기대(期待)를 형성하여야 한다. 기업자가 시간이 걸리는 생산과정에 의해 생산하고자 한다면, 그는 이와 같은 기대에 따라서 행동할 수밖에 없는 것이다."　　(본문 p.53에서)

제4장

단위의 선정

I

이 장(章)과 다음 세 장에서 우리는 몇 가지 어려운 문제를 해명하기 위한 시도를 하려고 한다. 그러나 이들은 우리가 특별히 고찰하려고 하는 주제와는 하등 특수한 또는 배타적인 관련을 갖는 것은 아니다. 그러므로 이 장들은 하나의 여담(餘談)에 속하는 성격을 가지는 것으로서, 우리는 잠시 우리의 주제에 대한 추구를 멈추게 되는 것이다. 이들 문제를 여기서 논하는 유일한 이유는 그것이 [이 책을 쓰기 위한] 나 자신의 특별한 연구의 필요성을 충족할 만큼 한 번도 다른 곳에서 이미 다루어진 적이 없었다는 데 있다.

이 책을 쓰는 데 있어 나의 진전을 가장 많이 가로막았던 난문제(難問題)에는 세 가지가 있었다. 이들에 대하여 어떠한 해답을 찾기 전에는 나의 견해를 용이하게 표현할 수가 없었던 것이다. 그 세 가지 난문제란, 첫째, 경제체계 전체의 문제의 고찰에 알맞은 수량단위(數量單位 : units of quantity)의 선정이며, 둘째, 경제 분석에 있어서의 기대(期待)의 역할이고, 그리고 셋째, 소득(所得)의 정의가 그것이다.

Ⅱ

경제학자들이 일상적으로 사용하는 단위(單位)가 불만족스럽다는 사실은 국민분배분(國民分配分: National Dividend), 실물자본의 스톡(stock), 및 일반물가수준 등의 개념이 잘 예시해 주고 있다.

(ⅰ) 마샬이나 피구 교수[1]가 정의하는 바로는, 국민분배분은 경상(經常) 산출량, 또는 실질소득을 측정하는 것이지 생산물의 가치나 화폐소득(貨幣所得)[2]을 측정하는 것은 아니다. 뿐만 아니라 그것은, 어떤 의미에 있어서는, 순(純)산출물 — 즉, 당해 기간의 경제적 활동 및 희생의 결과로서, 그 기초(期初)에 존재하던 실물자본 스톡의 소모부분을 공제하고 나서 소비로 이용될 수도 있고 또는 자본스톡으로 보유할 수도 있는, 사회의 자원에 첨가되는 순(純)증가분 — 에 의존하는 것이다. 이 기초 위에서 수량적 과학을 구축하려는 기도가 이루어지고 있다. 그러나 사회의 재화 및 용역의 산출물은 비(非)동질적인 복합체로서, 이를테면 하나의 산출물에 포함되는 모든 항목이 같은 비중으로 다른 산출물 속에도 포함되는 것 같은 약간의 특수한 경우를 제외하고는, 엄밀하게 말해서 측정될 수 없다는 것은, 그러한 목적을 가진 이 정의에 대한 하나의 중대한 반대 이유가 된다.

(ⅱ) 우리가 순(純)산출물을 측정하기 위하여 자본설비의 순증가 부분을 측정하고자 할 때에는 곤란은 더욱 가중된다. 왜냐하면, 이 경우 우리는 당해 기간 동안에 생산된 설비의 신(新)항목과 소모에 의해 없어진

---

1) 피구, 『후생경제학』, 여러 곳, 특히 제1부 제3장 참조.
2) 하기는 편리한 타협으로서, 국민분배분(國民分配分)을 구성한다고 간주되는 실질소득은 화폐로 구입될 수 있는 재화 및 용역에 국한되고 있는 것은 사실이다.

구(舊)항목을 수량적으로 비교하기 위한 어떤 기준을 발견하여야 하기 때문이다. 순(純)국민분배분에 도달하기 위하여 피구 교수는 「공정하게 보아서 정상적(正常的)이라고 말할 수 있는」 진부화(陳腐化) 및 기타를 공제한다. 그리고 「무엇이 정상이냐에 대한 현실적인 기준은 그 소모(消耗: depletion)가, 비록 세세하게까지는 아니라 할지라도 적어도 대략에 있어서는, 예견될 수 있을 정도로 충분히 규칙적인 것이어야 한다」고 한다.[3] 그러나 그 공제는 화폐단위로 하는 공제가 아니기 때문에, 그는 물리적인 변화가 없었음에도 불구하고 마치 물리적인 변화가 있을 수 있는 것처럼 상정하고 있는 것이다. 즉, 그는 슬그머니 가치(價値)의 변화를 도입하고 있는 것이다. 뿐만 아니라, 그는 신(新)설비와 구(舊)설비가 기술의 변화로 말미암아 똑같지 않을 때에 양자를 비교평량(比較評量)할 만족스러운 공식[4]을 만들어 내지 못하고 있다. 나는 피구 교수가 지향하고 있는 개념은 경제분석을 위하여 정당하고 적절한 개념이라고는 생각한다. 그러나 만족스러운 단위의 체계가 채택되기 전에는 그 개념에 대한 정확한 정의를 내린다는 것은 불가능한 일이다. 하나의 실물 산출물을 다른 것과 비교하고, 그러고 나서 설비의 신(新)항목으로부터 구(舊)항목의 소모를 공제함으로써 순(純)산출고를 산출한다는 문제는 전혀 해결책이 없다고 우리가 확신을 가지고 단언할 수 있는, 풀기 어려운 난제인 것이다.

(iii) 셋째로, 누구나 인정하는 바와 같이, 일반물가수준의 개념에는 주지(周知)의, 그러나 불가피한, 모호한 요소가 항상 따라다니는데, 이러

---

3) 『후생경제학』, 제1부 제5장 「자본유지(資本維持)란 무엇인가」. 이것은 『영국경제학회지』(Economic Journal) 1935년 6월호 제235면(원저에는 제225면으로 되어 있으나 이것은 잘못이다)에 게재된 최근 논문에 의해 수정된 것이다.

4) 하이예크 교수의 비평을 참조. 『이코노미카』(Economica) 1935년 8월호 제247면.

한 모호성 때문에 이 용어는 정확해야 할 인과적(因果的) 분석의 목적을
위해서는 매우 불만족스러운 것이 된다.

그러나 이와 같은 여러 곤란은 지당하게도 「풀기 어려운 난제」로 간
주되고 있다. 이러한 여러 곤란은 「순수하게 이론적인」 것으로서, 사업
상의 의사결정을 난처하게 만드는 일도 없고, 또한 사실 어떻게든 사업
상의 의사결정에 관한 고려에도 들어가는 적도 없으며, 경제적 현상들
― 그것은 그들 개념의 수량적 불확정성에도 불구하고 분명하고 확정적
인 것이다 ― 의 인과적 연쇄에 대하여도 하등 관련이 없다. 따라서 이들
개념이 단순히 정확성을 결여하고 있을 뿐만 아니라 불필요하다고 결론
짓는다는 것은 당연한 일이다. 분명히 우리의 수량분석(數量分析)은 수
량적으로 모호한 표현을 쓰지 않고 표현되어야 한다. 그리고 사실, 내가
앞으로 설명하고자 하는 바와 같이, 우리가 그런 시도를 하자마자 그들
개념을 쓰지 않고 훨씬 더 잘 해나갈 수 있다는 것이 확실해질 것이다.

잡다한 대상물의 비교 불가능한 두 개의 집합(集合)은 그 자체로서
수량분석의 소재가 될 수 없다는 사실 때문에 우리가 엄밀한 계산보다는
오히려 어떤 넓은 판단의 요소에 의거하여 근사치적인 통계비교를 하지
말아야 할 필요는 물론 없으며, 그러한 비교는 어떤 한도 내에서는 의미
와 타당성을 가질 수도 있을 것이다. 그러나 순(純)실물산출이나 일반물
가수준 등의 개념은 역사적 통계적 서술 분야에 있어서나 합당한 개념이
며, 따라서 이 개념의 목적도 역사적 또는 사회적 호기심을 만족시키는
데 그쳐야 한다. 이러한 목적을 위해서는 완전한 정확성 ― 관련된 수량
의 실제치(實際値)에 대한 우리의 지식이 완전, 정확하고 안 하고를 막론
하고 우리의 인과분석은 그러한 정확성을 요구한다. ― 은 흔히 있는 것
도 아니며 필요한 것도 아니다. 10년 전이나 1년 전에 비하여 오늘에는
순(純)산출은 더 많으나 물가수준은 더 낮다고 하는 것은 마치 빅토리아

여왕은 엘리자베스 여왕보다 더 좋은 여왕이었으나 더 행복한 여자는 아니었다는 말과 비슷한 성격을 가진 명제이다. ― 이러한 명제는 의미가 없는 것도 아니고 또 흥미롭지 않은 바도 아니지만 미분학(微分學)의 소재로서는 부적당하다. 우리가 수량분석의 기초로 그와 같이 부분적으로 모호하고 비(非)수량적인 개념을 사용하려고 한다면, 우리의 정확성이란 사이비(似而非) 정확성에 불과할 것이다.

Ⅲ

어떠한 경우에 있어서도 기업자는 주어진 자본설비를 어떤 규모로 가동할 것인지에 대한 의사결정에 직면하고 있다는 사실을 우리는 잊어서는 안 된다. 수요의 증가 ― 즉, 총수요함수(總需要函數)의 상승 ― 에 대한 기대는 총산출(總産出)의 증가를 가져온다고 우리가 말할 때에, 우리가 실제로 의미하는 것은 결국 자본설비를 소유한 기업들이 그 설비에 더욱 많은 노동의 총고용을 결합하도록 유인되리라는 것이다. 동질적인 제품을 생산하는 개개의 기업 또는 산업의 경우에는, 우리가 원한다면, 생산의 증가 또는 감소에 관하여 논(論)해도 무방하다. 그러나 우리가 모든 기업의 활동을 집계하여 분석하는 경우에는 우리는 주어진 설비에 적용되는 고용량의 기준에서 논하지 않고는 정확하게 논할 수가 없는 것이다. 전체 산출량이나 그 가격수준 등의 개념들은 이 경우에는 필요치 않다. 왜냐하면 우리는 경상총산출량(經常總産出量)을, 다른 자본설비와 다른 고용량을 결합시킴으로써 얻는 산출량과 비교할 수 있도록 해주는 경상총산출량에 대한 절대적 척도가 필요 없기 때문이다. 서술의 목적, 또는 대체적인 비교의 목적으로 우리가 산출량의 증가에 관하여 언급하고자 한다면, 주어진 자본설비에 적용하는 고용량은 그 결과로 나오는 산출량에 대한 만족스러운 지표가 된다는 일반적인 추정에 의존하지 않으면 안 된다.— 이 양자는 비록 특정한 수치적인 비례로는 아니라 할지라도 같은 방향으로 증가하고 감소한다고 생각할 수가 있는 것이다.

그러므로 고용이론을 다루는 데 있어서는 나는 오직 두 개의 기본적인 수량단위, 즉 화폐가치(貨幣價値)의 수량과 고용(雇用)의 수량만을 이용할 것을 제창하고자 한다. 전자는 엄밀하게 동질적이고, 후자는 그렇게 만들 수가 있다. 왜냐하면, 노동이나 유급 피용자(被傭者)의 여러 가지 등급과 종류의 상대적인 보수가 대체로 일정한 경우에는 고용량은 우리의 목적을 위하여 충분히 정의될 수 있기 때문이다. 보통 노동자의 한 시간의 고용을 노동 1단위로 잡고, 특수 노동자들의 한 시간의 고용은 그 보수에 비례하여 가중시킴으로써, 즉 예를 들어, 보통 임금률(賃金率)의 2배가 되는 한 시간의 특수노동은 노동 2단위로 계산함으로써, 고용량을 계산할 수가 있는 것이다. 우리는 고용량을 측정하는 단위를 노동단위(勞動單位: labour-unit)라 부르고, 노동 1단위에 대한 화폐임금을 임금단위(賃金單位: wage-unit)[5]라고 부르고자 한다. 그리하여 가령 E 는 임금(및 급여)액을, W 는 임금단위를, 그리고 N 은 고용량을 나타낸다면, $E = N \cdot W$ 가 된다.

노동공급에 있어서의 이러한 동질성(同質性)의 가정은 각 개별 노동자의 특화된 기술이나 여러 가지 직업에 대한 그들의 적합성에 큰 차이가 있다는 명백한 사실 때문에 번복되지는 않는다. 왜냐하면, 만약 노동자에 대한 보수가 그들의 효율에 비례한다면, 노동자 각자는 그의 보수에 비례하여 노동공급에 기여한다고 간주해 버림으로써 차이는 처리되

---

5) 만약 화폐로 측정되는 어떤 수량을 X 로 한다면, 똑같은 수량을 임금단위로 측정하여 X_w 로 쓰는 것이 편리할 때가 많을 것이다.

기 때문이다. 반면에, 만약 산출량이 증가함에 따라서 당해 기업이 보수를 지급하는 임금단위당의 효율성이 그 특정한 목적에 대하여 점차 떨어지는 노동자를 고용하여야 한다면, 이것은 그 설비에 대한 고용이 증가함에 따라 산출물로 측정된 자본설비로부터의 산출고가 체감하는 결과를 가져오는 여러 가지 요인 중의 하나에 불과하다. 말하자면 우리는 균등하게 보수를 받고 있는 노동단위의 비동질성(非同質性)을 설비 가운데 포함시키는 것이며, 산출고가 증가함에 따라 사용가능한 노동단위가 동질적인 자본설비를 사용하는 데 점차 부적당하게 된다는 가정을 하는 대신, 그 설비가 사용가능한 노동단위를 고용하는 데 점차 부적당하게 된다고 보는 것이다. 그리하여 만약 전문화된, 또는 숙련된 노동의 잉여(剩餘)가 없어지고 적합성이 덜한 노동의 사용으로 산출물 1단위당 노동비용이 점차 증가하여야 한다면, 이것은 고용의 증가에 따라서 주어진 설비로부터의 수확(收穫)이 체감(遞減)하는 율(率)이 그러한 잉여가 있을 때에 비하여 보다 빨라진다는 것을 의미하는 것이다.6) 서로 다른 노동단위가 매우 고도로 전문화되어 있어서 상호 대체(代替)가 전혀 불가능한 극단적인 경우에 있어서조차도 하등의 부자연스러운 것은 없다. 왜냐하면, 이것은 단순히 전문화된 모든 노동이 이미 고용되어 있을 경우에는

---

6) 현재 사용하고 있는 설비와 그 유형이 똑같은 설비의 잉여(剩餘)가 아직 존재하고 있는 경우에 있어서조차도, 수요의 증가에 따라 산출물의 공급가격이 증가하는 하나의 주요 이유가 바로 이것이다. 만약 우리가 노동의 초과공급이 모든 기업자에 대하여 똑같이 이용 가능한 공동인력원(共同人力源)을 형성하고 있다고 생각하고, 주어진 목적을 위하여 고용된 노동에 대한 보수가 적어도 부분적으로는 노력의 단위에 의해 정해지고 그 실제의 특정 고용에 있어서의 효율성과 엄격히 관련되어 있지 않다고 한다면(이것이 대부분의 경우에 있어서는 현실적인 가정이라고 할 수 있다), 고용된 노동의 효율(效率)이 체감(遞減)한다는 것은 생산의 증가에 따라 공급가격이 증가한다는 것의 가장 훌륭한 한 예가 되는 것이지 내부불경제(內部不經濟)에 의한 것은 아니다.

어떤 특정 유형의 자본설비로부터의 산출물의 공급탄력성(供給彈力性)이
갑자기 영(零)으로 떨어진다는 것을 의미할 따름이기 때문이다.[7] 따라
서 노동의 동질적 단위라는 가정은 여러 가지 노동단위의 상대적 보수의
불안정성이 크지 않은 한 별다른 곤란은 없다. 그리고 설사 이 곤란이
일어난다고 하더라도 그것은 노동공급과 총공급함수(總供給函數)의 모양

---

7) 보편적으로 사용되고 있는 공급곡선(供給曲線)이 위에서 보는 바와 같은 곤란
을 어떻게 처리해야 하는가에 대해서는 나는 모르겠다. 왜냐하면, 이 곡선을 사용하
는 사람들이 그들의 가정을 그리 명백하게 밝히지 않았기 때문이다. 아마도 그들은
어떤 주어진 목적을 위하여 고용된 노동은 항상 그 목적에 대하여 엄격히 그 능률에
따라 보수를 받는 것으로 가정하고 있는 것 같다. 그러나 이것은 비현실적이다. 아마
도, 노동의 능률의 차이를 마치 그것이 설비에 속하는 것처럼 취급해도 좋은 기본적
인 이유는, 생산이 증가함에 따라 증가되는 체증적(遞增的) 잉여(剩餘)가 실제로는 설
비의 소유주에 귀속되고 더욱 능률적인 노동자에 귀속되는 것이 아니라는 데 있을
것이다(비록 더욱 능률적인 노동자들은 더 정규적으로 고용되고 또 더욱 다르게 진급을
함으로써 다른 노동자들보다 유리할 수는 있지만). 다시 말해서, 똑같은 일을 하는 능
률이 서로 다른 노동자들은 그들의 능률에 밀접하게 비례하는 율(率)로 임금을 받는
예는 거의 없다. 그러나 더 높은 능률에 높은 임금이 책정되는 때가 있는 경우에는,
또 이런 경우가 있는 한에 있어서는, 나의 분석방법은 이 경우를 감안하고 있는 것
이다. 왜냐하면, 고용노동 단위의 수를 계산하는 데 있어서는 개개의 노동자들은 그
들의 보수에 비례하여 가중(加重) 계산되기 때문이다. 나의 가정에 있어서는 개별 공
급곡선을 다루는 데 있어서 재미있는 혼란이 분명히 일어난다. 왜냐하면, 그 공급곡
선의 모양은 적합한 노동에 대한 다른 방향의 수요에 의존하기 때문이다. 이와 같은
복잡한 문제를 무시하는 것은, 내가 이미 언급한 바와 같이, 비현실적일 것이다. 그
러나 우리가 고용 전체를 다루는 데 있어서는, 주어진 유효수요량(有效需要量)은 그
것과 특수하게 관련되는 여러 생산물 사이에 이 수요의 분배를 이루는 것으로 가정
하는 한, 이러한 문제는 생각할 필요가 없다. 그러나 이것은 수요 변화의 특정한 원
인이 무엇이냐 하는 것과는 무관하게 타당한 것은 아닐는지도 모른다. 예를 들어, 소
비성향(消費性向)의 증가에 따른 유효수요의 증가는 투자유인(投資誘因)의 증가로 말
미암은 같은 양의 수요의 증가의 경우와는 다른 총공급함수(總供給函數)에 직면하는
지도 모른다. 그러나 이 모든 것은 여기에서 제시하는 일반적인 개념에 대한 세밀한
분석에 속하는 것이며, 그것을 추구하는 것이 나의 당장의 목적은 아니다.

이 급격히 변화할 수 있다고 가정함으로써 처리될 수가 있는 것이다.

만약 우리가 경제체계 전체의 행태를 고찰하는 데 있어서 우리가 사용하는 단위를 엄격히 두 개의 단위, 즉 화폐와 노동에 한정하고, 특정의 산출물 및 설비라는 단위의 사용은 개개의 기업 또는 산업의 산출물을 분리하여 분석하는 경우에 한정하도록 보류하고, 산출물 전체의 양, 자본설비 전체의 양, 내지 일반물가수준 등의 모호한 개념의 사용은 어느 (아마도 상당히 넓은) 범위 내에서는 부정확하고 근사치적(近似値的)이라고 누구나 인정하는 어떤 역사적 비교를 시도할 때에 한하도록 보류한다면, 많은 불필요한 혼란을 제거할 수 있다는 것이 나의 신념이다.

이상의 논의에 입각하여 우리는 앞으로 경상산출량(經常産出量)의 변화를 기존 자본설비에 대한 노동고용(소비자를 만족시키기 위해서든 또는 새로운 자본설비를 생산하기 위해서든)의 시간의 수에 따라서 측정하도록 할 것이다. 이 경우에 숙련노동은 그들에 대한 보수에 비례하여 칭량(秤量)될 것이다. 우리는 이 경우의 산출량과, 다른 자본설비에 다른 일군(一群)의 노동자를 고용하여 얻을 수 있는 산출량을 수량적으로 비교할 아무런 필요가 없을 것이다. 주어진 설비를 소유한 기업자가 어떻게 총수요함수(總需要函數)의 변화에 대응하는가를 예측하는 데 있어서는, 그 결과로 나오는 산출물의 양, 생활수준 및 일반물가 수준이, 다른 날짜 또는 다른 나라에 있어서의 그 상태와 비교해서 어떻게 다른가를 알 필요가 없는 것이다.

IV

공급곡선(供給曲線)으로 보통 표시되는 공급의 조건이나, 산출량과

가격과의 관련을 표시하는 공급의 탄력성(彈力性)은, 어떤 특정한 기업이나 산업을 고찰할 때에나 또는 경제활동 전체를 고찰할 때를 막론하고, 산출량에 관하여 언급함이 없이 총공급함수의 수단을 써서 우리가 선택한 두 개의 단위로써 분석될 수가 있다는 것을 보이는 일은 어렵지 않다. 어떤 한 개 기업(그리고 이와 유사하게 어떤 한 개의 산업 또는 산업 전체)의 총공급곡선(總供給曲線)은

$$Z_r = \varnothing_r(N_r)$$

로 표시할 수 있기 때문이다. 여기서 Z_r은 N_r의 고용수준을 유도하는 예상수입(豫想收入: 사용자비용을 차감한)을 나타낸다. 따라서 만약 고용과 산출량과의 관계가 N_r의 고용이 O_r의 산출을 가지고 오며, 따라서 $O_r = \Psi_r(N_r)$이라면, 일반적인 공급곡선(供給曲線)은

$$p = \frac{Z_r + U_r(N_r)}{O_r} = \frac{\varnothing_r(N_r) + U_r(N_r)}{\psi_r(N_r)}$$

로 나타낼 수 있게 된다. 여기서 $U_r(N_r)$은 N_r의 고용수준에 상응하는 (예상되는) 사용자비용(使用者費用)이다.

그리하여 각각의 동질적 재화의 경우에는 $O_r = \Psi_r(N_r)$은 확실한 의미를 가지며, 우리는 보통의 방식대로 $Z_r = \varnothing_r(N_r)$의 값을 정할 수가 있다. 그러나 그 다음에 우리는 N_r은 집계할 수 있으나 똑같은 방법으로 O_r을 집계할 수는 없다. 왜냐하면 ΣO_r은 수치로 나타낼 수 있는 양(量)이 아니기 때문이다. 뿐만 아니라, 만약 주어진 환경 속에서 주어진 총고용(總雇用)이 여러 가지 산업에 독특하게(in a unique way) 배분됨으로써 N_r이 N의 함수가 된다고 가정할 수가 있다면, 더욱더 많은 단순화가 가능하게 된다.

제5장

산출량과 고용량을 결정하는 기대(期待)

I

모든 생산의 목적은 궁극적으로는 소비자를 만족시키는 데 있다. 그러나 생산자가 (소비자를 염두에 두고) 생산비를 부담할 때와 최종적인 소비자가 산출물을 구입할 때와의 사이에는 보통 시간이 ― 때로는 많은 시간이 ― 경과한다. 그 동안 기업자(이 말에는 생산자와 투자자의 양자가 포함된다)는, 경우에 따라서는 오랜 기간이 될지도 모르는 시간이 경과한 후에, (직접 또는 간접으로) 산출물을 소비자에게 공급할 수 있게 되었을 때에 소비자가 과연 얼마만큼을 지불할 용의가 있을 것인가에 관하여 가능한 한 최선의 기대(期待)[1]를 형성하여야 한다. 기업자가 시간이 걸리는 생산과정에 의해 생산하고자 한다면, 그는 이와 같은 기대에 따라서 행동할 수밖에 없는 것이다.

사업에 관한 의사결정의 기초가 되는 이들 기대는 두 가지 유형으로

---

1) 매상금액에 의해 표시되는 이들 기대와 등가(等價)의 것에 도달하기 위한 방법에 관하여는 앞의 제29면 각주 3)을 참조할 것.

분류될 수 있다. 어떤 일부의 개인 또는 기업은 전문적으로 제1유형의 기대를 형성하며, 다른 개인 또는 기업은 제2유형의 기대를 형성한다. 제1유형은 제조업자가 그 생산과정을 시작하기로 결심할 때에 있어, 그의 「완성된」 산출물에 대하여 받을 것으로 기대하는 가격(價格)에 관한 것이다. 이때 산출물이 사용될 수 있는 단계에 있거나 또는 다른 사람에게 팔릴 수 있는 단계에 있을 때, 그것은 「완성」되었다고 (제조업자의 입장에서) 한다. 제2유형의 기대는, 기업자가 「완성된」 산출물을 그의 자본설비에 대한 추가로 구입(또는 어쩌면 제조)할 때에 장래의 수입(收入)이라는 형태로 얼마만큼을 벌어들일 수 있는가에 관한 것이다. 우리는 전자를 단기기대(短期期待)라고 부르고 후자를 장기기대(長期期待)라고 부를 수 있다.

이리하여 매일의[2] 산출량에 관하여 의사결정을 하는 데 있어서의 각개 기업의 행동은 그의 단기기대 — 여러 가지 가능한 규모로 생산할 때의 생산비(生産費)에 관한 기대 및 그때의 산출물로부터의 수입(收入)에 대한 기대 — 에 의해 결정된다. 하기는 자본설비를 추가할 경우 또는 심지어 도매상에 대한 판매의 경우에 있어서도, 이와 같은 단기기대는 대체로 다른 기업들의 장기 (또는 중기) 기대에 의해 영향을 받는 것도 사실이라 하겠다. 기업이 제공하는 고용의 양(量)은 이와 같은 여러 가지 기대에 의해 결정된다. 실제로 실현된 생산의 결과와 산출물의 판매는 오직 그것이 그 다음의 기대(期待)를 수정(修正)시키는 원인이 될 수 있는 때에 한하여 고용에 대하여 영향을 미칠 뿐이다. 그 반면, 기업이 다음 날의 산출량을 결정해야 할 때에는 그 기업으로 하여금 현재 가지고 있

---

2) 여기서 매일이라고 하는 것은 얼마만큼의 고용을 제공할 것인가에 관한 기업의 의사결정을 자유롭게 수정할 수 있게 되기까지의 최단기간을 말한다. 말하자면 그것은 경제시간의 최단유효단위(最短有效單位: minimum effective unit of economic time)이다.

는 자본설비와 중간생산물과 반제(半製) 원료의 재고를 가지게 만든 원래의 기대도 또한 아무런 관계가 없다. 그리하여 그와 같은 의사결정이 이루어지는 모든 경우에 있어서 의사결정은, 물론 이와 같은 설비와 재고를 고려하여 이루어지기도 하지만, 특히 장래에 있어서의 생산비와 판매수입에 대한 현재의 기대에 비추어 이루어지는 것이다.

그런데 일반적으로 기대(단기이든 또는 장기이든)의 변화는 상당한 시일이 지나서야 비로소 고용에 완전한 효과를 미칠 것이다. 기대의 변화로 말미암은 고용의 변화는, 그 기대의 변화가 더 이상 일어나지 않는다 하더라도, 변화 후 제2일에 있어서는 제1일에 있어서와 같은 것이 아닐 것이고, 또한 제3일에 있어서는 제2일에 있어서와 같지 않을 것이며, 이는 그 후에도 그러할 것이다. 왜 그러냐 하면, 단기기대의 경우 기대가 악화된다면, 그 수정된 기대에 비추어 볼 때 그 생산을 시작한 것이 애당초 잘못이라고 생각되는 모든 생산과정의 가동을 한꺼번에 중지시킬 정도로, 기대의 변화가 일방적으로 난폭하거나 또는 격하지는 않을 것이며, 반면에 기대가 개선되는 경우에는, 고용의 상태가 만약 기대가 더욱 빨리 수정되었더라면 도달하였을 수준으로 증가하기에는 어느 정도의 준비기간이 경과하여야 하기 때문이다. 장기기대의 경우에 있어서는 [기대가 악화된다면] 설비는 대체되지 않은 채 마모되어버릴 때까지 계속 노동고용을 보장해 줄 것이며, 만약에 기대가 개선된다면, 고용은 처음에는, 설비를 새로운 상황에 적응시키는 데 필요한 시간이 경과한 후에 있어서보다는, 더욱 높은 수준에 있을 것이기 때문이다.

만약 우리가 기대의 상태가 충분한 기간 동안 계속되어 고용에 대한 그 효과가 아주 완전히 ─ 넓게 말해서, 그 새로운 기대의 상황이 항상 존재하였더라면 실현되지 않았을 고용이 전혀 존재하지 않을 정도로 완전히 ─ 나타난다고 상상한다면, 우리는 그렇게 도달된 지속적 고용수준

을, 그 기대의 상태에 상응하는 장기고용량(long period employment)3)
이라고 부를 수 있다.

이렇게 볼 때, 기대는 실제의 고용수준이 기존의 기대의 상태에 대응
하는 장기고용량에 도달할 시간의 여유가 있은 적이 일찍이 없었을 만큼
빈번히 변화할 수도 있으나, 그럼에도 불구하고 모든 기대의 상태에는
그것과 대응하는 확정적인 장기고용량 수준이 있는 것이다.

우선, 기대의 변화로 말미암아 하나의 장기적 상태에 도달하게 되는
추이(推移)의 과정이 어떤 것인가를 살펴보자. 이 경우 그 기대의 변화는
또 다른 기대의 변화에 의해 혼란되거나 중단되는 일이 없다고 하자. 우
리는 먼저 그 변화는 신(新)장기고용을 구(舊)장기고용보다 더 크게 만드
는 성격의 것이라고 가정해 보자. 그런데, 통상적으로, 초기에 큰 영향
을 받는 것은 투입률(投入率), 즉 새로운 생산과정의 초기단계에 있어서
의 작업량(作業量)에 국한될 것이며, 반면에 변화가 일어나기 전에 시작
되어 생산과정의 후기에 와 있는 소비재의 생산 및 고용량은 전과 대동
소이한 상태를 유지할 것이다. 부분적으로 완성된 재화의 재고가 있는
경우에는, 초기의 고용 증가가 얼마 되지 못하리라는 것만은 움직일 수
없는 사실이겠지만, 이 결론은 수정될 수도 있다. 그러나 시일이 지남에
따라 고용은 차츰 증가할 것이다. 뿐만 아니라 어떤 단계에 있어서는 새
로운 장기고용량보다도 고용이 높은 수준까지 도달하게 만드는 조건이
있을 수 있다는 것도 쉽사리 생각할 수 있다. 왜냐하면, 새로운 기대의
상태를 만족시키기 위하여 자본을 축적(蓄積)하는 과정은 장기상태가 도
달되었을 때에 일어나는 것보다 더 많은 고용과 더 많은 경상소비를 유

---

3) 장기고용량의 수준이 꼭 불변이어야 할 필요는 없다. 다시 말해서 장기적 조건
이란 반드시 정태적(靜態的)인 것은 아니다. 예를 들어, 부(富)나 인구의 지속적 증가
가 불변하는 기대의 일부분을 구성할지도 모르는 것이다. 유일의 조건은 기존의 기
대가 충분히 미리 예견되어 있어야 한다는 것뿐이다.

발할 수 있을 것이기 때문이다. 이리하여 기대의 변화는 차츰 높아져 가는 점강음(漸强音)처럼 고용의 수준을 서서히 증가시켜서, 절정에 도달하였다가 다시 새로운 장기수준으로 떨어지게 할 것이다. 설사 신(新)장기수준이 종래의 것과 똑같은 경우라 할지라도, 만약 기대의 변화가 어떤 종래의 생산과정이나 설비를 노후화하게 하는 소비방향의 변화를 가져오는 것이라면, 이와 똑같은 현상이 일어날 것이다. 혹은 또, 만약 신(新)장기고용량이 종래의 것보다 낮은 경우에는, 과도기에 있어서의 고용수준은 일시적으로는 도달하고자 하는 신(新)장기수준보다도 낮은 수준으로 저하될 수도 있을 것이다. 이리하여 기대의 변화만으로도, 그 작용이 다 끝나는 과정 동안에, 순환운동(循環運動)과 같은 종류의 진동(振動)을 일으킬 수가 있게 된다. 내가 나의 『화폐론(貨幣論)』(Treatise on Money)에서 교환의 결과로 나타나는 경영자본(經營資本: working capital) 및 유동자본(流動資本: liquid capital) 등의 스톡(stock)의 축적 내지 감퇴에 관련하여 논한 것은 바로 이런 종류의 운동이었다.

상술(上述)한 바와 같은 새로운 장기상태를 향한 중단 없는 추이의 과정은 세부에 가서는 복잡할 수도 있다. 그러나 사태의 현실적 과정은 그것보다도 더욱 복잡한 것이다. 왜냐하면, 기대의 상태는 부단히 변화하는 것으로서, 아직 먼저의 변화의 작용이 완전히 끝나기도 전에 새로운 기대가 그 위에 덮쳐서 일어나기 때문이다. 따라서 어떤 주어진 시각에 있어서의 경제(經濟)라는 기계(機械)에는 과거에 있어서의 여러 가지 기대(期待)의 상태에 의해 생겨난 다수의 중첩된 활동들이 서로 얽혀 있는 것이다.

Ⅱ

　이것은 우리의 논의가 우리가 목적하고 있는 것에 적합하다는 결론
으로 유도해준다. 위의 논의로 미루어 볼 때, 어떤 시각에 있어서의 고
용의 수준은, 어떤 의미에 있어서는, 단순히 현재에 있어서의 기대의 상
태에만이 아니라 어떤 지나간 기간 동안에 있었던 기대의 상태에도 의존
한다는 것은 분명한 사실이다. 그러나 아직도 그 작용이 완전히 끝나지
않은 지나간 기대는, 기업자가 오늘의 의사결정을 할 때에 조감(照鑑)하
여야 할 오늘의 자본설비(資本設備)에 체현(體現)되어 있으며, 그 기대는
그렇게 체현되어 있는 한에서만 기업자의 의사결정에 영향을 미칠 따름
이다. 따라서 결론적으로 말하면, 위의 논의에도 불구하고 오늘의 고용
(雇用)은 오늘의 자본설비와 관련된 오늘의 기대(期待)에 의해 지배된다
고 정당하게 서술할 수도 있다.

　현재의 장기기대(長期期待)에 대한 명확한 논급(論及)은 거의 회피할
도리가 없다. 그러나 단기기대(短期期待)에 대하여는, 실제로 단기기대
수정의 과정이 서서히 또 계속적으로 이루어지며, 대부분 실현된 결과에
비추어서 이루어지며, 따라서 기대된 결과와 실현된 결과가 그 영향에
있어서도 교착(交錯)하고 또 중복되는 것이라는 사실을 고려한다면, 명
확한 언급을 생략하더라도 무방한 경우가 종종 있을 것이다. 왜냐하면,
산출량(産出量) 및 고용량(雇用量)은 생산자의 단기기대에 의해 결정되는
것이고 과거의 여러 가지 결과에 의해 결정되는 것은 아니지만, 가장 최
근의 여러 가지 결과는 보통 이들의 기대가 어떤 것인가를 결정하는 데
있어 지배적인 역할을 하는 것이기 때문이다. 생산과정이 시작되려고 할
때마다 새로이 기대를 재구성한다는 것은 너무나 복잡한 일이 될 것이다.
뿐만 아니라 주위 환경의 대부분은 보통 어떤 날로부터 다음날로 거의
불변인 상태로 연속되는 것이기 때문에, 매번 기대를 재구성한다는 것은
시간의 낭비에 불과할 것이다. 따라서 생산자들은 그들의 기대가 변화할

것을 예상할만한 확실한 이유가 없는 이상, 최근에 실현된 대부분의 결과는 계속된다는 가정 위에서 그들의 기대를 세우는 것이 현명할 것이다. 이와 같이 실제에 있어서는, 최근의 생산(生産)으로부터 실현된 매상금액(賣上金額)이 고용에 미치는 영향과 경상수입(經常收入)으로부터 기대되는 매상금액이 고용에 미치는 영향 사이에는 큰 중복이 있으며, 생산자의 예측은 장래의 변화를 예상하여 수정되기보다는 결과에 비추어 서서히 수정되는 경우가 오히려 더 많다.[4]

그러나 우리는 내구재(耐久財)의 경우에 있어서는 생산자의 단기기대는 투자자의 경상 장기기대(經常長期期待)에 입각하고 있다는 것을 잊어서는 안 되며, 실현된 결과에 비추어 짧은 간격을 두고 가끔 점검될 수 없다는 점에 있어서 그것은 장기기대의 성격을 가지고 있다. 뿐만 아니라, 장기기대를 보다 상세하게 고찰하고자 하는 제12장에서 보는 바와 같이, 장기기대는 급격한 수정을 받기가 일쑤인 것이다. 따라서 경상 장기기대라는 요인은 그것을 대충 무시해 버린다거나 또는 실현된 결과에 의해 대체할 수는 없는 것이다.

---

4) 생산을 하려고 하는 결의(決意)가 행하여질 때에 갖는 기대에 관하여 이렇게 강조하는 것은 호트리(Hawtrey)씨의 주장과도 일치한다고 생각된다. 호트리 씨는 투입과 고용은 기대에 반하여 물가(物價)가 하락하거나, 산출량에 관한 기대의 어긋남이 현실의 손실로 나타나기 전에 재고(在庫)의 누적에 의해 영향을 받는다고 했다. 왜냐하면, 팔리지 않고 있는 재고의 누적(또는 예약 주문의 감소)은 바로, 전기(前期) 산출량의 매상금액을 나타내는 단순한 통계가 무비판적으로 차기(次期)의 계획에 반영되는 경우에, 그 통계가 지시하는 투입(投入)과는 다른 투입을 행하게 할 가능성이 큰 사태이기 때문이다.

제6장

소득, 저축 및 투자의 정의

I

어떤 기간 동안에 기업자는 완성된 산출물(産出物)을 소비자들이나 다른 기업자들에게 일정액을 받고 판매한다. 그 액수를 A 라고 하자. 기업자는 또한 다른 기업자들로부터 완성된 산출물을 구입함에 있어서 A_1 으로 표시되는 액수를 지출한다고 하자. 그리고 그 결과로 그는 기말(期末)에 G의 가치를 가지는 자본설비(資本設備)를 가지게 되는데, 이 자본설비라는 어휘에는 미완성품 내지 경영자본(經營資本)의 재고와 완성품의 재고 양자 모두가 포함된다.

그러나 $A + G - A_1$ 가운데는 해당기간 동안의 활동에 대해서가 아니라, 그가 기초(期初)에 가지고 있던 자본설비에 귀속되어야 할 부분이 있을 것이다. 따라서 우리는 당해기간 동안의 소득(所得)이라고 볼 수 있는 액수에 도달하기 위해서는 $A + G - A_1$으로부터, 그 전기(前期)로부터 물려받은 설비가 (어떤 의미에서) 기여한 가치의 부분을 나타내는 일정액을 공제하여야 할 것이다. 소득을 정의하는 문제는 이 공제액을 계산하는 만족스러운 방법을 발견하면 즉시 해결되는 것이다.

그것을 계산하는 데 있어서는 두 가지 가능한 원칙(原則)이 있는데, 그 어느 것이나 다 나름대로 의미를 가지고 있다. 하나는 생산(生産)에 관련된 것이고, 다른 하나는 소비(消費)에 관련된 것이다. 다음에 이것을 하나씩 고찰해 보자.

(i) 기말(期末)에서의 자본설비의 실제가치 G 는 그 기업자가, 한편으로는 그 기간 동안에 다른 기업자들로부터 구입한 것과 그 자신이 그것에 대하여 부가(附加)한 일의 양자 모두에 의해 그것을 유지하고 개선하며, 다른 한편으로는 산출물을 생산하기 위하여 그 설비를 사용함으로써 그것을 마모(磨耗)하고 감가(減價)시킨 순(純)결과이다. 설사 그가 산출물을 생산하는 데 그것을 사용하지 않기로 결정하였다고 하더라도, 그 설비를 유지하고 개선하기 위하여 지출하는 것이 유리하다고 생각되는 일정한 최적액(最適額)이 있는 것이다. 이 경우에 그가 그것을 유지 및 개선하기 위하여 B' 만큼의 비용을 지출하고, 그만큼의 비용을 지출한 까닭에 기말에 그것은 G' 만큼의 가치를 갖는 것으로 가정하자. 즉 $G' - B'$ 는, 자본설비가 A 를 생산하는 데 사용되지 않았다고 가정할 경우, 전기로부터 보존할 수 있는 최대순가치(最大純價値)이다. 자본설비의 이 가능한 최대가치가 $G - A_1$ 을 초과하는 액(額)이, A 를 생산하기 위하여 (어떠한 방법으로든지) 희생된 가치의 크기가 된다. A 의 생산에 소요된 가치의 희생을 측정하는 이 양(量), 즉

$$(G' - B') - (G - A_1)$$

을 우리는 A 의 사용자비용(使用者費用: user cost)이라 부르기로 한다. 사용자비용은 U 로 표시하기로 하자.[1] 기업자가 다른 생산요소의 서비스의 대가로 그들 생산요소에 지급하는 액수는, 그들 생산요소의 입장

---

1) 사용자비용에 대한 그 밖의 상세한 고찰은 본장의 보론(補論)에서 이루어진다.

에서 보면 그들의 소득(所得)이 되는데, 이것을 A의 요소비용(要素費用: factor cost)이라 부르기로 한다. 요소비용 F와 사용자비용 U의 합계를 우리는 산출량 A의 주요비용(主要費用: prime cost)이라 부르기로 한다.

그렇다면 우리는 기업자의 소득(所得)[2]을 다음과 같이 정의할 수 있다. 즉, 그것은 어떤 기간 동안에 기업자가 판매한 완성품의 가치(價値)가 그가 부담한 주요비용(主要費用)을 초과하는 부분이라고 정의할 수 있는 것이다. 다시 말해서, 기업자의 소득이란 그의 생산규모에 따라서 그가 극대화하기를 원하는 양, 즉 일반적인 의미에 있어서의 총이윤(總利潤)과 일치한다고 볼 수 있는데, 이것은 상식과도 부합되는 말이다. 그리고 기업자 이외의 모든 사람들의 소득은 기업자의 요소비용(要素費用)과 일치하므로, 총소득은 $A - U$와 일치하게 된다.

이와 같이 정의된 소득은 전혀 혼동의 여지가 없는 양(量)이다. 뿐만 아니라 타(他)생산요소에게 얼마만큼의 고용을 제공할 것인가를 결정하는 경우에 기업자가 극대화하려고 하는 것은, 이 양(量)이 타(他)생산요소에 대한 지출액을 초과하는 분량에 대한 그의 기대치(期待値)이므로, 고용에 대하여 원인적인 작용을 하는 것으로서 중요한 의미를 갖는 것은 바로 이 양(量)인 것이다.

물론 $G - A_1$이 $G' - B'$를 초과하여, 따라서 사용자비용이 마이너스(負)가 되는 경우도 상상할 수 있다. 예를 들어, 만약 우리가 우연히도 투입(投入)은 그 기간 동안 체증(遞增)하면서도, 증가된 산출물이 완성되고 판매되는 단계에 도달할 만큼의 시간이 경과하지 않은 그런 정도의 기간을 우리의 기간으로 잡는다면, 아마도 확실히 그런 경우가 나타날 것이다. 또한 만약 산업이 고도로 통합되어 있어서 기업자가 그 설비의 대부분을 스스로 만들어내는 경우를 상상한다면, 그 경우에도 플러스(正)

---

2) 이것은 이하에서 정의할 순소득(純所得: net income)과는 구별되어야 한다.

의 투자가 있는 한, 그런 경우가 나타날 것이다. 그러나 사용자비용(使用者費用)은 기업자가 자신의 자본설비를 자기 자신의 노동으로 증가하게 만들 때에 한하여 마이너스(負)가 되기 때문에, 자본설비의 대부분이 그것을 사용하는 기업과는 다른 기업에 의해 제조되는 경제에 있어서는 사용자비용은 일반적으로 플러스(正)라고 생각할 수 있을 것이다. 뿐만 아니라 A의 증가와 결합된 한계(限界)사용자비용, 즉 dU/dA가 정(正)이 되지 않는 경우란 상상하기 곤란하다.

이 장(章)의 끝 부분을 예상하면서, 여기에서 사회 전체의 견지에서 볼 때, 당해 기간의 총소비(C)는 $\Sigma(A - A_1)$과 같고, 총투자(I)는 $\Sigma(A_1 - U)$와 같다는 것을 지적해 두는 것이 편리할 것이다. 뿐만 아니라 기업자가 다른 기업자로부터 매입하는 것을 제외한 그 자신의 설비에 관하여 본다면, U는 개개의 기업자의 마이너스(負)의 투자 (그러므로 $-U$는 그의 투자)이다. 그리하여, 완전하게 통합된 체계(거기에서는 $A_1 = 0$이 된다)에 있어서는 소비는 A와 같고 투자는 $-U$, 즉 $G-(G'-B')$와 같다. A_1을 도입함으로써 위에서 약간 복잡한 서술을 한 것은 비통합적(非統合的)인 생산조직의 경우를 설명할 수 있는 일반적인 방법의 제시가 바람직하다고 생각하였기 때문이다.

나아가서, 유효수요(effective demand)란 기업자들이 그들이 고용하기를 결정하는 경상고용량(經常雇用量)으로부터 획득하기를 기대하는 총소득(總所得: 또는 賣上金額) ― 여기에는 그들이 다른 생산요소에 대하여 지불하는 소득이 포함된다 ― 에 지나지 않는 것이다. 총수요함수(總需要函數)는 여러 가지의 가설적 고용량(雇用量)과 그것이 산출하는 양(量)으로부터 얻을 것으로 기대되는 매상금액(賣上金額)을 관련시키는 것으로서, 유효수요는, 공급의 조건들과 관련하여 기업자의 이윤 기대치를 극대화하는 고용수준에 대응하기 때문에 유효하게 되는, 총수요함수상의 점이다.

이 일련의 정의는 또한 우리가 한계매상금액(限界賣上金額: 또는 所得)을 한계요소비용(限界要素費用)과 같은 것이 되게 할 수 있다는 이점을 가지고 있으며, 따라서 이와 같이 정의된 한계매상금액을 한계요소비용과 관련시키는 명제(命題)들 ― 사용자비용을 무시하거나 또는 그것을 제로(零)라고 가정함으로써, 공급가격(供給價格)3)은 한계요소비용4)과 같다고 한 경제학자들에 의해 설명되어온 것과 같은 종류의 명제들 ― 에 도달할 수가 있다는 이점을 가지고 있는 것이다.

(ii) 다음에 우리는, 상술(上述)한 원리의 제2의 것을 검토한다. 지금

---

3) 공급가격(供給價格)은 만약 사용자비용(使用者費用)을 정의하는 문제가 무시된다면 불완전하게 정의된 용어가 된다고 생각한다. 이 문제는 본 장(章)의 보론(補論)에서 더욱 자세하게 논의될 것인데, 거기에서 나는 사용자비용을 공급가격으로부터 제외한다는 것은, 총공급가격(總供給價格)의 경우에는 때로는 적당하겠지만, 한 기업에 있어서의 생산물 1 단위의 공급가격의 문제에 있어서는 부적당하다는 것을 논할 것이다.

4) 예를 들어 $Z_w = \emptyset(N)$을, 또는 그것과 양자택일적으로 $Z = W \cdot \emptyset(N)$을 총공급함수(總供給函數)라 하자(이 경우 W는 임금단위이며 $W \cdot Z_w = Z$이다). 그렇다면, 한계산출물(限界産出物)의 매상금액은 총공급곡선상의 모든 점에 있어서 한계요소비용(限界要素費用)과 같기 때문에, 우리는 다음의 등식(等式)을 얻는다.

$$\triangle N = \triangle A_w - \triangle U_w = \triangle Z_w = \triangle \emptyset(N).$$

즉, $\emptyset'(N) = 1$ 이다. 다만 이 경우에는 요소비용은 임금비용에 대하여 일정한 비율관계에 있다는 것, 그리고 각 기업(그 수는 불변이라고 가정한다)의 총공급함수(總供給函數)는 다른 산업에 고용되고 있는 사람들의 수에 의존하지 않고, 따라서 개개의 기업자의 경우에 타당한 위의 방정식의 각 항은 기업자 전체에 대하여 집계하더라도 무방하다는 것이 전제되어 있다. 이것은 만약 임금이 일정하고 그 밖의 요소비용이 임금지불액에 대하여 일정한 비율관계를 가지고 있다면, 총공급함수는 화폐임금의 역수(逆數)에 의해 주어지는 기울기를 가지는 직선(直線)이 된다는 것을 의미한다.

까지 우리는 기초(期初)에 있어서의 자본설비의 가치와 비교한 기말(期末)에 있어서의 그 가치의 변화 중에서, 기업자가 이윤의 극대화를 추구하기 위하여 자발적(自發的)인 의사결정을 한 결과 초래된 부분을 취급해왔다. 그러나 그 밖에 그가 제어할 수도 없고 또 그의 경상적(經常的) 결의와도 관계가 없는 이유에 의해 ─ (예를 들어) 시장가치의 변화, 진부화(陳腐化) 또는 단순한 시간의 경과에 의한 손모(損耗), 혹은 전쟁 또는 지진과 같은 재해로 말미암은 파괴 등의 이유 때문에 ─ 일어나는 그의 자본설비 가치의 비자발적(非自發的)인 손실(또는 이익)이 있을 수 있다. 그런데 이들 비자발적 손실(損失)의 어떤 부분은 불가피한 것이기는 하지만 ─ 대체로 말하자면 ─ 예상할 수 없는 것은 아니다. 사용 여부를 막론하고 시간의 경과에 따라 일어나는 손모나, 피구 교수가 말한 바와 같이 「상세하게는 아니라 할지라도 적어도 대체로 예견될 수 있을 정도로 충분히 규칙적으로」 나타나는 「정상적」인 진부화가 그러한 것인데, 나아가서는 「보험(保險) 가능한 위험」으로 보통 간주할 수 있을 정도로 충분히 규칙적으로 일어나는 사회 전체에 대한 손실이 그 중에 포함되어도 무방할 것이다. 여기서 우리는 잠시 기대되는 손실의 크기는 그 기대가 언제 형성되는가에 의존한다는 사실을 무시하고, 비자발적이기는 하지만 기대되지 않은 바도 아닌 설비의 감가(減價)를, 즉 기대되는 감가가 사용자비용(使用者費用)을 초과하는 액수를, 보족적비용 (補足的 費用: supplementary cost)이라 부르고, 그것을 V 로 표시하기로 하자. 이 정의는 마샬의 보족적비용의 정의와 근본적인 관념 ─ 즉, 기대되는 감가 가운데서 주요비용(主要費用)에 포함되지 않은 부분을 취급한다는 점 ─ 에 있어서는 유사하지만 동일한 것은 아니라는 사실을 지적할 필요는 아마도 거의 없을 것이다.

따라서 기업자의 순소득 및 순이윤을 계산하는 데 있어서는 보족적비용의 추정액을 위에서 정의한 그의 소득(所得) 및 조이윤(粗利潤)으로부터 공제하는 것이 보통이다. 왜냐하면, 얼마를 자유롭게 소비하고 얼마를 저축할 수 있는가를 고려하고 있는 기업자에 대하여 보족적비용이 미치는 심리적 효과는, 사실상 그것이 마치 그의 조(粗)이윤으로부터 떨어져 나간 것과 같은 것이기 때문이다. 설비를 사용할 것인지 아닌지를 결정하는 생산자(生産者)로서의 그의 입장에 있어서는, 위에서 정의한 의미에 있어서의 주요비용 및 조(粗)이윤은 중요한 의미를 갖는 개념이다. 그러나 소비자(消費者)로서의 그의 입장에 있어서는 보족적비용의 액수는 그의 심리에는 마치 그것이 주요비용의 일부분인 것처럼 작용한다. 따라서, 만약 우리가 총순소득(總純所得)을 규정하는 경우에 보족적비용을 사용자비용과 같이 공제하면, 즉 총순소득이 $A - U - V$와 같다고 한다면, 우리들의 용어는 비단(非但) 일상적으로 쓰이는 용어의 의미와 가장 가깝게 될 뿐만 아니라 소비의 크기에 관련을 가지는 또 하나의 개념으로 우리를 인도해줄 수도 있을 것이다.

이제 남은 문제는 시장가치의 예기하지 못한 변화, 예외적인 진부화, 재해에 의한 파괴 등의 비자발적이면서도 또 — 넓은 의미에 있어서 — 예견 불가능한 원인에 의한 설비가치의 변화의 문제이다. 우리는 이 항목에 속하는 실제상의 손실(損失)을 순소득(純所得)을 계산할 때에 있어서조차도 고려하지 않고 자본계정(資本計定)에 기입하는데, 그것을 우리는 불의(不意)의 손실(windfall loss)이라 부를 수 있을 것이다.

순소득(純所得)이 가지는 원인(原因)으로서의 중요성은 V의 크기가 경상소비량(經常消費量)에 미치는 심리적 영향에 있다. 왜냐하면, 순소득은 보통 사람이 얼마를 경상소비에 지출할 것인가를 결정할 때에 그가 사용할 수 있는 소득이라고 생각하는 것이기 때문이다. 물론 이것은 그가 얼마를 지출할 것인지를 결정할 때에 고려하는 유일(唯一)의 요인(要

因)은 아니다. 예를 들어, 자본계정에서 그가 얼마만큼의 불의의 손실 또
는 이익을 보고 있는가는 [소비지출에] 상당한 영향을 미친다. 그러나 보
족적비용(補足的費用)과 불의의 손실(損失)과의 사이에는, 전자의 변화는
기업자에 대하여 그의 조이윤(粗利潤)의 변화와 바로 똑같은 방법으로 영
향을 미치는 경향이 있다는 점에 차이가 있다. 기업자의 소비와 관련이
있는 것은, 경상 산출물의 매상금액이 주요비용과 보족적비용과의 합계
를 초과하는 액(額)이다. 반면에, 불의의 손실(또는 이익)은 그의 의사결
정 과정에서 고려되기는 하지만, 그 고려의 정도는 똑같지 않다.― 주어
진 불의의 손실은 그것과 같은 액의 보족적비용과 똑같은 효과를 가지는
것이 아니다.

그러나 우리는 여기서 보족적비용과 불의의 손실을 구분하는 선, 즉
소득계정(所得計定)의 차변(借邊)에 기입하는 것이 마땅하다고 생각되는
불가피한 손실과, 자본계정(資本計定)에 있어서의 불의의 손실(또는 이
익)로 간주되는 것이 합리적이라고 생각되는 것을 구분하는 선은 어느
정도는 관례적 또는 심리적인 것으로서, 그것은 전자(前者)를 추계하는
데 있어 일반적으로 인정되는 표준 여하에 의존한다는 점을 상기하여야
한다. 왜냐하면, 보족적비용의 추계에 대하여 유일무이(唯一無二)의 원
칙을 세울 수는 없는 것이며, 그 액은 우리의 계산 방법의 채택에 의존하
기 때문이다. 새로 제조된 설비의 경우, 보족적비용의 기대치는 하나의
확정적인 수량이다. 그러나 만약 그것이 후에 재평가되는 경우에는, 설
비의 잔여수명(殘餘壽命)에 대한 그 기대치는 그때까지의 우리의 기대의
변화에 따라 변화할 수도 있는 것이다. 이 경우에 불의의 자본손실(資本
損失)은 $U + V$ 의 장래에 있어서의 계열(系列)에 관한 종래의 기대치와
수정된 기대치와의 차액을 할인한 수치가 된다. 널리 승인되고 있으며
내국세(內國稅) 당국에 의해서도 인정되고 있는 기업회계의 원칙에 따르

면, 설비를 입수하였을 때에 보족적비용과 사용자비용의 합계에 해당하는 수치를 확정하고, 그 후에 있어서의 기대의 변화와는 무관하게 그 액을 설비의 존속기간 동안 변경시키지 않고 유지하기로 되어 있다. 이 경우, 어떤 기간 동안에 있어서의 보족적비용은 이와 같이 처음에 확정된 수치가 실제의 사용자비용을 초과하는 액으로 간주되어야 할 것이다. 이것은 설비 전체의 존속기간을 통하여 불의의 이윤 또는 손실이 제로(零)가 된다는 것을 확정하는 이점을 가지고 있다. 그러나 임의의 회계기간마다, 이를테면 1년마다, 그 기간 동안의 가치와 기대를 기초로 하여 보족적비용의 견적액(見積額)을 다시 계산한다는 것이 합리적인 경우도 있을 것이다. 실제로 기업자들은 저마다 다른 계산방식을 채택하고 있다. 설비가 처음 입수될 때의 보족적비용에 대한 당초의 기대를 기초적 보족적비용(basic supplementary cost)이라고 부르고, 그때그때의 가치와 기대에 입각하여 다시 계산한 해당액을 경상적 보족적비용(current supplementary cost)이라고 부르는 것이 편리할 것이다.

이리하여 우리들은 보족적비용은 하나의 전형적인 기업자가 (주식회사의 경우에) 배당을 행하거나 또는 (개인의 경우에) 그의 경상소비의 크기를 결정할 목적으로, 그가 순소득이라고 생각하는 것을 산정하기에 앞서 그의 소득으로부터 공제하는 여러 가지 액수의 합계로 구성된다는 것 이상으로, 보족적비용의 수량적 정의에 접근할 수는 없다. 자본계정에 불의의 손실을 기입(記入)하여야 하는 경우는 없어지지 않을 것이기 때문에, 의혹이 있는 경우에는 자본계정에 하나의 항목을 설정하고, 보족적비용에는 상당히 명백하게 거기에 속한다고 생각되는 것만을 포함시키는 것이 더욱 좋다는 것은 확실하다. 왜냐하면, 전자에 대한 과중부하(過重負荷)는 그것이 경상소비율(經常消費率)에 대하여 그렇지 않을 경우보다는 훨씬 더 큰 영향력을 가지게 함으로써 시정될 수가 있는 것이기 때문이다.

우리의 순소득(純所得)의 정의는 마샬이 내린 소득(所得)의 정의, 즉 그가 소득세 위원회 요원들의 관행으로 도피하여, 대체로 그들이 그들의 경험을 통하여 소득으로 취급하기로 택한 것은 무엇이든지 소득이라고 간주하기로 결심하였을 때, 그가 내린 소득의 정의와 대단히 근사하다는 것에 유의하기 바란다. 무릇 그들의 판정의 방법은, 실제로 보통 순소득으로 취급되는 것이 어떤 것인가에 대한 판단을 하기 위하여 가능한 한 가장 세심하고 철저한 연구를 행한 결과라고 볼 수가 있기 때문이다. 또한 우리의 정의는 피구 교수의 가장 새로운 국민분배분(國民分配分: National Dividend)의 정의에서의 화폐가치에 대응한다.[5]

그러나 순소득은 권위자에 따라서 그 해석이 구구한 모호한 표준에 기초를 두고 있기 때문에, 아주 확실하게 명료한 것은 아니다. 예를 들어 하이예크 교수는 자본재(資本財)를 소유하는 개인은 그의 소유(所有)로부터 나오는 소득을 일정하게 유지하려고 할 것이므로, 어떤 이유로든지 그의 투자소득이 감소하는 경향이 있는 경우에는 그것을 상쇄할 만큼 충분한 액을 비축할 때까지는 그는 그의 소득을 소비를 위하여 마음대로 지출해도 좋다고 생각하지는 않을 것이라는 시사를 한 바 있다.[6] 과연 그런 개인이 존재하는지는 의문시된다. 그러나 그것이 순소득에 대하여 있을 법한 심리적인 기준을 제공한다는 의미에서 이와 같은 공제를 하는 데 대해서는 아무런 이론적인 반론을 제기할 수가 없다는 것은 확실하다. 그러나 하이예크 교수가 저축과 투자의 개념도 역시 이에 상응하게 모호하다고 추론할 때에는, 그의 추론은 그가 순저축(純貯蓄)과 순투자(純投資)를 염두에 두고 있을 때에 한하여 정당하다. 고용이론에 관련되는

---

5) Economic Journal, 1935년 6월호, 제235페이지.

6) 「자본의 유지」, (Economica) 1935년 8월호, 제241페이지 이하.

저축(貯蓄)과 투자(投資)에는 이와 같은 결점은 없으며, 위에서 설명한 바와 같이 객관적인 정의를 내릴 수 있는 것이다.

따라서 순소득에만 모든 역점을 두고 본래의 소득의 개념을 간주한다는 것은 (지금까지 흔히 그랬듯이) 옳지 못하다. 순소득은 오직 소비에 관한 결정을 하는 데 유용할 뿐이며, 더구나 소비에 영향을 미치는 여러 다른 요인들과의 구분선은 매우 협소한 데 반해, 소득은 경상생산(經常生産)에 관한 의사결정과 관련이 있는, 아무런 모호한 점이 없는 개념인 것이다.

상기(上記)의 소득 및 순소득의 정의는 가능한 한 일상용어에 따르고자 의도한 것이다. 그러므로 나는 나의 『화폐론(貨幣論)』에서 소득을 특수한 의미로 정의한 것을 이제 여기서 독자들에게 상기시키고자 한다. 나의 그때의 정의의 특수성은 총소득(總所得) 가운데서 기업자에게 귀속되는 부분에 관계된 것이었다. 왜냐하면 내가 그때 취급한 것은 기업자들의 경상활동으로부터 실제로 실현된 이윤(粗이윤이든 純이윤이든)이나 또는 그들이 경상활동을 전개하기로 결정할 때에 기대하는 이윤이 아니라, 어떤 의미에 있어서 (산출량의 규모의 변화의 가능성을 감안한다면 충분히 확실하게 정의된 것은 아니라고 나는 현재 생각하기는 하지만) 정상적인 또는 균형적(均衡的)인 이윤이었기 때문이다. 그 결과 이러한 정의 하에서는 정상이윤이 실제이윤을 초과하는 만큼 저축(貯蓄)이 투자(投資)를 초과할 수 있었던 것이다. 이와 같은 용어의 사용이, 특히 그것이 저축(貯蓄)이라는 용어와 상호 관련되어 사용되는 경우, 상당한 혼란을 빚어내지 않았을까 염려된다. 왜냐하면, 이들 용어가 나의 특수한 의미로 해석될 때에 비로소 타당하게 되는 결론들(특히 투자를 초과하는 저축에 관련되는 결론들)이, 이들 용어가 마치 일반에게 잘 통용되고 있는 의미로 사용되고 있는 것인 양 일반의 논의에서 종종 채택되어 오고 있기 때문이다.

이 이유 때문에, 그리고 또 나의 종전의 용어가 이미 나의 생각을 정확하게 표현하는 데 더 이상 필요하다고 보지도 않기 때문에, 나는 이들 용어를 버리기로 결정하였다 ― 그 용어가 야기시킨 혼란을 매우 유감으로 생각하면서.

Ⅱ

여러 가지 용어(用語)들의 형형색색의 용법(用法)의 혼란 속에서 하나의 확정점(確定點)을 발견한다는 것은 유쾌한 일이다. 내가 아는 한에 있어서는, 저축(貯蓄)이란 소득(所得)이 소비지출(消費支出)을 초과하는 부분을 의미한다는 데 대하여는 모든 사람들의 의견이 일치되고 있다. 따라서 저축의 의미에 관한 어떤 의혹이 있다면, 그것은 소득(所得) 또는 소비(消費)의 의미에 관한 의혹에서 나오는 것이다. 소득에 대해서는 우리는 이미 정의를 내렸다. 일정 기간 동안에 있어서의 소비에 대한 지출은 그 기간 내에 소비자에게 팔린 재(財)의 가치(價値)를 의미하는 것이어야 하는바, 이것은 우리로 하여금 소비자로서의 구매자(consumer-purchaser)의 의미가 무엇이냐 하는 문제로 되돌아오게 한다. 소비자로서의 구매자와 투자자로서의 구매자를 구분하는 선에 관한 합리적인 정의가 있다면 그것이 무엇이건, 그것이 일관성 있게 적용되기만 한다면, 다 똑같이 우리에게 유용할 것이다. 이를테면, 자동차를 구입하는 것은 소비자로서의 구입이고, 가옥을 구입하는 것은 투자자로서의 구입이라고 간주하는 것이 옳은가 하는 문제는 지금까지 자주 논의되어 오고 있는데, 나는 이에 관한 논의에 부가할 아무런 중요한 논점(論點)도 가지고 있지 않다. 그 기준은 명백히 소비자와 기업자 사이를 구분하는 선을 어디에 그을 것인가 하는 문제와 대응하는 것이어야 한다. 따라서 우리들이 A_1을 한 기업자가 다른 기업자로부터 구입한 것의 가치(價値)로 정의했을 때, 우리는 이미 암암리에 문제를 해결하고 있는 것이다. 그 결과, 소비(消費)에 대한 지출은 $\Sigma(A-A_1)$ 으로서 하등 의문의 여지없이 정의될 수가 있다. 이 경우 ΣA 는 한 기간 동안에 이루어진 전 매상액(賣上額)이며 ΣA_1은 한 기업자로부터 다른 기업자에게 판매된 총액이다. 이하에서는 편의상 원칙적으로 Σ 를 생략하고 A 를 모든 종류의 것의 총매상액(總賣上額)을, A_1은 한 기업자로부터 다른 기업자에 대한 총매상액을, 그리고 U 는 기업자의 총사용자비용(總使用者費用)을 표시하도록 하고자 한다.

마침내 소득 및 소비의 의미에 관한 정의를 내렸으므로, 소득이 소비를 초과하는 액인 저축의 정의는 자연스럽게 따라 나온다. 소득은 $A-U$ 와 같고 소비는 $A-A_1$ 과 같기 때문에, 저축은 A_1-U와 같게 된다(즉, $(A-U)-(A-A_1)=A_1-U$). 유추하여 순소득이 소비를 초과하는 액, 즉 A_1-U-V와 같은 액수의 순저축을 얻게 된다.

우리의 소득의 정의로부터 당장에 경상투자(經常投資)의 정의가 따라 나온다. 왜냐하면, 우리는 이것이 당해 기간의 생산활동의 결과로부터 나오는, 자본설비의 가치에 대한 경상부가물(經常附加物)을 의미하는 것으로 보아야 하기 때문이다. 이것은 명백하게 우리가 지금 막 저축이라고 정의한 것과 같다. 왜냐하면 그것은 당해 기간의 소득 가운데서 소비에 충당되지 않은 부분이기 때문이다. 우리는 위에서 일정 기간에 있어서의 생산활동의 결과로서 기업자는 기말(期末)에 있어서 A의 가치를 가진 완성 산출물의 판매액과, A를 생산하고 또 팔아버린 결과로 ─ 다른 기업자로부터 A_1의 구입을 감안한 후의 ─ U로써 측정되는 가치 손모(또는 U 가 마이너스(−)의 수치인 경우, $-U$ 만큼의 가치 증가)를 입은 자

본설비를 가지게 된다는 것을 보았다. 같은 기간 동안에, $A - A_1$의 가치를 가진 완성 산출물이 소비로 넘어가게 될 것이다. $A - U$가 $A - A_1$을 초과하는 부분, 즉 $A_1 - U$는 그 기간 동안의 생산활동의 결과로 나타나는 자본설비에 대한 부가물이며, 따라서 당해 기간 동안의 투자가 된다. 유추하여, $A_1 - U - V$, 즉 자본가치의 정상적인 훼손 — 그것의 사용에 의해 발생한 것과는 별도의, 또 자본계정에 기입될 설비가치의 불의의 변화와도 별도의 — 을 공제한 자본설비에 대한 순(純) 부가액이 당해 기간의 순(純) 투자(投資)가 된다.

따라서 저축액(貯蓄額)은 개개 소비자의 집합적 행동의 소산(所産)이고, 투자액(投資額)은 개개 기업자의 집단적 행동의 소산이면서, 이 두 액수는 필연적으로 일치하게 된다. 즉, 양 액수는 각각 소득이 소비를 초과하는 액과 일치하기 때문이다. 뿐만 아니라 이 결론은 결코 앞에서 말한 소득(所得)의 정의에 대한 어떠한 기발함이나 특수성에 의존하는 것은 아니다. 만일 소득은 경상산출량의 가치와 같다는 것, 경상투자(經常投資)는 경상산출량 가운데서 소비되지 않은 부분의 가치와 같다는 것, 및 저축(貯蓄)은 소득이 소비를 초과하는 액과 같다는 것이 승인된다면 — 이 모든 것은 상식과 그리고 또 대다수 경제학자들의 전통적인 용어예(用語例)와도 부합되는 것이다 —, 저축과 투자는 당연히 균등하게 되는 것이다. 즉,

$$\text{소득} = \text{산출물의 가치} = \text{소비} + \text{투자}$$
$$\text{저축} = \text{소득} - \text{소비}$$
$$\text{따라서 저축} = \text{투자.}$$

이리하여, 상기의 조건을 충족하는 어떤 일련의 정의도 똑같은 결론으로

유도된다. 이 결론을 배제할 수 있는 유일한 길은 이 조건들 가운데 어느 하나의 타당성을 부인하는 것뿐이다.

저축액과 투자액 사이의 균등관계는 한편으로는 생산자, 또 다른 한 편으로는 소비자 또는 자본설비의 구매자 사이의 거래의 양면적(兩面的: bilateral)인 성격으로부터 나타나는 것이다. 소득은 생산자가 산출물을 매각하여 얻는 가치 중에서 사용자비용을 초과하는 부분에 의해 창조된다. 그러나 이 산출물의 전체는 분명히 소비자나 또는 다른 기업자의 어느 한 쪽에 판매되지 않으면 안 된다. 그리고 각 기업자의 경상투자는 그가 다른 기업자로부터 구입한 설비가 스스로의 사용자비용을 초과하는 액과 같다. 따라서 총계(總計)로서 소득 가운데서 소비를 초과한 부분의 액, 즉 우리가 저축(貯蓄)이라고 부르는 액은 우리가 투자(投資)라고 부르는 자본설비에 부가되는 액과 다를 수가 없다. 그리고 똑같은 것을 순저축 및 순투자에 대하여도 유추할 수 있다. 사실 저축은 단순한 잔액(殘額)에 불과하다. 소비하려는 의사결정과 투자하려는 의사결정 사이에서 소득이 결정된다. 만약 투자의 의사결정이 유효하게 된다고 가정한다면, 그 결정은 그것이 실행에 옮겨짐으로써 소비를 절감하거나 또는 소득을 확대하거나 해야 한다. 그리하여 투자행위는 그 자체가 우리가 저축이라고 부르는 잔고(殘高) 또는 차액(差額)을 똑같은 액수만큼 증가시키지 않을 수 없는 것이다.

물론 각 개인은 얼마를 저축하고 얼마를 투자할 것인가에 관하여 결심을 할 때 냉정하지 못하기 때문에, 거래가 이루어지는 가격균형(價格均衡)이 없는 경우도 있을 수 있을 것이다. 이 경우에는 산출물은 이미 확정적인 시장가치가 없고, 가격은 제로(零)와 무한대 사이에 어떤 안정점(安定點)도 가지지 못할 것이기 때문에, 우리들의 용어는 이제는 타당하지 못하게 될 것이다. 그러나 사실은 이와 같지는 않다는 것을 경험이 보여주고 있다. 즉, 사고자 하는 마음과 팔고자 하는 마음이 같게 되는 균형점(均衡點)의 성립을 가능하게 만드는 심리적 반응의 습성이 있는 것이다. 산출물에 대하여 시장가치(市場價値)라고 하는 것이 존재한다는 것은, 한편으로는 화폐소득이 확정적인 수치를 가지기 위한 필요조건(必要條件)이 되는 동시에, 다른 한편으로는 저축하는 개개인이 저축하려고 결정하는 총액이 투자하는 개개인이 투자하려고 결심하는 총액에 균등하게 되기 위한 충분조건(充分條件)이 되는 것이다.

　이 일에 대한 명확한 인식은, 아마도, 저축하려는 의사결정을 기준으로 생각하는 것보다는 소비하려는 (또는 소비하지 않으려는) 의사결정을 기준으로 생각함으로써 가장 잘 도달될 것이다. 소비할 것인가 또는 소비하지 않을 것인가의 결정은 확실히 개인의 권한에 속하는 일이며, 투자할 것인가 또는 투자하지 않을 것인가에 관한 의사결정 역시 그러하다. 총소득액(總所得額)과 총저축액(總貯蓄額)은 소비할 것인가 또는 아니할 것인가, 그리고 투자할 것인가 또는 아니할 것인가에 관한 개인의 자유선택의 결과이다. 그러나 그들은 그 어느 것도, 소비 및 투자에 관한 의사결정과는 무관하게 이루어지는 별개의 일련의 의사결정으로부터 나오는 것과 같은 독립적인 수치(數値)를 이룰 수는 없는 것이다. 이 원칙에 따라서 다음의 논의에서는 소비성향의 개념을, 저축성향(貯蓄性向) 내지 의향(意向)에 대체시키고자 한다.

제6장의 보론

사용자비용(使用者費用)에 관하여

I

사용자비용[의 개념]에는, 고전파의 가치론(價値論)에 관한 지금까지 간과되어 온 하나의 중요한 의미가 있다고 생각된다. 사용자비용에 관해서는 여기서 논하는 바와 유관하거나 또는 그렇게 하는 것이 적절한 이상으로 논의되어야 할 사항이 많다. 어쨌든 우리는 본론을 떠나서 이 보론(補論)에서 사용자비용에 관하여 좀 더 고찰하고자 한다.

기업자의 사용자비용은 정의에 의해 다음과 같은 것이 된다.

$$A_1 + (G' - B') - G$$

여기에서 A_l 은 우리의 기업자가 다른 기업자로부터 구매하는 금액이고, G 는 기말(期末)에 있어서의 자본설비의 실제 가치이며, G' 는 만약 기업자가 그 자본설비를 사용하지 않고 그것을 유지하고 개선하기 위하여 B' 만큼의 최적액(最適額)을 지출하였다면 기말에 자본설비가 가질 수 있으리라고 생각되는 가치이다. 그런데, $G - (G' - B')$ 는, 즉 기업자가 전기(前期)로부터 물려받은 순가치(純價値) 이상의 가치의 증분(增分)은,

기업자가 그의 설비에 부가한 경상투자(經常投資)를 나타내는 것으로서 I 라고 쓸 수 있다. 따라서 U, 즉 그의 매상총액 A의 사용자비용은 A_1 $-I$ 와 일치하게 된다. 이 경우 A_1은 그가 다른 기업자로부터 구매한 액이며, I 는 그가 그 자신의 설비에 부가한 경상투자액(經常投資額)이다. 조금만 숙고(熟考)해 보면 이 모든 것은 상식 이상의 아무것도 아니라는 것을 알 수 있을 것이다. 다른 기업자들에 대한 그의 지출의 일부는 그 자신의 설비에 대한 그의 경상투자의 가치에 의해 상쇄되고, 그 잔액은 그가 판매한 산출물을 위하여 생산요소에 지불한 총액 이상으로 지출하지 않으면 안 되었던 희생(犧牲)을 나타내는 것이다. 만약 독자가 이 내용을 다른 방법으로 표시하고자 한다면, 그는 이것이 풀기 어려운 (따라서 불필요한) 회계상(會計上)의 문제를 회피하였다는 점에 그 장점이 있다는 것을 발견할 수 있을 것이다. 생산물의 경상판매액을 모호하지 않게 분석하는 방법은 이것밖에 없다고 나는 생각한다. 만약 산업이 완전히 통합되어 있거나 또는 기업자가 외부로부터 아무것도 구매하지 않음으로써 $A_1 = 0$이 된다면, 사용자비용은 설비의 사용에 따른 마이너스 (負)의 경상투자와 같은 것에 불과하다. 그러나 그렇다고 하더라도 우리의 분석은 어떠한 단계에 있어서도 요소비용(要素費用)을 판매된 제품과 보유되고 있는 설비의 사이에 할당할 필요가 없다는 장점이 있는 것이다. 이리하여 우리는 통합된 것이건 개별적인 것이건 간에, 한 기업에 의해 주어지는 고용량(雇用量)은 단일의 통일된 의사결정에 의존하는 것으로 볼 수 있다. ―이 방법은 경상적으로 판매되는 것의 생산과 전체 생산과의 사이에 존재하는 실제상의 상호연계적인 성질에도 부합되는 것이다.

그런데, 현대의 가치론에 있어서는 단기공급가격(短期供給價格)은 오직 한계요소비용(限界要素費用)과 일치한다고 하는 것이 통례(通例)인 관행이 되고 있다. 그러나 이것은 한계사용자비용이 제로(零)이거나, 혹은 마치 위에서(제24면) 내가 「매상금액」 및 「총공급가격」을 총사용자비용이 포함되어 있지 않은 것으로 정의한 바와 같이, 공급가격(供給價格)을 한계사용자비용(限界使用者費用)이 포함되어 있지 않은 것으로 특별하게 정의한 경우에 한하여 정당하다는 것은 명백하다. 그러나 산출량 전체를 취급하는 데 있어 사용자비용을 공제하는 것이 경우에 따라서는 편리할지도 모르지만, 이 방법은, 만약 그것이 관행적으로 (그리고 암묵적으로) 어떤 하나의 산업이나 기업의 산출물에 적용된다면, 우리의 분석으로부터 모든 현실성을 박탈하게 될 것이다. 왜냐하면, 그것은 어떤 제품의 「공급가격」을 그 「가격」의 어떤 통상적인 의미로부터도 격리된 것으로 만들 것이기 때문이다. 그리고 그와 같은 관행으로부터 어떤 혼란이 나오게 된 것 같다. 「공급가격」은 어떤 한 개 기업의 판매가능한 산출물의 1단위에 적용될 때에는 명백한 의미를 가지는 것으로 생각되고, 그리고 이 일에 관해서는 논의를 필요로 하지 않는 것으로 생각되어온 것 같다. 그러나 타(他)기업으로부터의 구입물(購入物)과 기업 자신의 설비의 손모(損耗) 양자를 한계생산물의 생산으로부터 나오는 하나의 결과로 취급하는 데에는 소득(所得)의 정의에 수반되는 일군(一群)의 혼란이 내포되어 있다. 왜냐하면, 비록 우리가 기업의 공급가격이 의미하는 바를 밝히기 위하여, 산출물의 부가적 1단위를 판매하는 데 따른 타(他)기업으로부터의 구입물의 한계비용은 단위당 매상금액으로부터 공제되어야 한다고 가정하더라도, 아직도 우리는 한계생산물을 생산하는 데 따른 기업 자신의 설비에 대한 마이너스(負)의 한계투자(限界投資)를 감안해야 하기 때문이다. 비록 모든 생산이 완전히 통합된 기업에 의해 수행된다고 하더라도, 그래도 한계사용자비용이 제로(零)라고 상정하는 것 ─ 즉, 한계산출물의 생산에 따른 설비에 대한 마이너스(負)의 한계투자는 일반적으로 무시될 수 있다고 상정하는 것 ─ 은 정당하지 못하다.

사용자비용과 보족적비용(補足的費用)의 개념은 또 우리로 하여금 장기공급가격과 단기공급가격 사이에 더욱 명료한 관계를 수립할 수 있게 해준다. 장기비용(長期費用)은, 설비의 존속기간에 걸쳐서 알맞게 평균된 기대(期待) 주요비용(主要費用)과 아울러 기초적인 보족적비용도 명백히 포함하는 액수여야 한다. 다시 말해서, 산출물의 장기비용은 예상되는 주요비용과 보족적비용의 합계이어야 하며, 또 그뿐 아니라, 정상적인 이윤을 낳기 위해서는 장기공급가격은, 이와 같이 계산되는 장기비용을, 설비의 원가(原價)의 백분율로 계산된, 비등한 기간과 위험을 가지는 여러 가지 대부(貸付)에 대한 경상이자율(經常利子率)에 의해 결정되는 액수만큼 초과하여야 한다. 또는, 만약 우리가 표준적인 「순수(純粹)」 이자율로 논하고자 한다면, 우리는 장기비용 속에 현실로 나타나는 수익(收益)이 예상되는 수익과 다르게 되는 미지(未知)의 가능성을 보상하기 위하여 위험비용(危險費用: risk-cost)이라고 부를 수 있는 제3의 항목을 포함시켜야 한다. 이리하여 장기공급가격(長期供給價格)은 주요비용(主要費用), 보족적비용(補足的費用), 위험비용(危險費用) 및 이자비용(利子費用)의 총계와 같게 되는 것이며, 장기공급가격은 이들 몇 개의 구성요소로 분석될 수가 있다. 반면에, 단기공급가격(短期供給價格)은 한계(限界)주요비용과 일치한다. 따라서 기업자는 그의 설비를 구입하거나 건조할 때, 주요비용의 한계치(限界値)가 그 평균치(平均値)를 초과하는 액수를 가지고 보족적비용, 위험비용 및 이자비용을 보상할 것을 기대하여야 한다. 따라서 장기균형에 있어서는 한계주요비용이 평균주요비용을 초과하는 액은 보족적비용, 위험비용 및 이자비용의 총액과 일치해야 한다.[1]

───────────────

1) 논의(論議)의 전개를 이런 방법으로 한다는 것은 한계주요비용곡선(限界主要費用曲線)이 산출량의 변화에 대하여 그 전체 길이를 통하여 연속적(連續的)이라는 편

한계(限界)주요비용이 평균(平均)주요비용과 보족적비용의 합계와 정
확하게 일치하는 수준의 산출량은 특별한 중요성을 가진다. 왜냐하면 그
것은 기업의 매상(賣上)의 손익분기점(損益分岐點)이기 때문이다. 그것은
즉, 순이윤(純利潤)이 제로(零)인 점에 대응하는 것으로서, 이보다 산출량
이 적은 경우에는 그는 순손실(純損失)을 보면서 영업을 하고 있는 것이
다.

보족적비용이 주요비용과 별도로 준비되어야 하는 정도는 설비의 형
태 여하에 따라 달라진다. 다음과 같은 두 가지 극단적인 경우가 있다.

(i) 설비유지(設備維持) 행위의 일부가 필연적으로 그 설비사용 행위
와 병행해서 이루어져야 한다(이를테면 기계에 윤활유를 치는 것과 같은
것). 이 비용은 (외부로부터 구입하는 것과는 별도로) 요소비용(要素費用)에
포함된다. 만약 물리적인 이유로 경상감가상각(經常減價償却) 전체의 정
확한 [총]액이 필연적으로 이 방법으로 충당되어야 한다면, 사용자비용
의 [총]액은 (외부로부터의 구입분은 별도로 하고) 보족적비용(補足的費用)과
부호가 반대인 동일한 액이 될 것이다. 그리고 장기균형에 있어서는 한
계(限界)요소비용은 평균(平均)요소비용을 위험비용 및 이자비용과 같은

의적인 가정에 의거한다. 실제에 있어서는 이 가정은 종종 비현실적이고, 한두 군데
에서는 비연속적인 경우도 있을지도 모른다. 산출량(産出量)이 설비의 기술적인 완전
가동(完全稼動)에 해당하는 곳에 도달하였을 때에는 특히 그렇다. 이 경우에는 한계
분석은 부분적으로 붕괴하며, 한계주요비용이 산출량의 근소한 감소에 관하여 계산
된 경우, 가격이 그 한계주요비용을 초과하는 경우가 있을 수 있을 것이다(이와 유사
하게, 연속성의 중단은 하향(下向)의 방향에도, 즉 산출량이 일정한 점 이하로 감소
되었을 경우에도 종종 있을 수 있을 것이다). 이것은 우리가 장기균형에 있어서의 단
기공급가격을 고찰하는 경우에 중요하다. 왜냐하면 이 경우에는 기술적인 완전 가동
점(完全稼動點)에 대응하여 존재할 수 있는 어떤 종류의 불연속(不連續)도 실제로 작
용하는 것으로 가정하여야 하기 때문이다. 이리하여 장기균형에 있어서의 단기공급
가격은 (산출량의 근소한 감소를 기준으로 계산된) 한계주요비용(限界主要費用)을 초과
하지 않으면 안 되는 경우가 있을 것이다.

액수만큼 초과할 것이다.

(ii) 설비가치의 손모(損耗) 중의 일부는 설비가 사용될 경우에 한하여 일어난다. 이 비용은 그것이 설비의 사용행위와 병행해서 보전되는 것이 아닌 한 사용자비용 가운데 포함된다. 만약 설비의 가치감모(價値減耗)가 오직 이와 같은 방법에 의해서만 비로소 일어날 수 있는 것이라고 한다면, 보족적비용은 제로(零)가 될 것이다.

기업자는 사용자비용이 낮다는 이유만으로 그의 가장 오래되고[最古] 가장 나쁜[最惡] 설비를 우선 먼저 사용하지 않는다는 것은 지적할만한 가치가 있는 일이다. 왜냐하면, 낮은 사용자비용은 그 상대적 비효율성, 즉 높은 요소비용(要素費用)에 의해 추월될 수가 있기 때문이다. 이리하여 기업자는 그의 설비 중에서 사용자비용 더하기(+) 요소비용이 산출물 1단위당 최저가 되도록 하는 그의 설비의 부분을 선택하여 사용한다.[2] 따라서 당해 산출물의 어떤 주어진 산출량에 대해서도 이에 대응하는 사용자비용이 있지만[3], 이 총사용자비용은 한계사용자비용—즉, 산출율의 증가분으로 말미암은 사용자비용의 증가분—에 대하여 균일한 비례관계를 가지는 것은 아니다.

---

2) 사용자비용은 부분적으로 장래의 임금수준에 대한 기대에 의해서도 좌우되는 것이기 때문에, 일시적이라고 기대되는 임금단위(賃金單位)의 인하(引下)는 요소비용(要素費用)과 사용자비용이 서로 다른 비율로 변동하도록 만들 것이다. 그리고 그 결과 어떤 설비가 사용될 것인가에 영향을 미치고, 또 아마도 유효수요(有效需要)의 수준에도 영향을 미칠 것이다. 왜냐하면, 요소비용은 사용자비용과는 다른 방법으로 유효수요의 결정에 참여하게 될 것이기 때문이다.

3) 최초로 사용되는 설비의 사용자비용은 반드시 산출물의 총량과 독립적인 것이 아니다(후술 참조). 즉, 사용자비용은 산출물의 총량(總量)이 변화할 경우에는 처음부터 끝까지 전량(全量)에 걸쳐 영향을 받을 경우가 있을 것이다.

Ⅱ

사용자비용(使用者費用)은 현재와 장래를 연결하는 연쇄(連鎖)의 일부를 이룬다. 왜냐하면, 기업자는 자신의 생산규모를 결정하는 데 있어 그의 설비를 현재 사용할 것인가 아니면 후에 사용할 수 있도록 보존할 것인가에 관하여 선택을 해야 하기 때문이다. 사용자비용의 크기를 결정하는 것은 현재의 사용에 수반되는 장래이익(將來利益)의 예상되는 희생(犧牲)이며, 한계요소비용 및 한계매상금액의 기대치와 더불어 기업자의 생산규모를 결정하는 것은 이 희생의 한계량(限界量)이다. 그렇다면, 어떤 생산행위의 사용자비용은 어떻게 기업자에 의해 산출되는가?

우리는 사용자비용이란, 그렇게 할 만하다고 보이는 유지(維持) 및 개선(改善)을 위한 비용과 다른 기업자로부터의 구입액을 감안한 다음, 설비를 사용하였기 때문에 그것을 사용하지 않았을 경우에 비하여 감소된 설비의 가치라고 정의한 바 있다. 따라서 사용자비용은 설비를 현재 사용하지 않는다면 후일에 얻을 수 있을 부가적 예상수익(豫想收益)의 할인치(割引値)를 계산함으로써 얻어질 수 있는 것이어야 한다. 그런데 이것은 적어도 설비를 사용하지 않고 그대로 두는 결과로 생길 설비대체(設備代替: replacement)의 연기기회(延期機會)의 현재가치(現在價値)와 같다. 혹은 그 이상이 될 수도 있을 것이다.[4]

만약 자본설비의 잉여(剩餘) 또는 중복(重複)이 없고, 따라서 비슷한

---

4) 그 이상이 되는 경우는 후일 정상수익(正常收益) 이상의 수익이 얻어질 수 있을 것으로 기대되는 경우인데, 한편으로는 그것이 새로운 설비의 생산을 정당화할 (또는 그것을 위한 시간을 허용할) 정도로 오랫동안 계속되리라고 기대되지 않는 경우이다. 오늘의 사용자비용은 후일의 모든 가능한 기대수익(期待收益)의 할인치(割引値)의 최대량(最大量)과 같다.

설비의 더 많은 단위가 설비확장 또는 설비대체를 위하여 매년 새로 생산되고 있다고 한다면, 한계사용자비용은, 만약 그 설비가 사용된다고 했을 때 그 설비의 수명이나 능률이 줄어드는 액수 및 그 경상 대체비용(代替費用)에 비추어서 계산될 수 있다는 것은 분명하다. 그러나 만약 중복되는 설비가 있다면, 이 경우의 사용자비용은, 이자율과 그 설비잉여가 손모 및 기타에 의해 흡수되리라고 예상되기 이전의 기간에 있어서의 경상(즉, 재평가된) 보족적비용에도 또한 의존할 것이다. 이렇게 함으로써 이자율과 경상보족적비용은 간접적으로 사용자비용의 계산 속에 들어오게 되는 것이다.

이 계산은 요소비용이 제로(零)인 경우, 예를 들어, 내가 『화폐론』의 제2권 제29장에서 설명한 바와 같은 논리에 따라, 구리(銅)와 같은 원료의 잉여재고가 있는 경우에 가장 선명하고 알기 쉬운 형태로 나타난다. 장래의 여러 시점에 있어서의 구리(銅)의 예상가치(豫想價値)—그것은 잉여부분이 흡수되어 점차 추정 정상비용에 근접해 가는 속도에 의해 지배된다—의 계열(系列)을 생각해 보자. 이 경우에는 잉여 구리 1톤의 현재가치(現在價値), 즉 사용자비용은, 장래의 어떤 기일에 있어서의 추정 장래가치로부터 그 기일과 현재 사이에 있어서의 구리 1톤당의 이자비용과 경상 보족적비용을 공제함으로써 얻어지는 최대치와 일치하게 될 것이다.

같은 방식으로, 선박이나 공장이나 기계의 사용자비용은, 이들 설비가 잉여공급의 상태에 있는 경우에는, 그 잉여부분이 흡수되어 버리는 예정 기일까지의 이자비용과 경상 보족적비용에 의해 할인된 그 추정 대체비용이다.

우리는 위에서, 설비는 때가 되면 똑같은 물건으로 대체된다고 가정하였다. 만약 당해 설비가 소모되는 경우에 그것과 똑같은 물건으로 갱

신되지 않는다고 한다면, 그 경우의 사용자비용은 당해 설비가 폐기될
때 그 일을 하기 위하여 마련되는 새 설비의 사용자비용의 일정 비율—
그것은 그 설비의 상대적 능률에 의해 주어진다—을 고려함으로써 계산
되어야 한다.

Ⅲ

　설비가 폐물(廢物)이 되어 있는 것이 아니라 단순히 당분간 여분(餘
分)이 되어 있는 경우에는, 실제의 사용자비용과 그 정상치(正常値: 즉,
잉여설비가 없을 때의 가치)와의 차액은 그 잉여부분이 흡수되어 버리기까
지 경과되리라고 예상되는 기간(期間)에 따라서 달라진다는 점에 독자들
은 주의해야 할 것이다. 그리하여 당해 설비의 유형이 연령별로 여러 가
지이고 「한 덩어리」가 아니어서 해마다 일정한 부분씩 그 수명이 끝나
는 경우에는, 그 잉여가 예외적으로 과도하지 않은 한, 그 한계사용자비
용(限界使用者費用)은 그리 크게 감소하지 않을 것이다. 일반적 침체의
경우에는 한계사용자비용은 그 침체 상태가 얼마나 오랫동안 지속될 것
인가에 대한 기업자의 예상(豫想)에 달려 있다. 따라서 사태가 호전되기
시작한 경우의 공급가격의 등귀는 부분적으로는 그들의 예상이 달라짐
으로써 한계사용자비용이 급격하게 증가하기 때문일 것으로 생각된다.
　실업가(實業家)들의 의견과는 반대로, 잉여 공장설비를 폐기하려는
조직된 계획은 그것이 잉여 공장설비의 전체에 적용되지 않는 한, 가격
인상이라는 바라던 바의 효과를 가지고 오지 못한다는 주장을 가끔 듣는
다. 그러나 사용자비용의 개념은 어떻게 잉여설비가 (말하자면) 절반 폐
기되는 경우에 그것이 당장 가격인상(價格引上)의 효과를 가지고 올 수

있는가를 밝혀준다. 왜냐하면 이 정책은 잉여설비 흡수의 기일을 더욱 가깝게 함으로써 한계사용자비용을 상승시키고, 따라서 경상공급가격을 증가시키기 때문이다. 따라서 실업가는 사용자비용의 개념을 명확하게 정식화(定式化)하지는 않는다 하더라도 그것을 암묵적으로 마음속에 가지고 있는 것처럼 보인다.

만약 보족적비용이 거액이라면, 잉여설비(剩餘設備)가 있는 경우에 한계사용자비용은 낮다는 결론이 된다. 뿐만 아니라, 잉여설비가 존재하는 경우에는 한계요소비용과 한계사용자비용은 양자의 평균치를 크게 초과하는 일은 없을 것이다. 만약 이들 두 가지 조건이 모두 만족된다면, 잉여설비의 존재는 기업자가 순손실, 아마도 거액의 순손실을 보면서 조업하도록 만들 것이다. 잉여부분이 흡수되는 순간에 이런 사태로부터 정상이윤(正常利潤)의 상태로 급격하게 전환된다는 일은 없을 것이다. 잉여부분이 감소해 감에 따라 사용자비용도 점차로 증대해갈 것이다. 그리고 한계요소비용 및 한계사용자비용이 평균요소비용 및 평균사용자비용을 초과하는 액수도 또한 점차로 증가할 것이다.

Ⅳ

마샬의 『경제학원리』(제6판 제360면)에서는 사용자비용의 일부분은 「공장의 초과손모(超過損耗)」라는 항목 하에 주요비용(主要費用)에 포함되어 있다. 그러나 이 항목이 어떻게 계산되어야 하는가, 그것이 얼마나 중요한 것인가에 대하여는 그 어떤 지침도 없다. 피구 교수는 그의 『실업이론』(제42면)에서 다음과 같이 한계산출물(限界産出物)로 인하여 생기는 마이너스(負)의 한계설비투자(限界設備投資)는 일반적으로 무시되어도 무방하다고 확실하게 가정하고 있다. 즉, 그는 「산출량의 변화에 따라 설비의 손모가 달라지고 고용된 비수공노동(非手工勞動)의 비용이 달라지지만, 그것은 일반적으로 부차적인 중요성을 가지는 것으로서 무시할 수가 있다」5)라고 한 바 있다. 확실히, 생산의 한계점에 있어서는 마이너스(負)의 설비투자는 제로(零)라고 하는 관념은 상당히 많은 최근의 경제이론에 침투하고 있다. 그러나 개개 기업의 공급가격(供給價格)이란 무엇을 의미하는지를 정확하게 설명할 필요가 있다고 생각되는 즉시로, 문제의 전체가 뚜렷이 대두된다.

유휴설비의 유지비가, 흔히 앞에서 말한 이유로 말미암아, 특히 장기간 계속되리라고 예상되는 침체의 경우에는, 한계사용자비용의 크기를 저하시키는 것은 확실하다. 그럼에도 불구하고 한계점에 있어서의 사용자비용이 극히 낮다는 것은 단기(短期) 그 자체의 특징이 아니고, 우연히 유휴설비를 유지하는 비용이 크다고 하는 설비의 특수한 상태와 유형의 특징이며, 또, 극히 급속한 진부화나 또는 많은 잉여에 의해 특징지어지는 불균형 — 그것이 비교적 새로운 설비가 대부분이라는 것과 결합되어 있을 때에는 더욱 그러하다 —의 특징이다.

원료(原料)의 경우에 있어서는 사용자비용을 고려할 필요가 있다는 것은 명백하다. — 만약 1톤의 구리(銅)가 오늘에 완전히 사용된다고 한다면 내일은 이미 그것을 사용할 수가 없게 되며, 구리가 내일의 목적을 위하여 가질 수 있었을 가치는 명백히 한계비용의 일부로 간주되어야 한다. 그러나 구리의 예는 자본설비가 생산을 위하여 사용되는 경우에는 언제나 일어나는 사항의 하나의 극단적인 경우에 지나지 않는다는 사실

---

5) 호트리 씨(Economica, 1934년 5월호, 제145면)는 피구 교수가 공급가격을 한계노동비용과 동일시한 것을 지적하고, 피구 교수의 논의가 이 때문에 크게 손상을 입었다고 논한 바 있다.

은 종래 간과되어 왔다. 사용(使用)의 결과 생기는 마이너스(負)의 투자를 고려해야 하는 원료(原料)와 그것을 무시해도 무방한 고정자본(固定資本) 과의 사이에 뚜렷한 경계선이 있다는 가정은 사실과 맞지 않는다. ─ 설비가 매년 대체(代替) 시기에 도달하고 설비의 사용이 대체가 필요하게 하는 시일을 조금씩 가깝게 만드는 통상적인 상태에 있어서는 특히 그러하다.

사용자비용 및 보족적비용의 개념의 이점은 그것이 고정자본(fixed capital)에 뿐만 아니라 경영자본(經營資本: working capital) 및 유동자본(流動資本: liquid capital)에도 적용될 수 있다는 데 있다. 원료와 고정자본과의 근본적인 차이는 그것이 사용자비용 및 보족적비용을 필요로 하느냐 하지 않느냐에 있는 것이 아니라, 유동자본으로부터의 수확은 단일(單一) 기간의 것으로 구성되는 데 반하여, 내구성이 있으며 서서히 소모되는 고정자본으로부터의 수확은 연속적인 몇 개의 기간 동안에 얻어지는 일련의 사용자비용 및 이윤으로 구성된다는 점에 있다.

제7장

저축과 투자의 의미에 관한 속론(續論)

I

앞 장(章)에서 우리는 저축(貯蓄)과 투자(投資)는 사회 전체로서는 동일물(同一物)의 다른 측면에 지나지 않으므로, 양자는 그 액수가 필연적으로 일치한다고 규정하였다. 그러나 현대의 저술가들 가운데는 (『화폐론』에서의 나 자신을 포함하여) 이들 용어(用語)에 대하여 양자가 반드시 일치하지는 않는 특수한 정의를 내리는 사람들도 있다. 또한 어떤 정의로써도 논의(論議)를 전제하지 않으면서 양자는 일치하지 않을 수도 있으리라는 상정(想定) 하에서 저술하는 사람들도 있다. 따라서 앞에서 말한 논의와 이들 용어에 관한 다른 논의와의 관계를 밝히기 위하여, 이들 용어의 여러 가지 용법들 중 현재 일반적으로 통용되고 있다고 보이는 몇 가지를 분류해 보는 것은 유익한 일이라 생각된다.

내가 아는 한에 있어서는, 저축(貯蓄)이란 소득(所得) 가운데서 소비(消費)를 위하여 지출된 나머지 부분을 의미한다는 점에 있어서는 누구나 의견을 같이한다. 저축의 의미가 이와 다르다면 그것이야말로 대단히 불편하며 사람들을 오도하게 될 것이다. 또한 소비를 위한 지출이 무엇을 의미하는가에 관해서도 하등 중대한 의견 차이는 없다. 따라서 용어법의 차이는 투자(投資)의 정의로부터 또는 소득(所得)의 정의로부터 나오게 된다.

Ⅱ

우선 투자(投資)에 대하여 고찰해 보자. 통속적인 용법에 있어서는 투자란 개인 또는 법인(회사)에 의한 자산(資産) ― 새로운 것이건 또는 전부터 있던 것이건 간에 ― 의 구입(購入)을 의미하는 것이 보통이다. 경우에 따라서는 이 용어는 증권거래소에서의 자산의 구입에 한정되는 수도 있다. 그러나 우리는 이 용어를, 예를 들자면, 가옥에 대한 투자, 기계에 대한 투자, 완성재(完成財) 또는 미완성재의 재고에 대한 투자 등에 대해서도 똑같이 거리낌 없이 사용하며, 따라서 대범하게 말하자면, 재투자(再投資)와 구별되는 것으로서의 신투자(新投資)란, 소득으로부터 어떤 종류이건 간에 자본자산(資本資産)을 구입하는 것을 의미하는 것이다. 만약 우리들이 투자물의 판매를 음(陰: negative)의 투자, 즉 마이너스(負)의 투자(disinvestment)로 생각한다면, 나 자신의 정의는 통속적인 용법과 일치하게 된다. 왜냐하면, 기존의 투자물의 교환은 필연적으로 서로 상쇄되기 때문이다. 물론 우리는 채권의 발생과 소멸(신용량 또는 화폐량의 변화를 포함한다)도 감안하여야 한다. 그러나 사회 전체의 견지로 본다면 총채권액(總債權額)의 증감은 항상 총채무액(總債務額)의 증감과 정확하게 일치하는 것이므로, 우리가 총투자를 취급할 때에는 이러한 착잡한 관계도 또한 상쇄된다. 그리하여 통속적인 의미에 있어서의 소득

(所得)이 나의 순소득(純所得)에 대응하는 것이라고 가정한다면, 통속적인 의미에 있어서의 총투자(總投資)는 순투자(純投資)에 대한 나의 정의 — 즉, 순소득을 계산할 때 고려되는 구(舊)자본설비의 가치 변화를 감안한 후의 모든 종류의 자본설비에 대하여 이루어지는 순첨가(純添加) — 와 일치한다.

따라서 이와 같이 정의된 투자는 자본설비(資本設備) — 그것이 고정자본, 경영자본, 또는 유동자본의 어느 것으로 구성되어 있건 간에 — 의 증가를 포함하는 것으로서, 정의의 중대한 차이(투자와 순투자의 구별은 별문제로 하고)는 이들의 범주의 하나 또는 그 이상의 것을 투자에서 제외하는 것으로부터 생겨나는 것이다.

예를 들어, 호트리 씨는 유동자본(流動資本)의 변화, 즉 미판매품의 재고(在庫)의 불의의 증가분(또는 감소분)에 대하여 큰 중요성을 부여하는 바, 그는 이와 같은 재고의 변화가 배제된 투자의 정의가 가능함을 시사하였다. 이 경우에는 저축이 투자를 초과한다는 것은 미판매품의 재고의 불의의 증분(增分), 즉 유동자본의 증가를 의미하게 될 것이다. 호트리 씨는 왜 이것을 꼭 강조해야 하는지에 대하여 나를 납득시키지 못하고 있다. 왜냐하면 그것은, 정확하건 정확하지 않건 간에, 현재 예상되는 변화에 대비하여 당초에 예견되지 못했던 변화를 정정(訂正)하는 일에 모든 역점을 두는 것이기 때문이다. 호트리 씨는 기업의 산출량의 규모에 관한 기업자의 일상적인 의사결정은 그들의 미판매품의 재고의 변화에 비추어 전일의 규모와 달라지는 것으로 보고 있다. 확실히 소비재의 경우에는 이것이 그들의 의사결정에 있어서 중요한 역할을 한다. 그러나 나는 그들의 의사결정에 대한 다른 요인들의 작용을 배제하는 이유를 알 수 없다. 따라서 나는 유효수요(有效需要)의 변화 가운데서 전기(前期)동안에 판매되지 않은 재고의 증감을 반영하는 부분만을 강조할 것이 아

니라, 유효수요의 전반적 변화를 강조하는 것이 좋다고 생각한다. 뿐만
아니라, 고정자본(固定資本)의 경우 사용하지 않는 생산능력의 증가 또
는 감소는, 생산에 관한 의사결정에 미치는 효과에 있어서, 판매되지 않
은 재고의 증가 또는 감소에 대응하는 것으로서, 호트리 씨의 방법이 이
와 같은 적어도 똑같이 중요한 요인을 어떻게 다룰 수 있는지 알 수가
없다.

오스트리아학파 경제학자들에 의해 사용되는 [의미에 있어서의] 자본
형성 및 자본소비(資本消費: capital consumption)는 아마도 위에서의
정의에 따른 투자(投資) 및 마이너스(負)의 투자나, 또는 순투자(純投資)
및 마이너스(負)의 순투자와도 그 의미가 동일하지 않은 것 같다. 특히
자본소비는 위에서 정의한 바와 같은 자본설비의 순감소가 아주 명백하
게 존재하지 않는 사정 하에서 일어난다고 한다. 그러나 나는 이들 용어
의 의미가 명백하게 설명되어 있는 문장이나 구절[章句]에 대한 어떠한
안내도 발견하지 못하였다. 예를 들어, 자본형성(資本形成)은 생산기간
의 연장이 있는 경우에 이루어진다고 하는 것 같은 서술은 문제의 해명
에 크게 도움이 되지 않는다.

Ⅲ

우리는 다음에서 소득(所得)에 대한 특수한 정의 — 따라서 소득이 소
비를 초과하는 액(額)에 대한 특수한 정의 — 를 내림으로써 일어나게 되
는 저축과 투자 사이의 불일치의 문제를 살펴보고자 한다. 나의 『화폐
론』에서의 나 자신의 용법이 이에 대한 한 예가 된다. 왜냐하면, 위의
제60면에서 내가 설명한 바와 같이, 거기에서 사용한 소득의 정의는 기

업자의 소득(所得)을 실제로 실현된 이윤(利潤)으로서가 아니라 (어떤 의미에서는) 그들의 「정상이윤(正常利潤)」(normal profit)으로 간주하였다는 점에서, 나의 현재의 정의와 다른 것이었다. 나는 거기에서, 저축(貯蓄)이 투자(投資)를 초과하고 있다는 것으로써는 기업자들이 자신들의 자본설비의 소유로부터 얻는 수익(收益)이 정상이윤 이하가 되는 그러한 규모에서 생산이 이루어지고 있음을 의미하였고, 투자(投資)에 대한 저축(貯蓄)의 초과액이 증가하고 있다는 것으로써는 실제 이윤의 감소가 있기 때문에 기업자들은 의당 산출량을 축소시킬 유인 속에 있을 것임을 의미하였다.

지금 내가 생각하는 바에 의하면, 고용량(따라서 산출량 및 실질소득)은 현재 및 장래의 이윤(利潤)을 극대화(極大化)하려는 동기를 가진 기업자에 의해 결정되며(사용자비용에 대한 그의 참작은 어떻게 설비를 사용하는 것이 그 설비로부터 그 전(全)존속기간에 걸쳐 그의 수익을 극대화할 수 있는가에 관한 그의 견해에 의해 결정된다), 반면에 기업자의 이윤을 극대화하는 고용량(雇用量)은, 소비와 투자 각각으로부터 나올 매상금액(賣上金額)의 총액에 대한 여러 가지 추측에 근거한 기업자의 기대에 의해 주어지는, 총수요함수(總需要函數)에 의존한다. 나의 『화폐론』에서는, 거기에서 정의된 의미에서의 투자가 저축을 초과하는 액(額)의 변화라는 개념은, 비록 내가 그 책에서 기대된 결과와 실현된 결과를 명확하게 구별하지는 않았지만,[1] 이윤의 변화를 취급하는 하나의 방법이었다. 나는 거기에서 투자가 저축을 초과하는 액의 변화는 산출량의 변화를 지배하는 원동력이라고 논하였다. 따라서 새로운 논의는 (현재 내가 생각하는 바에 의하면), 비록 훨씬 정확하고 계발적(啓發的)이기는 하지만, 본질적으로

---

1) 거기서의 나의 방법은, 경상적으로 실현된 이윤의 경상기대치(經常期待値)를 결정하는 것으로 간주한다는 것이었다.

는 옛 논의의 발전이다. 나의 『화폐론』의 어법(語法)으로 표시한다면 그
것은 다음과 같이 될 것이다. 즉, 「저축에 대한 투자의 초과액이 증가하
리라는 기대는, 기업자로 하여금 종전의 고용량과 산출량에 비하여 고용
량 및 산출량을 증가시키도록 유도할 것이다」. 나의 현재의 이론 및 종
래의 이론의 의의는 고용량이 기업자들에 의한 유효수요(有效需要)의 추
정(推定)에 의해 결정된다는 것을 보여주고자 한 시도에 있는바, 나의
『화폐론』에서 정의된 의미에 있어서는, 저축에 비하여 상대적으로 투
자가 증가할 것이 예상된다면 그것은 유효수요가 증가한다는 하나의 판
단 기준이 된다는 것이다. 그러나 나의 『화폐론』에서의 설명은 말할 나
위도 없이 여기에서 제시되고 있는 그 후의 발전에 비추어 볼 때 매우
혼란되고 또 불완전한 것이다.

D.H. 로버트슨 씨는 오늘의 소득(所得)은 어제의 소비(消費) 플러스
투자(投資)와 일치한다고 정의하였다. 따라서 그가 의미하는 오늘의 저
축은 어제의 투자 플러스 어제의 소비가 오늘의 소비를 초과하는 액과
일치하게 된다. 이 정의에 있어서는 저축은 투자를 초과할 수 있으며,
그 폭은 바로 어제의 (나의 의미에 있어서의) 소득이 오늘의 소득을 초과
하는 액이 된다. 따라서 로버트슨 씨가 저축이 투자를 초과하고 있다고
말할 때에는 그는 내가 소득이 감소하고 있다고 말할 때 내가 의미하는
것과 글자 그대로 똑같은 것을 의미하는 것이며, 그가 의미하는 저축(貯
蓄)의 초과액(超過額)이란 나의 의미에서의 소득(所得)의 감소액(減少額)
과 정확히 일치한다. 만약 경상적인 기대가 항상 어제 실현된 결과에 의
해 결정된다는 것이 사실이라고 한다면, 오늘의 유효수요는 어제의 소득
과 같을 것이다. 그리하여, 로버트슨 씨의 방법은 내가 유효수요와 소득
사이의 대비를 통하여 하려고 했던 것과 똑같은 구별 ― 인과적(因果的)
인 분석에 있어서는 매우 중요한 구별 ― 을 하고자 한, 나의 방법(아마도

그의 방법은 나의 방법에 근사한 최초의 것이라 할 수 있을 것이다)에 대한 하나의 대체적(代替的)인 시도라고 볼 수 있을 것이다.[2]

IV

다음으로 우리는 「강제저축(强制貯蓄)」이라는 용어와 관련되어 있는 훨씬 막연한 여러 관념에 대하여 논하고자 한다. 이들 관념 속에서 어떤 명확한 의미가 발견될 수 있을 것인가? 나의 『화폐론』(제1권, 제171면, 각주)에서 나는 이 용어의 초기의 용법에 대하여 다소 언급하고, 그것이 투자(投資)와 그 책에서 사용한 의미에서의 「저축(貯蓄)」 사이의 차액과 어느 정도의 유사성(類似性)이 있다는 것을 시사한 바 있다. 그러나 나에게는 이제는 그 당시 생각한 것만큼 많은 유사성이 실제로 있다는 확신이 없어졌다. 어쨌든 나는 (이를테면 하이예크 교수나 로빈스 교수에 의해) 더욱 근래에 사용되고 있는 「강제저축」 및 이와 비슷한 용어들은, 투자와 나의 『화폐론』에서 의도한 의미에서의 「저축」 사이의 차액과 하등의 확정적인 관계를 가지는 것이 아니라고 확신한다. 왜냐하면 이들 저술가들은 이들 용어의 의미가 정확히 무엇인지에 대하여 설명하지는 않았지만, 그들이 의미하는 「강제저축」은 분명히 직접적으로 화폐량(貨幣量)이나 은행신용의 변화로부터 일어나고 또한 그것에 의해 측정되는 현상이기 때문이다.

산출량과 고용의 변화는 사실 임금단위로 측정된 소득(所得)의 변화

---

2) 로버트슨 씨의 논문 「저축과 퇴장(退藏)」(Economic Journal, 1933년 9월호 제399면) 및 로버트슨 씨, 호트리 씨 및 나 자신 사이의 논쟁(Economic Journal, 1933년 12월호 제658면) 참조.

를 야기한다는 것, 임금단위의 변화는 차입자(借入者)와 대여자(貸與者)
사이의 소득의 재분배(再分配)와 화폐로 측정된 총소득(總所得)의 변화
양자 모두를 야기한다는 것, 그리고 이러한 두 가지의 어느 경우에 있어
서도 저축액(貯蓄額)이 변화한다는(또는 변화할 수 있다는) 것만은 명백하
다. 따라서 화폐량(貨幣量)의 변화는 이자율(利子率)에 대한 그 영향력을
통하여 (다음에 우리가 밝히고자 하는 바와 같이) 소득액(所得額)과 그 분
배의 변화를 가지고 올 수 있을 것이기 때문에, 그와 같은 변화는 간접적
으로는 저축액의 변화를 수반할 수도 있을 것이다. 그러나 저축액의 그
와 같은 변화는 상황의 변화로 말미암은 저축액의 어떤 다른 변화보다도
더 「강제된 저축」이라고 볼 수는 없으며, 우리가 어떤 주어진 조건하에
서의 저축액을 우리의 규범 또는 기준으로 설정하지 않는 한, 하나의 경
우를 다른 경우와 구별하는 방법은 없다. 뿐만 아니라 앞으로 우리가 고
찰하고자 하는 바와 같이, 화폐량의 일정한 변화의 결과로 나타나는 총
저축액(總貯蓄額)의 변화는 매우 가변적이며 그 밖의 많은 요인에 의존
하는 것이다.

　　이와 같이 「강제저축」은 우리가 어떤 표준적인 저축률(貯蓄率)을 설
정하지 않는 한 아무런 의미가 없다. 만약 우리가 완전고용의 하나의 확
정된 상태에 대응하는 저축률을 선택한다면 (그것이 일리(一理)가 있을지
도 모르지만), 위의 정의는 다음과 같은 것이 될 것이다. 즉, 「강제저축이
란, 실제의 저축이 장기균형(長期均衡) 상태 하에서 완전고용이 존재하
는 경우에 저축될 액을 초과하는 액이다」. 이 정의는 수긍할만한 것이기
는 하나, 그 의미에서의 「강제 초과저축」(forced excess of saving)은
극히 드문, 또한 극히 불안정적인 현상이 될 것이며, 오히려 「강제 과
소(過少)저축」(forced deficiency of saving)이야말로 평상시의 상태가
될 것이다.

하이예크 교수의 흥미있는 「강제저축 학설의 발전에 관한 소론(小
論)」[3]은 이 어휘의 원래의 의미가 사실상 이와 같은 것이었음을 보여주
고 있다. 「강제저축」 또는 「강제절약」(forced frugality)은 최초에는 벤
담의 관념이었다. 벤담은 그가 「모든 사람들이 고용되고 있고, 또한 가
장 유리한 방식으로 고용되어 있는」[4] 사정 하에서, 화폐의 수량(數量)
이 (화폐를 취득하기 위하여 판매 가능한 물건의 양에 비하여) 증가하는 데
서 생기는 여러 결과를 염두에 둔 것임을 확실히 밝힌 바 있다. 이와 같
은 상태 하에 있어서는 ― 이렇게 벤담은 지적한다 ― 실질소득(實質所
得)은 증가할 수가 없으며, 따라서 변화의 결과로 일어나는 부가적 투자
는 「국민의 안락과 국민의 정의(正義)를 희생시킴으로써 얻는」 강제절
약(强制節約)을 수반한다. 이 문제를 취급한 모든 19세기의 저술가들도
사실상 이와 똑같은 관념을 가지고 있었던 것이다. 그러나 이와 같이 확
실한 관념을 확대하여 완전고용 이하의 상태에까지 적용하려는 기도는
여러 가지 난점을 가지고 있다. 물론, (주어진 자본설비에 투여되는 고용의
증가에 대하여 수확(收穫)은 체감(遞減)한다는 사실 때문에) 고용의 여하한
증가도 이미 고용되고 있는 사람들에 대하여는 어느 정도의 실질소득의
희생을 가져온다는 것만은 사실이다. 그러나 이 손실(損失)을 고용량의
증가를 수반하는 투자(投資)의 증가와 관련시키고자 하는 시도는 좋은
결실을 맺을 것 같지는 않다. 어쨌든, 「강제저축」에 관심을 갖는 근대의
저술가들이 이 관념을 고용이 증가하는 상태로까지 확대 해석하려는 시
도를 하였던 예를 나는 알지 못한다. 그들은 벤담류(流)의 강제저축 관념
을 완전고용 이하의 상태로까지 확대하기 위해서는 모종의 설명 또는 한
정(限定)이 필요하다는 사실을 일반적으로 간과하고 있는 것 같다.

---

3) Quarterly Journal of Economics, 1932년 11월호, 제 123면.
4) 위의 논문, 제125면.

저축과 투자는, 이들 용어를 직설적(直說的)인 의미로 받아들일 때, 서로 다를 수 있다는 관념이 널리 유포되고 있는 것은 하나의 시각상의 착각에 기인하는 것으로 설명할 수 있다고 생각된다. 그 착각은 마치 개개의 예금자의 은행에 대한 관계를, 실제로 그것이 양면적(兩面的)인 거래인데도 불구하고 그것을 양면적인 거래로 보지 않고 오직 일면적(一面的)인 거래인 것으로 간주하는 것과 같은 것이다. 예금자와 그의 은행이 서로 공모하여 교묘한 조작(操作)을 함으로써 저축(貯蓄)이 은행기구 속으로 사라져버리고 투자(投資)와는 전혀 연결이 되지 않도록 할 수 있다거나, 또는 그와는 반대로, 은행기구는 대응하는 아무런 저축이 없는 곳에서 투자가 일어나도록 할 수 있다는 식으로 사람들은 생각하고 있는 것이다. 그러나 그 누구도 현금이든 부채든 또는 자본재이든, 자산(資産)을 획득하지 않고 저축을 할 수는 없다. 또한 그 누구도 그가 종래 소유하고 있지 않던 자산을, 똑같은 가치를 가진 자산이 새로 생산되거나 아니면 다른 어떤 사람이 종래에 소유하던 똑같은 가치의 자산을 내놓지 않고서는, 획득할 수가 없을 것이다. 전자(前者)의 경우에는 거기에 대응하는 신투자(新投資)가 있는 것이고, 후자(後者)의 경우에는 다른 어떤 사람이 똑같은 액(額)의 마이너스(負)의 저축을 하고 있음이 분명하다. 왜냐하면 그의 부(富)의 상실은 그의 소비가 그의 소득을 초과하고 있는 데 기인하는 것으로서, 자본자산 가치의 변화에 의한 자본계정상(資本計定上)의 손실에 기인하는 것은 아니기 때문이다. 무릇 그것은 그의 자산이 종래 가지고 있던 가치를 상실하는 경우는 아닌 것이다. 그는 그의 자산의 경상가치를 정당하게 받고 있는데, 그럼에도 불구하고 이 가치를 어떤 형태의 부(富)로도 보유(保有)하고 있지 못하는 것이다. 즉, 그는 경상소득 이상의 경상소비(經常消費)를 하는 데에 그것을 지출하고 있는 것이다. 뿐만 아니라, 만약 자산을 내놓는 것이 은행기구라고 한다면, 누군가가 현금(現金)을 내놓고 있는 것이다. 따라서 최초의 개인의 저축 및 그 밖의 사람들의 저축을 일괄한 총저축(總貯蓄)은 필연적으로 경상신투자(經常新投資)의 액과 같아야 하는 것이다.

은행제도에 의한 신용창조는 「아무런 진정한 저축(貯蓄)」이 없는 곳에서도 투자(投資)를 가능하게 한다는 관념은 은행신용(銀行信用) 확장의 여러 가지 결과 중의 하나만을 다른 것과는 분리해서 생각하는 결과일 수밖에 없다. 만약 기업자에 대하여 기존의 신용(信用)에 첨가하여 신규의 신용을 공여함으로써 기업자로 하여금 그것이 없었다면 있을 수 없었을 경상투자에 대한 부가투자(附加投資)를 할 수 있게 한다면, 소득은 필연적으로 증가할 것이고, 또한 그 증가율은 통상적으로 투자증가율(投資增加率)을 초과할 것이다. 뿐만 아니라, 완전고용의 상태를 제외하고는, 화폐소득뿐 아니라 실질소득도 증가할 것이다. 공중(公衆)은 그들의 소득의 증가를 저축(貯蓄)과 지출(支出)로 분할하는 비율에 있어서 「자유선택」을 행할 것이다. 그리고 투자를 증가시키기 위하여 차입한 기업자의 의도는 (그렇지 않았으면 일어났을 다른 기업자에 의한 투자를 대체하는 경우를 제외하고는) 공중이 그들의 저축을 증가시키고자 결심하는 것보다 더 빠른 속도로 유효하게 될 수는 없다. 뿐만 아니라 이 의사결정으로부터 나오는 저축은 다른 어떤 저축 못지않게 진정한 것이다. 누구에게도, 그가 어떤 다른 형태의 부(富)보다도 의도적으로 화폐(貨幣)를 보유할 것을 선호하지 않는 이상, 새로운 은행신용에 대응하는 부가적 화폐를 보유하도록 강요할 수는 없다. 그러나 고용, 소득 및 가격은 새로운 상태하에서는 누군가가 실제로 부가적 화폐의 보유를 선택하도록 하는 방식으로 움직일 수밖에 없다. 어떤 특정한 방향으로의 투자의 예기치 않은 증가는, 만약 그것이 충분히 예견되었더라면 일어나지 않았을 총저축률 및 투자율의 불규칙성을 야기할 수 있다는 것은 사실이다. 또한 은행신용(銀行信用)의 공여는 세 가지의 경향 — (1) 산출량(産出量)의 증가, (2) 임금단위로 측정한 한계생산물(限界生産物) 가치의 상승(그것은 수확체감 상태 하에서는 산출량의 증가에 필연적으로 수반된다), 그리고 (3) 화폐로 측정한 임금단위(賃金單位)의 상승(이것은 고용상태의 개선에 흔히 부수되는 것이므로) — 을 만들어낸다는 것도 사실이다. 그리고 이와 같은 경향들은 여러 서로 다른 집단들 사이의 실질소득(實質所得)의 분배(分配)를 좌우할 수도 있다. 그러나 이들 경향은 이러한 산출량 증가 상태의 본연의 특징이며, 그 산출량의 증가가 은행신용의 증가 이외의 원인으로 시발(始發)되는 경우에도 똑같이 나타날 것이다. 이들 경향은 고용의 개선을 가능하게 하는 일체의 행동과정을 피함으로써만 비로소 피할 수가 있는 것이다. 그러나 위에서 말한 것들 중 많은 것은 우리가 아직도 도달하지 못한 논의의 결론을 미리 내놓은 것이다.

이리하여 저축(貯蓄)은 항상 투자(投資)를 가지고 온다는 고풍(古風)의 견해는 그것이 비록 불완전하고 오도하기 쉽기는 하나, 투자 없이도 저축이 있을 수 있다거나, 또는 「진정한」 저축이 없이도 투자가 있을 수 있다는 등의 최신유행의 견해보다는 외형상 견실하다. 개인이 저축할 때에는 그는 동액(同額)만큼 총투자를 증가시킨다는 그럴듯한 추리로까지 밀고 나가는 데에 오류가 있는 것이다. 어떤 개인이 저축을 할 때, 그 자신의 부(富)를 증가시키는 것은 사실이다. 그러나 그가 동시에 부(富)의 총액도 증가시키고 있다는 결론은 개인의 저축행위가 다른 어떤 사람의 저축, 그리고 따라서 다른 어떤 사람의 부(富)에 영향을 미칠 수도 있다는 가능성을 감안하지 못하고 있는 것이다.

저축과 투자 사이의 항등성(恒等性)과, 개인이 자기나 또는 다른 사람들이 얼마를 투자할 것인가와는 무관하게 자신이 하고 싶은 만큼의 저축을 할 수 있다는 외견상의 「자유의사(自由意思)」가 서로 모순되지 않는 이유는, 본질적으로 저축(貯蓄)은 지출(支出)과 같이 양면적인 사상(事象)이라는 데 있다. 왜냐하면, 그 자신의 저축액은 그 자신의 소득에 대하여는 어떤 중대한 영향을 미치는 일은 없을 것이지만, 그의 소비액이 다른 사람들의 소득에 미치는 반작용 때문에 모든 개인이 동시에 어떤 주어진 액수를 저축할 수는 없게 되는 까닭이다. 소비를 감소시킴으로써 저축을 증가시키려는 모든 시도는 소득에 대하여 그 시도 자체를 좌절시키지 않을 수 없는 영향을 미칠 것이다. 물론 사회 전체에 있어서는 경상투자(經常投資) 이하의 저축(貯蓄)을 한다는 것은 마찬가지로 불가능하다. 왜냐하면, 그렇게 하려고 하는 시도는 필연적으로 개개인의 저축하고자 하는 액수의 합계가 투자액과 정확하게 일치하는 수준으로 소득을 증가시키는 것이기 때문이다.

앞에서 말한 것은, 자기가 보유하는 화폐량(貨幣量)을 자신이 원할 때에는 언제나 변화시킬 수 있는 각 개인들이 모두 가지고 있는 자유(自由)와, 각 개인이 가지고 있는 현금잔고의 합계인 화폐(貨幣)의 총량(總量)은 은행제도가 창조한 현금의 액과 정확히 일치한다는 필연성은 서로 모순되지 않는다는 명제와 매우 흡사하다. 후자의 경우에서의 균등성(均等性)은 사람들이 보유하고자 하는 화폐수량은 그들의 소득과, 그리고 또 화폐를 보유할 것을 선택하지 않는 경우 당연히 구입하게 되는 물건들(주로 유가증권)의 가격 등에 대하여 독립적이 아니라는 사실에 의해 성립하게 된다. 따라서 소득(所得) 및 그와 같은 가격(價格)은 필연적으로 그렇게 하여 이룩된 소득 및 가격의 새로운 수준 하에서 개개인이 보유하고자 하는 화폐량의 총액이 은행조직에 의해 창조된 화폐량과 균등하게 될 때까지 변화하는 것이다. 이것이 실로 화폐이론(貨幣理論)의 기본명제(基本命題)인 것이다.

이 두 개의 명제는 모두 단순히 파는 사람이 없는 곳에 사는 사람이

있을 수 없고, 사는 사람이 없는 곳에 파는 사람이 있을 수 없다는 사실
로부터 나온다. 시장에 비하여 그 자신의 거래액이 적은 개인은 수요(需
要)가 일면적인 거래가 아니라는 사실을 무시해도 무방하지만, 우리가
총수요(總需要)를 논할 때에는 그것을 무시한다는 것은 어불성설(語不成
說)이다. 이것이 총체적(總體的)인 경제활동의 이론과 개체(個體) 단위의
행동의 이론 — 이 경우 우리들은 개인 스스로의 수요의 변화는 그의 소
득에 영향을 미치지 않는다고 가정한다 — 사이에 존재하는 중대한 차이
인 것이다.

제 3 편

소비성향

"만약 재무성(財務省)이 낡은 몇 개의 병에 은행권(銀行券)을 채워서 그것을 폐광된 탄갱(炭坑)의 적당한 깊이에 묻고, 그 다음에 탄갱을 도시의 쓰레기로 지면까지 채워놓고, 허다한 시련을 잘 이겨낸 자유방임(自由放任: laissez faire)의 원리에 입각하여, 개인기업에 그 은행권을 다시 파내게 한다면(물론, 이것을 할 수 있는 권리는 은행권이 묻혀 있는 지역의 임차(賃借)에 대한 입찰에 의해 얻어진다), 더 이상 실업(失業)이 존재할 필요도 없어지고, 그 반작용의 도움에 의해, 사회의 실질소득(實質所得)이, 또 나아가서는 그 자본적(資本的) 부(富) 또한, 그것이 현재 존재하는 것보다 훨씬 크게 될 것이다. 물론 가옥이나 또는 이와 비슷한 것을 건조하는 것이 더욱 현명한 것이 사실이기는 하다. 그러나 그것을 하는 데 있어 정치적 또는 실제적인 곤란이 있다고 한다면, 상기(上記)의 것은 아무것도 하지 않는 것보다는 나을 것이다."

(본문 p.152에서)

제8장

소비성향 : Ⅰ 객관적 요인들

Ⅰ

우리는 방법(方法)과 정의(定義)에 관한 약간의 일반적인 문제를 취급하기 위하여 제1편의 끝에서 우리의 주제(主題)로부터 잠시 이탈하였는데, 이제 우리는 우리의 주제로 돌아올 수 있게 되었다. 우리의 분석의 궁극적 목적은 무엇이 고용량(雇用量)을 결정하는가를 발견하는 데 있다. 이제까지 우리는 고용량은 총공급함수(總供給函數)와 총수요함수(總需要函數)가 교차하는 점에서 결정된다는 예비적인 결론을 얻었다. 그러나 주로 공급의 물적(物的)인 조건들에 의존하는 총공급함수에 대하여는 아직까지 잘 알려져 있지 않은 고려사항은 거의 없다. 그 형태가 낯선 것일지는 모르나 그것을 뒷받침하고 있는 여러 가지 요인(要因)들은 새로운 것이 아니다. 우리는 제20장에서 다시 총공급함수로 돌아올 것인데, 거기에서 우리는 총공급함수의 역(逆)함수를 고용함수(雇用函數)라는 명칭으로 논하게 될 것이다. 그러나 주로 지금까지 간과되어온 것은 총수요함수(總需要函數)가 수행하는 역할이며, 우리가 제3편과 제4편을 할

애하고자 하는 것도 바로 이 총수요함수에 대해서이다.

총수요함수(總需要函數)는 어떤 주어진 고용수준(雇用水準)과 그 고용수준이 실현할 것으로 기대되는 「매상금액(賣上金額)」과의 관계를 나타낸다. 「매상금액」은 두 개의 수량 — 고용이 일정 수준에 있을 때 소비(消費)에 대하여 지출되는 금액과 투자(投資)에 충당되는 금액 — 의 합계로 이루어진다. 이 두 개의 수량을 지배하는 요인들은 대체로 별개의 것들이다. 본편에서 우리는 전자(前者), 즉 고용이 일정 수준에 있을 때 어떤 요인들이 소비(消費)에 지출되는 액수를 결정하는가를 고찰할 것이며, 나아가서 제4편에서는 우리는 투자(投資)에 충당되는 액수를 결정하는 요인들을 고찰할 것이다.

우리는 여기에서 고용이 일정 수준에 있을 때 얼마만큼의 금액이 소비(消費)를 위하여 지출될 것인가를 결정하는 데에 관심을 두고 있으므로, 엄밀하게 말하면, 후자(소비)의 수량 (C) 를 전자(고용수준) (N) 과 관련시키는 함수를 고찰하여야 한다. 그러나 이것과는 다소 다른 함수, 즉 임금단위로 측정되는 소비 (C_w) 와, 고용수준 N 에 대응하는, 임금단위로 측정되는 소득 (Y_w) 를 관련시키는 함수로 논하는 것이 더 편리하다. 이렇게 하는 데 대하여는, Y_w 는 N 의 유일한 함수는 아니며, N 은 모든 사정 하에서 똑같은 것이라는 반론이 제기될 수도 있다. 왜냐하면, Y_w 와 N 과의 관계는(아마도 매우 근소한 정도이기는 하더라도) 고용의 성질 바로 그 자체에 의해 좌우될 것이기 때문이다. 다시 말해서, 일정한 고용총량 N 을 서로 다른 고용부문에 두 가지 서로 다른 방법으로 배치하는 경우에는 (개개의 고용함수는 모두 서로 다른 형태 — 이것은 이하 제20장에서 논의될 사항이다 — 를 가지는 것이기 때문에), Y_w 의 값은 서로 달라질 수 있을 것이다. 상상할 수 있는 여러 가지 상황 하에서는 이러한 사정에 대하여 특별한 참작을 하여야 할 것이다. 그러나 일반적으로는 Y_w 는 N

에 의해 일의적(一義的)으로 결정된다고 간주하는 것은 매우 적절한 근
사법(近似法)이다. 따라서 우리는 우리가 소비성향(消費性向: propensity
to consume)이라고 부르고자 하는 것을, 임금단위로 측정되는 일정 수
준의 소득 Y_w와 그 소득수준으로부터 지출되는 소비액 C_w 사이의 함수
관계 X 로 정의하고자 한다. 따라서

$$C_w = X(Y_w) \quad \text{혹은} \quad C = W \cdot X(Y_w)$$

로 된다.

사회가 소비를 위하여 지출하는 액수는 분명히 (i) 일부는 그 소득액
에, (ii) 일부는 그 밖의 여러 가지 객관적인 부수적 사정에, 그리고 (iii)
일부는 그 사회를 구성하는 각 개인의 주관적인 필요와 심리적인 성향
및 습관, 그리고 소득이 그들 개개인 사이에 분배되는 방식을 지배하는
원리들(그것은 산출량의 증가에 따라 조정될 수도 있다)에 의존한다. 지출
하고자 하는 여러 가지 동기(動機)는 상호작용을 하는 것으로서, 그것을
분류하고자 하는 시도는 옳지 않은 구분을 할 위험성을 안고 있다. 그럼
에도 불구하고 이들을 우리가 주관적(主觀的) 요인과 객관적(客觀的) 요
인으로 부르고자 하는 두 개의 대항목(大項目)으로 분류하여 고찰하는
것은 우리의 생각을 분명하게 해줄 것이다. 주관적 요인들 ─ 이들에 관
해서는 다음 장(章)에서 더욱 자세하게 고찰할 것이다 ─ 은 비록 전혀
일정불변은 아니지만, 비정상적이거나 혁명적인 사태 하에서가 아니라
면, 단기간 동안에는 그리 중대한 변화를 할 가능성이 적은 인간성의 심
리적 특질(特質) 및 사회적 관행(慣行)과 제도(制度) 등을 포함한다. 역사
적인 연구를 하는 경우나 또는 하나의 사회제도를 유형이 다른 또 하나
의 사회제도와 비교하는 경우에는, 이 객관적 요인들의 변화가 소비성향
(消費性向)에 영향을 미치는 방식에 대하여 고찰할 필요가 있을 것이다.
그러나 일반적으로, 우리는 이하에서 주관적 요인들은 주어진 것으로 간

주하고, 소비성향은 객관적 요인들의 변화에만 의존하는 것으로 상정하고자 한다.

Ⅱ

소비성향에 영향을 미치는 주요한 객관적 요인들은 다음과 같은 것들이라고 생각된다.

(1) 임금단위(賃金單位)의 변화 ─ 소비(C)는 분명히 화폐소득(貨幣所得)의 함수라기보다는 훨씬 더 (어떤 의미에 있어서는) 실질(實質)소득의 함수이다. 기술(技術), 기호(嗜好), 그리고 소득분배를 결정하는 사회적 조건들이 주어진 상태 하에 있어서는 개인의 실질소득은 그의 노동단위에 대한 지배량(支配量), 즉 임금단위로 측정된 그의 소득액(所得額)에 따라 늘기도 하고 줄기도 할 것이다. 다만 산출총량(産出總量)이 변화할 때에는 그의 실질소득은 (수확체감의 작용으로 말미암아) 임금단위로 측정된 그의 소득보다 적은 비율로 증가할 것은 사실이다. 따라서 가장 손쉬운 근사법(近似法)으로서, 우리는 임금단위가 변화할 경우 고용의 일정 수준에 대응하는 소비지출(消費支出)은, 물가(物價)처럼, 같은 비율로 변화할 것이라고 가정하는 것이 합리적인 것이다. 다만 어떤 상황에 있어서는 임금단위의 변화로 인하여 일정한 실질소득이 기업자와 이자소득자 사이에 이루어지는 분배에 변화가 일어남으로써, 그것이 총소비액(總消費額)에 반작용을 일으킬 수 있는 가능성을 참작해야 할지도 모른다. 이것을 제외하고는, 우리는 이미 임금단위로 측정된 소득을 기준으로 소비성향을 규정함으로써 임금단위의 변화를 참작하고 있는 것이다.

(2) 소득(所得)과 순소득(純所得) 간의 차이의 변화 ─ 우리는 위에서,

사람이 그의 소비(消費)의 규모를 결정하는 경우에 주로 염두에 두는 것
은, 정의(定義)에 의해, 그의 순소득(純所得)이므로, 소비액은 소득보다
는 오히려 순소득에 의존한다는 것을 밝힌 바 있다. 주어진 상황 하에서
는, 여러 가지 다른 소득 수준을 그것에 대응하는 순소득 수준과 유일무
이하게 관련시키는 함수관계가 있을 것이라는 의미에서, 양자 사이에는
어느 정도 안정적인 관계가 있을 수도 있다. 그러나 만약 이것이 사실이
아니라고 한다면, 소득의 변화 가운데서 순소득에 반영되지 않는 부분은
소비에 대하여 아무런 영향도 미치지 않을 것이므로 이것을 무시하여야
한다. 또한 같은 이치로, 소득에 반영되지 않는 순소득의 변화도 참작되
어야 한다. 그러나 예외적인 경우를 제외하고는 나는 이 요인의 실제상
의 중요성에 의문을 갖고 있다. 우리는 소득과 순소득 사이의 차이가 소
비에 미치는 영향에 대하여는 본장의 제4절에서 더욱 완전한 논의로 다
시 돌아올 것이다.

(3) 순소득을 계산하는 데 있어 고려되지 않은 자본가치(資本價値)의 불의
의 변화 ― 이것은 소비성향을 조정하는 데 있어 훨씬 더 큰 중요성을
갖는 것이다. 왜냐하면 그것은 소득액(所得額)에 대하여 안정적이거나
또는 규칙적인 관계를 전혀 갖지 않을 것이기 때문이다. 부(富)를 소유하
는 계급의 소비는 그 부(富)의 화폐가치의 예측하지 못한 변화에 대하여
극히 민감한 반응을 보일 것이다. 이것은 소비성향의 단기적인 변동을
일으킬 수 있는 주요 요인들의 하나로 분류되어야 한다.

(4) 시차할인율(時差割引率: rate of time discounting)의 변화, 즉 현재
재(現在財)와 장래재(將來財) 간의 교환비율의 변화 ― 이것은 이자율(利子
率)과 완전히 똑같은 것은 아니다. 왜냐하면 이것은 장래에 있어서의 화
폐의 구매력의 변화가 예견되는 한에 있어서는 그것도 감안하는 것이기
때문이다. 또한, 예를 들어, 장래의 재화를 즐길 만큼 생존하지 못할 것

이라는 전망이나 또는 몰수적(沒收的)인 과세의 전망 등과 같은 여러 가지 종류의 위험도 고려되어야 한다. 그러나 하나의 근사법으로서 우리는 이것을 이자율과 동일시 할 수 있다.

이 요인이 주어진 소득으로부터의 지출률(支出率)에 미치는 영향에 대하여는 여러 가지 의문의 여지가 있다. 이자율(利子率)은 저축(貯蓄)의 공급과 수요를 균형에 이르게 하는 요인이라는 관념에 입각하고 있는 고전파의 이자이론(利子理論)[1])에 있어서는, 소비(消費)에 대한 지출은, 다른 조건이 일정하다면, 이자율의 변화에 대하여 부(負)의 반응을 보이는 것으로서, 이자율의 어느 정도의 상승(上昇)이 있어도 소비는 현저하게 감소(減少)될 것이라고 생각하는 것이 편리하겠다. 그러나 이자율의 변화가 현재의 소비를 위하여 지출하고자 하는 용의(用意)에 대하여 미치는 전체적 효과는 여러 가지 서로 모순되는 경향에 의존하는 것이기 때문에, 복잡하고 불확실하다는 사실이 인정된 지는 이미 오래되었다. 왜냐하면, 저축에 대한 주관적 요인들 가운데는 이자율이 상승할 때에 더욱 쉽게 만족될 수 있는 것이 있는가 하면, 반대로 약화되는 것도 있기 때문이다. 장기에 있어서는 이자율의 상당한 변화는 사회의 관행을 눈에 띄게 수정하는 경향이 있는 것 같으며, 그 결과로 주관적인 지출성향을 변화시킬 것이다 — 비록 어떤 방향으로 변화시킬 것인가는 실제의 경험에 비추어보지 않고서는 단언하기 어려운 일이기는 하지만. 그러나 일상적으로 나타나는 유형의 이자율의 단기적 변화는 어느 방향으로도 지출에 대하여 직접적인 영향을 미칠 것으로 생각되지는 않는다. 만약 그들의 총소득이 전과 다름이 없다면, 이자율이 5퍼센트로부터 4퍼센트로 하락하였다고 해서 그들의 생활방식을 바꾸는 사람은 많지 않다. 간접적으로는, 비록 모두 똑같은 방향으로는 아니라 할지라도, 보다 많은 효과가

---

1) 후술하는 제14장 참조.

있을 수 있을 것이다. 아마도 이자율의 변화가 일정 소득으로부터 사람들이 지출하고자 하는 의향에 대하여 작용하는 가장 중요한 영향력은 이 변화가 유가증권 및 그 밖의 자산의 가격등락에 미치는 효과에 의존할 것이다. 왜냐하면, 사람이 그의 자본가치의 뜻밖의 증가를 향수하고 있는 경우에는, 비록 그의 자본이 소득을 기준으로 볼 때에는 종전 이상의 가치를 가지는 것이 아니라 할지라도, 경상지출에 대한 그의 동기가 강화되며, 반대로 그가 자본손실을 입고 있을 때에는 그 동기가 약화된다는 것은 당연한 것이기 때문이다. 그러나 이러한 간접적인 영향에 대하여는 상기 (3)의 항에서 이미 고찰한 바 있다. 이 점을 제외하면, 경험에 의해 시사되는 주요 결론은, 나의 생각으로는 다음과 같은 것이다. 즉, 이자율이 일정 소득으로부터의 개인의 지출에 미치는 단기적 영향은 아마도, 이례적으로 큰 변화가 문제시되는 경우 이외에는, 부차적이며 상대적으로 중요하지 않다. 그러나 이자율이 실제로 매우 낮은 수준으로 하락할 때에는, 일정한 금액으로 매입할 수 있는 연금(年金)과, 그 금액에 대한 연간이자(年間利子) 사이의 비율의 증가는 연금의 매입을 통하여 노후에 대비하는 관행을 고취함으로써 부(負)의 저축의 중요한 원천을 마련하는 수가 있을 것이다.

장래에 관한 극단적인 불확실성의 발전과 그것이 가지고 올 수 있는 결과에 의해 소비성향이 첨예하게 영향을 받을 수 있는 이상상태(異常狀態)도 또한, 추측컨대, 이 항목으로 분류되어야 할 것이다.

(5) 재정정책(財政政策)의 변화 ─ 개인으로 하여금 저축하도록 하는 유인(誘因)이 그가 기대하는 장래의 수익(收益)에 의존하는 한, 그것은 분명히 이자율뿐만 아니라 정부의 재정정책에도 의존한다. 특히 「불로(不勞)」소득에 대하여 차별을 두고 있는 경우의 소득세(所得稅), 자본이윤에 대한 과세, 상속세 등은 이자율 못지않게 저축과 유관하다. 반면

에, 재정정책의 가능한 변화의 범위는, 적어도 기대에 있어서는, 이자율 자체에 있어서보다 더 클 수도 있다. 만약 재정정책이 소득의 더욱 균등한 분배를 위한 의도적인 정책수단으로 사용되는 경우에는 그것이 소비성향을 증가시키는 효과는 물론 훨씬 더 커질 것이다.[2]

우리는 또한 통상적인 조세(租稅)로부터 지불되는 공채(公債)의 상환을 위한 정부의 감채기금(減債基金: sinking fund)이 총소비성향에 미치는 효과도 고려하여야 한다. 왜냐하면 이것은 일종의 법인저축(法人貯蓄)과 같은 것으로서 상당액수의 감채기금을 적립하는 정책은 일정한 상황 하에서는 소비성향을 저하시키는 것으로 간주되어야 하는 것이기 때문이다. 이러한 이유 때문에 정부가 차입정책(借入政策)으로부터 그것과는 반대의 정책인 감채기금을 적립하는 정책으로 전환한다면(또는 전환방향이 그 반대인 경우에는), 그것은 유효수요의 급격한 축소(또는 현저한 확대)를 야기할 수 있는 것이다.

(6) 현재와 장래의 소득수준 간의 관계에 대한 기대의 변화 — 우리는 형식상의 완전함을 기하기 위하여 이 요인을 목록에 기재하여야 한다. 그러나 그것은 어떤 특정한 개인의 소비성향에 상당한 영향을 미칠 수가 있기는 하나 사회 전체에 대해서는 평균화(平均化)가 이루어질 가능성이 짙다. 뿐만 아니라 그것은, 보통, 그것이 큰 영향력을 발휘하기에는 너무나 많은 불확실성이 존재하는 사항이다.

따라서 주어진 상황 하에서는 소비성향은, 만약 우리가 화폐액으로 측정된 임금단위의 변동을 제외한다면, 상당히 안정적인 함수로 간주될 수 있다는 결론이 우리들에게 남게 된다. 자본가치의 불의의 변화는 소

---

2) 한 가지 지적하고 넘어가고자 하는 사항은, 부(富)의 증가에 대한 재정정책의 효과는 매우 중요한 하나의 오해(誤解)의 근원(根源)이 되어 왔다는 사실이다. 그러나 이에 관해서는 우리는 제4편에서 주어질 이자율 이론의 도움 없이는 충분히 논의할 수가 없다.

비성향을 변화시킬 수 있을 것이고, 또 이자율과 재정정책의 상당한 변화도 어느 정도의 영향을 미칠 수도 있다. 그러나 소비에 영향을 미칠 수 있는 그 밖의 객관적 요인들은, 이들을 간과해서는 안 되겠지만, 보통의 경우에 있어서는 그리 중요하다고 생각되지는 않는다.

일반적 경제상황이 일정한 경우, 임금단위로 측정된 소비지출이 주로 산출량과 고용량에 의존한다는 사실은 그 밖의 모든 요인을 「소비성향」이라는 하나의 합성함수(合成函數: portmanteau function)로 총괄하는 것을 정당화하는 이유가 된다. 왜냐하면, 그 밖의 요인들은 변화할 수 있는 것이기는 하지만(그리고 이것을 잊어서는 안 된다), 임금단위로 측정된 총소득액(總所得額)이야말로 원칙적으로 총수요함수에서 소비부분을 결정하는 주요 변수가 되기 때문이다.

Ⅲ

이와 같이 소비성향은 상당히 안정적인 함수이며, 따라서 통상 총소비액(總消費額)은 주로 총소득액(양자는 모두 임금단위로 측정된다)에 의존하며, 그 성향(性向) 자체의 변화는 하나의 부차적인 영향밖에 미칠 수 없는 것으로 간주된다고 한다면, 이 함수의 통상적인 형태는 어떤 것일까?

인간성(人間性)에 대한 우리의 지식으로부터 보거나, 또는 상세한 경험의 사실에 비추어 보거나, 우리가 선험적(先驗的)으로 큰 확신을 가지고 준거(準據)로 삼을 만한 기본적인 심리법칙(心理法則)은 다음과 같다. 즉, 인간은 통상적으로 그리고 평균적으로, 그들의 소득(所得)이 증가함에 따라 소비(消費)를 증가시키는 성향을 나타내되, 소비의 증가는 소득의 증가에 미치지 못하는 경향이 있다는 것이 그것이다. 다시 말해서,

만약 C_w가 소비액이고 Y_w가 소득액(양자는 모두 임금단위로 측정된다)이라면, $\triangle C_w$는 $\triangle Y_w$와 같은 부호를 가지지만 그 양(量)은 $\triangle Y_w$ 보다 작다는 것이다. 즉, $\dfrac{dC_w}{dY_w}$ 는 양(陽)의 값을 가지며 1보다 작다는 것이다.

이것은 이른바 고용량이 주기적으로 변동하는 경우에서처럼, 단기간을 관찰하는 경우에 특히 그렇다. 고용량의 주기적 변동이 있는 동안에는, 항구적인 심리성향(心理性向)과는 구별되는 의미로서의 인간의 습관(習慣)이 변화된 객관적 상황에 그 스스로를 순응시키기에 충분한 시간이 주어지지 않는 것이다. 무릇 인간의 습관적인 생활수준은 보통 그의 소득(所得)에 대하여 최초의 청구권(請求權)을 행사하는 것이며, 그는 그의 실제소득과 그의 습관적인 생활수준의 유지를 위한 비용 사이에 생기는 차액(差額)을 저축(貯蓄)하는 경향이 있는 것이다. 혹은 만약 그가 그의 소득의 변화에 그의 지출을 적응시킨다고 하더라도, 단기적으로는 그는 그것을 불완전하게밖에 하지 못할 것이다. 그리하여 처음에는, 그 다음에 있어서보다 더 큰 규모로, 소득의 증가는 흔히 저축의 증가를 수반하고, 소득의 감소는 저축의 감소를 수반할 것이다.

그러나 소득수준의 단기간의 변동들을 별도로 하더라도, 소득의 절대적 수준의 상승은 통상 소득과 소비 사이의 간격을 벌어지게 하는 경향이 있다는 것도 또한 명백한 사실이다. 왜냐하면, 한 개인 및 그 가족의 직접적이고 제1차적인 필요의 충족은, 안락한 생활을 위한 여력이 달성될 때에 비로소 효과적인 지배력을 갖게 되는 축적(蓄積)에 대한 동기보다 일반적으로 더욱 강한 동기가 되기 때문이다. 이러한 이유들은 통상 실질소득(實質所得)이 증가함에 따라서 소득의 더욱 큰 비율(比率)이 저축되도록 인도할 것이다. 그러나 더욱 더 큰 비율이 저축되건 말건, 우리는 다음과 같은 사실을 모든 근대사회의 기본적 심리법칙(心理法則)이라

보는 것이다. 즉, 사회의 실질소득이 증가하는 경우, 사회는 그 소비를 그것과 같은 절대액(絶對額) 만큼은 증가시키지 않으며, 따라서 동시에 다른 여러 가지 요인들에 크고 이례적인 변화가 일어나고 있지 않는 한, 더욱 큰 절대액이 저축되어야 한다는 것이다. 후에 설명하는 바와 같이3), 경제체계의 안정성(安定性)은 근본적으로는 현실을 지배하고 있는 이 법칙에 의존한다. 이것은 고용량이, 따라서 총소득이 증가하는 경우, 새로 부가되는 소비를 위한 필요를 충족시키기 위해서, 새로 부가되는 고용량의 전부가 요구되는 것은 아니라는 것을 의미하는 것이다.

반면에 고용수준의 감소로 말미암은 소득의 감소로, 만약 그것이 정도가 지나치면, 어떤 개인이나 기관이 호황(好況) 때에 축적해 놓은 금융저축을 써버리게 될 뿐만 아니라, 정부도 또한, 자진해서건 아니건 간에, 재정적자(財政赤字)에 빠지게 되거나 또는 이를테면 차입한 금액으로 실업구제(失業救濟)를 행하게 되기 때문에, 심지어 소비(消費)가 소득을 초과하게 되는 경우조차 있을 수 있을 것이다. 이리하여 고용량이 낮은 수준으로 떨어질 때에는 개개인의 습관적인 행동과 정부의 시행함직한 정책 양자 모두로 인하여, 총소비액(總消費額)은 실질소득이 감소하는 액(額)보다 적은 액만큼 감소하게 될 것이다. 그리고 이것이 새로운 균형상태(均衡狀態)가 보통 소폭적인 변동의 범위 내에서 도달될 수 있는 이유가 무엇인가를 설명해 주는 것이기도 하다. 만약 이런 이유가 없다면 고용 및 소득의 저락(低落)은, 일단 그것이 시작된다면, 극단적인 곳까지 진행할 수도 있을 것이다.

이 단순한 원리는 전과 똑같은 결론, 즉 고용(雇用)은 소비성향(消費性向)에 변화가 없는 한 투자(投資)의 증가와 보조를 맞추어 증가할 수 있을 뿐이라는 명제로 귀착된다는 것을 알 수가 있다. 왜냐하면, 소비자

---

3) 후술하는 제251면 참조.

는 고용이 증가할 경우 총공급가격(總供給價格)의 증가보다 적게 지출할
것이므로, 고용의 증가는 투자의 증가에 의해 그 간격이 메워지지 않는
한 무익(無益)한 것이 될 것이기 때문이다.

IV

우리는 앞에서 이미 지적한 사실 — 즉, 고용량은 기대되는 소비(消費)
와 기대되는 투자(投資)의 함수인 반면에, 소비는, 다른 조건이 일정하다
면, 순(純)소득, 즉 순(純)투자(순소득은 소비 플러스 순투자와 일치한다)의
함수라는 사실의 중요성을 과소평가해서는 안 된다. 다시 말해서, 순소
득을 산정하기 전에 공제하는 것이 필요하다고 생각되는 금융적 준비금
(金融的 準備金)이 크면 클수록, 주어진 수준의 투자(投資)가 소비(消費)
에, 그리고 나아가서는 고용(雇用)에 미치는 효과가 적을 것이다.

이 금융적 준비금(또는 보족적(補足的) 비용)의 전부가 기존의 자본설
비의 유지를 위하여 실제로 경상적으로 지출될 때에는 이 점이 간과될
가능성은 별로 없을 것이다. 그러나 그 금융적 준비금이 경상적인 유지
에 대한 실제의 지출을 초과하는 경우에는, 고용에 대한 효과 면에서 이
것이 가지고 오는 현실적인 결과들이 어떤 것인지는 항상 올바로 평가되
고 있지는 못하다. 왜냐하면, 이 초과액(超過額)은 직접적으로 경상투자
(經常投資)를 야기하지도 않을 뿐 아니라, 또 소비를 위한 지불에도 쓰일
수 있는 것이 아니기 때문이다. 따라서 그것은 신투자(新投資)에 의해 보
전(補塡)되어야 하는바, 그 신투자를 위한 수요는, 금융적 준비금이 설정
되는 구(舊)설비의 경상손모(經常損耗)와는 완전히 독립적으로 일어나는
것이다. 그 결과, 경상소득(經常所得)을 창출하는 데 사용될 수 있는 신

투자는 그만큼 적어지고, 일정 수준의 고용을 가능하게 하기 위해서는 신투자에 대한 더욱 강렬한 수요가 필요하게 되는 것이다. 뿐만 아니라, 사용자비용(使用者費用)에 포함되는 손모(損耗)에 대한 대비에 대해서도, 그 손모가 실제로 보전되지 않는 이상, 이와 거의 비슷한 이치를 적용할 수 있다.

예를 들어, 헐어버리거나 또는 내버리게 될 때까지 계속 사람이 살 수 있는 가옥의 경우를 생각해 보자. 만약 세(貰)든 사람이 지불하는 연간 가옥세(家屋稅)로부터 일정액씩 그 집의 가치가 상각(償却)되어 갈 때, 가옥 주인이 그것을 가옥 유지를 위하여 사용하지도 않고 또한 소비할 수 있는 순소득으로도 간주하지 않는다고 한다면, 이 준비는, 그것이 U의 일부라고 하건 또는 V의 일부라고 하건, 그 가옥의 전(全) 수명을 통하여 고용에 대하여 장애가 되며, 가옥이 재건되지 않으면 안 될 때에 고용은 돌연히 한꺼번에 이루어지는 것이다.

정상적(定常的)인 경제에 있어서는 이 모든 것은 지적할만한 가치가 없는 것인지도 모른다. 왜냐하면, 해마다 구(舊)가옥에 대한 감가상각 준비금은 그해에 수명이 끝나는 가옥을 대체하기 위하여 건축되는 신(新)가옥에 의해 정확히 보전될 것이기 때문이다. 그러나 그와 같은 요인들은 비정태적(非靜態的)인 경제에 있어서는 중대한 의미를 가질 수 있다. 특히 수명이 긴 자본에 대하여 활발한 투자가 있었던 직후에 있어서는 그렇다. 왜냐하면, 이런 경우에는 새로운 투자항목(投資項目)의 대단히 큰 몫이 현존 자본설비 ― 시간의 경과에 따라 손모되기는 하지만, 그것의 수선(修繕)이나 대체(代替)를 위하여 적립되고 있는 금융적 준비금 전액에 가까운 정도의 금액을 지출할 시기에는 아직 도달되고 있지 않은 자본설비 ― 에 관하여 기업자가 설정하는 거액의 금융적 준비에 의해 흡수되는 수가 있을 것이기 때문이다. 그리고 그 결과로, 소득은 낮은 순투자(純投

資) 총액에 충분히 대응할 수 있을 만큼 낮은 수준 이상으로는 증가할 수 없게 된다. 이리하여 감채기금(減債基金) 및 기타는 (그와 같은 준비금이 예상하고 있는) 대체를 위한 지출에 대한 수요가 발동할 때까지 오랫동안 소비자로부터 지출력(支出力)을 박탈하는 경향이 있다. 즉, 그들은 경상 유효수요(經常有效需要)를 감소시키는 것이며 대체(代替)가 실제로 행해지는 해에만 그것을 증가시키게 된다. 만약 이것의 효과가 「견실(堅實) 금융주의」(financial prudence)에 의해, 즉 설비가 실제로 손모되는 것보다도 더 빨리 원가를 「상각(償却)하는」 것이 바람직하다는 생각에 의해 악화된다면, 그 누적적인 결과는 사실 매우 심각하게 될 수 있다.

예를 들어, 미국에서는 1929년에 이르기까지의 5년 동안에 있어서의 급속한 자본확장(資本擴張)의 결과로, 아직 대체(代替)를 필요로 하지 않는 공장설비에 대하여 누적적으로 감채기금(減債基金) 및 감가상각준비금(減價償却準備金)을 극히 거대한 규모로 설정하게 되었던바, 그 때문에 이들 금융준비를 단순히 흡수하기 위한 것만으로도 거액의 완전히 새로운 투자가 필요하게 되었다. 그리고 완전고용 상태에 있는 부유한 사회가 빼돌리고자 하는 만큼의 신저축(新貯蓄)을 지탱할 수 있을 정도로 충분히 큰 규모의 더욱 더 많은 신투자(新投資)를 발견한다는 것은 이미 거의 절망적인 일이 되고 있었다. 추측컨대, 이 요인(要因)만으로도 불황(不況)을 불러일으키기에 충분하였다. 그리고 또한 이런 종류의 「견실 금융주의」가 아직도 이를 실천할만한 자력(資力)이 있었던 대기업에 의해 불황기를 통하여 채용되어 왔기 때문에 그것이 조기(早期) 회복에 대한 중대한 장애가 되었다.

혹은 또 영국에서도 현재(1935년), 전쟁(1차대전) 이후의 다량의 주택건축과 그 밖의 신투자(新投資)는 수선 및 대체(代替)를 위하여 현재 필요로 하는 지출액을 훨씬 초과하는 상각기금(償却基金)을 적립시키도록

하는 결과를 초래하였다. 이 경향은, 투자가 지방 당국이나 관청에 의해
행해지는 경우, 대체가 실제로 행해지는 시기보다 일정 기간 앞서서 원
가를 상각하기에 충분한 상각기금을 흔히 필요로 하는 금융 「견실주
의」의 원칙에 의해 더욱 강화되었다. 그 결과 비록 개개인이 그들의 순
소득(純所得) 전액을 지출할 의향이 있었을 때에조차도, 그것에 대응하
는 신투자(新投資)로부터는 완전히 단절된, 공공(公共) 및 준(準)공공 당
국의 이러한 거액의 법정준비금(法定準備金)에 직면해서는 완전고용을
회복한다는 것은 지극히 어려운 일이 될 것이다. 현재 지방 당국의 상각
기금은, 나의 생각으로는4), 이들 당국이 그 새로운 확장사업 전체에 대
하여 해마다 지출하는 액의 반 이상에 해당한다.5) 그럼에도 불구하고
보건성이 지방 당국에 대하여 고율의 상각기금을 설정하도록 강요할 때,
그들이 얼마만큼 실업문제를 악화시키게 되는가를 과연 그들이 알고 있
는지는 분명치 않다. 건축조합이 개인에 대하여 그 자신의 주택건축을
돕기 위하여 대부를 행하는 경우, 주택이 실제로 노후화되는 것보다 빨
리 부채를 청산하려는 욕구는 주택소유자로 하여금 그렇지 않을 때에 비
하여 더욱 많은 저축을 하도록 자극할 것이다. ― 비록 이 경우에는 이
요인(要因)은 아마도 순소득에 대한 영향을 통해서가 아니라 오히려 직
접적으로 소비성향(消費性向)을 감퇴시키는 것으로 분류되어야 마땅할
것이기는 하지만. 실제의 수자를 들어보면, 1925년에 2,400만 파운드에
달하였던 건축조합의 저당(抵當) 대부에 대한 상환금액은, 1933년에는

---

4) 실제의 수자는 거의 흥미가 없는 것으로 믿어지고 있으므로 2년, 혹은 그 이상
늦어서야 겨우 발표된다.

5) 1930년 3월 31일에 끝나는 회계연도 동안에 지방 당국은 자본계정에 대하여
8,700만 파운드를 지출하였고, 그 중 3,700만 파운드는 이전의 자본지출에 관한 상
각기금 기타로서 적립된 액수이다. 1933년 3월 31일에 끝나는 회계연도 동안에 있
어서는 이들 수자는 각각 8,100만 파운드 및 4,600만 파운드였다.

신규대부가 10,300만 파운드였는데 비해 6,800만 파운드로 상승하고 있었다. 아마 오늘에 있어서는 상환금액은 더욱 커져 있을 것이다.

산출량에 관한 통계에 나타나는 것은 순투자(純投資)라기보다는 오히려 투자(投資)라는 사실은 콜린 클라크(Colin Clark) 씨의 『1924~1931년에 있어서의 국민소득』에 설득력 있게 그리고 현실 그대로 나타나 있다. 그는 또한 감가(減價) 등등이 투자액(投資額)에 대하여 보통 얼마만큼 큰 비중을 차지하고 있는가를 보여주고 있다. 예를 들어, 영국에 있어서는 1928~1931년 동안에 투자 및 순투자는 다음 표와 같았다고 그는 추계(推計)하고 있다.[6] 비록 그가 조투자(粗投資)라고 한 것은 사용자 비용의 일부를 포함하는 것으로 생각되므로 내가 말하는 투자(投資)보다는 아마 다소 더 클 것이고, 또 그의 「순투자(純投資)」는 이 용어에 대한 나의 정의와 얼마만큼 밀접하게 부합하는 것인지는 알 수가 없지만.

	(단위: 백만 파운드)			
	1928	1929	1930	1931
조(粗)투자 ― 산출량	791	731	620	482
구(舊)자본의 물적 손모가치	433	435	437	439
순투자	358	296	183	43

쿠즈네츠(Kuznets)씨는 1919~1933년 미국에서의 『조(粗) 자본형성』(내가 투자라고 부르는 것을 그는 이렇게 부른다)의 통계를 작성하면서 거의 똑같은 결론에 도달한 바 있다. 산출액의 통계가 대응하는 물적(物的) 사실은 불가피하게 조(粗)투자이고 순(純)투자는 아닌 것이다. 쿠즈네츠 씨는 또한 조(粗)투자로부터 순(純)투자를 산출하는 데에는 어려움이 있다는 것을 발견하였다. 그는, 「조(粗)자본형성으로부터 순(純)자본형성을 산출하는 곤란, 즉 현존 내구재(耐久財)의 소비를 감안하여 그것을 조

---

6) 상게서 제 117페이지 및 제 138페이지 참조.

정하는 곤란성은 자료의 결여에만 있는 것이 아니다. 다년간 존속하는
재화의 연간손모(年刊損耗)라는 개념 자체가 불분명하다」7)라고 한다.
따라서 그는 「영리기업의 장부상의 감가상각 준비금은 영리기업에 의해
사용되는 기존의 완성 내구재의 소비액을 정당하게 나타내는 것이라는
가정」을 하는 것으로 만족하고 있다. 반면에 그는 개개인의 수중에 있는
가옥 및 그 밖의 내구재에 대하여는 전혀 아무런 공제(控除)도 할 생각을
하지 않았다. 미국에 대하여 그가 도달한 대단히 흥미있는 결과는 다음
의 표와 같이 요약될 수 있다.

	(단위: 백만 달러)				
	1925	1926	1927	1928	1929
조(粗)자본형성 (영업용 재고의 순변화를 가감한 후의)	30,706	33,571	31,157	33,934	34,491
기업자의 노무, 수선, 유지, 감가 및 소모	7,685	8,288	8,223	8,481	9,010
순자본형성(쿠즈네츠씨의 정의에 따라)	23,021	25,283	22,934	25,453	25,481

	(단위: 백만 달러)			
	1930	1931	1932	1933
조(粗)자본형성 (영업용 재고의 순변화를 가감한 후의)	27,538	18,721	7,780	14,879
기업자의 노무, 수선, 유지, 감가 및 소모	8,502	7,623	6,543	8,204
순자본형성(쿠즈네츠씨의 정의에 따라)	19,036	11,098	1,237	6,675

   이 표로부터 몇 가지 사실이 특히 두드러지게 나타난다. 1925～
1929년의 5년 동안 순(純)자본형성은 매우 안정적이었으며, 상향추세를
보이고 있던 기간의 후반기에 겨우 10퍼센트의 증가가 있었을 따름이다.
불황(不況)의 바닥에 있어서조차도 기업자의 수선, 유지, 감가 및 소모로

   7) 이 인용문은 쿠즈네츠 씨의 근간 예정인 책의 예비적 결과들을 수록한
National Bureau of Economic Research의 회보(제52호)로부터 딴 것이다.

말미암은 공제는 높은 수치를 유지하고 있다. 그러나 쿠즈네츠 씨의 방법에 의하면 감가 및 기타의 연간 증가액의 추정치를 너무나 낮게 잡지 않을 수 없다는 것은 확실하다. 왜냐하면 그는 후자를 새로운 순(純)자본형성의 연 1.5퍼센트 이하로 잡고 있기 때문이다. 무엇보다도 순(純)자본형성은 1929년 이후로 놀라울 정도로 감소하여, 1932년에는 1925년~1929년의 5개년간의 평균액을 95퍼센트 이상이나 밑도는 수치로까지 하락한 것이다.

이상의 논의는 어느 정도까지는 여담(餘談)이었다. 그러나 이미 거액의 자본을 소유하는 사회에 있어서는 소비에 보통 충당될 수 있는 순소득(純所得)을 산정하기에 앞서 그 사회의 소득으로부터 공제하여야 하는 액수의 다과(多寡)를 강조하는 것은 중요한 일이다. 왜냐하면, 만약 우리가 이것을 간과한다면, 우리는 공중(公衆)이 그들의 순소득의 매우 큰 부분을 소비할 의향이 있는 조건 하에서조차도 소비성향(消費性向)에 대한 심대한 장애가 존재한다는 사실을 과소평가하게 될 수 있기 때문이다.

소비(消費)는 — 분명한 것을 반복하자면 — 경제활동의 유일의 귀착점(歸着點)이며 목적(目的)이라 할 수 있다. 고용(雇用)의 기회는 필연적으로 총수요(總需要)의 크기에 의해 제한된다. 총수요란 오직 현재의 소비(消費)로부터, 또는 장래의 소비를 위한 현재의 준비(準備)로부터 유발될 수 있을 뿐이다. 우리가 미리 유리하게 대비할 수 있는 소비를 한없이 미래로 미루어 둘 수는 없다. 한 사회 전체의 입장에서 볼 때, 우리는 장래의 소비를 위하여 금융적 방편(方便)으로 대비할 수는 없으며, 오직 경상적인 현물(現物)의 산출(産出)을 통하여 대비할 수 있을 뿐이다. 우리의 사회조직과 기업조직이 장래를 위한 금융적 준비를 장래를 위한 실물적 준비로부터 분리하고 있으며, 따라서 전자를 확보하려는 노력이 반드시 후자를 수반하리라는 보장은 없다. 이것이 사실인 이상 금융견실주의(金融堅實主義)는, 허다한 예가 증명하듯이, 총수요(總需要)를 감소시키고 따라서 복지(福祉)를 저해할 가능성이 짙은 것이다. 뿐만 아니라, 우리가 미리 대비한 소비가 크면 클수록, 미리 대비하기 위한 무엇인가를 또 발견한다는 것은 더욱 어려워지고, 수요(需要)의 원천으로서 우리가 현재의 소비(消費)에 의존하는 정도는 더욱 커질 것이다. 그러나 불행하게도 우리의 소득이 크면 클수록 우리의 소득과 소비와의 차액도 늘어난다. 따라서 어떤 진기한 방편이 없는 이상, 우리가 후에 보는 바와 같이, 수수께끼에 대한 해답은 없다. 다만 우리의 소비가 우리의 소득에 미달하는 액수가 (오늘 생산(生産)하는 것이 채산에 맞는) 장래소비(將來消費)를 위한 물적(物的) 준비와 동등한 액수를 초과하지 않도록, 충분히 많은 실업(失業)이 유지됨으로써 우리를 빈곤(貧困)에 얽매어 두는 길이 있을 뿐이다.

혹은 이 문제를 다음과 같이 고찰해 보자. 소비(消費)는 부분적으로는 경상적으로 생산(生産)되는 것에 의해 충족되며, 또 부분적으로는 이전에 생산된 것에 의해, 즉 마이너스(負)의 투자(投資)에 의해 충족된다. 소비가 후자에 의해 충족된다면, 그 정도만큼 경상수요(經常需要)가 축소(縮小)된다. 왜냐하면, 그 정도만큼 경상지출(經常支出)의 일부분은 순소득(純所得)의 일부분으로 돌아올 수 없게 되기 때문이다. 이에 반하여, 어떤 물건이 나중의 소비충족을 목적으로 당해 기간 동안에 생산될 때에는 항상 경상수요의 확대(擴大)가 생긴다. 그런데 모든 자본투자(資本投資)는, 조만간, 자본의 마이너스(負)의 투자로 끝날 운명에 놓여 있다. 그러므로 항상 순소득과 소비 사이의 간극을 채우기에 충분할 만큼 자본의 마이너스(負)의 투자를 초과하도록 신(新)자본투자를 마련하는 문제는, 자본이 증가함에 따라서 점점 더 곤란해지는 난제로 등장한다. 신(新)자본투자는 오직 장래의 소비지출(消費支出)이 증가할 것으로 기대되는 경우에 있어서만, 자본의 마이너스(負)의 경상투자 이상으로 일어날 수 있다. 우리가 오늘의 균형(均衡)을 투자의 증가에 의해 확보할 때마다, 우리는 내일의 균형을 확보하는 문제의 어려움을 가중시키는 것이다. 오늘에 있어서의 소비성향의 감퇴는 언젠가는 소비성향의 증가가 있을 것이라고 기대될 경우에 한하여 공중의 이익과 부합될 수 있을 것이다. 우리는 여기서 『꿀벌의 우화(寓話)』를 상기하게 된다. ― 내일의 환락(歡樂)은 오늘의 각고의 노력에 대한 존재이유를 마련해주기 위하여 절대로 필요불가결한 것이다.

일반 사람들이 이 궁극적인 곤란을 의식하고 있는 듯이 보이는 것은 도로건설이나 주택건축, 기타 이와 유사한 공공투자(公共投資)에 관한 경우에 국한되고 있다는 사실은 지적할만한 가치가 있는 기묘한 일이다. 공공 당국의 지도에 의한 투자로 고용량을 높이고자 하는 계획에 대한 반대의견으로 보통 거론되고 있는 것은, 그것이 장래에 어려운 문제를 남긴다는 것이다. 즉, 이렇게 묻는다. 「그대들은 정지상태에 있는 장래의 인구가 필요로 하리라고 기대할 수 있는 주택, 도로, 시민회관, 전기의 그릿드, 수도 등등을 모두 만들어낸 다음에는 무엇을 하겠다는 거요?」 그러나 똑같은 곤란이 개인의 투자에도 그리고 산업의 확장에도 적용된다는 사실은 그리 쉽게 이해되고 있지 않다. 이 곤란은 특히 후자의 경우에 더 잘 들어맞는다. 왜냐하면, 주택에 대한 수요가 빨리 포만상태에 도달하기보다는 각각 적은 금액밖에 흡수하지 않는 새 공장이나 설비에 대한 수요가 더 빨리 포만상태(飽滿狀態)에 도달한다는 사실을 이해하는 것이 훨씬 더 쉽기 때문이다.

이와 같은 예에 있어서 명확한 이해(理解)에 장애가 되고 있는 것은, 자본에 관한 많은 학술적인 논의에 있어서도 그렇지만, 자본(資本大)은 소비(消費)와 분리되어 존재하는 독립적인 실체(實體)가 아니라는 사실이 충분히 인식되고 있지 못하다는 사실이다. 오히려 그와는 반대로, 항구적으로 습관화되고 있는 듯한 소비성향(消費性向)의 약화(弱化)는 모두 소비에 대한 수요뿐 아니라 자본에 대한 수요도 동시에 약화시키지 않을 수 없는 것이다.

제9장

소비성향 : II 주관적 요인들

I

일정한 소득으로부터의 소비액(消費額)을 좌우하는 요인들의 제2의 범주가 아직 남아 있다. — 즉, 임금단위로 측정된 총소득(總所得)이 주어지고, 또 이미 우리가 논한 바 있는 관련된 객관적 요인들이 주어져 있는 경우에, 얼마만큼을 지출할 것인가를 결정하는 주관적이고 사회적인 유인(誘因)들이 그것이다. 그러나 이 요인들에 대한 분석은 하등 색다른 논점을 제기하는 것은 아니기 때문에, 비교적 중요한 것의 목록(目錄)을 만들기만 하면 이들에 대하여 길게 부연설명하지 않아도 충분하리라 생각된다.

일반적으로, 개인으로 하여금 그들의 소득으로부터의 소비지출을 자제하도록 하는 주관적인 성격의 동기(動機) 내지 목표(目標)에는 여러 가지가 있다.

(1) 예견할 수 없는 우연한 일에 대한 준비를 마련하기 위하여.
(2) 장래에 있어서의 소득(所得)과 개인 또는 그의 가족의 필요(必要)

사이의 관계가 현재 존재하는 것과는 다를 것이 예상되기 때문에 이에 대비하기 위하여. 예를 들어 노령, 가족의 교육, 부양가족의 보호 등이 이것이다.

(3) 이자(利子) 및 가치상승(價値上昇)을 향수하기 위하여. 즉, 후일에 있어서의 더욱 큰 실질소비를 더 적은 현재의 소비보다 선호하기 때문에.

(4) 점차 늘어나는 지출(支出)을 즐기기 위하여. 무릇, 점차 개선되는 생활수준에 대한 기대를 갖는다는 것은 그 반대의 경우보다 인간의 본능을 만족시키는 것이다. 비록 즐길 수 있는 능력은 감소할지라도.

(5) 비록 어떤 특정한 행위에 대한 명확한 관념이나 확실한 의도는 없다고 하더라도, 독립생활의 의식과 일을 실행할 수 있는 능력을 향수하기 위하여.

(6) 투기적 또는 영업상의 계획을 실행하기 위한 운용자금을 확보하기 위하여.

(7) 재산을 물려주기 위하여.

(8) 순수한 인색(吝嗇), 즉 소비지출 그 자체에 대한 불합리하지만 집요한 억제심을 만족시키기 위하여.

이 여덟 가지의 동기(動機)를 예비(豫備), 심려(深慮), 타산(打算), 향상(向上), 독립(獨立), 기업(企業), 자존(自尊) 및 탐욕(貪慾)의 동기라고 불러도 좋을 것이다. 그리고 우리들은 또 이들에 대응하는 소비동기, 이를테면 향락(享樂), 천려(淺慮: 얕은 생각), 관대(寬大), 오산(誤算), 허식(虛飾) 및 방자(放恣) 등과 같은 것의 목록을 작성할 수가 있을 것이다.

개인에 의해 축적된 저축(貯蓄)과는 별도로, 중앙정부나 지방정부에 의해, 공공기관에 의해, 또한 영리회사에 의해 지출되지 않고 유보되어 있는 거액의 소득(所得)이 존재한다. 이것은 영국이나 미국 같은 근대 산업사회에 있어서는 아마 전(全)저축의 1/3 내지 2/3에 달할 것에다. 그 동기는 개인을 움직이게 하는 것과 똑같은 것은 아니지만 거의 비슷한 것인데, 주로 다음의 네 가지가 있다.

(1) 기업(企業)의 동기 — 차입(借入)을 하거나 또는 시장에서 자본을 추가로 조달하지 않고 더 많은 자본투자(資本投資)를 행하기 위한 자원을 확보하기 위하여.

(2) 유동성(流動性)의 동기 — 우발사건, 곤란한 일 및 불황에 대비하도록 유동자산을 확보하기 위하여.

(3) 향상(向上)의 동기 — 소득의 점차적인 증가를 확보하기 위하여. 이것은 나아가서는 경영자들을 비판으로부터 보호하는 의미도 있을 것이다. 왜냐하면, 축적(蓄積)으로 인한 소득의 증가는 능률화(能率化)로 인한 소득의 증가와 거의 구별할 수 없는 것이기 때문이다.

(4) 금융적 견실주의(堅實主義)의 동기, 및 실제의 손모(損耗) 및 진부화(陳腐化)의 율(率)에 뒤지지 않고 오히려 그것에 앞서서 부채(負債)를 완제(完濟)하거나 또는 자산의 원가를 상각(償却)하기 위하여 사용자비용 및 보족적비용을 초과한 금융적 준비를 해 놓음으로써 「안전한 길을 택하자」고 하는 염려. 이 동기의 강도는 주로 자본설비의 양(量)과 그 성격 및 기술변화(技術變化)의 율(率)에 의존한다.

소득의 일부를 소비하지 않고 유보하도록 하는 이들 동기에 대응하여, 때로는 소비로 하여금 소득을 초과하게 하는 동기가 작용하는 수도 있다. 개개인에게 영향을 미치는 것으로서 위에 열거한 플러스(正)의 저축으로 유도하는 동기들 가운데는 후일 그것이 그것과 대응하는 마이너스(負)의 저축을 가지고 올 것이 미리 의도된 경우도 있다. 예를 들어, 가족의 필요 또는 노령에 대비하기 위한 저축 등이 그것이다. 차입(借入)에 의해 조달되는 실업수당(失業手當)은 마이너스(負)의 저축으로 간주되는 것이 가장 적당하다.

그런데 이들 동기의 강도는 우리가 전제로 하고 있는 경제사회의 제도(制度) 및 조직(組織)에 따라, 민족, 교육, 인습, 종교 및 당대의 윤리기준 둥에 의해 형성되는 습관(習慣)에 따라, 현재의 희망과 과거의 경험(經驗)에 따라, 자본설비의 규모와 기술(技術)에 따라, 나아가서는 그 시대에 있어서의 부(富)의 분배(分配)와 일반적인 생활수준(生活水準)에 따라 엄청난 차이가 있을 것이다. 그러나 이 책의 논의에 있어서는 우리는 가끔 여담(餘談)으로 거론하는 것 이외에는 광범위한 사회변동이 미치는 결과나 장기적인 발전이 미치는 완만한 효과에 대하여는 언급하지 않을 것이다. 즉, 우리는 저축이나 소비 각각에 대한 주관적 동기의 주요 배경은 주어진 것으로 간주하고자 하는 것이다. 부(富)의 분배가 공동체의 거의 항구적인 사회적 구조에 의해 결정되는 한에 있어서는 이것도 또한 장기간에 걸쳐 완만한 변화를 보이는 요인이라고 간주할 수 있는 것으로서, 우리의 현재의 문맥에 있어서는 주어진 것으로 간주할 수 있는 것이다.

II

그러므로 주관적 및 사회적 동기의 주요 배경은 서서히 변화하고, 그 반면에, 이자율 및 기타 객관적(客觀的) 요인들의 변동의 단기적(短期的) 영향은 대체로 부차적 중요성밖에 가지지 않는 것이기 때문에, 우리에게 는 소비의 단기적인 변화는 대부분 (임금단위로 측정한) 소득(所得)이 가 득(稼得)되는 율(率)의 변화에 의존하며, 주어진 소득으로부터의 소비성 향(消費性向)의 변화에 의존하는 것은 아니라는 결론이 남겨질 따름이 다.

그러나 우리는 하나의 오해를 경계해야 한다. 상기(上記)한 것은 이 자율(利子率)의 다소의 변화가 소비성향(消費性向)에 미치는 영향은 보통 미약하다는 것을 의미한다. 이것은 이자율의 변화가 실제로 저축되는 액 수 및 소비되는 액수에 대하여 근소한 영향을 가진다는 의미는 아니다. 전혀 그 반대이다. 이자율의 변화가 실제로 저축되는 액수에 대하여 미 치는 영향은 극히 중요하다. 그러나 그 영향은 일반적으로 생각되고 있 는 것과는 반대 방향으로 작용하는 것이다. 왜냐하면, 설사 높은 이자율 로부터 장래에 더욱 큰 소득이 얻어진다는 유인이 소비성향을 감소시키 는 효과를 가져오게 하는 수가 있다고 하더라도, 이자율의 상승은 실제 로 저축되는 액수를 저하시키는 효과를 가져온다는 것만은 확실한 것이 다. 왜냐하면, 총저축(總貯蓄)은 총투자(總投資)에 의해 지배되며, 이자 율의 상승은 (그것이 투자수요곡선의 대응적인 변화에 의해 상쇄되지 않는 이상) 투자를 감소시킬 것이며, 따라서 이자율의 상승은 투자와 똑같은 정도로 저축이 감소하는 수준까지 소득을 끌어내리는 효과를 가져야 하 는 것이기 때문이다. 소득(所得)은 투자보다 절대액에 있어서는 더 큰 감 소를 보일 것이므로, 이자율이 상승할 때 소비율(消費率)이 저하할 것이 라는 것은 확실히 옳다. 그러나 이것은 저축을 할 수 있는 여지가 커지리 라는 것을 의미하는 것은 아니다. 오히려 그 반대로 저축과 지출은 둘 다 감소한다.

　그리하여, 이자율의 상승이 사회로 하여금 일정 소득으로부터 더 많은 저축을 하도록 하는 것이 사실이라고 하더라도, 이자율의 상승은(투자수요표 상에 어떤 유리한 변화가 없다고 가정하면) 실제의 총저축(總貯蓄)을 감소시키리라는 것은 완전히 확실하다. 같은 논법(論法)은 우리에게 이자율의 상승이, 다른 사정에 변화가 없는 이상, 소득을 어느 정도 감퇴시키는 것인가까지 일러줄 수가 있다. 왜냐하면 소득(所得)은, 이자율의 상승에 의해, 현존의 자본의 한계효율(限界效率得) 하에서 투자(投資)가 감소되는 것과 같은 액수만큼, 현존의 소비성향 하에서의 저축(貯蓄)을 감소시키기에 필요한 정도만큼 저하(또는 재분배)되어야 하기 때문이다. 이 측면에 관한 상세한 음미는 다음 장(章)에서 다루기로 한다.

　이자율의 상승은, 만약 소득(所得)이 불변이라면, 우리로 하여금 더 많은 저축(貯蓄)을 하도록 유도할지 모른다. 그러나 만약 더 높은 이자율이 투자(投資)를 저해한다면 우리의 소득(所得)이 변화하지 않는 일은 없을 것이며, 또 있을 수도 없다. 더 높은 이자율이 저축에 주는 자극이 감퇴해가는 저축능력에 의해 완전히 상쇄될 때까지, 소득은 필연적으로 감소하여야 한다. 우리가 도덕적이면 도덕적일수록, 절제를 결심하면 할수록, 국가 재정이나 개인의 가계에서 정통적(正統的)이 되기를 고집하면 할수록, 이자가 자본의 한계효율에 비하여 상대적으로 오를 때에는 우리의 소득은 더더욱 하락하여야 할 것이다. 이에 대한 고집은 징벌을 가져올 뿐 보수를 가져오지는 않는다. 왜냐하면 상술(上述)한 결과는 불가피한 것이기 때문이다.

　그리하여, 결국, 실제의 총저축량과 총소비지출량은 예비, 심려, 타산, 향상, 독립, 기업, 자존 및 탐욕에 의존하지는 않는다. 덕성(德性)이나 죄악(罪惡)과는 아무런 관계가 없다. 그것은 모두 자본의 한계효율(限界效率)[1]을 고려한 후 이자율(利子率)이 어느 정도 투자(投資)에 대하여 유리한가에 의존하는 것이다. 아니, 이것은 지나친 말[過言]이다. 만약 이자율(利子率)이 지속적인 완전고용을 유지할 수 있도록 통제된다면, 그때에는 덕성(德性)이 그 지배력을 회복할 것이다. ─ 즉, 자본축적률(資本蓄積率)은 소비성향의 미약함에 의존할 것이다. 따라서, 되풀이하여 말하지만, 고전파경제학자들이 덕성에 대하여 경의(敬意)를 표시하는 이유는 그들이 이자율은 항상 그렇게 통제된다는 은밀한 가정을 하고 있기 때문인 것이다.

---

1) 이 절(節)의 약간의 구절에서 우리는 제4편에 도입될 이론에 대하여 암묵리에 미리 언급하였다.

제10장

한계소비성향과 승수(乘數)

우리는 제8장에서 소비성향(消費性向)에 변화가 없는 한, 고용(雇用)은 오직 투자(投資)와 보조를 맞추어서만 증가할 수 있다는 것을 확인한 바 있다. 우리는 이제 이 사고(思考)의 선을 한 단계 더 밀고 나갈 수 있다. 왜냐하면, 일정한 상황 하에서는 소득(所得)과 투자(投資)의 사이, 그리고 약간의 단순화를 위한 가정을 한다면, 총고용량(總雇用量)과 투자에 의해 직접 이루어지는 고용량(이것을 우리는 일차적 고용(primary employment)이라고 부르기로 한다) 사이에는 앞으로 우리가 승수(乘數: multiplier)라고 부르기로 하는 일정한 비율이 성립할 수 있기 때문이다. 이 일보 전진(前進)은 우리의 고용이론(雇用理論)의 필수불가결한 부분을 이룬다. 왜냐하면, 그것은 일정한 소비성향 하에서 총고용(總雇用) 및 소득(所得), 그리고 투자율(投資率) 사이의 엄밀한 관계를 수립하는 것이기 때문이다. 승수(乘數)의 개념은 칸(R.F. Kahn) 씨의 논문 「국내투자와 실업과의 관계」(*Economic Journal*, 1931년 6월호)에 의해 최초로 경제이론에 도입되었다. 이 논문에 있어서의 그의 논지는, 만약 여러 가지 가상적인 상황(및 그 밖의 약간의 조건) 하에서 소비성향이 일정하고, 금융 당국이나 그 밖의 공공당국이 투자를 자극하거나 또는 억제하기 위한 조처를 취한다고 상정(想定)한다면, 고용량의 변화는 투자량의 순(純)변화의 함수가 되리라는 기본적인 관념에 의존하는 것이었다. 그리고 그것은 순(純)투자의 증분(增分)과 그에 관련되어 발생할 총고용(總雇用)의 증분 사이의 실제적인 양적(量的) 관계를 추산하기 위한 일반원리를 수립하는 것을 목표로 하였던 것이다. 그러나 승수를 논하기 전에, 한계소비성향(限界消費性向: marginal propensity to consume)의 개념을 도입하는 것이 편리할 것이다.

I

이 책에서 고찰하는 실질소득(實質所得)의 변동은 일정한 자본설비에 여러 가지 다른 고용량(즉, 노동단위)을 적용하는 결과로 나타나는 것으로서, 따라서 실질소득은 고용되는 노동단위수와 더불어 증감하는 것이다. 우리가 일반적으로 상정하고 있는 바와 같이, 만약 일정한 자본설비에 대하여 고용되는 노동단위의 수가 증가함에 따라 그 한계점에 있어서 수확체감(收穫遞減)의 현상이 있다면, 임금단위로 측정된 소득(所得)은 고용량에 비하여 더욱 큰 비율로 증가할 것이며, 또 한편으로는, 고용량(雇用量)은 생산물로 측정된(그것이 가능하다고 한다면) 실질소득액(實質所得額)에 비하여 더욱 큰 비율로 증가할 것이다. 그러나 생산물로 측정된 실질소득과 임금단위로 측정된 소득은 (자본설비가 사실상 변화하지 않는 단기간에 있어서는) 서로 같이 증가 또는 감소한다. 그러나 생산물로 표시된 실질소득은 아마도 정확히 수치로 측정할 수 없을 것이기 때문에, 임금단위로 측정된 소득(Y_w)을 실질소득의 변화에 대한 현실적 지표로 충분히 쓸 수 있다고 보는 것이 편리할 때가 많다. 어떤 문맥(文脈)에 있어서는, 우리는 일반적으로 Y_w가 실질소득보다 더 큰 비율로 증가 또는 감소한다는 사실을 간과해서는 안 된다. 그러나 다른 문맥에 있어서는, 그들이 항상 같이 증가 또는 감소한다는 사실 때문에 이들을 사실상 서로 교환적으로 사용해도 무방할 것이다.

따라서 사회의 실질소득(實質所得)이 증감(增減)함에 따라 그 사회의 소비(消費)도 증감하지만 전자만큼 빨리 증감하지는 않는다는 우리의 통상적인 심리법칙(心理法則)은, C_w가 임금단위로 측정된 소비를 표시할 때, $\triangle C_w$와 $\triangle Y_w$는 같은 부호를 가지지만 $\triangle Y_w > \triangle C_w$ 라는 명제로 ― 물론, 절대적인 정확성을 가지는 것은 아니지만, 그러나 명백한, 그리고 형식상 완전한 형태로 쉽게 서술될 수 있는 단서를 붙여서 ― 바꿔질 수 있다. 이는 단지 이미 앞의 제35면에서 확립된 명제를 반복한 것에 불과하다. 그렇다면 우리는 $\dfrac{dC_w}{dY_w}$를 한계소비성향(限界消費性向)이라고 정의하도록 하자.

이 양(量)은 상당한 중요성을 가진다. 왜냐하면 이것은 산출물(産出物)의 다음번의 증가분이 어떻게 소비(消費)와 투자(投資)로 분할되어야 하는가를 말해주는 것이기 때문이다. 무릇 $\triangle C_w$와 $\triangle I_w$가 각각 소비와 투자의 증가분을 표시한다면, $\triangle Y_w = \triangle C_w + \triangle I_w$이며, 따라서 $1 - \dfrac{1}{k}$ 이 한계소비성향과 같다고 한다면, 우리는 $\triangle Y_w = k \triangle I_w$ 로 쓸 수가 있는 것이다.

여기서 우리는 k를 투자승수(投資乘數: investment muliplier)라고 부르기로 하자. 그것은 우리에게 총투자(總投資)의 증가가 있을 경우, 소득(所得)은 투자 증가분의 k배만큼 증가할 것이라는 것을 말해준다.

II

칸(Kahn) 씨의 승수(乘數)는 이것과는 다소 다르다. 그것은 투자산업 (投資産業)에서의 일차적 고용(一次的 雇用)의 일정량의 증가분과 관련되는 총고용량(總雇用量)의 증가분의 비율을 측정하는 것이므로, 고용승수(雇用乘數: employment multiplier) ― 이것을 k'로 표시할 수 있다 ― 라고 부를 수 있는 것이다. 다시 말하자면, 만약 투자의 증가분 $\triangle I_w$가 투자산업에서의 일차적 고용의 증가분 $\triangle N_2$를 가지고 온다면, 총고용의 증가분은 $\triangle N = k' \triangle N_2$가 된다.

일반적으로 $k = k'$라고 상정할 이유는 없다. 왜냐하면, 여러 가지 상이한 유형의 산업에 대한 총공급함수(總供給函數)의 관련 부분의 모양은, 하나의 산업군(産業群)에 있어서의 고용 증가분과 그것을 자극한 수요(需要)의 증가분과의 비율이, 다른 산업군에 있어서의 그것과 동일할 것이라고 간주할 수 있는, 그러한 모양이라고 상상할 만한 아무런 필연적인 이유가 없기 때문이다.[1] 사실상, 예를 들어, 한계(限界)소비성향이 평균(平均)소비성향과 크게 다른 경우를 상상하기는 쉬운 일이다. 이 경우에

---

[1] 좀 더 엄밀하게 전개해 보자. 지금 e_e 및 $e_e{'}$를 각각 산업전체 및 투자산업에 있어서의 고용(雇用)의 탄력성(彈力性)이라 하고, N 및 N_2를 각각 산업전체 및 투자산업에 고용된 사람들의 수(數)를 나타내는 것이라고 한다면, 우리는 다음과 같은 두 개의 식을 얻는다.

$$\triangle Y_w = \frac{Y_w}{e_e \cdot N_2} \triangle N$$

및 $$\triangle I_w = \frac{I_w}{e_e{'} \cdot N_2} \triangle N_2$$

따라서 $$\triangle N = \frac{e_e I_w N}{e_e{'} N_2 Y_w} k \cdot \triangle N_2$$

있어서는 $\triangle Y_w / \triangle N$ 과 $\triangle I_w / \triangle N_2$ 의 사이에는 어느 정도의 불일치가 있다고 상정할 수 있다. 왜냐하면 소비재(消費財) 및 투자재(投資財)에 대한 수요에는 각각 매우 다른 비례적 변화가 존재할 것이기 때문이다. 만약 우리들이 두 개 산업군의 각각에 대한 총공급함수의 관련 부분의 형태에 이와 같은 차이가 있을 수 있다는 것을 고려에 넣고자 한다면, 다음에 전개하는 논의를 더욱 일반적인 형태로 개작(改作)하는 데에는 그 어떤 어려움도 없다. 그러나 관련된 관념들을 명쾌하게 설명하기 위해서는 $k = k'$ 인 단순화된 경우를 취급하는 것이 편리할 것이다.

따라서 만약 사회의 소비심리가, 이를테면 사회 구성원들이 소득의 증가분[2] 중 $\frac{9}{10}$ 를 소비하고자 한다면, 이 경우에는 승수 k 는 10이 된다. 그리고 (예를 들어) 공공사업(公共事業) 확장에 의해 이룩된 총고용량은, 다른 방면에 있어서의 투자의 감퇴가 없다고 상정한다면, 공공사업 그 자체에 의해 제공되는 일차적 고용량의 10배가 될 것이다. 오직 사회가 고용, 따라서 실질소득의 증가에도 불구하고 소비를 변화시키지 않고 그대로 유지하는 경우에 한하여, 고용의 증가는 공공사업에 의해 이룩된 일차적 고용에 국한될 것이다. 그 반면에, 만약 그들이 소득의 증가분 전체를 소비하고자 한다면, 안정점(安定點)이란 있을 수 없고 물가(物價)는 한정 없이 상승할 것이다. 정상적인 심리적 가정을 한다면, 고용의

즉 $\quad k' = \dfrac{I_w}{e_e{}' N_2} \cdot \dfrac{e_e N}{Y_w} k.$

그러나 만약 산업 전체에 대한 총공급함수의 형상과 투자산업에 대한 총공급함수의 형상 사이에 현저한 차이가 있을 것으로 기대할 하등의 이유가 없고, 따라서

$$\frac{I_w}{e_e{}' \cdot N_2} = \frac{Y_w}{e_e \cdot N}$$

이라고 한다면, 이 경우에는 $\dfrac{\triangle Y_w}{\triangle N} = \dfrac{\triangle I_w}{\triangle N_2}$ 이며, 따라서 $k = k'$ 가 된다.

2) 우리의 수량은 항상 임금단위로 측정된다.

증가는 그와 동시에, 이를테면, 전시(戰時)에 개인소비를 제한하기 위한 선전(宣傳)의 결과로, 소비성향에 변화가 있을 때에 한하여 소비의 감퇴와 결부될 것이다. 그리고 투자에서의 고용증가가 소비재 산업에서의 고용에 대한 불리한 반작용과 결부되는 것은 오직 이 경우뿐이다.

이것은 다만 지금쯤에는 이미 독자들에게 일반적인 근거에서 명백한 것으로 되어 있는 것을 공식(公式)으로 요약한 것에 불과하다. 임금단위로 측정된 투자(投資)의 증가는, 공중(公衆)이 임금단위로 측정된 그들의 저축(貯蓄)을 증가시킬 용의가 없는 한, 일어날 수 없는 것이다. 통상적으로 말하자면, 공중은, 임금단위로 측정된 그들의 총소득(總所得)이 증가하고 있지 않는 이상, 그렇게 하지 않을 것이다. 이리하여 그들의 증가된 소득의 일부를 소비하고자 하는 그들의 노력은, 소득의 새로운 수준이 (그리고 분배가) 증가한 투자에 대응하기에 충분할 정도의 저축의 여지를 마련할 때까지 산출(産出)을 자극할 것이다. 승수(乘數)는, 그들로 하여금 필요한 추가저축을 하도록 유도하기에 충분한 실질소득의 증가를 가져오게 하기 위해서는 그들의 고용이 얼마만큼 증가되어야 하는가, 그리고 또 그 고용이 얼마만큼 그들의 심리적 성향의 함수인가를 우리에게 말해 준다.[3] 만약 저축은 쓴 약이고 소비는 단 꿀이라고 한다면, 단 꿀의 증가는 증가된 쓴 약의 크기에 비례해야 한다. 공중의 심리적 성향이 우리가 지금 상정하고 있는 것과 다르지 않는 한, 우리는 여기서 투자를 위한 고용의 증가는 필연적으로 소비재산업을 자극하고, 그 결과로서 투자 그 자체에 의해 요구되는 일차적 고용의 배수(倍數)인 전체적인 고용량의 증가를 유도한다는 법칙을 확립한 것이다.

상기의 논의로부터, 만약 한계소비성향(限界消費性向)이 1보다 크게

3) 더욱 일반화된 경우에는 그것은 또 투자산업 및 소비재산업의 각각에 있어서의 물리적 생산조건(生産條件)의 함수이기도 하지만.

적지 않다면, 소량의 투자변동(投資變動)이 대폭적인 고용변동(雇用變動)을 가져온다는 결론이 도출된다. 그러나 동시에, 비교적 소량의 투자증가도 완전고용(完全雇用)을 가져온다는 것이 된다. 이에 반하여, 만약 한계소비성향이 영(零)보다 별로 크지 않다면, 소량의 투자변동은 이에 대응하는 소량의 고용변동을 가져올 것이다. 그러나 동시에 완전고용을 가져오기 위해서는 큰 투자의 증가가 필요하게 될 것이다. 전자의 경우에 있어서는 비자발적(非自發的) 실업은 용이하게 구제될 수 있는 질환(疾患)일 것이다 ― 만약 그것을 퍼지도록 방치한다면 곤란하게 되기 쉽겠지만. 후자의 경우에 있어서는 고용은 비교적 덜 변동하겠지만 낮은 수준에서 안정되기 쉬우며, 가장 극단적인 구제수단 이외의 어떤 구제수단에 대하여도 완강하게 버티는 성질의 것이 될 것이다. 실제에 있어서는 한계소비성향은 이 양극단 사이의 어딘가에 있는 것 같다 ― 비록 영(零)보다는 1쪽에 훨씬 더 가까운 곳에 있기는 하지만. 그리고 그 결과로 우리는, 어떤 의미에서는, 두 가지 세계의 최악(最惡)의 것을 다 가지고 있는 셈이 된다. 왜냐하면, 고용의 변동은 격심하고, 또 동시에 완전고용을 가져오기에 필요한 투자의 증가는 용이하게 대처될 수 있기에는 너무도 크기 때문이다. 불행하게도 지난날의 [고용의] 변동은 질환의 성질이 명백하게 드러나는 것을 방해하기에 충분한 것이었다. 그리고 그 질환의 중증(重症)은 그 본질이 이해되지 않고는 그것을 구제할 수 없는 성질의 것인 것이다.

일단 완전고용에 도달하고 나면, 투자를 더욱 증가시키고자 하는 어떠한 시도도, 한계소비성향과는 관계없이, 화폐가격(貨幣價格)이 무한히 상승하는 경향을 야기할 것이다. 즉, 우리들은 진성(眞性) 인플레이션 (true inflation)[4]의 상태에 도달할 것이다. 그러나 이 점에 도달할 때까

---

4) 뒤의 제21장 제364면 참조.

지는, 물가(物價)의 상승은 총실질소득(總實質所得)의 증가와 결부되어 있을 것이다.

Ⅲ

우리는 지금까지 투자의 순(純)증가를 다루어 왔다. 그러므로 만약 우리가 상술(上述)한 논의를 아무런 단서 없이 (이를테면) 공공사업(公共事業) 확장의 효과에 적용하고자 하는 경우에는, 우리는 다른 방향에 있어서의 투자의 감퇴(減退)에 의한 상쇄가 없었다는 것 — 그리고 또 물론, 사회의 소비성향(消費性向)에 이와 관련된 아무런 변화도 없었다는 것을 상정하여야 한다. 칸 씨가 위에서 언급한 논문에서 주로 문제로 삼았었던 것은, 어떤 상쇄작용을 중요한 것으로 고려해야 하는가를 고찰하는 것과 수량적 추정치를 제시하는 것이었다. 왜냐하면, 실제적인 경우에 있어서는 주어진 종류의 투자(投資)의 어떤 특정한 증가(增加) 이외에도 최종적인 결과에 개입되는 몇 가지 요인이 있기 때문이다. 예를 들어, 만약 정부가 공공사업(公共事業)에 대하여 추가적으로 10만 명을 고용하고 또 (위의 정의에 따른) 승수(乘數)가 4라고 한다면, 총고용의 증가가 40만 명이 될 것이라고 상정하는 것은 안전하지 못하다. 왜냐하면, 새로운 정책은 다른 방면으로의 투자에 대하여 불리한 반작용을 미칠 수 있기 때문이다.

현대사회에 있어서는 (칸 씨의 견해에 따르면) 다음과 같은 것이 간과되어서는 안 될 가장 중요한 요인인 듯이 보인다(처음의 두 가지는 제4편에 도달할 때까지는 완전하게 이해될 수 없겠지만).

(1) 정책을 위한 자금조달의 방법과, 고용증가 및 이와 관련된 가격

의 상승에 의해 요구되는 운영자금(運營資金)의 증가(增加)는, 금융 당국이 이에 반대되는 정책을 쓰지 않는 한, 이자율(利子率)을 상승시키고 따라서 다른 방면에 있어서의 투자를 저해(沮害)하는 효과를 가지고 올 것이다. 동시에, 다른 한편으로는 자본재의 원가 상승(原價上昇)은 개인 투자자에 대하여 그들의 한계효율(限界效率)을 감소시킬 것이며, 이것은 또 그것을 상쇄시키기 위하여 이자율의 실제의 하락(下落)을 필요로 할 것이다.

(2) 가끔 널리 유포되는 혼란된 심리상태로 말미암아 정부의 계획은, 「확신(確信)」에 대한 영향을 통하여, 유동성선호(流動性選好)를 증대시키거나 또는 자본의 한계효율(限界效率)을 저하시키는 경우가 있다. 그리고 이것도 또한 그것을 상쇄하기 위한 방책이 채택되지 않는 한 다른 투자를 저해하게 될 것이다.

(3) 대외무역관계를 가지고 있는 개방체제 하에서는, 증가된 투자승수(投資乘數)의 어떤 부분은 고용의 이익이 외국에 귀속되는 경우가 있을 것이다. 왜냐하면, 증가된 소비의 일부분은 우리 자신의 나라의 유리한 대외무역 차액(差額)을 감소시킬 것이기 때문이다. 따라서 우리가 세계의 고용과는 별도로 오직 국내의 고용효과만을 고려한다면, 우리는 승수의 전체 수치를 그것만큼 감소시켜야 할 것이다. 그 반면에, 우리 자신의 나라는 외국이 경제활동을 증가시킬 때 외국에 나타나는 승수(乘數)의 작용으로 말미암은 유리한 반작용을 통하여, 상기의 누출(漏出)의 일부분을 되돌려 받을 수도 있을 것이다.

뿐만 아니라, 만약 우리가 상당한 액수의 변화를 고려하는 경우에는, 우리는 한계(限界)의 위치가 점차 이동해 감에 따라 한계소비성향(限界消費性向)에, 또 따라서 승수(乘數)에, 단계적인 변화가 일어날 것을 참작하여야 한다. 한계소비성향은 고용의 모든 수준에 대하여 불변이 아니며, 보통 고용이 증가함에 따라 그것이 감퇴하는 경향이 있을 것이다. 즉, 실질소득이 증가함에 따라 그 가운데서 사회가 소비하고자 하는 비율은 체감해갈 것이다.

지금 언급한 일반적(一般的) 법칙(法則)의 작용 이외에도 한계소비성향, 또 따라서 승수를 변경시키는 작용을 할 수 있는 그 밖의 요인들이 있는데, 일반적으로 이러한 기타 요인들은 이러한 일반적 법칙을 상쇄하기보다는 오히려 그 경향을 강화시켜 줄 가능성이 많은 듯하다. 왜냐하면, 우선 첫째로, 고용의 증가는 단기에 있어서의 수확체감(收穫遞減)의 효과 때문에 총소득(總所得) 가운데서 기업자에게 귀속하는 비율을 증대시키는 경향이 있을 것인바, 기업자의 한계소비성향은 아마도 사회 전체의 평균보다는 낮을 것이다. 다음으로, 실업(失業)은 공공부문이나 민간부문을 막론하고 어떤 부문에서의 마이너스(負)의 저축과 관련되어 있을 가능성이 있다. 왜냐하면, 실업자는 아마도 그 자신 및 그들의 친구의 저축이나 또는 공채발행(公債發行)으로 그 일부가 조달된 공공구제자금에 의해 생활하고 있을 것이기 때문이다. 그 결과로 재고용(再雇用)은 점차 이 특정한 마이너스(負) 저축의 행위를 감소시킬 것이고, 따라서, 다른 사정 하에서 일어나는 사회의 실질소득의 동액(同額)의 증가가 그것을 감소시키는 것보다도 더 빨리 한계소비성향을 인하시킬 것이다.

어떤 경우에 있어서든, 승수(乘數)는 투자의 순증가분(純增加分)이 작은 경우가 증가분이 큰 경우보다 더 클 가능성이 많다. 그리하여 큰 변화가 예견되는 때에는 우리는 고찰하려고 하는 기간에 있어서의 평균(平均)한계소비성향에 입각한 평균승수치(平均乘數值)에 의해 인도되어야 할 것이다.

칸(Kahn) 씨는 어떤 가상적인 특수한 경우에 있어 상기와 같은 요인들의 개연적인 수량적 결과를 고찰하였다. 그러나 명백하게, 어떤 일반화이건 그것을 지나치게 밀고나가는 것은 불가능하다. 예를 들어, 전형적인 현대사회에 있어서는, 만약 그 사회가 다른 소비자들의 소비로부터의 이전(移轉)에 의해 실업자의 소비를 충당하는 봉쇄체제(封鎖體制)라고 한다면, 아마도 실질소득이 얼마나 증가하건 그 증가분의 80퍼센트를 별로 밑돌지 않게 소비하는 경향이 있을 것이며, 따라서 여러 가지 상쇄작용을 감안한 후의 승수는 5보다 별로 적지 않을 것이라고 말할 수 있을 뿐이다. 그러나 대외무역이 소비의 이를테면 20퍼센트를 차지하고, 실업자들은 그들이 취업하고 있을 때의 정상소비의 이를테면 50퍼센트에 달하는 액수를 공채(公債) 또는 그것과 비등(比等)한 것으로부터 받는 나라에서는, 승수는 특정한 신투자에 의해 이룩되는 고용의 2배 내지 3배 정도로 낮게 하락할 것이다. 그리하여 투자의 일정한 변동은, 대외무역이 큰 역할을 수행하고 실업구제자금이 대규모 공채발행에 의해 조달되는 나라에서는(예를 들어, 1931년의 영국에서와 같이), 이들 요인이 비교적 중요하지 않은 나라에서보다도(예를 들어 1932년의 미국에서와 같이), 훨씬 약한 고용변동을 수반할 것이다.[5]

그러나 국민소득에 대하여 비교적 적은 비율밖에 안 되는 투자량(投資量)의 변동이 어떻게 총고용(總雇用) 및 소득에 대하여 그 자신보다 훨씬 큰 규모의 변동을 파급시킬 수가 있느냐 하는 데 대한 설명은, 우리는 승수(乘數)의 일반원리에서 구해야 할 것이다.

IV

지금까지의 논의는 총투자(總投資)의 변화를 기초로 하여 이루어져

---

5) 그러나 뒤의 제150면에 있어서의 미국의 추정치를 참조할 것.

왔다. 여기에서 총투자의 변화는 충분히 예견된 것으로서 그 때문에 소비재산업은 자본재산업과 보조를 맞추어 전진하며, 소비재의 가격에는 수확체감의 상태 하에서 생산수량의 증가에 수반하여 생기는 변동 이상의 변동은 일어나지 않는다고 상정된 것이다.

그러나 일반적으로는, 우리는 변동(變動)의 발단(發端)이 완전하게 예견되지 못한 자본재산업(資本財産業)의 생산의 증가로부터 나오는 경우를 염두에 두어야 한다. 이런 종류의 시발적(始發的) 동인(動因)은 일정기간이 지나야 비로소 고용에 대하여 완전한 효과를 미친다는 것은 자명하다. 그러나 나는 논의의 과정에서 이 자명한 사실이, 모든 순간에 시간의 지체 없이 계속적으로 타당한 논리적 승수이론(論理的 乘數理論: logical theory of multiplier)과, 시간의 지체가 있고 일정 간격 후에 비로소 점차적인 효과를 나타내는 자본재산업 확장의 여러 결과들 사이에 흔히 다소의 혼동을 일으키고 있다는 것을 발견하였다.

이들 양자간의 관계는 다음의 점들을 지적함으로써 밝혀질 수 있다. 첫째는, 예견되지 않은 또는 불완전하게 예견된 자본재산업의 확장은 총투자(總投資)에 대하여 등량(等量)의 즉시적인 효과를 불러일으키는 것이 아니라 총투자의 점차적인 증가를 불러일으킨다는 것이며, 둘째는, 그것은 한계소비성향(限界消費性向)을 일시적으로 그 정상치(正常値)로부터 이탈하게 하는 수가 있지만, 그러나 이것은 점차 그 정상치로 복귀한다는 것이다.

이리하여 자본재산업의 확장은 일정시간의 간격에 걸쳐, 연속하는 몇 개의 기간 동안 계속적으로 일어나는 총투자증가(總投資增加)의 한 계열(系列)을 만들어내고, 또 이러한 확장이 예견되었을 경우의 수치와는 다르고 또 사회가 새로운 안정적인 총투자 수준에 자리 잡았을 경우의 수치와도 다른, 이들 연속적인 기간 동안의 한계소비성향의 수치의 한

계열(系列)을 만들어낼 것이다. 그러나 승수의 이론은, 모든 시간의 간격에 있어, 총수요(總需要)의 증가분은 총투자(總投資)의 증가분에다 한계소비성향에 의해 정해지는 승수(乘數)를 곱한 것과 같다는 의미에서 항상 타당하다.

이들 두 가지 사실의 설명은, 자본재(資本財) 산업에 있어서의 고용의 확장이 전혀 예견되지 못하였기 때문에 당장에는 소비재(消費財)의 산출에 그 어떤 증가도 일어나지 않는 극단적인 경우를 상정함으로써 가장 명료하게 이해될 수가 있다. 이 경우에는 자본재 산업에 새로 고용된 사람들이 증가된 소득의 일부분을 소비하려는 노력은 수요와 공급 사이에 일시적인 균형(均衡)이 이루어질 때까지 소비재의 가격을 상승시킬 것이다. 그 균형이 이루어지게 되는 원인의 일부는 높은 가격이 소비를 연기하도록 만들기 때문에, 다른 일부는 가격상승(價格上昇)의 결과로 생기는 이윤증가의 효과로서 저축계급에 대하여 유리하게 소득의 재분배(再分配)가 이루어지기 때문에, 그리고 또 다른 일부는 가격상승이 재고의 고갈(枯渴)을 일으키기 때문이다. 균형이 소비의 연기(延期)에 의해 회복되는 한에 있어서는 한계소비성향의 일시적 감소, 즉, 따라서 승수(乘數) 그 자체의 일시적인 감소가 있을 것이다. 그리고 재고의 고갈이 있는 한에 있어서는 총투자(總投資)는 당분간 자본재산업에 있어서의 투자의 증가분보다도 적게 증가할 것이다 — 다시 말하면, 승수에 의해 곱해지는 것은 자본재산업에서의 투자의 증가분의 전액(全額)만큼 증가하지는 않는다. 그러나 시간이 경과함에 따라 소비재산업은 새로운 수요에 적응하게 되고, 따라서 연기된 소비가 실제로 행하여지게 되면 한계소비성향은 일시적으로 그 정상수준 이상으로 상승하여 전에 그 이하로 하락한 정도만큼 보상하게 되고, 마침내 정상수준으로 되돌아오게 된다. 반면에, 재고가 그 전의 수치로 회복된다는 것은 총투자의 증가분을 일시적으로 자본재산업에서의 투자의 증가분보다도 크게 만든다(증가한 산출량에 대응하는 운영자본의 증가분도 또한 일시적으로 똑같은 효과를 가지고 온다).

예견되지 않은 변화는 일정한 기간의 경과를 거쳐서 비로소 그 완전한 효과를 가지고 온다는 사실은 약간의 문맥에 있어서는 중요하다 ─ 특히 그것은 경기순환의 (내가 나의 『화폐론』에서 추구했던 것과 같은 선에 따른) 분석에서 일역(一役)을 담당하는 것이다. 그러나 그것은 이 장(章)에서 전개한 승수이론(乘數理論)의 의의(意義)에 대해서는 어떤 방식으로도 영향을 미치지 않으며, 또한 그것 때문에 승수이론이 자본재산업의 확장으로부터 기대되는 고용(雇用)에 대한 총이득(總利得)의 지표로서 부적합하게 되는 것도 아니다. 뿐만 아니라, 소비재산업이 이미 거의 완전가동 수준에서 조업(操業)되어, 산출량을 증가시키기 위해서는 단순히 기존 설비의 더욱 집약적인 사용만이 아니라 생산설비의 확장이 필요하게 되는 상황을 제외하고는, 소비재산업에서의 고용이 정상적인 수치에 가까운 승수(乘數)의 작용을 수반하면서 자본재산업에서의 고용과 보조를 맞추어 진행되기까지, 적지 않은 시간이 경과할 필요가 있다고 생각할 이유는 없다.

V

우리는 위에서 한계소비성향(限界消費性向)이 크면 클수록 승수(乘數)도 크고, 따라서 투자의 일정한 변화에 대응하는 고용(雇用)의 교란(攪亂)도 또한 크다는 것을 보았다. 이것은, 저축(貯蓄)이 소득의 극히 근소한 일부분에 지나지 않는 가난한 사회에서, 저축이 소득의 더욱 큰 부분을 차지하는, 따라서 승수도 또한 더 작은 부유한 사회에서보다도, 경제

변동의 진폭(振幅)이 더욱 격렬할 것이라는 역설적인 결론으로 인도하는 것처럼 보일지 모른다.

그러나 이 결론은 한계(限界)소비성향의 효과와 평균(平均)소비성향의 효과 사이의 구별을 간과하고 있다. 왜냐하면, 높은 한계소비성향은 투자에서의 일정한 백분율(百分率) 상의 변화로부터 더욱 큰 비례적 효과를 가지고 오지만, 그럼에도 불구하고 만약 평균소비성향도 또한 높다면 그 절대적인 효과는 적을 것이기 때문이다. 이것을 수치로 예증하면 다음과 같이 될 것이다.

어떤 사회의 소비성향이 다음과 같다고 하자. 그 사회의 실질소득(實質所得)이 기존의 자본설비에 대하여 5백만인을 고용함으로써 산출되는 산출액을 능가하지 않는 한에 있어서는, 그 사회는 소득 전액을 소비하며, 다음의 10만인을 추가로 고용함으로써 얻는 산출액으로부터는 99퍼센트를 소비하며, 그 다음의 10만인의 산출액에 대하여는 98퍼센트를, 세 번째의 10만인의 산출액으로부터는 97퍼센트… 등등으로 진행하며 ; 피용자(被用者)가 1천만인이 되어야 비로소 완전고용 되었다고 할 수 있다고 하자. 이것으로부터 $5,000,000 + n \times 100,000$인이 고용된 경우에는 한계(限界)에서의 승수는 $\dfrac{100}{n}$ 이며, 국민소득의 $\dfrac{n(n+1)}{2 \cdot (50+n)}$ 퍼센트가 투자된다는 사실이 나온다.

그리하여 520만인이 고용될 때에는 승수는 매우 크다. 즉 50이 된다. 그러나 투자는 경상소득의 극히 근소한 비율, 즉 0.06퍼센트에 불과하다. 그 결과는, 만약 투자가 상당히 큰 비율로, 예를 들어 약 2/3만큼 감소한다고 해도, 고용은 510만인, 즉 약 2퍼센트 감소하는 데 지나지 않게 된다. 반면에 900만인이 고용되고 있는 경우에는 한계승수는 비교적 작지만, 즉 2.5에 불과하지만, 이 경우에는 투자가 경상소득의 상당한 비율, 즉 9퍼센트를 차지한다. 그 결과, 만약 투자가 2/3만큼 하락한다면, 고용은 690만인으로, 즉 23퍼센트만큼 떨어지게 될 것이다. 투자가 영(零)으로 떨어지는 극단적인 경우에는, 고용은 전자의 경우에는 4퍼센트 감소하고 후자의 경우에는 44퍼센트 감소하게 된다.[6]

위의 예에 있어서는, 비교되고 있는 양 사회에서 더욱 가난한 사회는 불완전고용(不完全雇用) 때문에 가난한 것이다. 그러나 똑같은 추론(推論)은 손쉬운 수정을 가함으로써 빈곤이 숙련, 기술 또는 설비가 열등(劣等)한 데 기인하는 경우에도 그대로 적용된다. 그리하여 승수(乘數)는 가난한 사회의 경우가 더욱 큰 반면, 부유한 사회에서는 경상투자(經常投資)가 경상산출(經常産出)의 더 큰 비율을 차지한다고 가정한다면, 투자의 변동이 고용에 미치는 효과는 부유한 사회의 경우가 가난한 사회보다 훨씬 더 클 것이다.[7]

또 상술한 것으로부터 공공사업(公共事業)에 대한 일정 인수(人數)의 고용이 (상기의 가정에 따르면) 총고용(總雇用)에 대하여 미치는 효과는 격심한 실업(失業)이 있는 경우가, 그 후에 이르러 완전고용(完全雇用)이

---

6) 위에 있어서는 투자(投資)의 크기는 그것을 생산하기 위하여 고용되는 인수(人數)에 의해 측정된다. 따라서 만약 고용이 증가함에 따라, 고용 1단위당의 수확이 체감한다면, 위의 척도에서 투자액 2배가 된 경우에는 물적인 척도(만약 그와 같은 척도가 사용가능한 것이라고 한다면)에 있어서는 2배 이하가 될 것이다.

7) 좀 더 보편적으로 말한다면, 투자(投資)의 비례적 변화에 대한 총수요(總需要)의 비례적 변화의 비율(比率)은 다음과 같다.

$$\frac{\triangle Y}{Y} \Big/ \frac{\triangle I}{I} = \frac{\triangle Y}{Y} \cdot \frac{Y-C}{\triangle Y - \triangle C} = \frac{1 - \dfrac{C}{Y}}{1 - \dfrac{dC}{dY}}$$

부(富)가 증가함에 따라 $\dfrac{dC}{dY}$ 는 체감한다. 그러나 $\dfrac{C}{Y}$ 도 또한 감소한다. 그리하여 이 분수는 소비(消費)가 소득(所得)보다 작은 비율로 증감(增減)하는가, 더 큰 비율로 증감하는가에 따라서 증감한다.

가까워지는 경우보다도, 훨씬 클 것이라는 것이 명백하다. 위의 예에서, 고용량이 520만인으로 저하되어 있는 경우에 만약 공공사업을 위하여 추가적으로 10만인이 고용된다고 한다면, 전 고용량은 640만인으로 증대할 것이다. 그러나 만약 추가적인 10만인이 공공사업을 위하여 고용될 때에 고용량이 이미 900만인이라고 한다면, 전(숖)고용량은 겨우 920만인으로 증대하는 데 불과할 것이다. 그러므로 만약 우리가 실업이 많을 때에는 소득의 더욱 작은 비율이 저축된다고 가정할 수 있다면, 격심한 실업이 있을 때에는, 비록 효용이 의심스러운 공공사업이라도, 실업구제(失業救濟) 지출의 비용이 감소한다는 사실 하나만으로도 능히 그 비용의 수배(數倍)의 이익을 가져올 수 있는 것이다. 그러나 완전고용상태에 접근함에 따라 이러한 공공사업들은 점차 그 타당성이 의심스러운 것으로 될 것이다. 뿐만 아니라, 만약 완전고용에 접근함에 따라 한계소비성향이 꾸준히 하락한다는 우리의 가정이 타당하다면, 투자를 더욱 증가시킴으로써 일정량의 고용증가를 더욱 확보하는 것은 점점 더 어려워질 것이라는 이치를 얻게 된다.

　연속적인 시점에 있어서의 총소득(總所得) 및 총투자(總投資)의 통계(만약 이런 통계를 얻을 수 있다면)로부터 경기순환의 각 단계에 있어서의 한계소비성향표(限界消費性向表)를 작성한다는 것은 어렵지 않을 것이다. 그러나 현재에 있어서는, 우리의 통계는 크게 근사적인 추계(推計) 이상의 것을 추정할 수 있을 만큼 정확하지 못하다(또 이러한 특정한 목표를 위하여 작성된 것도 아니다). 내가 알고 있는 이 목적을 위한 가장 훌륭한 통계는 미국에 관한 쿠즈네츠 씨의 수치들(앞의 제121면에서 이미 언급한 바 있음)인데, 이들조차도 대단히 억단적(臆斷的)이다. 국민소득의 추정치와 관련시켜 보면, 그것이 얼마만큼의 가치가 있는가는 고사하고, 이들 수치들은 내가 응당 기대했던 것보다도 투자승수(投資乘數)의 수치가 더 낮고 또 더 안정적임을 시사하고 있다. 만약 한 해씩 따로 떼어서 본다면, 결과는 거의 멋대로인 것처럼 보인다. 그러나 이들을 두 개씩 합쳐서 본다면 승수는 3보다 적었던 것 같고 또 아마도 2.5 근방에서 비교적 안정적이었던 것 같다. 이것은 한계소비성향이 60 내지 70퍼센트를 초과하지 않는다는 것을 암시한다 ─ 이 수치는 호황(好況) 때에는 확실히 그럴듯하지만, 놀라울 만큼, 나의 판단에는, 불황(不況) 때에는 생각할 수 없을 정도로 낮다. 그러나 이것은 불황기에서조차 고수된 미국 법인기업의 재무관리(財務管理)의 극단적인 보수성(保守性)에 의해 설명될 수 있기는 하다. 바꾸어 말하자면, 수선(修繕)이나 대체(代替)가 이루어지지 못하고 있기 때문에 투자가 현저하게 떨어지고 있을 때에, 만약 그와 같은 손모(損耗)에 관하여 금융적인 준비가 여전히 이루어진다면, 그것은 그렇지 않았더라면 일어날 수 있었을 한계소비성향(限界消費性向)의 상승을 저지하는 결과를 가져온다. 나는 이 요인이 최근 미국에서의 불황(不況)의 정도를 악화시키는 데 있어 상당한 역할을 한 것이 아닌가 생각한다. 한편으로는, 이들 통계가 투자의 감퇴를 어느 정도 과장하고 있을 가능성도 있다. 즉, 이 통계에 의하면, 1932년의 투자는 1929년에 비교하여 75퍼센트 이상 떨어지고, 반면에, 순(純)「자본형성(資本形成)」은 95퍼센트 이상 떨어졌다고 한다. 이들 추계(推計)에 있어서의 다소의 변화가 승수(乘數)에 대하여는 상당한 차이를 가지고 올 수 있는 것이다.

VI

비자발적(非自發的) 실업(失業)이 존재하는 경우에는, 노동의 한계비효용(限界非效用)은 필연적으로 한계생산물의 효용(效用)보다 작다. 사실 그것은 훨씬 작을 수도 있을 것이다. 왜냐하면, 오랫동안 실업(失業)하고 있는 사람에게는 어느 정도의 노동은 비효용을 의미하는 것이 아니라 오히려 플러스(正)의 효용을 가질 수도 있을 것이기 때문이다. 만약 이것이 인정된다면, 상기의 추론은 「낭비적인」 차입지출(借入支出)[8]이 역설적으로 어떻게 사회를 균형(均衡) 위에서 부유하게 만들 수 있는가를 밝혀준다. 만약 우리 정치가들이 고전파경제학의 원리(原理)들에 대하여 받았던 교육이 보다 좋은 세상을 실현시키는 데 방해가 되고 있다고 한다면, 피라밋의 건조나 지진 그리고 심지어는 전쟁까지도 부(富)를 증가시키는 데 도움이 될 수 있는 것이다.

상식(常識)이, 어불성설(語不成說)의 결론으로부터 빠져나오기 위하여 몸부림치는 과정에서, 부분적으로 「낭비적」인 형태보다도 오히려 완전히 「낭비적」인 차입지출(借入支出)의 형태를 선택하는 경향이 있다는 것은 기묘한 일이다. 부분적으로 낭비적인 형태는 그것이 완전히 낭비적인 것이 아니기 때문에 엄격한 「영리적」인 원칙에 의해 판단되기가 쉬운 것이다. 예를 들어, 실업구제를 위한 자금을 차입에 의해 조달하는 편이, 설비개선을 위한 자금을 경상이자율보다 낮은 비용으로 조달하는 것보다 오히려 더욱 선뜻 받아들여진다. 또한, 금광으로 알려져 있는 땅속에 구멍을 파는 형태는, 그것이 세계의 실질적인 부(富)에 대해서는 전

---

8) 「차입지출(借入支出)」이라는 용어는 개개인으로부터의 차입에 의한 공공투자와, 또 같은 방법으로 자금조달이 이루어진 그 밖의 모든 경상(經常)공공지출을 포함하는 것으로 사용되는 것이 흔히 편리하다. 엄밀하게 말하면, 후자는 마땅히 마이너스(負)의 저축으로 간주되어야 한다. 그러나 이런 종류의 공공활동은 개인의 저축을 지배하는 것과 같은 종류의 심리적 동기에 의해 좌우되는 것은 아니다. 따라서 「차입지출」이라는 용어는, 자본계정(資本計定)에 있어서건 또는 예산의 부족을 보충하고자 하는 경우이건, 모든 계정에 있어서의 공공 당국의 순(純)차입을 나타내는 편리한 표현이다. 차입지출의 전자의 형태는 투자를 증가시킴으로써 작용하고, 후자의 형태는 소비성향을 증가시킴으로써 작용한다.

혀 아무런 보탬이 되지 못할 뿐만 아니라 오직 노동의 비효용만을 가져올 뿐인데도, 모든 해결책들 중에서도 가장 인기가 있는 것이다.

만약 재무성(財務省)이 낡은 몇 개의 병에 은행권(銀行券)을 채워서 그것을 폐광된 탄갱(炭坑)의 적당한 깊이에 묻고, 그 다음에 탄갱을 도시의 쓰레기로 지면까지 채워놓고, 허다한 시련을 잘 이겨낸 자유방임(自由放任: laissez faire)의 원리에 입각하여, 개인기업에 그 은행권을 다시 파내게 한다면(물론, 이것을 할 수 있는 권리는 은행권이 묻혀 있는 지역의 임차(賃借)에 대한 입찰에 의해 얻어진다), 더 이상 실업(失業)이 존재할 필요도 없어지고, 그 반작용의 도움에 의해, 사회의 실질소득(實質所得)이, 또 나아가서는 그 자본적 부(富) 또한, 그것이 현재 존재하는 것보다 훨씬 크게 될 것이다. 물론 가옥이나 또는 이와 비슷한 것을 건조하는 것이 더욱 현명한 것이 사실이기는 하다. 그러나 그것을 하는 데 있어 정치적 또는 실제적인 곤란이 있다고 한다면, 상기(上記)의 것은 아무것도 하지 않는 것보다는 나을 것이다.

이러한 채굴(採掘) 방법과 현실세계에서의 금광(金鑛)의 채굴 방법은 완전히 유사하다. 경험이 보여주는 바는, 금이 적당한 깊이에서 채취되던 시대에는 세계의 실질적인 부(富)는 빠른 속도로 증가하였고, 그것이 그렇게는 [적당한 깊이에서는] 조금밖에 채취되지 못하게 된 시대에는 우리의 부(富)가 정체 내지 감소하였다는 사실이다. 그리하여 금광은 문명(文明)에 대하여 가장 큰 가치와 또 중요성을 가지는 것이다. 마치 전쟁(戰爭)이 대규모 차입지출의 유일한 형태로서 정치가들이 이것을 정당화할 수 있는 것으로 생각하였던 것과 같이, 금의 채굴은 땅 속에 구멍을 파는 유일한 구실로서, 은행가들은 이것을 건전한 금융(金融)으로 환영하였다. 그리고 이 두 가지 활동은 각각, 그 밖에 더 좋은 것이 없었기 때문에, 진보(進步)에 대하여 나름대로의 역할을 수행했던 것이다. 좀더 자세히 말하자면, 불황기에 노동 및 물자로 측정된 금의 가격이 등귀하는 경향은 궁극적인 경기회복(景氣回復)에 도움이 된다. 왜냐하면, 그것은 금의 채굴이 경제성 있게 행하여질 수 있는 깊이를 증가시킴과 동시에, 수지가 맞는 광질(鑛質)의 최저급(最低級)을 내리는 까닭이다.

금의 공급증가(供給增加)가 이자율(利子率)에 미치는 개연적인 효과에 부가하여, 금의 채굴은, 만약 우리에게 유용한 부(富)의 축적량을 동시에 증가시키는 그러한 수단을 통하여 고용을 증가시킬 수 있는 길이 막혀 있다면, 두 가지 이유로 매우 현실적인 투자의 형태가 된다. 첫째, 그것이 제공하는 도박적인 매력으로 말미암아 이자율의 시세에 지나치게 구애됨이 없이 그 활동이 수행된다. 둘째, 그 결과, 즉 금의 축적량(蓄積量)의 증가는 다른 경우에서와 같이 그 한계효용을 체감시키는 효과를 가져오지는 않는다. 주택의 가치는 그 효용에 의존하기 때문에 건축되는 주택들은 모두 그 이상의 주택 건축으로부터 얻어질 수 있는 집세를 감소시키는 데 일조(一助)가 되며, 따라서 이자율(利子率)이 이와 보조를 맞추어서 하락하지 않는 이상, 그 이상의 동종(同種)의 투자를 하는 데 대한 유인을 감소시킬 것이다. 그러나 금의 채굴의 과실은 이러한 불이익을 받지 않는다. 금의 채굴은 오직 금을 기준으로 측정한 임금단위(賃金單位)의 상승에 의해서만 저지될 수 있을 따름인데, 임금단위의 상승은 고용상태가 현저하게 개선되지 않는다면, 그리고 개선될 때까지, 일어날 가능성은 희박한 것이다. 뿐만 아니라, 내구도(耐久度)가 비교적 낮은 부(富)의 형태의 경우와는 달리, 사용자비용(使用者費用) 및 보족적 비용(補足的費用)의 준비 때문에 후에 반대의 효과가 생기는 일도 없다.

고대 이집트는 두 가지 활동, 즉 피라밋의 건조와 귀금속에 대한 탐색을 행하였다는 점에 있어서 이중(二重)으로 운이 좋았고, 그 신화적인 부(富)도 의심의 여지없이 이 활동의 덕택이었다. 이 활동의 과실들은, 소

비를 통하여 인간의 필요를 충족시키는 것이 아니기 때문에, 풍족하다고
해서 값어치가 떨어지지는 않는 것들이다. 중세(中世)는 사원(寺院)을 세
우고 만가(挽歌)를 노래하였다. 두 개의 피라밋, 사자(死者)를 위한 두 개
의 미사곡은 하나에 비하여 2배의 효과가 있었다. 그러나 런던에서 요크
까지의 두 개의 철도는 그렇지 않다. 그리하여 우리는 매우 분별이 많고
견실한 재정관리자를 닮도록 훈련되어 있어서, 자손들이 살아갈 집을 지
음으로써 혹시나 그들에게 「금융적」 부담을 끼치지나 않을까 신중한 배
려를 할 정도이기 때문에, 우리는 실업(失業)의 고통으로부터 그렇게 쉽
게 탈출할 수가 없는 것이다. 우리는 이와 같은 실업의 고통을, 개인으
로 하여금 장래의 어떤 특정한 시기에 그 권리를 행사하겠다는 의도가
없이 향락(享樂)에 대한 청구권(請求權)을 축적할 수 있도록 함으로써,
개인(個人)을 「부유하게」 만드는 데 가장 잘 꾸며져 있는 원리(原理)들
을 국가(國家)의 행동에 적용한 불가피한 결과로 받아들여야 하는 것이
다.

제 4 편
투자에 대한 유인

"직업적 투자자는 100매의 사진 가운데서 가장 얼굴이 아름다운 6인을 선택하여 그 선택이 투표자 전체의 평균적(平均的)인 선호(選好)에 가장 가까운 사람에게 상품이 수여되는 신문투표(新聞投票)와 비교될 수 있을 것이다. 이 경우에는 각 투표자는 그 자신이 가장 아름답다고 생각하는 얼굴을 선택하는 것이 아니라, 다른 투표자들의 취향에 가장 잘 맞을 것으로 생각되는 얼굴을 선택해야 하는데, 거기다가 또 투표자들은 모두 문제를 같은 관점으로부터 보고 있는 것이다. 여기에서 문제가 되는 것은 자신의 최선의 판단으로 진실로 가장 아름다운 얼굴을 선택하는 것도 아니며, 더구나 평균적인 의견이 가장 아름답다고 진정하게 생각하는 얼굴을 선택하는 것도 아니다. 평균적인 의견이 어떤 평균적인 의견을 기대하고 있는가를 예견하는 것에 우리의 지력(知力)을 집중시키는 제3차의 영역에 우리는 도달해 있는 것이다. 나아가서는 제4차, 제5차 및 그 이상 고차(高次)의 수단을 부리고 있는 사람도 있을 것으로 나는 믿는다." (본문 p.183에서)

"장래의 긴 세월에 걸쳐 그 완전한 결과가 나오는 어떤 적극적인 일을 행하고자 하는 우리의 결의의 대부분은, 추측컨대, 오직 야성적 혈기(野性的 血氣: animal spirits)─불활동(不活動)보다는 오히려 활동(活動)을 하려는 자생적인 충동─의 결과로 이루어질 수 있을 뿐이며, 수량적인 이익에 수량적인 확률을 곱하여 얻은 가중평균(加重平均)의 소산(所産)으로 이루어지는 것은 아니다." (본문 p.189에서)

제11장

자본의 한계효율

I

사람이 어떤 투자물(投資物) 또는 자본자산(資本資産)을 구입할 때에는 그는 그 자산의 존속기간을 통하여 그것이 생산하는 산출물을 판매하여, 그 산출물을 얻는 데 소요되는 운영경비를 공제한 후에 얻을 수 있다고 그가 기대하는 예상수익(豫想收益)의 계열(系列)에 대한 권리를 매입하는 것이다. 이 연금(年金)의 계열 Q_1, Q_2, ……, Q_n을 편의상 투자물의 예상수익(prospective yield)이라고 부르기로 한다.

이 투자물의 예상수익에 대립되는 것이 자본자산의 공급가격(供給價格: supply price)이다. 이것은 당해 유형(類型)의 자산을 시장에서 실제로 구입할 수 있는 시장가격(市場價格)을 의미하는 것이 아니라, 생산자로 하여금 그 자산의 추가적 1단위를 생산하도록 유도하는 데 겨우 알맞을 정도의 가격, 즉, 가끔 대체비용(代替費用: replacement cost)이라고 불리는 것을 의미한다. 자본자산의 예상수익과 그 공급가격 내지 대체비용과의 관계, 즉 그런 종류의 자본의 추가적 1단위로부터 나오는 예상수익과 그 1단위를 생산하는 데 소요되는 비용과의 관계는 우리에게 그런 유형의 자본의 한계효율(marginal efficiency of capital)을 제공해 준다. 보다 정확히 말하자면, 나는 자본의 한계효율을 자본자산으로부터 그 존속기간을 통하여 얻으리라고 기대되는 수익에 의해 주어지는 연금(年金)의 계열의 현재가치(現在價値)를 그 공급가격(供給價格)과 꼭 균등하게 만드는 할인율(割引率)에 상당하는 것으로 정의하고자 한다. 이것은 우리에게 어떤 특정 유형의 자본자산의 한계효율(限界效率)을 알려준다. 따라서 이들 한계효율 가운데서 가장 큰 것을 자본 일반의 한계효율로 간주할 수가 있다.

독자는 자본의 한계효율은 여기서 자본자산의 수익의 기대치(期待値)와 경상(經常)공급가격을 기준으로 정의되고 있다는 사실에 주의해야 한다. 그것은 만약 화폐를 새로 생산되는 자산에 투입하였을 때 화폐에 대하여 얻을 것이 기대되는 수익률(收益率)에 의존하는 것이지, 어떤 투자물의 수명이 끝난 후에 우리가 그 기록을 회고할 때 그 투자물이 그 원가에 대하여 얼마만큼의 수익을 올렸느냐의 역사적 결과에 의존하는 것은 아니다.

만약 어떤 기간 동안에 주어진 어떤 유형의 자본(資本)에 대하여 투자가 증가한다면, 그 유형의 자본의 한계효율은 그 자본에 대한 투자가 증가함에 따라 저하할 것이다. 그 이유는, 한편으로는 그런 종류의 자본의 공급이 증가함에 따라 예상수익(豫想收益)이 하락할 것이기 때문이고, 또 다른 한편으로는, 통상적으로 그 유형의 자본을 생산하기 위한 시설에 대한 압력이 그 공급가격(供給價格)을 상승시킬 것이기 때문이다. 이 두 가지 요인들 중에서 두 번째 것은 보통 단기(短期)에 있어서의 균형을 성립시키는 데에 있어서는 전자보다 중요하지만, 관찰의 기간이 장기(長期)가 되면 될수록 첫 번째 요인이 더 중요하게 된다. 그리하여 우리는 각 유형의 자본에 대하여, 그 한계효율(限界效率)이 일정한 수치까지 떨어지려면, 그 기간 동안에 그 자본에 대한 투자가 얼마만큼 늘어나야 하는가를 나타내는 하나의 표를 작성할 수가 있다. 그 다음에 우리는 모든 다른 유형의 자본에 대하여 이들 표를 총괄하여 총투자율(總投資率)과 그에 상응하는, 그 투자율에 의해 수립되는, 자본 일반의 한계효율과의 관계를 나타내는 하나의 표를 만들어 낼 수 있다. 우리는 이것을 투자수요표(投資需要表: investment demand-schedule), 또는 양자택일적으로, 자본의 한계효율표(限界效率表)라고 부르고자 한다.

그렇다면 현실의 경상투자율(經常投資率)은 그 한계효율이 경상이자율(經常利子率型)을 능가하는 어떤 부류의 투자자산도 더 이상 존재하지 않는 점에 도달할 때까지 추진될 것이 명백하다. 다시 말해서, 투자율은 투자수요표에서 자본 일반의 한계효율이 시장이자율과 일치하는 점까지 추진될 것이다.[1]

동일한 이치를 또 다음과 같이 표현할 수도 있다. 만약 r 시점에서의 어떤 자산으로부터의 예상수익(豫想收益)을 Q_r 이라고 하고 경상이자율(經常利子率)에 의한 r 년 후의 1파운드의 현재가치를 d_r 로 표시한다면, 그 투자물의 수요가격은 $\Sigma Q_r d_r$ 이 된다. 그리고 투자는 $\Sigma Q_r d_r$ 이 위에서 정의한 의미에 있어서의 투자의 공급가격(供給價格)과 같게 되는 점까지 이루어질 것이다. 다른 한편으로, 만약 $\Sigma Q_r d_r$ 이 공급가격에 미달한다면, 당해 자산에 대한 경상투자는 이루어지지 않을 것이다.

그러므로 투자에 대한 유인(誘因)은 일부분은 투자수요표(投資需要

---

1) 서술을 간단하게 하기 위하여, 나는 우리가 자산으로부터의 여러 가지 예상수익이 실현되기 전에 경과하는 상이한 길이의 기간에 대응한 이자율(利子率) 및 할인율(割引率)의 복합체를 다루고 있다는 점을 얼버무렸다. 그러나 이 점을 포괄할 수 있도록 의론을 재천명(再闡明)하는 것은 어렵지 않다.

表)에 의존하고, 일부분은 이자율(利子率)에 의존하게 된다. 제4편이 종결될 때에야 비로소 복잡한 현실세계에서의 투자율을 결정하는 요인들에 대한 포괄적인 조감(鳥瞰)을 할 수 있을 것이다. 그러나 나는 독자들에게 여기에서 다음의 것을 인지(認知)하도록 요망하고 싶다. 즉, 어떤 자산의 예상수익에 대한 지식이나 또는 그 자산의 한계효율에 관한 지식이나 모두 우리로 하여금 이자율 또는 자산의 현재가치의 어느 것도 연역(演繹)할 수 있게 해주지는 않는다는 사실이다. 우리는 이자율을 어떤 다른 출처로부터 알아내야 하며, 그때에 비로소 우리는 그 예상수익을 「자본화(資本化)」함으로써 그 자산(資産)을 평가할 수 있는 것이다.

II

자본의 한계효율에 대한 앞에서 말한 정의는 일반적인 용법과 어떻게 관련되어 있는가? 자본의 한계생산성(限界生産性), 한계수익, 한계효율 또는 한계효용 등은 우리가 모두 흔히 사용해 온 낮익은 용어들이다. 그러나 경제학의 문헌을 찾아봄으로써 경제학자들이 이러한 용어를 가지고 보통 무엇을 의미하고자 하였는지에 대한 명확한 서술을 발견하기란 쉬운 일이 아니다.

거기에는 밝혀져야 할 불분명한 점이 적어도 세 가지 있다. 우선 첫째, 자본의 물질(物質) 1단위를 추가 사용함으로써 얻는 시간 단위당 물적 생산의 증가분을 문제로 하고 있는 것인지, 아니면 자본의 가치(價値) 1단위를 추가 사용함으로써 얻는 가치의 증가분을 문제로 하고 있는 것인지가 분명하지 않다. 전자에는 자본의 물질 단위를 정의하기 곤란하다는 점이 있는데, 그 정의는 도저히 불가해(不可解)하고 불필요한 것으로 나는 믿는다. 물론 10인의 노동자들은 그들이 어떤 기계를 추가로 사용할 수 있는 처지에 있을 때에 일정한 면적으로부터 더욱 많은 밀을 수확할 것이라는 말은 할 수가 있다. 그러나 나는 이것을 가치 개념을 도입하지 않고 납득할 만한 산술적 비율로 환산할 방법을 알지 못한다. 그럼에도 불구하고 이 문제에 관한 많은 논의는, 논자들이 분명하게 인식하고 있지는 않지만, 주로 어떤 의미에 있어서 자본의 물적 생산성을 문제로 하고 있는 것 같다.

둘째로, 자본의 한계효율(限界效率)은 어떤 절대적인 수량(數量)인가 아니면 비율(比率)인가 하는 문제가 있다. 이 용어가 사용되는 여러 가지 맥락과 그것을 이자율과 같은 차원의 것으로 취급하는 관행들은 그것이 마땅히 하나의 비율이 될 것을 요구하고 있는 것 같다. 그러나 그 비율의 두 개 항목이 어떤 것인가에 관하여는 보통 분명히 밝혀지지 않고 있다.

끝으로, 그것을 무시한 것이 혼란과 오해의 주요 원인이 되어 온 사항이 있다. 즉, 자본의 추가적 투입량이 기존의 상태에서 사용됨으로써 얻어질 수 있는 가치의 증가분과, 추가되는 자본자산의 전 존속기간을 통하여 그 자산이 획득할 것으로 기대되는 일련의 증가분 사이의 구별 — 즉, Q_1과 Q_1, $Q_2, \cdots$, $Q_r, \cdots$ 의 전체 계열(系列) 사이의 구별 — 이 그것이다. 경제이론에 있어서 기대(期待)가 차지하고 있는 지위에 관한 모든 문제가 이와 관련되어 있다. 자본의 한계효율에 관한 대부분의 논의는 계열 중 Q_1이외의 어떤 구성요인에 대해서도 전혀 고려하지 않고 있는 것 같다. 그러나 이것은 모든 Q가 똑같은 정태이론(靜態理論)의 경우를 제외하고는 정당할 수가 없다. 자본이 그 한계생산물(어떤 의미에 있어서든지 간에)을 지금 분배받는다는 것이 상정되고 있는 통상적인 분배이론(分配理論)은 오직 정상상태(定常狀態)의 경우에 한해서만 타당하다. 자본에 대한 총경상수익(總經常收益)은 자본의 한계효율과는 아무런 직접적인 관계가 없는 것이다. 한편, 생산의 한계점에서의 자본의 경상수익(즉, 산출물의 공급가격에 포함되는 자본수익)은 자본의 한계사용자비용(限界使用者費用)으로서, 이것 역시 자본의 한계효율과는 밀접한 관련이 없다.

내가 앞에서 지적한 바와 같이, 이 일에 관한 명확한 해명(解明)은 놀랄 만큼 결핍되어 있다. 동시에 나는 내가 위에서 내린 정의가 마샬이 그 용어로 의미하고자 한 것과 상당히 가깝다고 믿는다. 마샬 자신이 사용한 표현은 생산요소의 「한계순효율(marginal net efficiency)」, 또는, 양자택일적인 것으로서, 「자본의 한계효용(marginal utility of capital)」이었다. 다음의 인용문은 내가 그의 『원리』(제6판, 제519~520면)에서 발견할 수 있는 가장 관계가 깊은 구절의 요약이다. 그가 의도하는 요지(要旨)를 전달하기 위하여 약간의 비연속적인 문장을 내가 연결하였다.

> 「어떤 공장에서 100파운드에 해당하는 기계를 하등의 다른 비용의 증가를 수반하지 않도록, 그리고 또 기계 자체의 손모를 감안한 후에 해마다 공장의 순산출물(純産出物)에 3파운드에 해당하는 가치를 부가하도록, 추가적으로 사용할 수 있다고 하자. 만약 자본의 투자자들이 더 높은 보수를 얻을 가망이 있어 보이는 모든 사업에 자본투하(資本投下)를 추진하고; 그리고 만약 이렇게 해서 균형상태에 도달한 후에도 이 기계를 사용하는 것이 여전히 수지계산에 맞고, 또 겨우 수지계산에 맞을 뿐이라고 한다면, 우리는 이 사실로부터 연이자율(年利子率)은 3퍼센트라고 추론할 수 있다. 그러나 이런 종류의 예증(例證)은 단순히 가치를 지배하는 큰 원인들의 작용의 일부를 지적해 주는 데 불과하다. 순환론(循環論)에 빠지지 않고 이런 예증을 이자이론(利子理論)으로 전환시킬 수 없음은 마치 그것을 임금이론(賃金理論)으로 전환

시킬 수 없는 것과 다름이 없다:…… 지금 완전히 확실한 증권에 대한 이자율이 연 3퍼센트라고 가정하고, 모자 제조업이 100만 파운드의 자본을 흡수한다고 가정하자. 이것은 모자 제조업이 100만 파운드에 해당하는 자본 전체를 유리하게 사용할 수가 있기 때문에, 자본을 전혀 쓰지 않는 것보다는 오히려 연 순 3퍼센트를 지불하고 그것을 사용할 것임을 의미한다. 이자율이 연 20퍼센트라고 해도 당해 제조업이 그것을 사용하지 않고 지내기를 거부할 기계가 있을 것이다. 만약 이 자율이 10퍼센트라고 한다면, 더 많은 기계가 사용될 것이다. 만약 그것이 6퍼센트라면 더욱 많은 기계를, 4퍼센트라면 더욱더 많은 기계를, 그리고 끝으로 이자율이 3퍼센트라면 그들은 더더욱 많은 기계를 사용할 것이다. 그들이 이 액수(額數)에 도달했을 때의 기계의 한계효용(限界效用), 즉 그것을 사용하는 경우 수지계산이 맞는 데 불과한 기계의 효용은, 3퍼센트로 측정된다.」

만약 우리가 이와 같은 선에 따라서 이자율(利子率)이 실제로 어떤 것인가를 확정짓고자 시도한다면 우리는 순환론에 빠지고 만다는 사실을 마샬은 잘 알고 있었다는 점은 이상의 논의를 보아도 분명하다.[2] 이 인용문에서 그는, 자본의 한계효율표(限界效率表)가 주어져 있는 경우 신(新)투자가 어떤 점까지 추진되느냐 하는 것은 이자율이 결정한다는 위에서 말한 견해를 인정하고 있는 것처럼 보인다. 이것이 의미하는 것은, 이자율이 3퍼센트인 경우에는 누구도 비용과 감가상각을 감안한 후에 그의 연간 순산출액(純産出額)에 3퍼센트를 부가할 가망이 없는 한, 기계에 대하여 100파운드를 지불하려고 하지 않는다는 것이다. 그러나 우리는 제14장에서, 마샬이 다른 구절에 있어서는, 비록 그의 논의가 의심

---

2) 그러나 그가 임금(賃金)의 한계생산력설(限界生産力說)도 또한 이와 마찬가지로 순환론에 빠져 있다고 생각한 것은 잘못이 아니었을까?

스러운 영역으로 그를 인도할 때에는 그는 거기에서도 후퇴하기는 하였
으나, 여기에서처럼 신중하지 못하였다는 것을 볼 것이다.

어빙 피셔 교수는 그것을 「자본의 한계효율」이라고 부르지는 않았
으나, 그의 『이자론』(*Theory of Interest*: 1930년)에서 그가 「비용초과
수익률(費用超過收益率: the rate of return over cost)」이라고 부른 것
의 정의를 내리고 있는데, 그것이 나의 정의와 일치하는 것이다. 「비용
초과수익률은 모든 비용(費用)의 현재가치와 모든 수익(收益)의 현재가
치를 계산하는 데 사용되는 것으로서, 양자를 균등화(均等化)시키는 비
율(比率)이다」라고 그는 서술하고 있다.[3] 피셔 교수는 어떤 방향에 대한
투자인가를 막론하고, 그 투자의 정도(程度)는 비용초과수익률과 이자율
(利子率)과의 비율에 의존할 것이라고 설명한다. 신(新)투자를 유인하기
위해서는 「비용초과수익률이 이자율을 상회해야 한다.」[4] 「우리의 연구
에서의 이 새로운 분량(또는 요인)은 이자이론의 투자기회 측면에서 결
정적인 역할을 수행한다.」[5] 이와 같이 피셔 교수는 그의 「비용초과수
익률」이라는 용어를, 내가 「자본의 한계효율」이라는 용어를 사용하는
경우와 똑같은 의미로, 그리고 정확히 똑같은 목적으로 사용하고 있는
것이다.

Ⅲ

자본의 한계효율(限界效率)의 의미와 중요성에 관한 가장 중요한 혼

---

3) 「Theory of Interest」(1930) 제168면
4) 상게서, 제159면
5) 상게서, 제155면

란은 그것이 자본의 예상수익(豫想收益)에 의존하는 것이지, 단순히 그 경상수익(經常收益)에 의존하는 것이 아니라는 것을 이해하지 못하는 데 연유한다. 이것은 예상 생산비의 변화 ― 그 변화가 노동비용, 즉 임금단위의 변화로부터 일어난다고 예상되는 경우이건, 또는 발명과 신기술로부터 일어나리라고 예상되는 경우이건 간에 ― 에 대한 기대가 자본의 한계효율(限界效率)에 미치는 효과를 지적함으로써 가장 잘 예시될 수 있다. 오늘 생산된 설비로부터 나오는 산출물(産出物)은 그 설비의 존속기간 동안, 추후로 어쩌면 더욱 낮은 노동비용으로 또는 어쩌면 개선된 기술에 의해 생산되는 설비로부터 나오는 산출물과 경쟁하여야 할 것이다. 후자의 설비는 그 산출물에 대하여 더욱 저렴한 가격으로 만족하는 것이며, 산출물의 가격이 그 설비가 만족해하는 낮은 수준으로 저하할 때까지 그 설비의 수는 증가할 것이다. 뿐만 아니라, 설비(設備) ― 신구(新舊) 어느 것이건 간에 ― 로부터 나오는 (화폐로 표시한) 기업자의 이윤(利潤)은 모든 산출물이 더욱 저렴하게 생산될 수 있게 되면 감소할 것이다. 이와 같은 사태가 전개될 것 같다거나 또는 될 수도 있다는 것이 예견(豫見)되는 한에 있어서는, 오늘 생산된 자본의 한계효율은 이에 맞추어 저하하게 된다.

이 요인을 통하여 화폐가치(貨幣價値)의 변화에 대한 기대가 경상산출물(經常産出物)의 양에 영향을 미치게 된다. 화폐가치 하락의 기대는 일반적으로 투자, 따라서 고용을 자극한다. 왜냐하면, 그것은 자본의 한계효율표, 즉 투자수요표(投資需要表)를 상승시키기 때문이다. 화폐가치 상승의 기대는 (투자, 따라서 고용에 대하여) 억압적인 작용을 한다. 자본의 한계효율표를 저하시키기 때문이다.

이것은 어빙 피셔 교수가 원래 「물가 등귀와 이자」(Appreciation and Interest)라고 부른 것 ― 화폐가치의 변화의 영향을 수정한 후에 실질(實質)이자율이 화폐(貨幣)이자율과 같게 되는 경우의 화폐이자율과 실질이자율의 구별 — 에 관한 그의 이론의 배후에 숨어 있는 진리이다. 이 이론을 서술된 그대로 이해하기는 어렵다. 화폐가치의 변동이 예견되어 있는 것으로 가정되고 있는지 그렇지 않은지가 불분명하기 때문이다. 이 딜레마로부터 탈출할 길은 없다. 왜냐하면, 만약에 그것이 예견되지 않는다면 현재의 사태에 대한 효과는 있을 수 없고, 반면에, 만약 그것이 예견된다면 화폐(貨幣)를 보유하는 이익과 재화(財貨)를 보유하는 이익이 다시 일치하도록 기존의 재화의 가격은 당장에 조정되어, 화폐보유자가 이자율의 변화 — 그것은 화폐의 대부기간(貸付期間) 동안에 일어날 것이 예견되는 대부된 화폐의 가치의 변화를 상쇄한다 — 로 이익을 본다거나 손해를 입는다거나 하는 시간적 여유는 없을 것이기 때문이다. 따라서 예상되는 화폐가치의 변화는 일부의 사람들에게는 예견(豫見)되지만 다른 사람들에게는 예견되지 않는다고 가정하는 피구 교수의 방법을 가지고는 이 딜레마로부터 성공적으로 탈출할 수는 없는 것이다.

오류는, 화폐가치의 예상되는 변화가 직접적으로 작용하는 것은 일정 자본량의 한계효율(限界效率)에 대해서가 아니라 이자율(利子率)에 대해서라고 가정하는 데 있다. 기존의 자산의 가격은 항상 화폐의 예상가치(豫想價值)에 관한 기대의 변화에 스스로 조정될 것이다. 이와 같은 기대의 변화의 중요성은 그것이 자본의 한계효율에 대하여 반작용을 미침으로써 새로운 재화를 생산하는 의향(意向)에 영향을 미치는 데 있다. 물가상승(物價上昇)에 대한 기대가 가지는 자극적 효과는, 그것이 이자율(利子率)을 높이기 때문이 아니라(이자율의 상승으로 생산을 자극하려는 것은 일종의 자기모순적인 방법일 것이다 — 이자율이 상승하는 한에 있어서는 자극적 효과는 그만큼 상쇄되기 때문이다), 주어진 양(量)의 자본의 한계효율을 높이기 때문인 것이다. 만약 이자율이 자본의 한계효율과 보조를

맞추어 동시에 상승한다면, 물가상승의 기대로부터는 그 어떤 자극적인
효과도 나오지 않을 것이다. 왜냐하면, 생산에 대한 자극은 주어진 양의
자본의 한계효율이 이자율에 비하여 상대적으로 얼마만큼 더 상승하느냐
에 의존하기 때문이다. 사실 피셔 교수의 이론은 「실질이자율(實質利子
率)」(real rate of interest)이란 개념으로 고쳐 쓰여지는 것이 최선의 길
일 것이다.6) 이때 실질이자율(實質利子率)이란, 장래의 화폐가치에 관한
기대에 변화가 생기는 경우, 이 변화가 경상산출량(經常産出量)에 그 어
떤 효과도 미치지 않도록 관리하는 수준의 이자율이라고 정의될 수 있
다.

　주의할만한 일은, 장래에 있어서 이자율이 하락(下落)할 것이라는 기
대는 자본의 한계효율표를 저하시키는 효과를 가지게 될 것이라는 점이
다. 왜냐하면, 오늘 생산된 설비로부터 나올 산출물은 그 설비의 일부
존속기간 동안에 더욱 낮은 수익에 만족하는 설비로부터 나올 산출물과
경쟁을 해야 할 것이기 때문이다. 이 기대는 그다지 큰 억압적 효과를
가져오지는 않는다. 왜냐하면, 장래의 상환기간이 다양한 이자율의 복합
체(複合體)에 관하여 사람들이 가지는 기대는 부분적으로는 현재의 다양
한 이자율의 복합체에 이미 반영되어 있을 것이기 때문이다. 그렇다고
하더라도 다소의 억압적인 효과는 있을 수 있다. 왜냐하면, 오늘 생산된
설비로부터 나오는 산출물 — 이것은 그 설비의 존속기간의 말기까지 나
온다 — 은, 오늘 생산된 설비의 수명이 끝난 후의 시기에서의 더욱 낮은
이자율 때문에 더욱 낮은 수익에 만족할 훨씬 연소(年少)한 설비로부터
나오는 산출물과 경쟁을 해야 할 수도 있기 때문이다.

　주어진 양(量)의 자본의 한계효율(限界效率)이 기대(期待)의 변화(變

　6) 로버트슨 씨의 논문 「산업변동과 자연이자율」(*Economic Journal* 1934년
12월호) 참조

化)에 의존한다는 것을 이해하는 것은 중요한 일이다. 왜냐하면, 자본의 한계효율에 경기순환의 원인이 되는 상당히 격심한 기복이 있게 만드는 것은 주로 이 의존관계(依存關係)이기 때문이다. 후의 제22장에서 우리는 호황(好況)과 불황(不況)의 연속이 이자율에 대한 자본의 한계효율의 상대적 변동으로서 서술되고 또 분석될 수 있다는 것을 고찰할 것이다.

IV

보통 구별되고 있지는 않으나 구별하는 것이 중요한 두 가지 유형의 위험(危險)이 투자량(投資量)에 영향을 미친다. 하나는 기업자의, 즉 차입자의 위험인데, 그것은 그가 바라는 예상수익을 실제로 얻을 수 있는 확률(確率)에 관하여 그 자신의 마음속에 가지는 의혹(疑惑)으로부터 나온다. 만약 어떤 사람이 그 자신의 자금을 모험적으로 투자한다면, 이것이 이때에 관계되는 유일한 위험이다.

그러나 대차(貸借)의 조직(組織) — 내가 의미하는 이것은 물적 담보 또는 개인적 보증을 가지고 대부가 이루어지는 것을 말한다 — 이 존재하는 곳에서는 우리가 대여자(貸與者)의 위험이라고 부를 수 있는 두 번째 유형의 위험이 관련을 갖게 된다. 이 위험은 도덕적(道德的) 위험, 즉 의도적(意圖的)인 채무불이행(債務不履行) 또는 그 밖의 어쩌면 합법적일 수도 있는 방법에 의한 채무이행의 회피로 말미암은 경우도 있을 수 있고, 아니면 있을 수 있는 담보여력의 부족, 즉 기대가 어긋남으로 인한 비의도적(非意圖的)인 채무불이행으로 말미암은 경우도 있을 수 있다. 여기에 또 세 번째 위험의 원천이 부가될 수도 있는데, 화폐가치의 불리한 변화가 일어남으로써 화폐대부가 그만큼 실물자산보다 덜 안전하게 되는 경우가 이것이다. 물론, 이 위험의 전체 또는 대부분은 이미 내구적인 실물자산의 가격에 반영되어, 따라서 그 속에 흡수되어 있을 것이지만.

그런데 첫 번째 유형의 위험은, 비록 평균화함으로써 또는 예견의 정확성을 증대시킴으로써 감소할 가능성이 있기는 하나, 어떤 의미로는, 그것은 진정한 사회적 비용(社會的 費用)이다. 그러나 두 번째 유형의 위험은 차입자와 대여자가 동일인일 경우에는 존재하지 않을 투자비용에 대한 순수한 부가물이다. 뿐만 아니라, 그것은 부분적으로는 기업자 위험의 일부분의 중복을 함축하는데, 그러한 기업자 위험의 일부분은 투자를 유인할 최저(最低) 예상수익의 크기를 결정하는 데 있어 순수 이자율에 이중(二重)으로 가산되는 것이다. 왜냐하면, 만약 투자에 위험이 많은 경우, 차입자는 자신이 예상하는 수익(收益)과 차입할 가치가 있다고 생각하는 이자율(利子率) 사이에 더욱 넓은 간격을 요구할 것이고, 반면에, 똑같은 이유로 대여자(貸與者)가 대부를 하도록 유도하기 위해서는 그가 부과하는 이자율과 순수이자율 사이에 더욱 넓은 간격을 요구할 것이기 때문이다(차입자가 매우 강력하고 부유하여 예외적으로 여력이 큰 담보를 제공할 수 있는 경우는 예외이다). 매우 유리한 결과가 나올지도 모른다는 희망(希望)은 차입자의 마음속에 있는 위험감(危險感)을 완화시켜 줄 수는 있을지 모르나, 대여자에게 위안(慰安)이 되는 데에는 쓸모가 없는 것이다.

위험의 일부에 대한 참작(參酌)이 이렇게 중복된다는 것은, 내가 아는 한, 지금까지 강조되지 않았다. 그러나 이것은 어떤 경우에 있어서는 중요할지도 모른다. 호황기에는 이들 두 개의 위험 모두, 즉 차입자의 위험과 대여자의 위험 모두의 크기에 대한 일반인의 평가는 이상적(異常

的)으로 또 부주의하게 낮아지는 경향이 있다.

V

자본의 한계효율표(限界效率表)는 근본적인 중요성을 가지는 것이다. 왜냐하면, 장래(將來)의 기대(期待)가 현재에 영향을 미치는 것은 주로 (이자율을 통하는 것보다는 훨씬 많이) 이 요인을 통해서이기 때문이다. 자본의 한계효율을 주로 자본설비의 경상수익(經常收益)을 기준으로 생각하는 — 그것은 오직 현재에 영향을 미치는 장래의 변화가 존재하지 않는 정태(靜態)에 있어서만 타당하다 — 오류는 오늘과 내일 사이의 이론적 연결을 단절하는 결과를 가져 왔다. 이자율(利子率)조차도 사실상[7) 경상적(經常的)인 현상이며, 만약 우리가 자본의 한계효율을 그것과 같은 지위로 격하시킨다면, 우리는 현존의 균형상태에 대한 우리의 분석에 있어 장래의 영향력을 직접적으로 참작할 길을 스스로 단절하는 결과가 된다.

정태(靜態)의 가정이 흔히 오늘날의 경제이론의 기초가 되어 있다는 사실은 큰 비현실성의 요소를 그 속으로 끌어들이고 있다. 그러나 위에서 정의한 의미에 있어서의 사용자비용(使用者費用)이라는 개념과 자본의 한계효율(限界效率)이라는 개념의 도입은 오늘의 경제이론을 현실로 되돌아오게 하는 동시에, 다른 한편으로는 현실에 적용하기 위하여 필요한 보수(補修)의 정도를 최소로 줄이는 효과를 가지리라고 나는 생각

---

7) 완전히 그렇지는 않다. 왜냐하면, 그 수치는 부분적으로는 장래에 있어서의 불확실성(不確實性)을 반영하는 것이기 때문이다. 뿐만 아니라 여러 가지 기한(期限)에 대한 여러 가지 이자율 사이의 관계는 기대에 의존하는 것이다.

한다.

경제의 장래가 현실로 연결되는 것은 내구적(耐久的) 설비가 존재하기 때문이다. 따라서 장래에 관한 기대는 내구적 설비에 대한 수요가격을 통하여 현재에 영향을 미치게 된다는 것은 우리의 사상(思想)의 보편적인 원리들과 조화하며 또 합치한다.

제12장

장기기대(長期期待)의 상태

I

우리는 앞 장(章)에서 투자의 규모는 이자율(利子率)과, 경상투자의 여러 가지 규모에 대응하는, 자본의 한계효율표(限界效率表) 사이의 관계에 의존하며, 한편 자본의 한계효율은 자본자산의 공급가격(供給價格)과 그 예상수익(豫想收益)에 의존한다는 것을 보았다. 이 장에서 우리는 자산의 예상수익을 결정하는 요인들 중의 약간을 좀 더 자세하게 고찰하고자 한다.

예상수익(豫想收益)에 관한 기대(期待)의 기초를 이루고 있는 제반 고려 사항은 일부는 어느 정도 확실히 알려져 있다고 가정할 수 있는 현존(現存)의 사실(事實)들이며, 일부는 다소간의 확신을 가지고 예측할 수밖에 없는 장래(將來)의 귀추(歸趨)이다. 전자에 속하는 것으로는 여러 가지 유형의 자본자산 및 자본자산 일반의 현존하는 양(量)과, 그 능률적인 생산을 위하여 자본으로부터 비교적 큰 원조를 필요로 하는 재화에 대한

현존의 소비자수요(消費者需要)의 강도를 들 수 있다. 후자에 속하는 것
으로는 자본자산의 재고(在庫)의 유형과 양(量) 및 소비자 기호의 장래의
변화, 당해 투자물의 존속기간 동안 그때그때 나타나는 유효수요(有效需
要)의 강도 및 그 존속기간 동안 일어날 수 있는 화폐로 측정된 임금단위
의 변화 등을 들 수 있다. 우리는 후자를 포괄하는 심리적(心理的) 기대
의 상태를 장기기대의 상태(state of long-term expectation)라고 불러도
좋을 것이다 ─ 이것은, 생산자가 현존의 설비를 가지고 오늘 그것을 생
산하기 시작하기로 결정한다면 생산물이 완성되었을 때에는 그것을 매
각하여 얼마를 얻게 될 것인가를 추정하는 기초가 되는, 단기기대(短期
期待)와는 구별되어야 한다. 단기기대에 관해서는 우리는 제5장에서 고
찰한 바 있다.

II

우리가 기대를 형성함에 있어서 극히 불확실한[1] 일들에 큰 비중을
둔다는 것은 어리석은 일일 것이다. 따라서 우리는 우리가 어느 정도 확
신이 있다고 느끼는 사실─비록 그러한 사실은 우리의 지식이 희박하고
모호한 어떤 다른 사실보다도 당면하고 있는 문제에 대하여 결정적인 관
계는 적다고 하더라도─에 의해 상당한 정도까지 인도당하는 것이 합리
적이다. 이 이유로 말미암아 현존의 상황은, 어떤 의미로는, 어울리지
않을 정도로 우리의 장기기대의 형성과정에 들어오게 되는 것이다. 즉,

---

1) 나는 「극히 불확실한」(very uncertain)이라는 표현을 『가능성이 대단히 적
은』(very improbable)이라는 표현과 같은 의미로 쓰지는 않는다. 나의 『확률론』
제6장. 「논의의 비중」 참조.

우리의 통상적인 관행은 현존의 상황을 가지고 그것을 장래에 투영시키는 것인데, 그것을 수정하는 것은 오직 변화를 기대할 어느 정도 확실한 이유가 있을 때에 한한다.

우리의 의사결정의 기초를 이루는 장기기대의 상태는, 이와 같이, 우리가 할 수 있는 가장 가능성이 많은 예측에만 의존하는 것은 아니다. 그것은 또한 우리가 이 예측을 하는 데 있어서의 확신(確信: confidence)에—우리의 최선의 예측이 완전히 실패로 돌아갈 가능성을 우리가 어느 정도로 높이 평가하느냐에—의존한다. 만약 우리가 큰 변화를 예상하면서도 이들의 변화가 명확하게 어떤 형태를 가지고 나타날 것인지가 극히 불확실하다면, 그 경우에는 우리의 확신은 약할 수밖에 없다.

이른바 확신의 상태라고 하는 것은 실무에 종사하는 사람들이 항상 가장 면밀하고 세심한 주의를 기울이는 사항이다. 그러나 경제학자들은 그것을 세심하게 분석하지 않았으며, 통상적으로 이에 관해서는 극히 일반적인 말로 논의하는 것으로 만족하고 있다. 특히 그것이 자본의 한계효율표(限界效率表)에 대해 중요한 영향을 미친다는 사실을 통하여 경제 문제와 관련을 맺고 있다는 점은 밝혀지지 않고 있다. 투자율에 영향을 미치는 두 가지 요인, 즉 자본의 한계효율과 확신의 상태는 서로 별도로 존재하는 것은 아니다. 확신의 상태가 유관한 이유는 그것이 전자—그것은 투자수요표(投資需要表)와 동일한 것이다—를 결정하는 주요 요인 중의 하나이기 때문이다.

그러나 확신의 상태에 대해서는 선험적(先驗的)으로 말할 수 있는 것이 많지는 않다. 우리의 결론은 주로 시장 및 기업심리에 대한 실제적인 관찰에 의존하지 않으면 안 된다. 이하에서 본론(本論)을 떠난 우리의 논의가 이 책의 다른 부분과는 그 추상(抽象)의 정도가 다른 수준 위에서 이루어지고 있는 것은 이 때문이다.

설명의 편의를 위해, 확신의 상태에 관한 이하의 논의에서 이자율(利子率)에는 변화가 없다고 가정한다. 또 이하의 여러 절(節)에서 우리는 투자물의 가치 변화는 오직 그들의 예상수익에 관한 기대의 변화에 기인하는 것이고 예상수익의 자본가치를 구하는 데 사용되는 이자율의 변화에 기인하는 것은 전혀 아닌 것처럼 서술하고자 한다. 그러나 이자율의 변화의 효과는 확신 상태의 변화의 효과 위에 쉽게 얹어 놓을 수 있다.

Ⅲ

두드러지게 나타나는 사실은 예상수익에 대한 우리의 추정이 이루어지는 지식(知識)의 기초가 지극히 신빙성이 적다는 것이다. 지금으로부터 수년 후의 투자 수익을 좌우할 요인들에 대한 우리의 지식은 보통 극히 희미하고 흔히 무시되어도 좋을 정도이다. 솔직히 말해서 10년 후에 있어서의 어떤 철도, 동광(銅鑛), 직물공장, 특허약의 영업권, 대서양 정기선, 런던시의 건물 등 의 수익을 추정하는 우리의 지식의 기초는 거의 없거나 아니면 때로는 전무하다는 것을 인정해야 할 것이다. 심지어 5년 후에 관해서조차도 그렇다. 사실 그런 어떤 추정을 진지하게 시도하려는 사람들은 흔히 너무나 소수이기 때문에 그들의 행동이 시장을 지배하지 못하는 것이다.

기업이 주로 그것을 창시한 사람이나 그들의 우인(友人) 또는 동료들에 의해 소유되었던 옛날에는, 투자(投資)는, 예상이윤에 대한 정확한 계산에 정말로 의존한 것이 아니라, 하나의 인생의 방도로 사업에 임하는 혈기(血氣)왕성하고 건설적 충동이 풍부한 사람들이 충분히 많았다는 사실에 의존하였다. 궁극적인 결과는 대부분 관리자의 능력과 인물이 평균

이상이냐 이하냐에 의해 좌우되기는 하였지만, 사실은 어느 정도는 하나의 제비뽑기와 같았다. 실패하는 사람도 있었고 성공하는 사람도 있었다. 그러나 심지어 사후(事後)에 있어서조차도 투자액을 기준으로 따질 때 평균적인 결과가 그 당시의 이자율을 웃돌았는가, 그것과 같았는가, 또는 그것을 밑돌았는가에 대해 아는 사람은 아무도 없었을 것이다. 하기는, 우리가 천연자원의 개발이나 독점을 제외한다면, 투자의 평균적인 결과는, 진보와 번영의 시기에서조차도, 십중팔구 그것을 추진하게 한 희망에 어긋나는 정도의 것이었으리라 생각되지만. 사업가들은 숙련과 요행이 혼합된 경기에 종사하는데, 경기자 전체에 대한 평균적인 결과에 대해서는 참가자 개개인들은 모르는 것이다. 만약 인간의 본성이 요행을 얻는 데 아무런 유혹도 느끼지 않고, 공장이나, 철도, 광산 또는 농장을 건설하는 데 그 어떤 만족(이윤을 떠나서)도 느끼지 못한다면, 단순히 냉정한 타산(打算)의 결과로서의 투자는 별로 이루어지지 않을 것이다.

그러나 구식 유형의 개인사업에 투자를 하려는 의사결정은 비단 사회 전체에 대해서뿐만 아니라 개인에 대해서도 대부분 취소할 수 없는 결정이었다. 오늘날 보편화되고 있는 소유(所有)와 경영(經營)의 분리에 따라, 그리고 조직화된 투자시장(投資市場)의 발달에 따라 대단히 중요한 새로운 하나의 요인이 대두되었는데, 이는 때로는 투자를 원활하게도 하지만 또 때로는 제도의 불안정성을 크게 가중시키기도 한다. 증권시장이 없는 곳에서는 우리가 약정한 투자물(投資物)에 대한 재평가를 여러 번 시도할 하등의 이유가 없다. 그러나 증권거래소(證券去來所)는 많은 투자물을 매일 재평가하는데, 그 재평가는 개인에게(비록 사회 전체에게는 아니지만) 그의 투자계약을 고칠 수 있는 기회를 여러 번 주는 것이다. 그것은 마치 어떤 농부가 아침 식사 후에 그의 청우계(晴雨計)를 타진하여 오전 10시와 11시 사이에 농장으로부터 자본을 빼내기로 결심했다가, 주말쯤 되어 농장으로 이를 되돌릴 것인지 아닌지를 재고할 수 있는 것과 같은 것이다. 그러나 증권거래소의 매일의 재평가는, 원래는 어떤 하나의 개인과 다른 사람 사이의 기존의 투자물의 이전을 원활히 하도록 만들어진 것이기는 하나, 그것은 불가피하게 경상투자율(經常投資率)에 대하여 결정적인 영향을 미치게 된다. 왜냐하면, 기존의 동종기업을 매입할 수 있는 것보다도 더 큰 비용으로 새로운 기업을 건설한다는 것은 무의미한 것이며, 또 다른 한편으로는, 새로운 계획사업의 주식이 증권거래소에서 당장 이익을 얻고 매각될 수 있다고 한다면 그 계획사업에는 막대한 금액을 지출할 만한 유인이 존재하기 때문이다.[2] 그리하여 어떤 종류의 투자물은 직업적 기업자의 진정한 기대에 의하기보다는 오히려 증권거래소에서 직접 거래하는 사람들의 [주식가격에 나타나는] 평균적인 기대에 의해 지배된다.[3] 그렇다면 현존 투자물에 대한 이렇게 중요한 날마다의, 심지어는 시간마다의, 재평가는 실제로 어떻게 이루어지는 것인가?

---

2) 나는 나의 『화폐론』(제2권, 제195면)에서, 한 회사의 주식이 매우 고가(高價)로 평가되어 있어서 많은 주식을 유리한 조건으로 발행함으로써 많은 자본을 조달할 수 있는 경우에는, 낮은 이자율로 차입할 수 있는 경우와 같은 결과를 가져온다는 것을 지적하였다. 지금 나는 이에 관하여 다음과 같이 서술하고자 한다. 즉, 현존의 지분(持分)에 대한 시세(時勢)가 높다는 것은 이에 대응하는 유형의 자본의 한계효율(限界效率)이 증가하는 것을 의미하며, 따라서 이자율(利子率)의 하락과 동일한 효과를 가진다(왜냐하면, 투자는 자본의 한계효율과 이자율의 비교에 의존하는 것이기 때문이다).

3) 이것은 물론 당장의 시장성이 적은 기업이나 또는 유통 가능한 증권이 밀접하게 대응하지 않는 종류의 기업에는 적용되지 않는다. 이런 예외에 속하는 범주의 기업은 전에는 많았다. 그러나 신(新)투자의 전체 가치의 비율로 측정할 때, 이들 기업의 중요성은 급격하게 떨어지는 추세에 있다.

Ⅳ

실제에 있어서는 우리는 모두, 보통 암묵적(暗黙的)으로, 사실상 일
종의 관성(慣性: convention)에 의지하고 있는 것이다. 이 관성의 본질
은―물론 그것이 그리 단순하게 작용하는 것은 아니다―, 우리가 변화
를 기대할 만한 구체적인 이유를 가지고 있지 않는 한, 현존의 사태가
무기한으로 계속된다고 가상(假想)하는 데 있다. 이것은 우리가 정말로
현존의 사태가 무기한으로 계속하리라고 믿는다는 것을 뜻하지는 않는
다. 우리는 광범한 경험을 통하여 이런 일은 가장 있음직하지 않다는 것
을 알고 있다. 긴 기간에 걸친 투자의 실제의 결과가 당초의 기대와 합치
한다는 것은 극히 드문 일이다. 그렇다고 우리는, 무지(無知)의 상태에
있는 사람에게는 플러스(正)와 마이너스(負) 양 방면에 대한 오차의 확률
은 똑같기 때문에 균등확률(均等確率)에 기초를 둔 보험수학적(保險數學
的) 기대의 평균치(平均値)가 있을 뿐이라고 논함으로써, 우리의 행동을
합리화할 수도 없다. 왜냐하면, 무지의 상태에 기초를 둔 산술적인 균등
확률의 가정이 터무니없는 결과를 가지고 온다는 것은 쉽게 증명될 수
있기 때문이다. 결국 우리는 현존의 시장 평가는, 그것이 어떻게 도달된
것이건 간에, 투자의 수익에 영향을 미치는 사실들에 대하여 우리가 현
재 가지고 있는 지식과의 관련에 있어서는, 그것이 유일하게 정당한 것
이고, 또 그것은 오직 이 지식의 변화에 비례하여 변화할 뿐이라는 것을
가정하고 있는 것이다. 하기는, 철학적으로 말하면, 우리가 가지고 있는
지식은 수리적(數理的) 기대치를 계산하는 데 대한 충분한 기초를 마련
해 주는 것은 아니기 때문에, 그것이 결코 유일하게 정당하다고 할 수
없기는 하지만. 사실상, 시장의 평가에는 예상수익과는 아무런 관련도

없는 모든 종류의 고려가 들어 있는 것이다.

그럼에도 불구하고 앞에서 말한 것과 같은 관성적인 계산방법은, 우리가 그 관성의 지속을 신뢰하는 한, 우리의 일상생활에 상당한 정도의 연속성과 안정성이 있다는 사실과 양립하는 것이다.

왜냐하면, 만약 조직적인 투자시장이 존재하고 또 만약 우리가 그 관성의 지속을 신뢰할 수 있다면, 투자자가 무릅쓰는 유일한 위험은 가까운 장래의 기간 동안에 정보의 진정한 변화가 있을 수 있다는 위험뿐인데, 그러한 변화가 있을 가능성에 대해서는 투자자 자신이 스스로 판단할 수 있을 뿐만 아니라, 설사 있다고 하더라도 그리 클 가능성은 없다는 관념으로 스스로를 고무(鼓舞)시키더라도 무방할 것이기 때문이다. 무릇 그 관성이 타당하다고 가정한다면, 그의 투자물의 가치에 영향을 미칠 수 있는 것은 오직 이러한 변화들뿐이며, 따라서 10년 후의 그의 투자물이 얼마만큼의 가치가 있을 것인지에 대해 전혀 아는 바가 없다고 해서 수면(睡眠)까지 잃을 필요는 없을 것이다. 이리하여 투자는 개인 투자자에게, 만약 그가 그 관성에 파탄이 없다는 것을 상당히 신뢰하고 따라서 많은 일이 일어나기 전에 그의 판단을 고치고 투자를 바꿀 기회가 있다는 것을 상당히 믿을 수 있다면, 단기간 동안에는, 따라서 단기간의 연속—그것이 아무리 많다고 하더라도—을 통하여, 상당히 안전한 것이 된다. 사회 전체에 대해서는 「고정되어」 있는 투자가 이와 같이 개인에 대해서는 「유동적인」 것으로 된다.

우리들의 주요 투자시장(投資市場)은 어느 정도 이와 같은 과정을 기초로 하여 발전해온 것으로 나는 믿는다. 그러나 사물의 절대적인 견지에서 볼 때는, 극히 자의적일 수밖에 없는 관성은 그 자체의 약점을 가지고 있다고 하는 사실은 놀랄 만한 일이 아니다. 충분한 투자를 확보한다는 우리의 현재의 문제의 상당부분은 바로 이 관성(慣性)의 불안정성(不

安定性)에 의해 조성되는 것이다.

V

이 불안정성을 가속화(加速化)하는 몇 가지 요인에 대하여 간략하게 언급해 보도록 하자.

(1) 사회의 총자본투자(總資本投資)의 지분(持分) 가운데서 경영에 참가하지 않고 또 당해 사업의 현재 및 장래의 사정에 대해 그 어떤 특별한 지식을 갖지 않은 사람들에 의해 소유되고 있는 부분이 점차 증가한 결과, 그것을 소유하는 사람 또는 그것을 매입할 것을 숙고하는 사람들에 의한 투자물의 평가에 있어서는 진정한 지식의 요소가 현저하게 저하했다.

(2) 현존 투자물의 이윤의 날마다의 변동은, 분명히 일시적이고 중요하지 않은 성질의 것이라 하더라도, 시장에 대해서는 극히 과도한, 심지어 터무니없을 정도의 큰 영향을 미치는 경향이 있다. 이를테면 미국의 제빙회사(製氷會社)의 주식은, 얼음을 아무도 필요로 하지 않는 겨울보다도 그 이윤이 계절적으로 높은 여름에 더욱 높은 가격으로 팔리는 경향이 있다. 은행 휴일이 연달아 있게 되면, 영국의 철도 조직의 시장평가는 수백만 파운드 등귀하는 수도 있다.

(3) 무지한 다수 개인의 대중심리(大衆心理)의 결과로 일어나는 관성적인 평가는, 예상수익에 대해 실제로는 별로 큰 차이를 가져오지 않는 요인들로 말미암아 세론(世論)에 급격한 동요가 일어나는 결과로, 급격한 변동을 하기가 쉽다. 왜냐하면 그 관성을 안정적으로 잡아 둘 확고한 확신의 근거가 없기 때문이다. 특히 어떤 확실한 변화를 예상할만한 명

확한 근거가 없다고 하더라도 현존의 사태가 무한정 계속되리라는 가설
이 평소보다는 덜 그럴듯하게 들리는 이상시(異常時)에는, 시장은 낙관
과 비관의 파상적인 엄습을 받게 되는데, 이 낙관과 비관에 어떤 뚜렷한
이유가 있는 것은 아니지만 합리적인 계산을 위한 확고한 기초가 없는
곳에서는 그것은, 어떤 의미에 있어서는, 타당한 것으로 보이는 것이다.

(4) 그러나 특히 우리가 주의할만한 하나의 측면이 있다. 독자들은
아마 평균적인 개인투자자들 이상의 판단력과 지식을 가진 노련한 전문
가들 사이의 경쟁이 고립되어 있는 무지한 개인들의 변덕을 수정할 수
있다고 생각할 가능성이 있다. 그러나 엉뚱하게도 직업적 투자자 및 투
기업자의 정력과 숙련은 주로 그것과는 다른 방향으로 쓰이고 있는 것이
다. 왜냐하면, 이런 사람들의 대부분은 투자물의 전 존속기간에 걸쳐 그
것의 개연적(蓋然的)인 수익(收益)에 대한 탁월한 장기적인 예측을 하는
데 관심이 있는 것이 아니라, 일반 공중보다 잠시 먼저 시장평가의 관성
적 기초의 변화를 예측하는 데 관심이 있기 때문이다. 그들은 투자물이
그것을 「가질 목적으로」 매입하는 사람에게 정말로 얼마만큼의 가치가
있는가에 관심이 있는 것이 아니라, 대중심리의 영향 하에서 시장이 3개
월 후나 1년 후에 그것을 얼마로 평가할 것인가에 관심이 있는 것이다.
뿐만 아니라 이 행동은 어떤 완고하고 어리석은 성향의 결과가 아니다.
그것은 앞에서 서술한 바와 같은 연장선상에서 조직된 투자시장의 불가
피한 결과인 것이다. 무릇, 투자물의 예상수익이 30의 가치를 충분히 정
당화할 수 있다고 믿으면서, 또한 시장이 3개월 후에는 그것을 20으로
평가하리라고 믿기도 한다면, 그런 투자물에 대하여 25를 지불한다는
것은 현명하지 못하기 때문이다.

그리하여 직업적인 투자자는 정보나 분위기의 절박한 변화—경험으
로 보아, 시장의 대중심리에 가장 많은 영향을 미치는 그런 종류의 변화

—를 남보다 빨리 예측하는 데 관심을 가지지 않을 도리가 없는 것이다. 이것은 이른바 「유동성(流動性)」에 주안(主眼)을 두고 조직된 투자시장의 불가피한 현상이다. 정통파적 금융의 원칙 중에서 유동성의 숭배, 즉 「유동적인」 유가증권(有價證券)을 보유하는 데 자산(資産)을 집중하는 것이 투자기관의 적극적인 덕목이라는 교리(敎理)보다도 더 반(反)사회적인 것은 분명히 없다. 이 교리는 사회 전체에 대해서는 투자의 유동성이라는 것이 존재하지 않는다는 점을 잊어버리고 있는 것이다. 숙련된 투자의 사회적 목표는 우리의 장래를 덮고 있는 시간과 무지의 어두운 힘을 타파하는 데 두어져야 할 것이다. 오늘날의 가장 숙련된 투자의 현실상의 개인적 목표는, 미국인들이 잘도 표현한 것처럼, 「출발신호가 떨어지기도 전에 먼저 출발」함으로써 군중을 속여 넘기고, 저질(低質)의, 혹은 가치가 떨어지는 반(半) 크라운 은화(銀貨)를 다른 친구에게 떠넘기는 데 있는 것이다.

수년이라는 장기간에 걸친 투자의 예상수익을 예견하기보다 지금으로부터 수개월 후에 있어서의 관성적인 평가의 기초를 예견하기 위한 기지(機智)의 전투는 전문가들의 밥통(胃)을 채우기 위해서 대중 속에 숙맥 같은 사람이 있어야 할 필요조차 없다—그 전투는 전문가 자신들끼리 연출하는 것이다. 그것은 또 어느 누군가가 관성적인 평가의 기초가 어떤 진정한 장기적인 타당성을 가지고 있다는 단순한 신앙을 가지고 있어야 할 필요도 없는 것이다. 왜냐하면, 그것은 말하자면 스냅(snap)이라든가 올드 메이드(old maid)라든가 뮤지컬 체어(musical chair) 등의 놀이—이 놀이에서는 늦지도 빠르지도 않게 스냅이라고 소리친 자나, 놀이가 끝나기 전에 올드 메이드를 옆 사람한테 넘긴 자나, 음악이 끝날 때에 자기의 의자를 확보한 자 등이 승리자가 된다—인 것이다. 놀이하고 있는 사람들은 누구나, 이 사람으로부터 저 사람으로 돌아다니고 있는 것은 올드 메이드라는 것을 알고 있고, 또 음악이 끝날 때에는 놀이하고 있는 사람들 중의 누군가는 앉을 의자를 발견할 수 없다는 것을 알고 있음에도 불구하고, 이들 놀이는 재미있고 즐겁게 놀 수가 있는 것이다.

혹은 또, 비유를 좀 달리한다면, 직업적 투자자는 100매의 사진 가운데서 가장 얼굴이 아름다운 6인을 선택하여 그 선택이 투표자 전체의 평균적(平均的)인 선호(選好)에 가장 가까운 사람에게 상품이 수여되는 신문투표(新聞投票)와 비교될 수 있을 것이다. 이 경우에는 각 투표자는 그 자신이 가장 아름답다고 생각하는 얼굴을 선택하는 것이 아니라, 다른 투표자들의 취향에 가장 잘 맞을 것으로 생각되는 얼굴을 선택해야 하는데, 거기다가 또 투표자들은 모두 문제를 같은 관점으로부터 보고 있는 것이다. 여기에서 문제가 되는 것은 자신의 최선의 판단으로 진실로 가장 아름다운 얼굴을 선택하는 것도 아니며, 더구나 평균적인 의견이 가장 아름답다고 진정하게 생각하는 얼굴을 선택하는 것도 아니다. 평균적인 의견이 어떤 평균적인 의견을 기대하고 있는가를 예견하는 것에 우리의 지력(知力)을 집중시키는 제3차의 영역에 우리는 도달해 있는 것이다. 나아가서는 제4차, 제5차 및 그 이상 고차(高次)의 수단을 부리고 있는 사람도 있을 것으로 나는 믿는다.

숙달한 개인투자자가 일반적으로 행해지고 있는 놀이에 흔들리지 않고 그가 생각할 수 있는 최량(最良)의 진정한 장기적 기대에 입각하여 투자물을 계속해서 매입한다면, 그는 장기적으로 다른 경기자로부터 거액의 이윤을 얻을 것이 분명하지 않겠느냐는 의견을 내놓는 독자가 있다면, 이에 대한 대답은 다음과 같다. 즉, 사실 그와 같은 진지한 마음을 가진 투자자도 있고, 또 놀이만 일삼는 사람들에 비해 그런 사람들의 영향력이 우세한지 아닌지에 따라서 투자시장에는 엄청난 차이가 있다는 것이 나의 대답이다. 그러나 한 가지 부언(附言)해야 할 것은, 현대 투자

184 / 제4편 투자에 대한 유인

시장에서는 그와 같은 개인의 우세를 위태롭게 하는 몇 개의 요인이 존재한다는 사실이다. 진정한 장기기대에 기초를 둔 투자는 오늘날 대단히 어려워서 거의 실행이 불가능하다. 그것을 기도하는 사람은 확실히, 어떻게 군중이 행동할 것인가를 군중보다도 더 잘 추측하려고 하는 사람에 비하여, 훨씬 더 힘든 나날을 보내고 훨씬 더 큰 위험을 무릅써야 하며, 지력(知力)이 동등하다면, 그는 더욱 비참한 오류를 범할 수도 있을 것이다. 사회적으로 유익한 투자정책(投資政策)이 가장 많은 이윤을 낳는 투자정책과 일치한다는 명백한 증거는 경험으로부터는 얻어지지 않는다. 출발신호에 앞서 출발하는 것보다 세월의 힘과 장래에 대한 우리의 무지를 극복하는 일은 더욱 많은 지력(知力)을 필요로 한다. 뿐만 아니라 인생은 그리 길지 않다: ― 인간성은 빠른 결과를 원하며, 일확천금(一攫千金)을 하는 데에는 특유한 희열(喜悅)이 있고, 먼 장래의 이득(利得)의 할인율(割引率)은 보통사람에게는 대단히 높다. 직업적 투자의 경기는 도박적 본능이 전혀 없는 사람에게는 견디기 어려울 정도로 지리하고 힘든 일이다. 반면에, 도박적 본능을 가지고 있는 사람은 그 성향(性向)에 대하여 응분의 세금을 물어야 한다. 뿐만 아니라, 가까운 시기의 시장변동을 무시하려고 기도하는 투자가는 안전을 위해서 더욱 큰 자금을 필요로 하며, 차입한 자금으로 큰 규모의 조작(操作)을―혹시 하는 경우가 있다 하더라도―해서는 안 된다. 이것은 놀이에서 일정한 양(量)의 지력(知力)과 자력(資力)을 가진 사람에게 더 높은 보수가 주어지는 또 하나의 이유이다. 끝으로, 투자자금이 위원회(委員會)나 평의회(評議會)나 은행에 의해 관리되는 경우에는 항상 그렇지만, 공공이익을 가장 증진시키는 당사자인 장기투자자가 실제에 있어서는 가장 많은 비판의 대상이 된다.4)

---

4) 투자신탁(投資信託)이나 보험회사가 흔히 그 투자증권으로부터의 소득뿐 아니라 시장에 있어서의 그 자본평가(資本評價)를 계산하는 관행은 흔히 신중하다고 생

왜냐하면, 보통의 의견을 가진 사람의 안목에는 장기투자가는 남다르고 엉뚱하고 무분별하게 보이기 때문이다. 장기투자가의 행동의 본질이 그렇기 때문이다. 그가 성공할 경우에는 그는 무분별하다고 하는 일반 사람들의 관념을 강화하는 데 불과할 것이며, 만약 그가 단기적으로 성공하지 못한다면—그것은 항상 있을 수 있는 일이다—그는 가차 없이 비판을 받을 것이다. 세속(世俗)의 가르침에 의하면, 세속에 역행하여 성공하는 것보다는 세속에 따라 실패하는 것이 세인의 평을 얻는 데 유리할 것이다.

(5) 지금까지 우리는 주로 투기자(投機者)나 투기적 투자자(投資者) 자신의 확신의 상태를 염두에 두어 왔는데, 만약 그 자신이 장래의 전망에 만족하기만 한다면 그는 시장이자율(市場利子率)로 무제한으로 자금을 조달할 수 있다는 것을 암묵적으로 가정해온 것처럼 보였을는지 모른다. 이것은 물론 그렇지 않다. 그리하여 우리는 또한 확신의 또 하나의 측면을 고려해야 한다. 즉, 금융기관으로부터 차입하고자 하는 사람에 대한 금융기관의 확신—이것을 때로는 신용상태(state of credit)라고 부르기도 한다—이 그것이다. 주식들의 가격붕괴(價格崩壞)는 자본의 한계효율에 대하여 참담한 반작용을 미치는바, 그것은 투기적인 확신이나 또는 신용상태의 약화에 기인할 수도 있다. 그러나 양자 중의 어느 하나의 약화도 경기(景氣)의 붕괴를 야기하기에 충분하지만 경기의 회복은 양자 모두의 소생(蘇生)을 필요로 한다. 왜냐하면, 신용의 약화는 붕괴를 가져오기에 충분한 데 반해, 그 강화는 경기회복의 필요조건이기는 하지만 충분조건은 아니기 때문이다.

각되고는 있으나, 자본평가의 단기변동에 지나치게 주목을 하는 경향도 있을 수 있을 것이다.

VI

이러한 문제에 대한 고려는 경제학자의 시야 밖에 두어져서는 안 된다. 학자들은 그것을 올바르게 조망(眺望)할 줄 알아야 한다. 만약 내가 투기(投機: speculation)라는 어휘를 시장의 심리(心理)를 예측하는 행동으로 충용(充用)하고, 기업(企業: enterprise)이라는 어휘를 자산의 존속기간 전체를 통하여 그 예상수익을 예측하는 행동으로 충용하는 것이 허용된다면, 투기가 기업보다 우위를 점한다는 것이 반드시 사실이라고 할 수는 없다. 그러나 투자시장의 조직이 개선됨에 따라 투기가 우위를 점하게 될 위험은 사실 증가한다. 세계에서 가장 큰 투자시장 중의 하나가 있는 뉴욕에서는 투기(위의 의미에 있어서)의 영향력이란 엄청나다. 금융계의 외부에 있어서조차도 미국인들은 평균적인 의견이 어떤 것을 평균적인 의견이라고 믿고 있는지를 알아내기 위하여 과도한 관심을 보이는 경향이 있다. 그리고 이 국민적인 취미는 주식시장에 그 인과응보(因果應報)를 들어낸다. 미국인들은 영국인들이 아직도 하고 있는 것처럼「소득을 위하여」투자를 한다는 것은 드물고, 자본가격 상승의 희망이 있지 않는 한 투자물을 선선히 매입하는 일은 드물다는 말을 우리는 듣고 있다. 이것은, 다른 말로 하면, 결국 미국인이 투자물을 매입할 때에는 그는 그 투자물의 예상수익에 희망을 거는 것이 아니라 관성적인 평가의 기초가 유리하게 변화할 것에 희망을 건다는 것, 즉 그는 위에서 정의한 의미에 있어서의 투기자(投機者)라는 것이 된다. 투기자가 기업(企業)의 착실한 흐름 위의 포말(泡沫)에 불과하다면 아무런 해도 끼치지 않을 것이다. 그러나 기업(企業)이 투기의 소용돌이 속의 포말이 된다면 사태는 심각해진다. 일국의 자본의 발전이 도박장의 활동의 부산물이 된다면,

일이 제대로 되기는 힘들다. 월가—그것은 장래의 수익이란 면에서 보아 가장 유리한 경로로 신 투자를 유도하는 것을 그 본래의 사회적 사명으로 하는 기관이라고 볼 수 있다—가 달성한 성공을 자유방임(自由放任) 자본주의의 탁월한 승리 중의 하나라고 주장할 수는 없다. 실제로 월가의 최우수 두뇌들은 그것과는 다른 목적을 지향하고 있다고 하는 내 생각이 옳다면, 이 말은 놀랄만한 말이 아니다.

이와 같은 여러 경향은 「유동적(流動的)인」 투자시장을 성공적으로 조직한 후에 나오는 거의 피할 수 없는 결과이다. 공공이익을 위해서는 도박장은 접근하기 어렵고 비싼 것이어야 한다는 것에 대해서는 보통 사람들의 의견이 일치한다. 아마 주식시장에 대해서도 똑같은 것이 적용될 것이다. 런던 주식거래소가 월가에 비해 죄가 가볍다는 것은 국민성의 차이 때문이라기보다는 보통의 영국인에 대한 스록모오튼가(街)는 보통의 미국인에 대한 월가(街)에 비하여, 접근하기 어렵고 매우 비싸다는 사실에 연유할는지도 모른다. 런던 주식거래소의 거래에 부수되는 주식중매인에 대한 이윤 분할, 높은 중개인 수수료 및 재무부에 바치는 무거운 이전세(移轉稅)는 시장의 유동성을 감소시켜서(2주 후 결제 관행은, 이와는 반대방향으로 작용하는 것도 사실이다) 월 가의 특징을 이루는 거래의 상당 부분을 제거하는 데 충분할 것이다.[5] 정부가 모든 거래에 대해 상당한 액의 이전세를 부과하는 것이 미국에서 기업(企業)에 대한 투기(投機)의 우세를 완화하기 위해 채택할 수 있는 가장 유용한 개혁이 될지도 모른다.

현대 투자시장의 광경을 볼 때, 나는, 투자물의 매입은 결혼에 있어

---

5) 월가가 활기를 띠고 있을 때에는 투자물의 매매(賣買)의 적어도 절반은 투기자가 그날로 반대거래를 할 의도에서 이루어지는 것이라는 말이 있다. 이것은 흔히 1차산품의 거래소에도 적용된다.

서와 같이 사망이나 그 밖의 중대한 원인이 아니라면 영구적이며 해약할 수 없도록 만드는 것이 우리 시대의 해악(害惡)에 대한 유용한 구제책이 될지도 모른다는 결론을 얻곤 한다. 왜냐하면 이것이 투자자로 하여금 그의 관심을 장기적 예상으로, 또 오직 그것만으로 돌리지 않을 수 없게 만들 것이기 때문이다. 그러나 이와 같은 방법에 대하여 조금만 더 고려해 보면 우리는 곧 하나의 이율배반(二律背反)에 부닥치게 되는데, 우리는 투자시장의 유동화(流動化)가 많은 경우 신(新)투자의 경로를, 방해하는 수도 없지 않으나, 원활하게 만들고 있다는 것을 알게 된다. 왜냐하면 개개의 투자자가 그의 계약이 「유동적」이라고(모든 투자자에 대해서 이것이 합당할 수는 없으나) 자부하게 하는 것은, 그의 신경을 진정시키고 그로 하여금 더욱 위험을 무릅쓸 용의를 갖도록 할 것이기 때문이다. 만약 투자자 개인의 매입이 비유동적이 된다고 한다면, 이것은, 개인에 대하여 스스로의 저축을 보유하는 여러 가지 다른 방도가 존재하는 한, 신(新)투자를 크게 저해할 것이다. 이것이 이율배반이다. 개인에게 그의 부(富)를 화폐의 보장(保藏) 또는 대부(貸付)에 사용할 길이 열려 있는 한, 실제적인 자본자산을 매입하는 편이 충분히 매력 있는 것이 되기 위해서는 (자본자산을 관리도 하지 않을 뿐더러 이들에 대하여는 아는 것도 거의 없는 사람에게는 특히), 이들 자산을 쉽게 화폐로 환가(換價)할 수 있는 시장을 조직하는 것 이외의 다른 방법은 없다.

현대세계의 경제생활을 엄습하는 확신(確信)의 위기(危機)에 대한 유일한 급진적 구제책은 개인에게 그의 소득을 소비하는 것과, 비록 불확실한 증거를 기초로 하고 있다 하더라도 그의 마음속에 그에게 이용 가능한 가장 유망한 투자(投資)라는 인상을 심어주는 특정한 자본자산(資本資産)의 생산을 주문하는 것 사이의 선택을 허용하지 않는 일일 것이다. 그가 평상시보다 많이 장래에 대한 의구(疑懼)에 휩싸일 경우, 그는 안타

까운 심정에서 더 많은 소비를 하고 더 적게 신(新)투자를 하고자 하는 경우가 있을지도 모른다. 그러나 그것은, 그와 같이 의구의 엄습을 받은 경우에 그가 그의 소득을 이렇게도 저렇게도 쓰지 않을 수도 있음으로 해서 초래될 비참하고 누적적이며 심대한 영향력을 가지는 반작용을 피하게 할 것이다.

화폐를 보장(保藏)하는 것의 사회적 위험을 강조한 사람들은 물론 위에서 말한 것과 비슷한 무엇인가를 마음속에 간직하고 있었다. 그러나 그들은 그러한 현상이 화폐의 보장(保藏)에 그 어떤 변화가 없어도, 또는 적어도 화폐 보장에 그 어떤 비례적인 변화가 없어도, 일어날 수 있다는 가능성을 간과해 왔다.

VII

투기(投機)로 말미암은 불안정성(不安定性)을 떠나서도, 우리의 적극적인 활동의 대부분은, 그것이 도덕적인 것이건 쾌락주의적인 것이건 또는 경제적인 것이건 간에, 수학적 기대치(期待値)에 의존하는 것보다는 오히려 자생적인 낙관(樂觀)에 의존한다는 인간성의 특징으로 말미암은 불안정성이 또 있는 것이다. 장래의 긴 세월에 걸쳐 그 완전한 결과가 나오는 어떤 적극적인 일을 행하고자 하는 우리의 결의의 대부분은, 추측컨대, 오직 야성적 혈기(野性的 血氣: animal spirits)—불활동(不活動)보다는 오히려 활동(活動)을 하려는 자생적인 충동—의 결과로 이루어질 수 있을 뿐이며, 수량적인 이익에 수량적인 확률을 곱하여 얻은 가중평균(加重平均)의 소산(所産)으로 이루어지는 것은 아니다. 기업은, 기업 자신의 설립 취지서의 서술이 아무리 솔직하고 진지한 것이라 할지라도,

주로 그것에 의해 동기를 부여받는 일은 없고 그저 그런 척할 따름이다. 그것이 장래의 이익의 정확한 계산을 기초로 하는 것이 아니라는 것은 남극탐험의 경우와 별 차이가 없다. 따라서 만약 야성적 혈기가 둔화되거나, 자생적인 낙관이 주춤거리게 됨으로써 수학적 기대치 이외에 우리가 의지할 수 있는 것이 없어진다면, 기업은 쇠퇴하고 사멸하게 될 것이다. ―물론 손실에 대한 공포(恐怖)도 이전에 이윤에 대한 희망(希望)이 가지고 있었던 것 이상으로 합리적인 기초를 가진 것이 아닌 것도 사실이다.

먼 장래에 걸친 희망에 의존하는 기업은 사회 전체에 이익이 된다고 하더라도 과언이 아니다. 그러나 합리적인 타산이 야성적 혈기에 의해 보충되고 지지되어서, 경험이 우리나 그들에게 의심의 여지없이 말해주는 바와 같이, 흔히 선구자(先驅者)를 엄습하는 구극적(究極的) 손실에 대한 걱정이 마치 건강한 사람이 죽음의 예상을 염두에 두지 않는 것처럼 염두에서 제거될 때, 비로소 개개인의 창의(創意)는 충분한 것이 될 것이다.

이것은 불행하게도, 경제 침체나 불황이 그 정도에 있어 과장되어 있다는 것을 의미할 뿐 아니라 경제적 번영은 보통의 실업가의 기질에 맞는 정치적 사회적 분위기에 지나치게 의존한다는 것도 또한 의미하는 것이다. 만약 노동당 내각이나 뉴 딜(New Deal)에 대한 우려가 기업을 압박한다면, 이것은 반드시 합리적인 계산의 결과도 아니고 또 정치적인 의도를 가진 계획의 결과도 아니다 ―그것은 자생적인 낙관의 미묘한 평형(平衡)이 무너진 결과에 불과하다. 투자의 장래를 추정하는 데 있어서는, 우리는 투자가 그 자생적인 활동에 크게 의존하는 사람들의 신경과 민증이나 히스테리증이나 또는 심지어 소화상태나 날씨에 대한 반응 같은 것까지도 고려해야 하는 것이다.

우리는 이것으로부터 모든 것은 비합리적(非合理的)인 심리(心理)의 파도에 의존한다고 결론지어서는 안 된다. 반대로, 장기기대의 상태는 대개 안정적이고, 그렇지 않을 때에 있어서조차도 다른 여러 가지 요인이 그것을 중화(中和)하는 효과를 미치는 것이다. 우리는 다만 다음과 같은 것을 상기하고 있을 뿐이다. 즉, 장래를 좌우하는 인간의 결의(決意)는, 그것이 개인적인 것이건 정치적인 것이건 또는 경제적인 것이건 간에, 엄밀한 수학적 기대치에 의존할 수 없다는 것 ― 왜냐하면 그와 같은 계산을 할 기초가 없기 때문이다 ―, 그리고 일이 제대로 돌아가게 만드는 것은 인간이 타고난 활동(活動)에 대한 충동(衝動)이며, 우리의 합리적인 자아(自我)는 가능한 경우에는 계산을 하지만 많은 경우 우리의 동기(動機)를 기분이나 감정 또는 요행에 맡기면서 여러 가지 선택의 대상으로부터 최선의 것을 선택한다는 것, 이런 것들이다.

VIII

그 밖에도, 장래에 대한 우리의 무지(無知)의 영향을 실제에 있어서는 어느 정도 완화시켜 주는 몇 가지 중요한 요소들이 있다. 시간의 경과에 따라 진부화(陳腐化)할 가능성과 함께 복리(複利)의 작용으로 말미암아 그 예상수익이 비교적 가까운 장래의 수입에 의해 지배되는 것이 정당시되는 수많은 개개의 투자물(投資物)이 있다. 대단히 장기적인 투자물들 가운데서 가장 중요한 부류, 이를테면 건물의 경우에는, 위험은 장기계약의 수단에 의해 흔히 투자자로부터 차가인(借家人)으로 전가되거나 아니면 적어도 양자 사이에 분담된다. 차가인의 입장에서 보면 그 위험은 차가권(借家權)의 계속성과 안전성이라는 이익에 의해 상쇄되고도 남음이 있는 것이다. 장기적인 투자물의 또 하나의 중요한 부류, 이를테면 공공사업의 경우에 있어서는, 예상수익의 상당부분은 규정된 일정한 이윤폭을 마련할 수 있는 요율(料率)을 부과할 권리를 수반하는 여러 가지 독점권(獨占權)에 의해 사실상 보장된다. 끝으로, 정부 당국에 의해 또는 정부당국의 위험부담으로 착수되는 증대하는 경향에 있는 투자물의 부류가 있는데, 이 경우에는 투자를 하는 데 있어 그 상업적 이익이 얼마나 큰 폭으로 변동할 것인가 와는 무관하게, 또한 수익의 수학적 기대치가 적어도 경상이자율과 일치하여야 한다는 조건을 만족시킬 것을 바라지도 않은 채, 그 투자로부터 장래 사회적 이익이 생긴다는 막연한 가정에 의해 추진된다는 것이 솔직하게 인정되어야 한다. 다만 정부 당국이 지불해야 할 이자율은 여전히 정부 당국이 행할 수 있는 투자활동의 규모를 결정하는 데 있어 결정적인 역할을 수행하리라는 것은 사실이다.

이리하여 이자율(利子率)의 변화와는 뚜렷이 다른 장기기대(長期期待) 상태의 단기적 변화가 미치는 영향력의 중요성에 충분한 비중을 두고 나서도 우리는 이제라도 이자율로 돌아와서 그것이 정상적인 상황에서는 투자율(投資率)에 대하여 결정적은 아니라 할지라도 여하튼 심대한 영향을 미치는 것으로 간주할 수 있다. 그러나 우리가 이자율을 관리함으로써 얼마만큼 투자의 적당량을 계속적으로 자극할 수가 있는지는 오직 경험만이 밝힐 수 있을 뿐이다.

내 자신의 현재 생각으로는, 이자율을 좌우하는 데 치중하는 단순한 화폐정책의 성공 여부에 대해서는 어느 정도 의문을 가지고 있다. 나는 자본재의 한계효율(限界效率)을 긴 안목으로 또 일반적인 사회이익을 기초로 계산할 수 있는 지위에 있는 국가가 투자를 직접적으로 계획하는 데 있어 앞으로 더욱 큰 책임을 지게 될 것을 기대한다. 왜냐하면, 위에서 말한 원리에 입각하여 계산된 각종 자본의 한계효율에 관한 시장평가의 변동이 너무도 커져서, 실제로 가능한 이자율의 변화에 의해서는 이미 이것을 상쇄할 수 없게 된다는 것은 있을 수 있는 일인 것처럼 생각되기 때문이다.

제13장
이자율의 일반이론

I

우리는 제11장에서 자본(資本)의 한계효율(限界效率)을 항상 이자율(利子率)과 일치하도록 투자율(投資率)을 상승 또는 하강시키는 여러 가지 힘이 있기는 하나, 자본의 한계효율은 그 자체로서는 시장을 지배하는 이자율과는 별개의 것이라는 것을 밝힌 바 있다. 자본의 한계효율표는 대부자금이 신(新)투자의 목적을 위해 수요(需要)되는 조건을 지배한다고 말할 수 있고, 반면에, 이자율은 자금이 경상적으로 공급(供給)되는 조건을 지배한다. 따라서 우리의 이론을 완성시키기 위해서는 우리는 무엇이 이자율을 결정하는가를 알 필요가 있다.

제14장 및 그 보론(補論)에서 우리는 지금까지 이 문제에 대해 주어진 해답을 고찰하고자 한다. 넓게 말해서, 그 해답들은 이자율(利子率)은 자본의 한계효율표(限界效率表)와 심리적 저축성향(貯蓄性向)의 상호작용에 의존하는 것으로 본다는 것을 우리는 발견할 것이다. 그러나 이자율은, 주어진 이자율 하에서 나타나는 신투자 형태의 저축(貯蓄)에 대한

수요(需要)와 그 이자율 하에서 사회의 심리적 저축성향의 결과로 생기는 저축의 공급(供給)을 균등하게 하는 평형화(平衡化) 요인이라고 하는 관념은, 우리가 이 두 가지 요인에 대한 지식만 가지고는 이자율을 연역해 내기가 불가능하다는 것을 파악하는 즉시로 붕괴되는 것이다. 그렇다면 이 문제에 대한 우리 자신의 해답은 어떤 것인가?

II

개인의 심리적 시간선호(時間選好: time-preference)는 그것이 완전하게 수행되기 위해서는 서로 다른 2개 조(組)의 의사결정을 필요로 한다. 첫째는 내가 소비성향(propensity to consume)이라고 부른 시간선호의 측면에 관한 것이다. 소비성향은, 제3편에서 열거한 여러 가지 동기의 영향하에서 작용하면서, 각 개인이 그의 소득 중의 얼마를 소비하고 얼마를 장래의 소비에 대한 그 어떤 형태의 지배력으로 유보할 것인가를 결정하도록 하는 것이다.

그러나 일단 이 결정이 이루어지면 그를 기다리는 또 하나의 결정이 있는데, 그가 그의 경상소득으로부터 또는 이전의 저축으로부터 유보한 장래의 소비에 대한 지배력을 어떤 형태로 보유할 것인가에 관한 의사결정이 그것이다. 그는 그것을 직접적이고 유동적인 지배력의 형태(즉, 화폐나 이에 준한 것)로 보유하기를 원할 것인가? 아니면 그는 특정 기간 또는 불확정한 기간 동안 직접적인 지배력과 서운하지만 헤어질 용의가 있을 것인가?―이 경우에는 그는 장래로 연기한 특정 재화에 대한 지배력을 재화 일반에 대한 직접적인 지배력으로 전환해야 할 필요가 생기는 경우, 과연 어떤 조건으로 그것을 전환할 수 있느냐의 결정은 장래의 시

장의 상황에 맡기게 되는 것이다. 다른 말로 하면, 그의 유동성선호
(liquidity preference)의 정도는 어떤 것인가?—이 경우 개인의 유동성
선호는 여러 가지 다른 상황에서 화폐의 형태로 보유하고자 하는, 화폐
또는 임금단위를 기준으로 평가한, 그의 자산의 액수를 나타내는 표에
의해 주어진다.

우리는 이하에서 이자율(利子率)에 관한 통설(通說)의 오류는, 심리적
시간선호의 상기 두 가지 구성요소 중에서 첫째의 것만을 가지고 이자율
을 도출하려고 기도함으로써 둘째의 것을 무시하는 데 있다는 것을 발견
할 것이다. 우리가 정정(訂正)하려고 노력해야 할 점은 바로 이러한 무시
이다.

이자율이 저축(貯蓄) 또는 대인(待忍: waiting) 그 자체에 대한 보수
일 수가 없다는 것은 분명하다. 왜냐하면, 만약 어떤 사람이 그의 저축
을 현금으로 보장(保藏)한다면 그의 저축은, 비록 전과 같은 액수의 저축
을 한다고 하더라도, 그는 아무런 이자도 얻지 못하기 때문이다. 오히려
반대로, 이자율에 관한 단순한 정의가 이자율은 어떤 특정 기간 동안 유
동성을 내어놓는 데 대한 보수라는 것을 평이한 말로 우리에게 가르쳐준
다. 왜냐하면 이자율이란 그 자체에 있어 일정 화폐액과, 그 화폐에 대
한 지배력을 채권(debts)[1]을 받고 특정 기간 동안 내놓는 대가로 얻을

---

1) 이 정의를 교란함이 없이 우리는 「화폐」와 「채권(債權)」 사이에, 어떤 특정한
문제를 다루는 데 가장 편리한 점(點) ― 그 점이 어떤 점이든 간에 ― 에서 경계를
그을 수 있다. 예를 들어, 우리는 소유자가 3개월 이상 내어놓지 않는 일반적 구매
력에 대한 지배력을 화폐(貨幣)로 취급하고, 이보다 더 장기간 동안 회수할 수 없는
것을 채권(債權)으로 취급할 수 있다. 또 우리는 3개월을 1개월이나 3일, 3시간, 그
밖의 어떤 기간으로도 대체할 수 있다. 또 우리는 당해 장소에서 법화(法貨)가 아닌
것은 무엇이건 화폐로부터 배제할 수도 있다. 실제상으로는 은행에 대한 정기예금,
그리고 때로는 (이를테면) 재무부 증권 같은 유가증권까지도 화폐에 포함시키는 것
이 편리한 경우가 많다. 원칙적으로 나는 나의 『화폐론』에서와 같이, 화폐는 은행에

수 있는 금액 사이의 역비례(逆比例) 이외의 아무것도 아니기 때문이다.2)

이리하여 이자율은 항상 유동성(流動性)을 내놓는 데 대한 보수이기 때문에, 화폐 소유자가 화폐에 대한 그들의 유동적 지배력을 내놓는 것을 원하지 않는 정도의 척도가 된다. 이자율은 투자를 하기 위한 자금에 대한 수요(需要)와, 현재의 소비를 억제하려고 하는 의향(意向)을 균형시키는 「가격(價格)」이 아니다. 그것은 부(富)를 현금(現金)의 형태로 보유하고자 하는 소망과, 이용 가능한 현금의 양(量)을 균형시키는 「가격」인 것이다―이것은, 만약 이자율이 낮아진다면, 즉 현금을 내놓는 데 대한 보수가 감소한다면, 공중(公衆)이 보유하고자 하는 현금의 총액은 사용 가능한 공급량을 초과하게 될 것이고, 반면에, 만약 이자율이 상승한다면 아무도 보유하고자 하지 않는 현금의 잉여(剩餘)가 생기리라는 것을 의미한다. 만약 이 설명이 정당하다면, 화폐량(貨幣量)은, 유동성선호와 관련하여, 주어진 상황에서 현실의 이자율을 결정하는 또 하나의 요인이 된다. 유동성선호(流動性選好)는, 이자율이 주어지는 경우, 공중이 보유할 화폐량을 결정하는 잠재력(潛在力) 내지 함수적 경향(傾向)이다. 따라서 지금 이자율을 r 이라고 하고 화폐량을 M 이라고 하고 유동성선호함수(流動性選好函數)를 L 이라고 하면, 우리는 $M = L(r)$ 을 얻는다. 화폐량은 바로 여기에서, 또 이렇게, 경제기구(經濟機構) 속으로 들어오는 것이다.

그러나 여기서 우리는 다시 돌아서서 왜 유동성선호라고 하는 것이

금과 동일한 범주의 것으로 상정하고자 한다.

2) 일반적 논의에 있어서는, 채권의 기간이 명확하게 한정되어 있는 특수한 문제에서와는 달리, 이자율은 여러 가지 다른 기간에 대한, 즉 만기(滿期)가 다른 여러 가지 채권에 대한 여러 가지 이자율의 복합체(複合體)를 의미하는 것으로 간주하는 것이 편리하다.

존재하는지를 고찰해 보자. 이와 관련하여 우리는 일상 경제생활의 거래 (去來)를 위한 화폐의 용도와 부(富)의 저장(貯藏)으로서의 용도를 분리하는 예부터 내려오는 구별을 유효하게 사용할 수 있다. 이 두 가지 용도 중 첫 번째 것에 관해서는, 유동성의 편익(便益)을 위해서 어느 정도까지는 일정액의 이자를 희생할 가치가 있다는 것은 분명하다. 그러나 이자율은 결코 마이너스(負)가 될 수 없다는 조건이 있는데도, 어떤 사람이든 그의 부(富)를 이자를 발생시키는 형태로 보유하는 것보다 이자가 거의 또는 전혀 붙지 않는 형태로 보유하기를 선호하는 이유는 무엇일까?(물론, 이 단계에서는, 채무불이행의 위험은 은행잔고의 경우에 있어서나 채권의 경우에 있어서나 동일하다고 가정한다). 이에 관한 완전한 설명은 복잡하고, 그리고 제15장까지 기다려야 한다. 그러나 부를 보유하는 수단으로서의 화폐에 대한 유동성선호의 존재가 있기 위해서 불가결한 필요조건 (必要條件)이 하나 있다.

이 필요조건이란 이자율의 장래 — 즉, 장래의 시일에 존재하게 될 다양한 만기(滿期)들에 대한 여러 가지 이자율의 복합체(複合體) — 에 관한 불확실성의 존재이다. 왜냐하면, 만약 모든 장래의 시일에 있어서의 이자율이 확실히 예견된다면, 장래의 모든 이자율은 만기를 달리하는 여러 가지 채권에 대한 현재의 이자율 — 장래의 이자율에 대한 지식과 조화되는 — 로부터 추정될 수 있을 것이기 때문이다. 예를 들어, $_1d_r$ 을 r 년간 거치하는 1 파운드의 현재 연도 1에 있어서의 가치라고 하고, n 년으로부터 r 년간 거치되는 1 파운드의 n년에 있어서의 가치가 $_nd_r$ 로 된다는 것을 안다면, 우리는 다음의 식을 얻는다.

$$_nd_r = \frac{_1d_{n+r}}{_1d_n}$$

따라서 하나의 채권을 n 년 후에 현금으로 바꿀 수 있는 율(率)은 경상이자율(經常利子率)의 복합체 가운데서 두 개의 것에 의해 주어진다는 것이 된다. 만약 경상이자율이 모든 만기의 채권에 대하여 플러스(正)라고 한다면, 부(富)의 저장으로서는 현금을 보유하는 것보다는 채권을 구입하는 것이 항상 유리할 것임에 틀림없다.

이에 반해 장래의 이자율이 불확실하다면, 우리는 기일이 도달하였을 때에 $_n d_r$ 이 $\dfrac{_1 d_{n+r}}{_1 d_n}$ 과 균등하게 된다고 확실하게 추정할 수는 없다. 이리하여 만약 유동적인 현금의 필요가 n개 년의 경과 이전에 생기는 경우가 있을 수 있다고 예상된다면, 장기채권을 매입했다가 나중에 그것을 현금으로 바꾸는 것은 현금을 보유하는 경우에 비해 손실을 볼 위험이 있다. 보험수학적(保險數學的) 이익 또는 현존의 확률에 따라 계산된 수익의 수학적 기대치 ─ 그런 계산이 가능한지에 대해서는 의문이지만, 만일 그것이 가능하다면 ─ 는 실망의 위험을 보상하는 데 충분한 것이 되어야 한다.

뿐만 아니라, 채권(債權)을 매매하는 조직된 시장이 있는 경우에는 유동성선호가 존재하기 위한 또 하나의 근거가 있는데, 그것도 이자율의 장래에 대한 불확실성의 존재로부터 나오는 것이다. 왜냐하면, 서로 다른 사람들은 장래의 전망에 대해 서로 다른 추측을 할 것이고, 시장의 시세로 나타나는 지배적인 의견과 다른 의견을 가진 사람으로서는, 만약 그가 옳은 경우에는, 나중에 몇 개의 $_1 d_r$ 이 서로 잘못된 관계에 놓여 있었음이 밝혀지는 경우에 이익을 보기 위해서 유동적 자산을 보유할 충분한 이유가 있기 때문이다.[3]

─────────────

3) 이것은 내가 나의 『화폐론』에서 두 가지 견해와 「강세(強勢)」「약세(弱勢)」상태라는 제목 하에서 논한 것과 같은 점이다.

이것은 우리가 이미 자본의 한계효율에 관련하여 다소 자세하게 논한 것과 아주 비슷하다. 우리는 자본의 한계효율은 「최량(最良)의」 의견에 의해 정해지는 것이 아니라 대중심리에 의해 결정되는 시장평가(市場評價)에 의해 정해진다는 것을 본 바 있는데, 그것과 똑같이, 대중심리에 의해 정해지는 이자율의 장래에 관한 기대(期待)도 또한 유동성선호에 그 반작용을 미치는 것이다;― 그러나 이 경우에는 다음의 사항을 부가(附加)해야 한다. 즉, 장래의 이자율은 시장에서 상정하고 있는 이자율보다도 높아질 것이라고 믿는 사람에게는 실제의 유동적인 현금을 보유할 이유가 있고[4], 반면에, 그와는 반대방향으로 시장과 의견을 달리하는 사람은 장기채권을 매입하기 위해서 단기차입을 할 동기를 가질 것이다. 시장가격은 「약세 전망자(弱勢展望者: bears)」의 매각(賣却)과 「강세 전망자(强勢展望者: bulls)」의 매입(買入)이 균형을 이루는 점에서 결정될 것이다.

우리가 위에서 구별한 유동성선호의 세 가지 종류는 다음과 같은 것에 의존하는 것으로 규정될 수 있을 것이다. 즉, (1) 거래적 동기(去來的動機: transaction-motive), 즉 개인적 및 사업적 교환의 경상거래를 위한 현금의 필요, (2) 예비적 동기(豫備的 動機: precautionary-motive), 즉 총자산의 일정 비율에 상당하는 가치를 장래를 위한 현금으로 보유하려는 안전성의 욕구, 및 (3) 투기적 동기(投機的 動機: speculative-motive), 즉 장래에 일어날 일에 대해 시장보다 더 잘 아는 것으로부터

---

4) 이와 똑같이, 투자물의 예상수익(豫想收益)이 시장이 예상하는 것보다 낮을 것이라고 믿는 사람에게는 유동적인 현금을 보유할 이유가 충분히 있다고 생각할는지 모른다. 그러나 이것은 그러한 경우가 아니다. 그에게는 주식을 갖는 것보다는 현금이나 채권을 보유할 충분한 이유가 있다. 그러나 그가 또한 장래의 이자율(利子率)은 시장이 상상하는 것보다는 높아지리라고 믿지 않는 한, 현금을 보유하는 것보다도 채권(債權)의 매입을 선호할 것이다.

이윤을 확보하고자 하는 목적이 이것이다. 우리가 자본의 한계효율을 논한 경우와 같이, 채권 매매를 위한 고도로 조직화된 시장을 가지는 것이 바람직하냐의 문제는 우리에게 딜레마를 안겨준다. 왜냐하면, 조직화된 시장이 없는 곳에서는 예비적 동기로 말미암은 유동성선호가 크게 증가할 것이며, 반면에, 조직화된 시장이 존재하는 경우에는 투기적 동기로 말미암은 유동성선호가 격심한 기복을 보일 기회가 생길 것이기 때문이다.

다음과 같은 사항을 지적하는 것은 이 논의를 예증(例證)하는 것이 될 것이다. 즉, 거래적(去來的) 동기와 예비적(豫備的) 동기에 입각한 유동성선호가 이자율(利子率) 그 자체의 변화 — 그것이 소득수준에 대해 미치는 반작용을 떠나서 생각하면 — 에 대해 별로 민감하지 않은 현금의 양(量)을 흡수하며, 따라서 화폐 총량으로부터 이 양을 공제한 양이 투기적(投機的) 동기에 입각한 유동성선호를 만족시키기 위해 사용되는 것으로 가정한다면, 이자율과 채권의 가격은 일부 개인들의 현금을 보유하고자 하는 욕구가 (그 수준에 있어서는 그들은 장래의 채권이 「약세」가 되리라고 느끼기 때문에) 투기적 동기를 위해 사용될 수 있는 현금의 양과 정확히 일치하는 수준에서 정해지지 않을 수 없다. 그리하여 화폐량이 증가할 때마다 채권의 가격이 등귀하게 되는 것인데, 그 등귀는 일부 「강세 전망자」의 기대를 초과함으로써, 그로 하여금 그의 채권을 현금을 받고 매각하여 「약세 전망자」의 무리에 참가하도록 하게 할 만큼 충분한 것이어야 한다. 그러나 만약 단기의 과도적인 기간을 제외한다면, 투기적 동기로부터의 현금수요가 무시될 수 있는 정도의 것이라면 화폐량의 증가는 거의 즉각적으로 이자율(利子率)을 저하시키지 않을 수 없는데, 그 저하의 정도는 항상 새로 추가된 현금이 거래적(去來的) 동기와 예비적(豫備的) 동기에 의해 충분히 흡수되도록 고용과 임금단위를 증가시키는 데 필요한 정도가 되어야 할 것이다.

원칙적으로, 화폐량을 이자율과 관련시키는 유동성선호표(流動性選
好表)는 화폐량이 증가함에 따라 이자율이 떨어지는 것을 나타내는 굴곡
없는 곡선으로 표시될 수 있다고 상상할 수 있다. 왜냐하면, 몇 개의 서
로 다른 원인들이 모두 이 결론으로 유도하기 때문이다.

우선 첫째로, 이자율이 하락함에 따라, 다른 사정에 변화가 없는 한,
더욱 많은 화폐가 거래적(去來的) 동기에 입각한 유동성선호에 의해 흡
수될 가능성이 있다. 왜냐하면, 이자율의 하락이 국민소득을 증가시킨다
면, 거래를 위해 보유하는 것이 편리한 화폐량은 소득의 증가에 대하여
대체로 비례적으로 증가할 것이며, 다른 한편으로는, 이와 동시에, 이자
의 손실로 측정되는, 수중의 현금을 넉넉히 보유하는 편익(便益)의 비용
은 감소할 것이기 때문이다. 우리가 유동성선호를 화폐로써(어떤 경우에
는 이것이 편리할 때도 있다)가 아니라 임금단위로 측정하지 않는 한, 만약
이자율의 저하에 따라 증가한 고용이 임금의 증가, 즉 임금단위의 화폐
가치의 증가를 가지고 온다면, 유사한 결과가 따라 나올 것이다. 둘째
로, 이자율이 저하할 때마다, 방금 우리가 본 바와 같이, 어떤 개인들은
이자율의 장래에 관해 시장의 견해와 다른 견해를 가지고 있기 때문에
보유하려고 하는 현금의 양을 증가시키는 경우가 있을 것이다.

그럼에도 불구하고, 화폐량의 대폭적인 증가조차도 이자율에 대해서
는 비교적 근소한 영향밖에 미치지 못하는 사태도 일어날 수 있다. 왜냐
하면, 화폐량의 대폭적인 증가가 장래에 대한 불확실성을 극도로 증대시
켜서 안전성 동기(安全性 動機: security-motive)에 의한 유동성선호가
강화될 수가 있을 것이고, 또 한편으로는 이자율의 장래에 관한 의견은
이구동성(異口同聲)으로 일색(一色)이어서 현재의 이자율의 근소한 변화
가 있어도 현금으로의 집단적 이동을 야기할 수도 있을 것이기 때문이

다. 경제체계의 안전성과 그 화폐수량의 변화에 대한 감응성(感應性)이 불확실한 사항에 대한 의견의 다양성에 그렇게도 [많이] 의존한다는 것은 흥미있는 일이다. 우리가 장래에 대해 안다면 그보다 더 좋은 일은 없을 것이다. 그러나 그것을 모르는 경우에는, 만약 우리가 화폐량을 변화시킴으로써 경제체계의 활동을 통제하려고 한다면, 의견이 여러 가지로 달라야 한다는 점이 중요하다. 그리하여 이 통제 방법은 모든 사람들이 같은 때에 같은 의견을 가지는 경향이 있는 미국에서는 의견의 차이가 많은 것이 보통인 영국에서보다 확실성이 더욱 적다.

Ⅲ

우리는 이제 처음으로 화폐를 우리[이론]의 인과관계(因果關係) 속으로 도입하였다. 이제 우리는 화폐량의 변화가 경제체계 속으로 작용을 미치는 방식에 관하여 처음으로 일별(一瞥)할 수 있게 되었다. 그러나 만약 여기서 우리가 화폐는 경제체계를 자극하여 활동하게 하는 술[酒]이라고 주장하고 싶은 생각이 든다고 하더라도, 우리는 술잔과 입술 사이에는 여러 번의 차질이 개재할 수 있다는 사실을[5] 상기할 필요가 있다. 왜

---

5) 그리스 신화에서 유래된, 완전히 이루어지기 전에는 확실한 것은 없다는 뜻의 영국 속담. 안케우스의 노예가 그에게 그의 포도밭의 포도주를 생전에 다시는 맛보지 못할 것이라고 예언했다. 포도가 익고 술도 익자 안케우스는 포도주 한 잔을 앞에 놓고 노예를 불러서 그의 예언이 틀렸다고 조롱했다. 그러자 노예가 대답하기를, 술잔과 입술 사이에는 여러 번의 차질이 개재할 수 있다(there's many a slip 'twixt the cup and the lip)고 했다. 이때 칼레도니아 멧돼지가 안케우스의 포도밭을 해치고 있다는 급보가 전해졌다. 안케우스는 들었던 술잔을 놓고 달려 나갔으나 멧돼지와 싸우다가 죽고 말았다.[역자 주]

냐하면, 화폐량(貨幣量)의 증가는, 다른 사정에 변화가 없는 한, 이자율 (利子率)을 저하(低下)시키리라고 기대할 수 있기는 하나, 만일 공중(公 衆)의 유동성선호가 화폐량보다도 더 많이 증가하고 있다면, 그렇게는 되지 않을 것이다. 또한 이자율의 저하는, 다른 사정에 변화가 없는 한, 투자량(投資量)을 증가시키리라고 기대할 수 있기는 하나, 만일 자본의 한계효율표가 이자율보다 더 빨리 하락하고 있다면, 그렇게는 되지 않을 것이다. 투자량의 증가는, 다른 사정에 변화가 없는 한, 고용량(雇用量) 을 증가시킬 것으로 기대할 수 있기는 하나, 만일 소비성향이 저하하고 있다면, 그렇게는 되지 않을 것이다. 끝으로 만일 고용(雇用)이 증가한다 면 물가(物價)는, 물리적 공급함수의 형태에 의해 부분적으로 지배되고 또한 화폐로 표시한 임금단위(賃金單位)가 상승하는 경향에 의해 부분적 으로 지배되어, 어느 정도 상승할 것이다. 그리고 산출량(産出量)이 증가 하고 물가(物價)가 상승할 때에는, 그것이 유동성선호(流動性選好)에 미 치는 영향은 주어진 이자율(利子率)을 유지하는 데 필요한 만큼 화폐량 을 증가시키는 것일 것이다.

IV

투기적 동기로 말미암은 유동성선호는, 내가 나의 『화폐론』에서 「매기(買氣)가 약한 상태」(the state of bearishness)라고 부른 것에 해 당되지만, 그것은 결코 동일한 것은 아니다. 왜냐하면, 거기서는 「매기 가 약한」 것은 이자율(또는 채권의 가격)과 화폐량 사이의 함수관계가 아 니라 자산과 채권을 합한 것의 가격과 화폐량 사이의 함수관계로 정의되 었기 때문이다. 그러나 이렇게 취급하는 것은, 이자율의 변화에서 오는 효과와 자본의 한계효율표의 변화에서 오는 효과 사이의 혼동을 내포하고 있었다. 그것을 나는 여기에서는 피했다고 생각한다.

V

[화폐] 보장(保藏: hoarding)의 개념은 유동성선호의 개념에 대한 제1차적인 근사성(近似性)을 가지는 것으로 볼 수 있다. 사실, 우리가 「보장(保藏)」 대신에 「보장성향(保藏性向)」(propensity to hoard)이라고 쓴다면, 그것은 실질적으로 동일한 것이 될 것이다. 그러나 만약 우리가 「보장」이라는 말이 현금 보유의 실제의 증가를 의미하는 것으로 본다면, 그것은 불완전한 관념이다.— 또 만일 그 말로 인하여 우리가 [화폐를] 「보장」할 수도 있고 「불보장(不保藏)」(not-hoarding)할 수도 있는 단순한 양자택일적인 것으로 생각하게 된다면, 그것은 중대한 오류를 범하게 된다. 왜냐하면 [화폐를] 보장하려는 의사결정은 절대적으로, 다시 말해서 유동성을 포기하는 것의 대가로 제공되는 여러 이익과는 무관하게, 이루어지는 것이 아니기 때문이다.— 이것은 여러 가지 이익의 비교형량(比較衡量)으로 이루어지는 것이며, 따라서 우리는 저울대의 반대쪽에 무엇이 있는가를 알지 않으면 안 된다. 뿐만 아니라 우리가 [화폐의] 「보장」을 현금의 실제 보유로 보는 한, 보장의 실제량이 공중(公衆)의 의사결정의 결과로 변동한다는 것은 불가능하다. 왜냐하면 [화폐]보장량은 화폐량(또는 — 어떤 정의에 따르면 — 화폐량 마이너스(-) 거래적 동기를 만족시키기 위해 필요한 액)과 일치하지 않을 수 없고, 화폐량은 공중에 의해 결정되는 것은 아니기 때문이다. 보장에 대한 공중의 성향이 성취할 수 있는 일은 오직 보장하려고 하는 총[화폐]량이 [보장에]사용될 수 있는

현금[총량]과 일치하는 곳에서 이자율(利子率)을 결정하는 것뿐이다. 이
자율이 [화폐]보장에 대해 가지는 관계를 간과하는 습관은, 이자율은 사
실에 있어서는 불보장(不保藏)의 보수인데도 왜 그것이 보통 부지출(不支
出 : not-spending)의 보수로 간주되어 왔는가를 설명하는 이유의 일부
라고 보아도 좋을 것이다.

제14장

고전파의 이자율 이론

고전파의 이자율 이론은 어떤 것인가? 그것은 우리 모두가 어렸을 때부터 배워왔고 최근에 이르기까지 거의 무조건 승인해온 이론이다. 그러나 그것에 관해 정확히 서술한다거나 또는 현대 고전파의 주요 논저(論著)들 중에서 이에 관한 명확한 설명을 발견하기는 어려운 일이다.[1]

그러나 이 전통이 이자율을 투자수요(投資需要)와 저축성향(貯蓄性向)을 서로 균형 시키는 요인으로 보고 있다는 것만은 상당히 확실하다. 투자(投資)는 투자할 수 있는 자금에 대한 수요(需要)를 나타내고, 저축(貯蓄)은 그 공급(供給)을 나타내며, 한편, 이자율(利子率)은 양자가 균등하게 되는 경우의 투자가능 자금의 「가격(價格)」이다. 재화의 가격이 필연적으로 그 수요와 공급이 균등하게 되는 점에서 결정되는 것과 같이, 이자율도 필연적으로 시장의 힘의 작용 하에서 그 이자율에서의 투자의 양과 그 [이자]율에서의 저축의 양이 균등하게 되는 점에서 정해진다[고 한다].

이상의 것은 마샬의 『원리(原理)』에서 발견되는 것 바로 그대로는 아

---

1) 내가 발견할 수 있었던 것을 뽑아 기록한 본 장(章)의 보론(補論)을 참조하라.

니다. 그러나 그의 이론은 대략 이와 같은 것으로서, 나 자신도 이것을
바탕으로 성장하였고 또 다년간 다른 사람에게 이와 같이 가르치기도 했
다. 예를 들어, 그의 『원리』의 다음과 같은 구절을 보라. 「이자(利子)는
어떤 시장에 있어서든 자본의 사용에 대해 지불되는 가격(價格)이므로,
그것은 그 이자율에서의 자본에 대한 총수요(總需要)가 그 [이자]율에서
나타나는 총자본량(總資本量)과 균등하게 되는 균형수준으로 향해 움직
이는 경향이 있다」.2) 혹은 또 캇셀(Cassel) 교수의 『이자의 본질과 필
연성』에 있어서는, 투자는 「대인(待忍)에 대한 수요(需要)」이고, 저축은
「대인(待忍)의 공급(供給)」이며, 한편으로 이자는 양자를 균등하게 만
드는 역할을 하는 「가격(價格)」이라는 것이 — 여기서도 인용할 만한 실
제적인 구절을 발견할 수는 없었지만, 그 함축된 뜻으로 본다면 — 설명
되어 있다. 카버(Carver)교수의 『부(富)의 분배』의 제6장에서는 이자를,
대인(待忍)의 한계비효용(限界非效用)을 자본의 한계생산성(限界生産性)
과 균등하게 만드는 요인으로 명백하게 지목하고 있다.3) 알프레드 후럭
스(Alfred Flux) 경(卿)은 (『경제학 원리』 제95면에서) 다음과 같이 서술
하였다. 즉, 「만약 우리의 일반적 논의의 주장에 정당성이 있다면, 저축
과 [자본을 유리하게 사용하는] 기회 사이에 자동적인 조절이 이루어진다
는 것이 인정되어야 한다.……저축은 …… 순이자율(純利子率)이 제로
(零)를 초과하는 한에 있어서는 ……그것의 유용성(有用性)의 가능성들을
초과하지 못할 것이다」. 타우식(Taussig)교수(『원리』 제2권 제29면)는
우선 「이자율은 자본의 한계생산성(限界生産性)이 저축의 한계부분

2) 이 구절에 대한 더욱 상세한 논의로서는 뒤에 설명하는 제219면 이하 참조.
3) 카버 교수의 이자에 관한 논의는 다음과 같은 이유로 추적하기 곤란하다. (1)
그가 「자본의 한계생산성」으로 한계생산물의 양(量)을 의미하는지 또는 한계생산물
의 가치(價値)를 의미하는 것인지에 대한 일관성의 결여, 및 (2) 자본량(資本量)이 무
엇인지를 정의하는 그 어떤 시도도 없다는 것이 그것이다.

(instalment)을 유도하는 데 충분한 점에서 정착된다.」(제20면)라고 서술해 놓고 나서, 저축의 공급곡선과 「자본의 증가에 따른 생산성의 체감(遞減)」을 나타내는 수요곡선(需要曲線)을 그리고 있다(제29면).[4] 왈라스(Walras)는 그의 『순수경제학 요론(要論)』의 보론(補論) Ⅰ(Ⅲ)에서 「저축과 신(新)자본 사이의 교환」을 취급하고 있는데, 그는 가능한 각 이자율에 대응하여 각 개인이 저축하는 일정액이 있고 또 그들이 신(新)자본 자산에 투자하는 일정액도 있는데, 이 두 개의 총액은 서로 균등하게 되는 경향을 가지고 있다는 것, 그리고 이자율은 이들의 균등관계를 가져오게 하는 변수라는 것, 따라서 이자율은 신(新)자본의 공급을 나타내는 저축이 그것에 대한 수요와 균등하게 되는 점에서 정해진다는 것 등을 분명하게 논하고 있다. 이처럼 그는 엄격하게 고전파의 전통에 따르고 있다.

확실히 전통적 이론에 의해 성장한 보통 사람들 ―은행가, 공무원, 또는 정치가 등― 은 물론, 훈련받은 경제학자들도 또한 다음과 같은 관념을 철저하게 몸에 지니고 있다. 즉, 개인이 저축(貯蓄) 행위를 할 때에 그는 항상 자동적으로 이자율(利子率)을 저하시키는 행위를 한 것이 되고, 이것은 자동적으로 자본의 산출(産出)을 자극하게 된다는 것, 또 이자율의 하락은 자본의 산출을 자극하여 그것이 저축의 증분과 같은 액수가 되기에 꼭 알맞을 정도로 이루어진다는 것, 그리고 나아가서 이것은

---

4) 이들 문제에 관한 최근의 논의(F.H. 나이트 교수의 논문 「자본, 시간 및 이자율」(Economica 1934년 8월호) ― 그것은 자본의 본질에 관한 많은 흥미있고 심오한 관찰을 내포하며, 뵘 바베르크 류(流)의 분석의 무용성(無用性)에 비해서 마샬적 전통의 건전성을 확인하는 것인데 ― 에서, 이자(利子) 이론은 바로 이 전통적이고 고전적인 형태로 전개되고 있다. 나이트 교수에 의하면, 자본생산의 영역에서 균형이 의미하는 것은, 「저축이 시장으로 흘러들어오는 시간율(時間率), 즉 속도와, 저축이 [저축자에 대하여 저축 사용의 대가로 지불되는 것과 똑같은 순수익률을 낳는] 투자로 흘러들어오는 속도가 정확히 동일한, 그러한 수준의 이자율이다」.

화폐당국의 그 어떤 특별한 간섭이나 노파심의 배려를 필요로 하지 않고 일어나는 자율적인 조절과정(調節過程)이라는 것 등의 관념이 이것이다. 또 마찬가지로 ―그리고 이것은 오늘에 있어서조차도 더욱 일반적인 통념으로 되고 있는 점인데― 부가적인 각 투자행위는, 만약 그것이 저축의향의 변화에 의해 상쇄되지 않는다면, 이자율을 필연적으로 상승시킨다[는 관념이 널리 유포되고 있다].

그런데, 앞의 여러 장(章)들의 분석은 이 문제에 관한 이와 같은 설명이 오류가 아닐 수 없다는 것을 분명히 하였을 것이다. 이하에서는 견해 차이의 이유를 그 원천에 이르기까지 소급해 보고자 하는바, 우선, 의견이 일치하는 점에서부터 시작해 보자.

저축과 투자가 실제로 균등하지 않을 수도 있다는 신(新)고전파와는 달리, 원래의 고전파는 양자는 균등하다는 견해를 받아들이고 있다. 예를 들어 마샬은, 비록 그렇다고 분명히 말하지는 않았지만, 총저축(總貯蓄)과 총투자(總投資)는 필연적으로 균등하다고 확고하게 믿고 있었다. 아닌 게 아니라 대부분의 고전파 소속 학자들은 이 신념을 너무 과도하게 유추(類推)하였다. 즉, 그들은 개개인이 저축을 증가시키는 행위는 언제나 필연적으로 이에 대응하는 투자를 증가시키는 행위를 실현시킨다고 믿었던 것이다. 이 맥락에 관련된 한, 내가 말하는 자본(資本)의 한계효율표(限界效率表) 또는 투자수요표(投資需要表)와 위에 인용한 몇 명의 고전파 저술가가 생각하는 자본에 대한 수요곡선(需要曲線) 사이에는 아무런 실질적인 차이도 없다. 우리가 소비성향과 그와 서로 대응하는 개념인 저축성향에 이르면, 우리는 의견을 달리하게 되는데, 그 이유는 그들이 저축성향에 대한 이자율의 영향을 강조하기 때문이다. 그러나 그들도, 추측컨대, 소득수준 또한 저축액에 대하여 중요한 영향을 미친다는 사실을 부인하지는 않을 것으로 생각한다. 한편 나로서도 이자율이 아마도 일정한 소득으로부터의 저축액에 대하여 영향(비록 그들이 생각하는 것과 같은 종류의 것은 아마 아닐지라도)을 미칠 가능성도 있다는 것을 부인할 생각은 없다. 이 모든 합의점(合意點)은 고전파가 인정하고 나도 이의를 제기하지 않을 하나의 명제(命題)로 요약될 수 있다. 즉, 그것은, 만약 소득수준이 일정하다고 상정한다면, 경상이자율(經常利子率)은 여러 가지 상이한 이자율에 대응하는 자본수요곡선(資本需要曲線)이 여러 가지 상이한 이자율에 대응하는 일정 소득(所得)으로부터의 저축액(貯蓄額)의 곡선과 교차하는 점 위에 존재하지 않을 수 없다고 추론할 수가 있다는 것이다.

그러나 바로 여기에서 결정적인 오류가 고전파 이론 속으로 스며든다. 만약 고전파가 단순히 위의 명제로부터, 자본에 대한 수요곡선이 주어지고 이자율의 변화가 일정 소득으로부터 저축할 의향에 대하여 미치는 영향력도 일정하게 주어질 경우, 소득수준과 이자율 사이에는 일종의 유일한[一義的] 상관관계가 있어야 한다고 추론한다면, 이에 대해서 이의를 제기할 만한 이유는 없을 것이다. 뿐만 아니라, 이 명제(命題)는 중요한 진리를 내포하고 있는 또 하나의 명제를 자연스럽게 도출할 것이다. 즉, 만약에 이자율(利子率), 자본수요곡선(資本需要曲線), 일정한 소득수준에서 저축하려는 의향(意向)에 미치는 이자율의 영향이 주어진다면, 소득수준은 저축액(貯蓄額)을 투자액(投資額)과 균등하게 만드는 요인(要因)이 아닐 수 없다는 명제가 그것이다. 그러나 사실, 고전파이론은 비단 소득수준 변화의 영향을 무시하였을 뿐 아니라 형식상의 오류도 범하고 있다.

왜냐하면, 위의 인용문으로도 알 수 있는 바와 같이, 고전파이론은 거기서부터 한 걸음 더 앞으로 나아가서, 저축의 원천인 소득액(所得額)이 일정하다고 하는 가정을 제거하거나 완화하지 않고도 (예를 들어) 자본수요곡선의 이동(移動)이 이자율에 대해 미치는 효과를 고찰할 수 있다고 상정하고 있기 때문이다. 이자율에 관한 고전파이론의 독립변수(獨立變數)들은 자본수요곡선과, 일정한 소득에서 저축액에 미치는 이자율의 영향력이다. 그래서 (예를 들어) 자본수요곡선이 이동하면 새로운 이자율은, 이 이론에 의하면, 새로운 자본수요 곡선과, 이자율을 일정한 소득에서의 저축액과 관련시키는 곡선이 서로 교차하는 점에서 주어진다는 것이다. 이자율에 관한 고전파이론은, 만일 자본수요곡선이 이동하거나, 또는 이자율을 일정한 소득에서의 저축액과 관련시키는 곡선이 이동하거나, 또는 이들 양 곡선이 모두 이동하거나 하는 경우에는, 새로운 이자율은 새로운 위치의 이들 양 곡선의 교차점에 의해 주어진다고 보고 있는 것 같다. 그러나 이것은 말도 안 되는 이론이다. 왜냐하면, 소득(所得)이 일정불변이라는 가정은 이들 양 곡선이 서로 독립적으로 이동할 수가 있다는 가정과 모순되기 때문이다. 만일 양 곡선 중의 어느 하나가 이동하면 그때에는 일반적으로 소득도 변한다. 그 결과, 소득이 일정하다는 가정 위에 서 있는 전체 이론구조가 붕괴하게 된다. 그러한 [고전파이론의] 입장은 오직 다음과 같은 어떤 복잡한 가정을 함으로써 비로소 구제될 수가 있다. [이를테면] 앞에서 말한 곡선의 이동(移動)이 있을 때에는 임금단위(賃金單位)가 자동적으로 변동하되, 그 변동의 정도는, 그것이 유동성선호에 미치는 영향을 통하여 새로운 이자율(利子率)을 확립하기에 바로 꼭 알맞은 정도여야 하며, 이렇게 확립된 새로운 이자율은 앞에서 가정한 곡선의 이동을 과부족 없이 상쇄함으로써 산출량(産出量)을 곡선이 이동하기 전과 같은 수준에 머물러 있도록 해야 한다는 가정이 그것이다. 사실, 위에서 말한 저술가들에게서는 이와 같은 가정을 할 필요성에 관한 어떠한 암시도 찾아볼 수가 없다. 그것은 기껏해야 오직 장기균형(長期均衡)과의 관련에 있어서만 그럴듯하게 보일 것이고 단기이론(短期理論)의 기초로는 될 수 없을 것이다. 더욱이 그것은 장기(長期)에 있어서조차도 타당하다고 상상할 만한 근거가 없다. 사실을 말한다면, 고전파이론은 소득수준(所得水準) 변화의 관련성이나 소득수준이 실제로 투자율(投資率)의 함수가 된다는 가능성 등에 대해서 전혀 감각이 없었던 것이다.

　　이상의 논의는 다음과 같은 그림으로 설명될 수가 있다.[5]

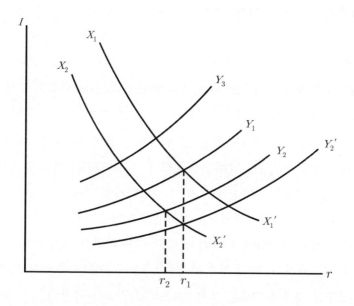

이 그림에 있어서는 투자량(또는 저축량) I 는 세로축에 의해, 이자율 r 은 가로축에 의해 측정된다. $X_1 X_1'$ 는 투자수요곡선(投資需要曲線)의 처음의 위치고 $X_2 X_2'$ 는 이 곡선의 두 번째 위치다. 곡선 Y_1 은 소득 Y_1 으로부터 저축되는 액을 여러 이자율 수준과 관련시키는 것이며, Y_2, Y_3

_____

　　5) 이 그림은 해롯(R.F. Harrod) 씨가 나에게 시사해 준 것이다. 그리고 부분적으로 이와 유사한 로버트슨(D.H. Robertson)씨의 도식(圖式)에 대해서는 *Economic Journal*, 1934년 12월호, 제652면 참조.

등의 곡선은 소득수준 Y_2, Y_3등의 경우에 해당하는 곡선이다. 곡선 Y_1은 투자수요표 $X_1X_1{}'$와 이자율 r_1에 대응하는 Y곡선이라고 하자. 지금 만일 투자수요표가 $X_1X_1{}'$에서 $X_2X_2{}'$로 이동하면 일반적으로 소득 또한 이동할 것이다. 그러나 위의 그림은 그 새로운 수치가 얼마가 될 것인지를 우리에게 말해 줄 수 있는 충분한 정보(情報)를 가지고 있지 않다. 따라서 어떤 것이 합당한 Y곡선인지를 알 수 없기 때문에 우리는 신(新)투자수요곡선이 어떤 점에서 Y곡선과 교차하는지 알 수 없다. 그러나 만약 우리가 유동성선호(流動性選好)의 상태와 화폐량(貨幣量)을 도입하고, 이들이 상호작용함으로써 이자율이 r_2라는 것을 말해준다면, 모든 위치가 확정적인 것으로 된다. 왜냐하면, r_2로부터 수직으로 상향하는 점에서 $X_2X_2{}'$와 교차하는 Y곡선, 즉 곡선 Y_2가 그에 대응하는 곡선이 되기 때문이다. 이와 같이, X곡선과 몇 개의 Y곡선은 이자율에 관해 우리에게 아무것도 말해주지 못한다. 이들 곡선은 만약 우리가 다른 어떤 출처로부터 이자율(利子率)이 얼마인지를 말할 수 있는 경우에 소득(所得)이 얼마가 될 것인지를 우리에게 말해줄 뿐이다. 만약 유동성선호의 상태와 화폐량에 아무런 변화도 없고 따라서 이자율(利子率)이 불변이라면, 곡선 Y_1이 종전의 투자수요표와 교차했던 점으로부터 수직으로 하향한 곳에서 새로운 투자수요표와 교차하는 곡선 $Y_2{}'$가 대응하는 Y곡선이 되며, $Y_2{}'$가 새로운 소득수준이 될 것이다.

　　이와 같이 고전파이론에 의해 사용되고 있는 함수, 즉 투자(投資)가 이자율(利子率)의 변화에 대해 보이는 반응관계나, 일정 소득으로부터의 저축액(貯蓄額)이 이자율의 변화에 대해 보이는 반응관계는 이자율의 이론에 [충분한] 자료를 제공해 주지 못한다. 그러나 이들 함수는 이자율이 (다른 어떤 출처로부터) 주어졌을 때 소득수준이 얼마가 될 것인지를 말해주는 데 사용되거나, 또는 양자택일적으로, 만약 소득수준이 어떤 주어진 수치(예를 들어, 완전고용에 대응하는 수준)로 유지되기 위해서는 이자율이 얼마가 되어야 하는가를 우리에게 보여주는 데 사용될 수는 있을 것이다.

오류의 원천은 이자율을 [화폐의] 불보장(不保藏)에 대한 보수로 보지 않고, 대인(待忍: waiting) 그 자체에 대한 보수로 보는 데 있다. 그것은 마치, 여러 가지 상이한 정도의 위험을 내포하는 대부(貸付) 또는 투자(投資)로부터의 수익률은 당연히 대인(待忍) 그 자체의 보수가 아니라 위험을 무릅쓰는 데 대한 보수로 간주하여야 한다는 것과 같은 이치이다. 사실상, 이것들과 이른바 「순수(純粹)」 이자율(利子率) 사이에는 명확한 구분선은 없다. 이들 모두가 여러 가지 종류의 불확실성의 위험을 무릅쓰는 데 대한 보수이기 때문이다. 화폐가 오직 거래(去來)를 위해 사용되고 가치의 저장(貯藏)을 위해서는 결코 사용되지 않는 경우에 한하여 이와 다른 이론이 타당하게 될 것이다.6)

그러나 고전파에 대해 아마도 무엇인가가 잘못되어 있다는 경고를 할 수도 있었을 잘 알려져 있는 두 가지 점이 있다. 첫째, 아무튼, 캇셀(Cassel) 교수의 『이자의 본질과 필연성』(*Nature and Necessity of Interest*)이 출간된 후로는, 이자율이 상승할 때 일정 소득으로부터의 저축액이 반드시 증가한다고는 단언할 수 없다는 데 중론(衆論)이 일치하고 있다. 한편, 이자율의 상승에 따라 투자수요표가 저락(低落)한다는 데 대해서는 아무도 의심하지 않는 것이다. 그러나 이자율이 상승함에 따라 여러 Y 곡선과 여러 X 곡선이 모두 하락한다면, 어떤 특정 Y 곡선이 어떤 특정 X 곡선과 교차한다는 보장은 전혀 없다. 이것은 곧 이자율을 결정하는 것은 Y 곡선과 X 곡선만이 아니라는 것을 암시한다.

---

6) 뒤의 제17장 참조.

둘째로, 고전학파는 통상, 화폐량(貨幣量)의 증가는, 아무튼 당장에는 그리고 단기에 있어서는, 이자율(利子率)을 감소시키는 경향이 있다고 가정해 왔다. 그럼에도 불구하고 화폐량의 변화가 투자수요표나 혹은 주어진 소득으로부터 저축을 하려는 의향에 대해 영향을 미치는 이유가 무엇이냐에 대해서는 아무런 설명이 없다. 이와 같이 고전파는 가치론(價値論)을 취급하는 제1편에 있어서와, 화폐(貨幣)를 취급하는 제2편에 있어서는 전혀 별개의 이자율 이론을 가지고 있는 것이다. 고전파는 이 모순에 대해서는 태연자약한 것 같았고, 내가 아는 한, 이 두 가지 이론 사이에 교량을 놓을 아무런 기도도 하지 않았다. 적어도 고전파는 그랬었다. 최악의 혼란은 신고전파가 가교(架橋)를 놓으려고 시도했을 때 일어났다. 왜냐하면, 후자는 투자수요표에 응하기 위한 [자금의] 공급에는 두 개의 원천이 있다고 추론하였기 때문이다. 그것은 즉, [첫째] 고전파가 저축이라고 한 본래의 저축, 플러스 [둘째] 화폐량의 증가로 사용가능하게 된 액(그것은 「강제저축」 또는 이와 유사한 명칭을 가진, 공중으로부터 징수하는 모종의 과세로 충당된다)으로 구성된다는 것이다. 이것으로부터 「자연(自然)」 또는 「중립적(中立的)」[7] 또는 「균형(均衡)」이자율, 즉 강제저축을 수반하지 않는 고전파의 본래의 [저축과 투자를 균등하게 하는] 이자율이 존재한다는 관념이 도출되었고, 마침내 [그들이 출발점에서부터 옳은 궤도에 올라 있었다고 가정한다면 무엇보다도 가장 명백한] 해결책, 즉 모든 경우에 화폐량을 일정불변(一定不變)으로 유지할 수만 있다면 이와 같은 혼란은 전혀 일어나지 않을 것이라는 관념이 도출된다. 왜냐하면, 투자가 본래의 저축을 초과한다는 가상(假想)의 사태로부터 빚어진다고 생각되

---

7) 현대 경제학자들의 「중립적(中立的)」 이자율은 뵘 바베르크의 「자연(自然)」이자율과도 다르고 빅셀의 「자연(自然)」 이자율과도 다르다.

는 해악은 이 경우에는 불가능하게 되기 때문이다. 그러나 여기에 이르러서는 우리는 이미 깊은 물[곤경] 속에 빠져들게 된 것이다. 「야생 오리는 물 속 깊이 들어가서— 그것이 도달할 수 있는 데까지 깊숙이— 물속에 있는 잡초, 미역, 그 밖의 모든 잡동사니들에 꽉 물려 버렸다. 뛰어나게 영리한 개가 아니고는 오리의 뒤를 좇아 물속으로 들어가서 그것을 건져 올리지 못하게 되었다.」

이와 같이 전통적인 분석은 [경제]체계의 독립변수(獨立變數)들을 올바로 분리하지 못했기 때문에 오류에 빠지게 된 것이다. 저축(貯蓄)과 투자(投資)는 체계의 피(被)결정요인(determinate)들이지, 결정요인(determinants)들은 아닌 것이다. 양자는 체계의 결정요인, 즉 소비성향(消費性向), 자본의 한계효율(限界效率) 및 이자율(利子率)이 만들어 낸 쌍둥이와 같은 것이다. 이 결정요인들은 물론 그 자체가 복잡하고 또 각각 다른 쪽의 예상 변화에 의해 영향을 받을 수 있는 것들이다. 그러나 그들의 수치가 서로로부터 추정될 수 없다는 의미에서 여전히 독립이 유지되고 있는 것이다. 전통적인 분석은 저축이 소득에 의존한다는 것을 알아차리고 있었으나 소득이 투자에 의존한다는 사실, 즉 투자가 변할 때에는 [소득의 변화에 의한] 저축의 변화를 투자의 변화와 균등하게 만들기에 필요한 정도만큼 소득이 필연적으로 변화하지 않으면 안 된다는 것을 간과해 왔다.

이자율을 「자본의 한계효율」에 의존시키도록 해보려는 이론 역시 이보다 성공적이었던 것은 아니다. 균형 하에서는 이자율은 자본의 한계효율과 일치하게 된다는 것은 사실이다. 왜냐하면 [양자의] 일치점에 도달할 때까지 경상투자 규모를 증가(또는 감소)시키는 것이 채산에 맞기 때문이다. 그러나 이것을 이자율 이론으로 개조한다거나 또는 그것으로부터 이자율을 도출한다거나 하는 것은, 마샬이 이러한 선에 따라 이자율에 대한 설명을 하려다가 중도에서 발견한 바와 같이,[8] 순환론(循環論)에 빠지는 결과가 된다. 왜냐하면, 자본의 한계효율(限界效率)은 부분적으로 경상투자의 규모에 의존하는데, 우리는 이 규모가 얼마만큼이 되어야 하는지를 계산하기 전에 미리 이자율(利子率)이 얼마인지를 알고 있지 않으면 안 되기 때문이다. 중요한 결론은 다음과 같다. 즉, 신(新)투자의 산출량(産出量)은 자본의 한계효율이 이자율과 균등하게 되는 점까지 증가할 것이다. 그리고 자본의 한계효율표가 우리에게 말해주는 것은, 이자율이 얼마냐가 아니라, 이자율이 주어져 있는 경우 신(新)투자의 산출량은 어느 점까지 추진될 것인가이다.

독자들은 여기에서 논의되고 있는 문제가 가장 기본적인 이론적 중요성을 가지며 또 압도적인 현실적 중요성을 가지는 문제라는 것을 쉽사리 인식할 것이다. 왜냐하면 경제학자들의 실천적 조언(助言)이 거의 예외 없이 그 기초를 두고 있는 경제이론은, 결국, 다른 사정에 변화가 없는 한, 지출의 감소는 이자율을 저하시키고 투자의 증가는 그것을 상승시키는 경향이 있다고 가정해 왔기 때문이다. 그러나 만약 이 두 가지 양(量)이 결정하는 것은 이자율이 아니고 고용(雇用)의 총량(總量)이라고 한다면, 그때에는 경제체계의 메커니즘에 대한 우리의 시야는 근본적으로 달라질 것이다. 소비지출(消費支出)의 의향(意向)이 감퇴한다는 것은, 만약 그것이, 다른 사정에 변화가 없는 한, 투자(投資)를 증가시키는 요인으로 간주되지 않고 고용(雇用)을 감퇴시키는 요인으로 간주된다면, 그것을 보는 시각은 전혀 달라질 것이다.

---

8) 본장의 보론(補論) 참조.

제14장의 보론:

마샬의 『경제학원리』, 리카도의 『경제학 원리』 및 기타에 있어서의 이자율에 관한 보론(補論).

I

마샬(A. Marshall), 에지워스(Edgeworth), 혹은 피구(Pigou) 교수의 저작에는 이자율(利子率)에 관한 일관된 논의는 없다.— 몇 가지 부언(附言)으로서 언급한 것밖에는 아무것도 없는 것이다. 앞에서(제162면) 이미 인용한 구절을 제외하면, 이자율에 관한 마샬의 입장을 밝히는 유일의 중요한 실마리는 그의 『경제학원리(*Principles of Economics*)』(제6판)의 제6편 제534면 및 제593면에서 발견된다. 그 요점은 다음과 같은 인용문에 나타나 있다.

「이자(利子)란, 어떤 시장에 있어서든 자본의 사용에 대하여 지불되는 가격이므로, 그 시장에 있어서 그 이자율 하에서의 자본에 대한 총수요(總需要)가 그 이자율 하에서 그 시장에 나타나는 총자본량(總資本量: aggregate stock)[1]과 균등하게 되는 균형수준으로 향하는

경향이 있다. 만일 우리가 고찰하고 있는 시장이 작은 것 ― 이를테
면, 하나의 도시라거나 또는 발전하고 있는 나라의 하나의 생산부문
의 경우처럼 ― 이라면, 거기에서의 자본에 대한 수요가 증가할 경우
그것은 당장에 주변의 지방이나 생산부문으로부터 인입(引入)되는 공
급(供給)의 증가에 의해 충족될 것이다. 그러나 만약 우리가 전 세계
나 아니면 어떤 큰 나라의 전체를 하나의 자본시장으로 고찰하는 경
우에는, 우리는 총자본공급이 이자율의 변화에 의해 신속히 그리고
상당한 규모로 변화할 것으로 볼 수는 없다. 왜냐하면, 자본의 총량
(總量: general fund)은 노동(勞動)과 대인(待忍)의 산물이며, 이자율
의 상승이 그 유인으로 작용하는 근로(勤勞)의 증가2) 및 대인(待忍)

1) 마샬은 「화폐」(money)라는 말을 쓰지 않고 「자본」(capital)이라는 말을 쓰고,
또 「대부」(loan)라는 말을 쓰지 않고 「자본량」(stock)이라는 말을 쓰고 있다는 사실
은 주의할 만하다. 그럼에도 불구하고 이자란 화폐를 차입하는 데 대하여 지불하는
금액이고, 또 이 문맥에 있어서 「자본에 대한 수요」라고 하는 것은 당연히 「자본재
(資本財)의 일정량(a stock of capital goods)을 매입할 것을 목적으로 하는 화폐 대
부에 대한 수요(demand for loans of money)」를 의미하는 것이어야 할 것이다. 그
러나 제공되는 자본재의 일정량과 수요되는 자본량(資本量)과의 균등화는 자본재의
가격에 의해 이루어지는 것이고 이자율에 의해 이루어지는 것은 아닐 것이다. 이자
율에 의해 이루어지는 것은 화폐 대부, 즉 금전채권의 수요와 공급 사이의 균등화이
다.

2) 이것은 소득이 일정불변이 아니라고 가정하는 것이다. 그러나 이자율의 상승이
어떤 방법으로 「근로의 증가」를 가져오는지는 분명치 않다. 〈이자율의 상승은, 그것
이 저축하기 위하여 근로하는 매력을 증대시키기 때문에, 실질임금의 일종의 상승을
의미하는 것으로서, 이것이 유인(誘因)이 되어 생산요소가 더욱 낮은 임금으로도 근
로하게 된다〉이렇게라도 말하고자 하는 것일까? 이것이 바로, 내 생각으로는, 로버
트슨(D.H. Robertson) 씨가 이와 비슷한 문맥에서 생각하고 있었던 점이다. 확실히
이것은 「당장에는 대수로운 양(量)이 될 수 없을」것이다. 그리고 투자액의 실제의
변동을 이 요인을 가지고 설명하고자 하는 시도는 무엇보다도 설득력이 없고, 아니,
정말로 터무니없다. 이 문장의 후반을 내가 고쳐 쓴다면 다음과 같이 될 것이다.
「그리고 자본의 한계효율표의 상승으로 말미암은 자본 일반에 대한 수요의 광범위

의 증가는, 모든 현존 자본량을 만들어낸 근로와 대인에 비할 때, 당
장에는 대수로운 것이 될 수 없을 것이기 때문이다. 따라서 자본 일
반에 대한 수요의 광범위한 증가는 얼마동안은 공급의 증가보다는
이자율의 상승에 직면할 것이다.[3] 이자율의 상승은 자본의 한계효율
이 가장 낮은 자본의 용도로부터 자본을 일부 철수시킬 것이다. 이자
율의 상승은 오직 완만하게, 그리고 단계적으로 전 자본량을 증가시
킬 뿐이다.」(제534면).

「이자율(利子率)이라는 말은 오직 매우 한정된 의미에 있어서만 구
(舊)자본투자물(old investments of capital)에 적용될 수 있을 뿐이
라는 것은 이것을 아무리 여러 번 반복해서 말하더라도 부족한 감이
있다.[4] 예를 들어, 우리는 아마도 약 70억 파운드의 산업자본(産業資

한 증가가 이자율의 상승에 의해 상쇄되지 않는다면, 자본재의 생산증가의 결과로
나타나는 고용의 증가와 소득수준의 상승은 대인(待忍)의 증가를 가져올 것이다. 화
폐단위로 표시한 그 대인(待忍)의 증가는 자본재의 경상증가분(經常增加分)의 가치와
정확히 같게 되고 따라서 정확히 그 자본재의 증가분(增加分)을 마련할 수 있게 될
것이다.」

3) 자본재의 공급가격의 상승에 직면할 수도 있지 않은가? 예를 들어, 「자본 일
반에 대한 수요의 광범위한 증가」는 이자율의 하락으로 말미암은 것이라고 상상해
보라. 나는 이 문장은 다음과 같이 고쳐 써져야 한다고 생각한다. 「따라서 자본재에
대한 수요의 광범위한 증가가 전 자본량의 증가에 의해 당장에 충당되지 못한다면,
그만큼 그 자본재에 대한 수요는 자본재의 공급가격의 상승에 의해 당분간 억제되지
않을 수 없을 것이다. 이 경우 자본재의 공급가격의 상승은 투자의 규모에는 그 어
떤 실질적인 변화를 야기함이 없이, 자본의 한계효율과 이자율과의 균등관계를 유지
시키는 데 충분한 것이 되어야 한다. 그동안(항상 그렇다시피) 자본재의 산출에 적용
되는 생산요소들은 새로운 조건 하에서 그 한계효율이 가장 큰 자본재의 생산에 사
용될 것이다.」

4) 사실 우리는 그것에 관해서는 전혀 말할 수 없다. 우리가 정당하게 말할 수 있
는 것은 오직, 새로운 것이건 전부터 있었던 것이건 간에, 자본투자물(investments
of capital)을 매입할 목적으로(또는 그 밖의 어떠한 목적으로라도) 차입한 화폐에 대한

本)이 순이자율(純利子率) 약 3퍼센트로 이 나라의 여러 가지 생산부
문에 투자되어 있다고 추정한다고 하자. 그러나 이런 식으로 말하는
것은, 비록 여러 가지 목적을 위해 편리하고 또 정당하기도 하나, 정
확한 것은 아니다. 정확하게는 다음과 같이 말해야 된다. 즉, 이들
생산의 각 부문에 있어서의 신(新)자본투자물(즉, 한계투자)에 대한 순
이자율을 약 3퍼센트라고 한다면, 각종 생산부문에 투하된 산업자본
의 전체로부터 나오는 순소득(純所得)의 총액은, 33년간의 수익금액
으로(다시 말해서, 3퍼센트의 이자율을 기초로 하여) 자본화(資本化:
capitalize)할 경우, 약 70억 파운드에 달할 것이다. 왜냐하면, 토지
의 개량, 또는 건물의 건축, 철도의 부설 또는 기계의 제작에 이미
투하된 자본의 가치는 그 추정된 장래의 순소득(또는 준지대[準地代:
quasi-rent])을 할인한 총액이며, 만일 그 [자본의] 예상되는 소득창출
력이 감퇴한다면 그 가치도 이에 따라 저하하며, 그것은 감가상각을
공제한 후에 얻게 될 감소한 소득을 자본화한 액수가 될 것이다.」(제
593면).

피구 교수는 그의 『후생경제학(*Economics of Welfare*)』(제 3판) 제
163면에서 다음과 같이 쓰고 있다.

「 "대인(待忍)"의 서비스의 본질은 지금까지 많이 오해되어 왔다.
그것은 때로는 화폐(貨幣)를 마련하는 것에 있다고 생각되기도 했고,
때로는 시간(時間)을 마련하는 것에 있다고 생각되기도 했다. 그리고
그 어느 경우에 있어서도 그것은 배당분(dividend)에 대해 하등의 공
헌을 하는 것은 아니라고 주장되어 왔다. 이러한 견해는 어느 것이나
다 옳지 않다. "대인(待忍)"이란 단순히 어떤 개인이 당장에 향락할
수 있는 힘을 가진 소비를 연기함으로써, 소모되어 버렸을 자원으로

이자율(利子率)에 관한 것뿐이다.

하여금 생산기구(生産器具)의 형태를 취하도록 하는 것을 의미할 따름이다.5) … 따라서 "대인(待忍)"의 단위는 일정량의 자원6) — 예를 들어, 노동 또는 기계 — 의 일정 기간 동안에 있어서의 사용이라 할 수 있다 … 더욱 일반적으로 말하자면, 대인(待忍)의 단위는 연(年)가치단위(year-value-unit)라 할 수 있고, 또는 캇셀 박사의 좀 덜 정확하기는 하나 더욱 간단한 말로 하자면, 연(年)파운드(year-pound)라 할 수 있다.… 어떤 1년간에 축적된 자본의 양(量)은 필연적으로 그해 동안에 이루어진 "저축"의 양(量)과 같다고 하는 보통의 견해에 대해서는 한 가지 주의를 환기하고자 한다. 저축의 의미를 순(純)저축으로 해석하고, 이렇게 함으로써 어떤 한 사람의 저축이 다른 사람의 소비를 증가시키기 위해 대여(貸與)된 경우를 제외하고, 그리고 나아가서는 여러 가지 서비스에 대한 은행화폐 형태의 사용되지 않은 청구권(請求權)의 일시적인 축적을 도외시할 때에도, 이 관계는 성립하지 않는다. 왜냐하면, 자본이 될 작정이었던 많은 저축이 사실상 낭비적인 사용으로 잘못 투입됨으로써 그 목적을 달성할 수 없는 경우가 있기 때문이다.」7)

---

5) 여기에 있어서는 용어(用語)가 불분명하다. 소비(消費)의 연기는 필연적으로 이 효과를 가지고 온다고 추리해야 할지, 아니면 그것은 단순히 자원을 해방하는 데 불과하며, 그 해방된 자원은 상황 여하에 따라 사용되지 않을 수도 있고 또 투자를 위해 사용될 수도 있다고 추리해야 할지 알 수가 없는 것이다.

6) 이것은 소득의 수령자가 소비를 위해 지출할 수 있었음에도 지출하지 않은 화폐액이 아니라는 점에 주의해야 한다. 따라서 대인(待忍)의 보수는 이자가 아니고 준지대(準地代)다. 이 문장은, 해방된 자원은 필연적으로 사용된다는 것을 함축하고 있는 것 같다. 왜냐하면, 해방된 자원이 사용되지 않고 방치된다면, 대인(待忍)의 보수란 도대체 무엇인가?

7) 이 구절만 가지고는, 만일 우리가 잘못된 투자는 도외시하되 여러 가지 서비스에 대한 「은행화폐 형태의 사용되지 않은 청구권의 일시적인 축적」은 고려에 넣는다고 할 때, 과연 순저축(純貯蓄)은 자본의 증가분(增加分)과 균등하게 될 것인지 아닌

무엇이 이자율(利子率)을 결정하느냐 하는 문제에 관한 피구 교수의 유일한 중요한 언급은, 나의 생각에는, 그의 『산업변동론(*Industrial Fluctuations*)』(제1판) 제251~3면에 나와 있는데, 거기에서 그는, 이자율은 실물자본(實物資本)의 수요와 공급에 관한 일반적 조건에 의해 결정되는 것이기 때문에, 중앙은행(中央銀行)이나 그 밖의 다른 어떤 은행의 통제 밖에 있다는 견해에 반론을 제기하고 있다. 이 견해를 반박하면서 그는 다음과 같이 논한다.

「은행가가 실업가(實業家)를 위해 더욱 많은 신용(信用)을 창조할 때에는, 은행가들은 실업가들의 이익을 위하여, 제 1편 제 13장[8])에서

지에 관하여 우리는 알 길이 없다. 그러나 『산업변동론』(제22면)에서 피구 교수는 그와 같은 축적은 「실물저축(實物貯蓄)」(real savings)이라고 그가 부른 것에 대하여 아무런 영향도 미치지 못한다는 견해를 밝히고 있다.

8) 이 참조 조항(위의 책 제129-134면)에는 은행에 의한 새로운 신용창조(信用創造)가 기업자에 대하여 사용가능하게 되는 실물자본(實物資本)의 흐름을 얼마만큼 증가시키는가에 대한 피구 교수의 견해가 나와 있다. 결국 그는 「신용창조를 통해 실업가에게 주어지는 부동신용(浮動信用: floating credit)으로부터, 은행이 없었다면 다른 어떤 방법으로 조달되었을 부동자본(浮動資本)을 공제하고자 하는 것이다. 이와 같은 공제를 한 후로 전개되는 논의는 극히 불분명하다. 우선 첫째로, 이자생활자가 1,500의 소득을 가지고 있는데, 그 중에서 500을 소비하고 1,000을 저축한다고 하자. 신용창조 행위는 그들의 소득을 1,300으로 저하시키게 하는데, 그들은 그 가운데서 $500-x$를 소비하고 $800+x$를 저축한다. 그리고 x는, 피구 교수의 결론에 의하면, 신용창조 행위에 의해 사용가능하게 된 자본의 순증가(純增加)를 나타낸다. 이 경우에, 기업자의 소득(所得)은 그들이 은행으로부터 차입(借入)하는 금액만큼(상기의 공제를 행한 후에 있어서) 팽창한다고 생각되고 있는 것인가? 아니면 그것은 이자생활자의 소득이 인하된 금액, 즉 200만큼 팽창한다는 것인가? 어느 경우에 있어서나 그들은 그 전액을 저축한 것으로 볼 것인가? 증가한 투자는 신용창조액 마이너스(-) 위의 공제액과 균등한 것인가? 아니면 그것은 x와 균등한 것인가? 논의는 그것이 마땅히 시작되어야 할 곳에서 끝나고 있는 것 같다.

주어지는 이유에 따라, 공중으로부터 실물의 강제징수를 행하고, 그
것으로써 실업가가 사용할 수 있는 실물자본(實物資本)의 흐름을 증
대시키고, 장기(長期)대부 및 단기(短期)대부에 대한 실질이자율을 함
께 저하시킨다. 요컨대 은행가의 금리(金利)는 어떤 기계적인 유대에
의해 장기대부에 대한 실질이자율(實質利子率)과 연결되어 있다는 것
은 사실이다. 그러나 이 실질이자율이 완전히 은행가의 통제 밖에 있
는 조건들에 의해 결정된다는 것은 사실과 다르다.」

상기에 대한 나의 일사천리식인 주해(註解)는 각주(脚註)에서 이를 행
한 바 있다. 이 문제에 관한 마샬의 설명에서 내가 느끼는 곤혹은 근본적
으로는 화폐경제에 속하는 「이자(利子)」 개념이 화폐에 대해서는 아무
런 고려도 하지 않는 논저(論著)에 들어와 있다는 데 연원(淵源)한다고 생
각된다. 도대체 마샬의 『경제학 원리』에 「이자」가 나타날 일이라고는
사실 전혀 없는 것이다 ─ 그것은 다른 부류의 문제에 속하는 것이다.
피구 교수는 그의 그 밖의 암묵적인 가정에 따라(그의 『후생경제학』에서),
우리로 하여금 대인(待忍)의 단위는 경상투자(經常投資)의 단위와 같고
대인(待忍)의 보수는 준지대(準地代)라는 추리를 하도록 인도하며, 이자
에 관해서는 실제로 한 번도 언급하지 않고 있다. ─ 이것은 오히려 당연
한 일이다. 그럼에도 불구하고 이 저술가들은 비(非)화폐경제(그런 것이
있다면)를 다루고 있는 것은 아니다. 그들은 아주 명백하게 화폐가 사용
되고 있고 은행제도가 있다는 것을 가정하고 있는 것이다. 뿐만 아니라,
피구 교수의 『산업변동론(産業變動論)』(이것은 주로 자본의 한계효율의 변
동에 관한 연구이다)에 있어서나 또는 그의 『실업이론(失業理論: Theory
of Unemployment)』(이것은 주로 비자발적 실업은 없다는 가정 하에, 무엇이
고용량의 변화를 결정하느냐에 관한 연구이다)에 있어서나, 이자율은 그의

『후생경제학(厚生經濟學)』에서보다도 더 중요한 역할을 거의 연출하고
있지 않는 것이다.

Ⅱ

리카도의 『정치경제학 원리(*Principles of Political Economy*)』(제511
면)로부터의 다음의 인용문은 그의 이자율 이론의 대요(大要)를 나타낸
다.

「화폐이자(貨幣利子)란 잉글랜드은행이 대출하는 [이자]율 ― 그것이
5퍼센트가 되든 3퍼센트, 혹은 2퍼센트가 되든 ― 에 의해 규정되는
것이 아니고, 자본의 사용에 의해 가득(稼得)되는, 화폐의 양(量)이나
그 가치(價値)와는 전적으로 독립적인, 이윤율(利潤率)에 의해 규정되
는 것이다. 잉글랜드은행이 100만, 1,000만, 아니 1억을 대부한다고
하더라도 그들은 시장이자율(市場利子率)을 항구적으로 변화시킬 수
는 없고, 다만 그와 같이 그들이 발행한 화폐의 가치(價値)를 변화시
킬 뿐일 것이다. 어떤 경우에는 똑같은 사업을 영위하기 위해 아마도
다른 경우에 요구되는 것의 10배 또는 20배의 화폐가 요구될 수도
있을 것이다. 잉글랜드은행에 대한 자금대부 신청은 그 자금을 사용
함으로써 가득할 수 있는 이윤율(利潤率)과, 동 은행이 그 자금을 기
꺼이 대부해 주려고 하는 [이자]율의 비교에 의해 결정된다. 만일 잉
글랜드은행이 시장이자율보다 낮은 이자율을 부과한다면, 동 은행이
대출하지 않는 화폐량(貨幣量)이란 있을 수 없을 것이다. ― 또 만일
동 은행이 이 이자율 이상을 부과한다면, 동 은행으로부터 차입하고

자 하는 자는 낭비자(浪費者)나 방탕아 이외에는 아무도 없을 것이
다.」

이 논의는 극히 명쾌하여, 리카도의 교리(敎理)의 진수로부터 실제로
는 전혀 이탈함이 없는데도 불구하고 어쩐지 매우 불안해져서 모호한 논
리 속으로 도피하기가 일쑤인 후세의 저술가들의 구절보다도, 논의의 출
발점으로서는 더욱 적합하다. 물론 위의 인용문은, 리카도에 있어서는
항상 그렇다시피, 인용절의 반쯤 된 곳에 있는 「항구적으로」라는 말에
역점을 두는 장기이론(長期理論)으로 해석되어야 한다. 그리고 그것을
타당한 것으로 만들기 위해 요구되는 가정들을 고찰한다는 것은 흥미있
는 일이다.

여기서 또다시 요구되는 가정(假定)은 보편적인 고전파의 가정, 즉 항
상 완전고용(完全雇用)이 있다는 가정이다. 그리하여, 생산물로 측정된
노동의 공급곡선에 아무런 변화가 없다고 가정하면, 장기균형에 있어서
는 오직 하나의 가능한 고용수준이 있을 뿐이다. 의례히 하는 「다른 사
정이 불변(不變)이라면」이라는 조건 — 즉, 화폐량의 변화로부터 생기는
것 이외에는 심리적 성향(性向)에 있어서나 기대(期待)에 있어서나 아무
런 변화가 없다는 조건 — 을 곁들인 이 가정에 입각하는 한, 리카도의
이론은, 이러한 가정 하에서는 장기에 있어서의 완전고용과 양립할 수
있는 이자율은 오직 하나밖에 없다는 의미에서, 정당하다[고 하지 않을 수
없다]. [그러나], 리카도와 그의 후계자들은 다음과 같은 사실을 간과하고
있다. 즉, 장기에 있어서조차도 고용량은 반드시 완전고용이 되는 것은
아니고 변화할 수 있다는 사실, 모든 은행정책에는 그에 대응하는 여러
가지 장기고용 수준이 있다는 사실, 따라서 화폐당국이 행하는 여러 가
지 구상(構想) 가능한 이자율 정책에 대응하여 장기균형(長期均衡)의 위

치에도 여러 가지가 있다는 사실 등이 이것이다.

만일 리카도가 그의 이론을 오직 화폐당국에 의해 창조된 어떤 주어진 화폐량에 대해서만 적용될 수 있는 것으로 제기하는 데 만족했더라면, 그 이론은, 화폐임금이 신축적(伸縮的)이라는 가정이 있는 한, 아직도 정당할 수 있었을 것이다. 다시 말해, 만일 리카도가 화폐당국에 의해 결정되는 화폐량이 1,000만이 되건 혹은 1억이 되건 그것이 이자율에는 그 어떤 항구적인 변화를 가져오는 것이 아니라고 주장하였더라면, 그의 결론은 정당하였을 것이다. 그러나 만일 우리가 화폐당국의 정책이란 화폐량을 증가 또는 감소시키는 조건(terms), 즉 화폐당국이 할인양(割引量)의 변화나 공개시장조작(公開市場操作)을 통해 그 자산을 증가시키거나 감소시키는 이자율(利子率)을 의미한다고 생각한다면 ― 이것이 바로 리카도가 위의 인용문에서 분명히 의미하고 있는 것이지만 ―, 이 경우에는 화폐당국의 정책이 무효가 되거나 또는 오직 하나의 정책만이 장기균형과 양립할 따름이라는 명제는 성립할 수가 없다. 하기는 비자발적(非自發的) 실업이 존재하는 경우에, 실업노동자 사이의 부질없는 취업경쟁의 결과 화폐임금이 한없이 하락하는 것으로 상정되는 극단적인 경우에 있어서는, 오직 두 개의 장기적 위치 ― 완전고용과, 유동성선호가 절대적으로 되는 경우의 이자율에 대응하는 고용수준(그 고용수준이 완전고용 수준에 미달하는 경우에는) ― 가 있을 수 있을 따름이라는 것은 사실이지만. 화폐임금이 신축적이라고 가정한다면 화폐량 그 자체는 아닌 게 아니라 장기에 있어서는 있으나마나 한 것이지만, 화폐당국이 화폐량을 변화시키는 조건은 실질적인 결정요인으로 경제기구 속으로 들어오게 되는 것이다.

한 가지 부언할 만하다고 생각되는 것은, 상기 인용문의 마지막 몇 개의 문장은 리카도가 투자액(投資額)의 다과(多寡)에 따라 자본의 한계효율이 변화할 가능성이 있다는 점을 간과하고 있음을 암시하고 있다는 사실이다. 그러나 이것도 또한 그의 후계자들에 비해 그가 내면적으로 훨씬 더 수미일관(首尾一貫)하다는 또 하나의 예로 해석할 수 있다. 왜냐하면, 만약 고용량과 사회의 심리적 성향이 일정하다면, 가능한 자본의 축적률(蓄積率)은 현실에서는 오직 하나밖에 없을 것이고 따라서 가능한 자본의 한계효율도 오직 하나밖에 없을 것이기 때문이다. 리카도는, 경험으로부터 멀리 떨어진 가설적인 세계를 마치 그것이 경험의 세계인 것처럼 그려내고 그리고 나서는 그 속에서 모순 없는 것처럼 생활해 나간다는, 열약(劣弱)한 정신으로서는 도저히 도달할 수 없는 최고의 지적 성취를 후세에게 남겨 놓았다. 대부분의 그의 후계자들에게 있어서는 상식이 개입하지 않을 수 없었는데 ─ 그것이 그들의 논리적 일관성(一貫性)을 훼손하는 결과를 빚었다.

Ⅲ

이자율에 관한 독특한 하나의 이론이 폰 미제스(von Mises) 교수에 의해 제창되어 왔고, 또 그것이 그로부터 하이예크(Hayek) 교수, 그리고 또 내가 생각하기로는, 로빈스(Robbins)교수에게 전수되었다. 이 이론에 의하면, 이자율의 변화는 소비재와 자본재의 상대적 가격수준의 변화와 동일시될 수 있는 것이라 한다.9) 어떻게 이런 결론에 도달되었는지는 분명치 않다. 그러나 논의는 다음과 같이 전개되는 것 같다. 상당히 극단적인 단순화를 통해, 자본의 한계효율은 신(新)소비자재(消費者財)의 공급가격 대 신(新)생산자재(生産者財)의 공급가격의 비율에 의해 측정되

---

9) 『화폐 및 신용의 이론』 [영역] 제339면 이하, 특히 제363면.

는 것으로 간주되고 있다.[10] 그러고 나서 이것은 이자율과 동일시된다. 그리고 이자율의 하락은 투자에 대하여 유리하다는 사실이 지적된다. 그렇기 때문에, 소비자재 가격 대 생산자재 가격의 비율의 하락은 투자에 유리하다는 것이 된다.

이와 같은 방법에 의해, 개인에 의한 저축의 증가와 총투자의 증가 사이의 연관관계가 이루어진다. 왜냐하면, 개인저축의 증가는 소비자재(消費者財) 가격의 하락을, 그리고 거의 확실히, 생산자재(生産者財)의 가격보다 더 큰 폭의 하락을, 가지고 올 것이라는 데 대해서는 많은 사람들의 의견이 일치하기 때문이다. 따라서 상기의 추론(推論)에 의하면, 그것은 투자를 자극할 이자율의 하락을 의미하는 것이다. 그러나, 물론, 개개의 자본자산의 한계효율의 저하, 따라서 또 자본 일반의 한계효율의 저하는, 상기의 의론이 상정하는 것과는 정반대의 효과를 나타낸다. 왜냐하면, 투자는 한계효율표(限界效率表)를 상승시키는 것과 이자율(利子率)을 하락시키는 것의 양자 중 어느 것을 가지고도 자극되기 때문이다. 자본의 한계효율을 이자율과 혼동한 결과, 폰 미제스 교수와 그의 제자들은 그들의 결론을 바로 반대방향으로 맺게 되었다. 이와 같은 선에 따른 혼동의 좋은 예를 앨빈 한센(Alvin Hansen) 교수의 다음의 구절이 보여주고 있다.[11]

「소비지출 감퇴의 순효과(純效果)는, 그렇지 않았을 경우보다는, 소

---

10) 만일 우리가 장기균형(長期均衡) 상태에 있다면 이것을 정당화할 수 있는 특별한 가정을 생각해 낼 수도 있을 것이다. 그러나 여기서 논의되고 있는 가격들이 불황기(不況期)에 성립하는 가격이라면, 기업자가 그의 기대를 형성하는 데 있어서 이들 가격을 항구적(恒久的)인 것으로 상정(想定)할 것이라는 단순화의 가정은 분명히 오류로 인도하기 쉽다. 뿐만 아니라, 만일 기업자가 정말로 그렇게 상정한다면, 현존 생산자재(生産者財)의 가격은 소비자재(消費者財)의 가격과 같은 비율로 하락할 것이다.

11) 『경제재건(經濟再建)』(Economic Reconstruction), 제233면

비자재의 가격수준을 저하시키고, 그 결과 고정자본에의 투자에 대한 자극은 그로 인하여 극소화되는 경향이 있다는 것이 몇몇 경제학자들에 의해 제창되어 왔다. 그러나 이 견해는 옳지 못하다. 그것은 (1) 소비자재의 가격상승과 하락이 자본형성(資本形成)에 미치는 효과와, (2) 이자율의 변화가 자본형성에 미치는 효과의 혼동에 입각하고 있다. 소비지출 감소와 저축 증가의 결과로, 소비자[재] 가격이 생산자재 가격에 비하여 낮아질 것은 사실이다. 그러나 이것은 결국 이자율의 하락을 의미한다. 그리고 이자율의 하락은 이자율이 높을 때에는 채산성이 없었을 분야에서의 자본투자의 확대를 자극한다.」

제 15 장

유동성에 대한 심리적 및 영업적 유인

I

이제 우리는 제13장에서 서론적(序論的)으로 도입한 유동성선호(流動性選好)에 대한 동기(動機)의 분석을 보다 상세하게 전개해야 한다. 이 주제는 가끔 화폐에 대한 수요라는 제목 하에 논의되어 온 것과 실질적으로 동일하다. 그것은 또한 화폐의 소득속도(所得速度: income-velocity of money)라고 불리는 것과도 밀접한 관련을 가지고 있다 ─ 왜냐하면, 화폐의 소득속도란 단순히 공중이 그들의 소득(所得) 중에서 어떤 비율을 화폐(貨幣)로 보유하기를 선택하는가를 측정하는 것으로서, 따라서 화폐의 소득속도의 증가는 유동성선호의 감소의 징후일 가능성이 있기 때문이다. 그러나 그것은 동일한 것은 아니다. 왜냐하면, 어떤 개인이 유동성과 비유동성 사이의 선택권을 행사할 수 있는 것은 그의 소득에 대해서가 아니라 축적된 저축량(貯蓄量)에 대해서이기 때문이다. 여하튼, 「화폐의 소득속도」라는 용어는 화폐 수요의 전체가 소득에 비례하거나 아니면 그것과 어떤 확정적인 관계를 가지고 있다는 식의 가정을 하는 듯한 그릇된 암시를 풍긴다. 그러나 이 가정은, 우리가 나중에 보는 바와 같이, 공중(公衆)의 현금보유(現金保有)의 일부분에 대해서만 적용될 수 있는 것이다. 따라서 그것은 이자율(利子率)이 연출하는 역할을 간과하는 결과가 된다.

나의 『화폐론』에서, 나는 총화폐수요에 대하여 소득예금(所得預金), 영업예금(營業預金) 및 저축예금(貯蓄預金) 등의 제목 하에서 고찰한 바 있다. 그러므로 그 책의 제3장에서 행한 분석을 여기서 되풀이할 필요는 없다. 화폐는 이들 세 가지 각각의 목적을 위해 보유되면서도 하나의 저수지(貯水池)를 형성하는 것으로서, [화폐의] 보유자는 그 저수지를 세 개의 방수격실(防水隔室)로 분할할 필요는 없는 것이다. 왜냐하면, 보유자의 마음에 있어서조차도 이 세 개 부분이 확연히 구분될 필요는 없으며, 동일한 금액이 제1차적으로는 하나의 목적을 위하여, 제2차적으로는 다른 목적을 위하여 보유될 수도 있을 것이기 때문이다. 이리하여 우리는 어떤 주어진 상황에서의 개인의 총화폐수요를, 비록 여러 가지 상이한 동기의 합성적 결과기는 하나, 하나의 의사결정으로 간주할 수가 있다. ─ 그렇게 하는 것이 이것을 분할하여 고찰할 때에 못지않게, 아마 더 잘, 고찰할 수 있을 것이다.

그러나 여러 동기들을 분석하는 데 있어서는 그것을 몇 개의 항목으로 분류하는 것이 그래도 편리할 것이다. 그 중 최초의 동기는 전에 내가 소득예금, 영업예금이라고 분류한 것과 대체로 합치되는 것이며, 나중의 두 개 동기는 저축예금의 그것에 해당한다. 이들에 대해서는 이미 제13장에서 거래동기(去來動機) ─ 이것은 다시 소득동기(income-motive)와 영업동기(business-motive)로 세분류(細分類)될 수 있다 ─ 와 예비적(豫備的) 동기 및 투기적(投機的) 동기의 항목에서 간단하게 소개해 둔 바 있다.

(1) 소득동기 ― 현금을 보유하는 하나의 이유는 소득의 수령과 그 지출 사이의 간격에 다리를 가설하고자 함에 있다. 일정한 총액의 현금을 보유하고자 하는 의사결정을 유인함에 있어 이 동기의 강도는 주로 소득액(所得額), 그리고 그 수령과 지출 사이의 정상적인 시간적(時間的) 간격의 크기에 의존할 것이다. 화폐의 소득속도(所得速度)의 개념이 엄밀하게 적합한 것은 이 관계에 있어서이다.

(2) 영업동기 ― [위에 있어서와] 같은 이치로, 현금은 영업비용이 발생하는 때와 판매 대금(代金)을 수령할 때 사이에 다리를 놓기 위해 보유되기도 한다. 매매업자가 구입시간과 판매시간 사이에 다리를 놓기 위해 보유하는 현금도 이 항목에 포함된다. 이 수요의 강도는 주로 경상산출액(그리고 따라서 경상소득)과 산출물이 [유통과정에서] 몇 사람의 손을 거치느냐에 의존할 것이다.

(3) 예비적동기 ― 갑작스러운 지출을 요하는 우발사(偶發事)에 대비하거나, 유리한 구매의 예견할 수 없는 호기(好機)를 포착하거나, 또는 화폐액으로 고정되어 있는 후일의 채무(債務)를 변제하기 위해 화폐액으로 그 가치가 고정되어 있는 자산을 보유하고자 하는 것 등이 또한 현금보유의 동기가 된다.

이들 세 가지 유형의 동기의 강도(强度)는 모두, 현금이 필요하게 되었을 때, 어떤 형태의 일시적인 차입, 특히 당좌대월(當座貸越) 또는 그것과 비등(比等)한 방법에 의해 현금을 조달하는 데 있어서 그 조달방식이 얼마나 저렴한가 또는 얼마나 신빙성이 있는가에도 의존한다. 왜냐하면, 현금이 실제로 필요하게 되었을 때에 무난히 그것을 조달할 수 있다면, 그 사이에 다리를 놓기 위해서 유휴현금(遊休現金)을 보유할 필요는 없기 때문이다. 이들의 강도는 또한 현금보유의 상대적 비용(費用)이라고 부를 수 있는 것에도 의존할 것이다. 만약 이윤(利潤)이 나올 수 있는

자산의 구매를 포기함으로써만 비로소 현금을 보유할 수 있다고 한다면,
이것은 그 [현금보유의] 비용을 증가시키고 따라서 일정량의 현금을 보유
하는 동기를 약화시킬 것이다. 만일 현금을 보유함으로써 예금이자(預金
利子)를 받을 수 있다거나 또는 은행이 징구하는 여러 가지 수수료(手數
料)가 면제된다면, 그 비용은 감소하고 동기는 강화될 것이다. 그러나 이
것은 현금보유 비용의 큰 변화가 문제시되는 경우를 제외한다면 아마도
사소한 요인일 가능성이 많다.

(4) 끝으로 투기적동기가 남아 있다 ― 이것에 대해서는 다른 것에 대
해서보다 더 상세한 검토를 할 필요가 있다. 왜냐하면, 그것은 다른 것
보다 덜 알려져 있고, 또 그것은 화폐량의 변화의 효과를 전달하는 데
특히 중요하기 때문이다.

정상적인 상황에서는 거래 동기와 예비적 동기를 만족시키기 위해
필요한 화폐량은 주로 경제체계의 전반적 활동과 화폐소득 수준의 결과
로 정해지는 것이다. 그러나 화폐관리(또는 관리가 없는 경우에는 화폐량의
우연한 변화)가 경제체계에 영향을 미치게 되는 것은 바로 이 투기적(投機
的) 동기에 대한 작용을 통해서다. 왜냐하면, 처음의 두 가지 동기를 만
족시키기 위한 화폐수요는 일반적 경제활동과 소득수준의 변화가 실제
로 일어났을 경우를 제외하고는 그 밖의 어떤 영향력에 대해서도 일반적
으로 반응을 보이지 않는데, 경험이 보여주는 바에 의하면, 투기적 동기
를 만족시키기 위한 총화폐수요는 보통 이자율의 점차적인 변화에 대해
연속적인 반응을 보이기 때문이다. 다시 말해, 투기적 동기를 만족시키
기 위한 화폐수요(貨幣需要)의 변화와 여러 가지 만기(滿期)를 가진 채권
과 [채권 가격의 변화로 나타나는] 이자율(利子率)의 변화를 관련시키는 연
속적인 곡선이 존재하기 때문이다.

사실, 만일 이것이 사실이 아니라면, 「공개시장조작(公開市場操作)」

은 실시하기 어려울 것이다. 나는 앞에서, 경험이 보여 주는 바에 의하면 위에서 말한 바와 같은 연속적인 관계가 존재한다고 했다. 그 이유는, 정상적인 상황에서는 은행기구는 사실상 항상 시장에서 채권의 가격을 적당한 액만큼 인상(또는 인하)함으로써 현금과 교환으로 채권을 매입(또는 매각)할 수 있고, 또 은행기구가 채권과 채권을 매입(또는 매각)함으로써 그들이 창조(또는 소각)하고자 하는 현금량이 크면 클수록, 이자율의 하락(또는 상승)은 더욱 커져야 하기 때문이다. 그러나 (1933년~1934년의 미국에서와 같이) 공개시장조작이 극히 짧은 만기를 가진 유가증권의 매입에 국한되어 있는 경우에는, 그 효과는 물론 주로 극히 단기의 이자율에 한정되고 훨씬 중요한 장기이자율에 대해서는 거의 반작용을 미치지 못할 것이다.

그러나 투기적 동기를 취급하는 데 있어서는, 유동성함수에 아무런 변화가 없는 상태에서 투기적 동기를 만족시키기 위해 사용될 수 있는 화폐공급이 변화함으로써 이자율이 변화하는 경우와, 주로 유동성함수 그 자체를 좌우하는 기대(期待)가 변화함으로써 이자율이 변화하는 경우를 구별하는 것이 중요하다. 사실, 공개시장조작은 이 두 가지 경로의 쌍방을 통하여 이자율에 영향을 미칠 수 있다. 왜냐하면, 그것은 화폐량을 변화시킬 수 있을 뿐만 아니라 중앙은행이나 정부의 장래에 있어서의 정책에 관한 기대를 변화시킬 수 있을 것이기 때문이다. 기대(期待)의 수정을 일으키는 정보(情報)의 변화로 말미암은 유동성함수(流動性函數) 그 자체의 변화는 불연속적인 경우가 흔히 있고, 따라서 이것이 이자율의 불연속적인 변화를 야기할 것이다. 사실, 오직 정보의 변화가 개개인에게 서로 다르게 해석되고 각 개인의 이해관계에 서로 다른 영향을 미치는 경우에 한하여, 채권시장(債券市場)에서의 매매활동이 증가할 여지가 있을 것이다. 만일 정보의 변화가 모든 사람들의 판단과 요구조건에 아주 똑같은 방향으로 영향을 미친다면, (채권(債券)과 채권(債權)의 가격에 의해 나타나는) 이자율은 시장거래를 통할 필요도 없이 당장에 새로운 상황에 적응할 것이다.

이와 같이, 모든 사람이 다 비슷비슷한 처지에 있는 가장 단순한 경우에는, 상황 또는 기대의 변화는 화폐(貨幣)의 이동(移動)을 전혀 일으킬 수 없을 것이다 ― 그것은 단순히 각 개인이 새로운 상황 또는 기대에 응하여 그의 현금보유를 변화시키려는, 그 전의 이자율 하에서 느꼈던, 그의 소망을 상쇄하기에 필요한 정도만큼 이자율을 변화시키는 데 지나지 않을 것이다. 그리고 모든 사람들이 그들로 하여금 그들의 화폐보유를 변화시키도록 유도하는 이자율이 얼마인가에 대한 그들의 관념을 똑같은 정도로 변화시킬 것이기 때문에 아무런 거래도 일어나지 않을 것이다. 여러 상황과 기대의 조합(set)에 대하여 각각 하나의 적절한 이자율이 있을 것이며, 그 누군가가 그의 통상적인 현금보유를 변화시키는 문제는 전혀 일어나지 않을 것이다.

그러나 일반적으로, 상황 또는 기대의 변화는 각 개인의 화폐보유량에 약간의 재조정을 불가피하게 할 것이다. ― 왜냐하면, 실제에 있어서는, 일부는 환경(環境)의 차이와 화폐를 보유하는 이유(理由)의 차이 때문에, 그리고 또 일부는 새로운 상황에 대한 인식과 해석의 차이 때문에 [상황과 기대의] 하나의 변화는 다양한 각 개인의 관념에 대하여 서로 다른 영향을 미칠 것이기 때문이다. 이와 같이 새로운 균형이자율은 화폐보유액의 재분배(再分配)와 결부될 것이다. 그럼에도 불구하고 우리의 주된 주목을 끌만한 사실은, 현금의 재분배보다는 오히려 이자율의 변화이다. 현금의 재분배는 개인적 차이에 부수하여 일어나는 것인데 반해 본질적인 현상은 가장 단순한 경우에 일어나는 현상인 것이다. 뿐만 아니라, 일반적인 경우에 있어서조차도, 이자율의 변동은 통상적으로 정보의 변화에 대한 반응 중에서 가장 현저하게 나타나는 부분이다. 신문이 습관적으로 말하고 있는 바와 같이, 채권(債券) 가격의 움직임은 「거래활동과는 전혀 비교도 안 될 정도로」 변동이 심하다. — 그것은 각 개인이 정보에 대한 반응에 있어 서로 다르기보다는 훨씬 더 비슷하다는 사실에 비추어 본다면 당연한 일이다.

Ⅱ

어떤 개인이 거래 동기와 예비적 동기를 충족시키기 위해 보유하기를 결의하는 현금량(現金量)은 그가 투기적 동기를 충족시키기 위해 보유하는 현금량과는 전혀 별도의 것은 아니지만, 이들 2개 조(組)의 현금 보유량은 대체로 서로 독립적이라고 보는 것은 우선 일단 타당하다고 할 수 있다. 따라서 우리는 우리의 분석을 더욱 진행시키기 위하여 우리의 문제를 이런 방식으로 분할하도록 하자.

지금 거래 동기와 예비적 동기를 충족시키기 위해 보유되는 현금의 양을 M_1이라고 하고, 투기적 동기를 충족시키기 위해 보유되는 양을 M_2라고 하자. 그렇다면, 현금의 이들 두 개의 구분에 대응하여, 우리는 L_1 및 L_2라는 두 개의 유동성함수(流動性函數)를 갖는다. L_1은 주로 소득수준(所得水準)에 의존하고, 다른 한편으로, L_2는 주로 경상이자율(經常利子率)과 기대(期待)의 상태 사이의 관계에 의존한다. 그리하여

$$M = M_1 + M_2 = L_1(Y) + L_2(r)$$

이 된다. 여기에서 L_1은 소득 Y에 대응하는 유동성함수이며, 소득 Y는 M_1을 결정하고, L_2는 이자율 r의 유동성함수이며, 이자율 r은 M_2를 결정한다. 따라서 연구되어야 할 사항이 세 가지가 있다는 것이 된다.

(1) M의 변화가 Y와 r에 대하여 갖는 관계, (2) 무엇이 L_1의 형태를 결정하는가, (3) 무엇이 L_2의 형태를 결정하는가.

(1) M의 변화가 Y와 r에 대하여 갖는 관계는, 우선은, M의 변화가 어떻게 일어나는가에 의존한다. M이 금화(金貨)로 구성되어 있고, M의 변화는 오직 당해 경제체계에 속하는 채금업자(採金業者)의 활동에 대한 수익(收益)의 증가에 의해서만 이루어질 수 있다고 가정하자. 이 경우에는 M의 변화는, 우선, Y의 증가와 직접 결부된다. 왜냐하면, 새로운 금(金)은 그 누군가의 소득으로 나타나는 것이기 때문이다. 경상지출에 충당하기 위해 정부가 지폐를 증발함으로써 M이 증가할 때에도 똑같은 조건이 그대로 타당하다. — 이 경우에도 또한 새로운 화폐는 누군가의 소득으로 나타나게 된다. 그러나 새로운 소득수준은 M_1의 요구액이 M의 증가액 전체를 흡수할 만큼 충분히 높은 수준에서 유지될 수는 없을 것이다. 그래서 화폐의 어떤 부분은 유가증권이나 기타 자산의 매입에서 그 돌파구를 찾게 되며, 드디어는 r이 저락(低落)하여 M_2의 액을 증가시키고, 또 동시에 Y의 증가도 자극하고, 그 결과 새로운 화폐는 M_2에 흡수되든가, 또는 r의 저락으로 인해 일어난 Y의 증가에 대응하는 M_1에 흡수되든가 할 것이다. 이리하여 일보(一步)의 차이로 이 경우는 그것과 양자택일적인 또 하나의 경우 — 즉, 은행기구가 어떤 사람으로 하여금 새로운 현금과의 교환으로 은행에 채권(債券)이나 채권(債權)을 매각하도록 우선 먼저 신용조건을 완화함으로써 비로소 새로운 화폐가 발행될 수 있는 경우 — 와 결국 같은 것이 된다.

그러므로 우리는 후자의 경우를 전형적인 것으로 보는 것이 안전할 것이다. M의 변화는 r을 변화시킴으로써 작용하는 것으로 상정할 수가 있는데, r의 변화는 부분적으로는 M_2를 변화시킴으로써, 또 부분적으로는 Y, 따라서 M_1을 변화시킴으로써 새로운 균형으로 인도할 것이다.

새로운 균형 하에서 현금증가분이 M_1과 M_2로 어떻게 분할되느냐는, 이자율 하락에 대한 투자(投資)의 반응과, 투자의 증가에 대한 소득(所得)의 반응에 의존할 것이다.[1] Y는 부분적으로는 r에 의존하는 것이기 때문에, M의 일정한 변화는 r의 변화의 결과로 나타나는 M_1과 M_2의 각각의 변화의 합계가 상기의 M의 일정한 변화와 일치하도록 r을 충분히 변화시켜야 한다는 이치가 된다.

(2) 화폐의 소득속도는 Y대 M의 비율로 정의되고 있는가, 아니면 Y대 M_1의 비율로 정의되고 있는가는 반드시 분명하게 밝혀져 있지는 않다. 그러나 나는 이것을 후자의 의미로 해석하고자 한다. 그러하여 V를 화폐의 소득속도(所得速度)라고 한다면

$$L_1(Y) = \frac{Y}{V} = M_1$$

으로 된다. 물론 V가 일정불변이라고 상정할 이유는 없다. 그 값은 은행조직 및 산업조직의 성격, 사회적 관습, 여러 사회계급 사이의 소득분배 및 유휴현금(遊休現金)을 보유하는 유효적 비용(effective cost) 등에 의존할 것이다. 그럼에도 불구하고, 만일 우리가 단기간을 고찰하여 이 요인들의 어떤 것에도 큰 변화가 없다고 보아도 무방하다면, 우리는 V를 거의 충분히 일정불변인 것으로 취급할 수 있다.

(3) 끝으로 M_2와 r의 관계에 관한 문제가 있다. 우리는 이미 제13장에서 이자율이 장래에 어떻게 될 것인가 하는 불확실성이 유동성선호[함수] L_2─ 그것이 현금 M_2의 보유로 유도한다 ─ 의 유형을 명료하게 설명하는 유일한 것임을 보았다. 따라서 일정량의 M_2는 일정한 이자율 r에 대하여 확정적인 수량적 관계를 가지는 것은 아닐 것이다 ─ 문제가 되는 것은 r의 절대적인 수준이 아니라, 신뢰되고 있는 확률계산으로 미루

[1] 무엇이 새로운 균형의 성질을 규정할 것인가 하는 문제는 제5편까지 미루어 두고자 한다.

어 보아서 상당히 안전한 r의 수준이라고 생각되고 있는 것으로부터의
괴리(乖離)의 정도이다. 그럼에도 불구하고 어떤 주어진 기대의 상태 하
에서는, r의 하락은 M_2의 증가와 결부될 것이라고 기대해도 좋은 두 가
지 이유가 있다. 첫째, r의 안전한 수준에 대한 일반적인 견해가 불변일
경우에는 r이 하락할 때마다 그것은 「안전한」 이자율에 비하여 상대적
으로 시장이자율을 감소시키며, 따라서 비유동성(非流動性)의 위험을 증
가시키게 된다. 그리고 둘째로, r이 하락할 때마다 그것은, 자본계정에
서의 손실의 위험을 상쇄하기 위한 일종의 보험료로서 이용될 수 있는
비유동성으로부터의 경상수입을, 구(舊)이자율의 제곱과 신(新)이자율의
제곱의 차이와 같은 액수만큼 감소시킬 것이다. 예를 들어, 장기채권에
대한 이자율이 4퍼센트라면, 확률의 균형으로 보아 장기이자율이 연율
(年率)로 표시하여 그 자체의 4퍼센트보다도 빨리, 즉 연율로 표시하여
[그 자승인] 0.16퍼센트보다도 더 높은 율(率)로 상승할 우려가 없는 한, 유
동성을 희생하는 것이 바람직하다. 그러나 만일 이자율이 이미 2퍼센트
정도로 매우 낮아져 있다면 현행 수익은 겨우 [그 자승인] 연 0.04퍼센트
의 이자율 상승을 상쇄하는 데 불과할 것이다. 이것은 사실, 아마도 이자
율이 극히 낮은 수준으로 떨어지는 데 대한 주요 장애인지도 모른다. 장
래의 경험은 왜 과거의 경험과는 매우 달라질 것인가 하는 데 대하여 그
만한 이유가 있다고 믿어지지 않는 한, (예를 들어) 2퍼센트라는 장기이자
율은 [더욱 낮아지리라는] 희망보다는 [상승할 것이라는] 의구(疑懼)의 여지를
남기는 것이며, 또 동시에, 아주 미세한 정도의 의구를 겨우 상쇄할 수
있을 수준의 현행 수익을 제공할 것이다.

이와 같이, 이자율(利子率)이 고도로 심리적(心理的)인 현상이라는 것
은 명백하다. 우리는 실제로 제5편에서 이자율은 완전고용에 대응하는
율(率) 이하의 수준에서는 균형을 유지할 수 없다는 것을 발견할 것이다.

왜냐하면, 그런 수준에서는 진성(眞性) 인플레이션(true inflation)[후술하는 제364면 참조]의 상태가 나타날 것이며, 그 결과로 M_1은 증가일로에 있는 현금의 양을 흡수할 것이기 때문이다. 그러나 완전고용에 대응하는 율(率) 이상의 수준에 있어서는 장기 시장이자율은 화폐당국의 그 당시의 정책에 의존할 뿐만 아니라 또한 장래의 정책에 대한 시장의 기대에도 의존한다. 단기이자율은 화폐당국이 쉽게 통제할 수 있다. 왜냐하면 그 정책이 매우 가까운 장래에 크게 달라지지 않으리라는 확신을 만들어내기는 어렵지 않기 때문이며, 또한 있을 수 있는 손실은 현행 수익(그것이 제로(零)에 접근하고 있는 경우 이외에는)에 비교하면 근소하기 때문이기도 하다. 그러나 장기[이자]율은, 대표적인 의견이 과거의 경험과 장래의 화폐정책에 대한 현재의 기대를 기초로 해서 볼 때 「불안전」하다고 간주하는 수준으로까지 일단 그것이 떨어져 있다면, 훨씬 더 제어(制御)되기 어려울 가능성이 있다. 예를 들어, 국제금본위제도에 연결되어 있는 나라에서의 이자율이 다른 나라에서 실시되고 있는 이자율보다 더 낮다면, 그것은 당연히 사람들의 신뢰를 상실할 것이다. 그러나 국제제도에 소속된 다른 어떤 나라에서 행해지고 있는 최고율(위험을 감안한 후의 최고)과 같은 수준까지 국내이자율이 끌어올려졌다면, 그것은 국내의 완전고용과 양립할 수 있는 수준보다도 훨씬 높을 것이다.

이리하여, 세론(世論)에 대하여 그것이 시험적인 성격을 가졌다거나 또는 용이하게 변경될 가능성이 있다는 느낌을 주는 화폐정책은, 장기이자율을 대폭으로 인하하고자 하는 목적을 달성하는 데 실패할 가능성이 많다. 왜냐하면, M_2는 r이 어떤 일정한 수준 이하로 하락하는 데 호응하여 거의 무제한으로 증가하는 경향을 보일 수 있기 때문이다. 그 반면에 똑같은 정책이라도, 만약 그것이 세론에 대하여 합리적이고, 실행 가능한 것이고, 또 공중(公衆)의 이익이 되는 것으로 호소력이 있으며, 강한 신념에 근거를 두고, 경질될 것 같지 않은 당국에 의해 추진된다면, 무난히 성공할 수도 있는 것이다.

추측컨대, 이자율은 고도로 심리적(心理的)인 현상이라기보다는 오히려 고도로 관성적(慣性的)인 현상이라고 말하는 것이 더욱 정확할는지도 모른다. 왜냐하면, 이자율의 실제의 값은, 대체로 그 값의 예상치(豫想値)에 관한 지배적인 견해에 의해 결정되는 것이기 때문이다. 지속성이 있을 것 같다고 세론이 충분한 확신을 가지고 인정하는 이자율 수준은, 그것이 어떤 것이건 간에, 실제로 지속성이 있을 것이다. 물론 변화하는 사회에 있어서는 모든 종류의 이유 때문에, 이자율은 그 기대되는 정상수준을 중심으로 무상하게 오르락내리락 하겠지만, 특히, M_1이 M보다 더 빨리 증가할 때에는 이자율은 상승할 것이고, 또 그 역(逆)의 경우에는 반대의 결과를 나타낼 것이다. 그러나 이자율은 완전고용을 실현하기에는 만성적으로 너무 높은 수준을 중심으로 수십년 동안 변동을 계속할 수도 있을 것이다 — 특히, 이자율은 자체 조정력(調整力)을 가지고 있어서, 관성에 의해 확립된 [이자율의] 수준은 관성보다도 훨씬 더 강한 객관적인 근거에 입각하고 있다고 생각되고, 고용이 최적 수준에 도달하지 못하게 되는 것은, 공중의 의중(意中)에 있어서나 당국의 의중에 있어서나, 부적당한 이자율의 범위가 보편화되어 있다는 사실과는 전혀 아무런 관련이 없는 것처럼 생각되는 것이 지배적인 의견인 경우에는 더욱 그렇다.

완전고용을 성취하기에 충분할 만큼 높은 수준의 유효수요를 유지한다는 것이 어렵다는 사실은, 관성적이며 또한 상당히 안정적인 장기이자율(長期利子率)이 변덕스럽고 또 고도로 불안정적인 자본의 한계효율(限界效率)과 결부되어 있다는 데 연유한다는 것이 이제는 독자들에게도 분명해졌으리라 믿는다.

우리가 더 고무적인 성찰로부터 당연히 얻을 수 있는 위안은, 관성이라는 것이 확고한 지식에 근거를 두고 있지 않다는 바로 그 이유 때문에, 그것은 또한 목적 달성을 위해서 화폐당국이 보여주는 미소(微小)한 정도의 고집과 일관성에 대해서도 항상 과도한 거부반응만을 보이는 것은 아닐 것이라는 희망으로부터 나올 수밖에 없다. 세론(世論)이라는 것은 이자율의 다소의 인하에 대해서도 비교적 신속하게 적응할 수 있으며, 장래에 대한 관성적 기대 또한 이에 따라 수정될 수도 있을 것이다. 그리하여 이자율이 더욱 하락 ─ 어느 점까지는 ─ 할 수 있는 길이 마련되는 것이다. 금본위제도로부터 이탈한 후 영국에서의 장기이자율의 하락이 이에 대한 재미있는 한 예를 보여 주고 있다 ─ 영국에서는 이자율(利子率)의 주요 변동이 일련의 불연속적인 비약(飛躍)의 영향으로 일어났는데, 그것은 공중의 유동성함수가 [연속적으로 행해진] 매번의 이자율 인하조치에 익숙해진 결과, 정보(情報) 상 또는 당국의 정책(政策) 상 어떤 새로운 유인(誘因)에 즉각 응할 태세가 되어 있었기 때문이다.

Ⅲ

우리는 이제 이상의 논의를 다음과 같은 명제(命題)로 요약할 수 있다. 즉, 어떤 주어진 기대의 상황에 있어서든지 공중의 의중(意中)에는 거래동기와 예비적 동기에 의해 요구되는 액을 초과하는 현금을 보유하고자 하는 어떤 잠재력(潛在力)이 있어서, 그 잠재력이 현실의 현금보유로 나타나게 되는데, 그 [액수의] 정도는 화폐당국이 현금을 창조하고자 하는 조건들에 의존한다. 유동성함수 L_2 안에 총괄되는 것은 바로 이 잠재력이다.

따라서 화폐당국에 의해 창조되는 화폐량에 대응하여, 다른 사정에 변화가 없는 한, 하나의 확정적인 이자율(利子率), 또는 보다 엄밀하게 말하자면, 만기가 서로 다른 채권에 대한 여러 가지 이자율의 하나의 확정적인 복합체(複合體)가 존재할 것이다. 그러나 경제체계 속의 다른 어떤 요인에 대해서도, 그것을 개별적으로 본다면, 똑같은 것이 타당할 것이다. 따라서 이 분석은, 화폐량의 변화와 이자율의 변화 사이에 특별히 직접적인, 또는 합목적적(合目的的)인 어떤 관계가 존재하는 한에 있어서만 유익하고 의의가 있게 될 것이다. 그런 특수한 관계가 있다고 우리가 생각하는 이유는, 대체로 말하자면, 은행기구나 화폐당국은 화폐와 채권(債券)의 매매업자이지 자산 또는 소비재(消費財)의 매매업자는 아니라는 사실로부터 나온다.

만일 화폐당국이 모든 만기의 채권을 특정한 조건들로 매매할 용의가 있다면, 그리고 만일 화폐당국이 위험의 정도를 달리하는 여러 가지 채권을 매매할 용의가 있다면 더욱더, 이자율의 복합체와 화폐량과의 관계는 직접적인 것이 될 것이다. [이 경우에는] 이자율의 복합체는 은행기구가 채권을 획득하거나 처분하려는 조건들의 표시에 불과할 것이며, 화폐량은 시장이자율에 의해 표시되는 조건으로 채권을 얻기 위하여 현금을 내놓기보다는, 유동적인 현금에 대한 지배를 선호하는 — 관련된 모든 상황을 고려한 후에 — 사람들의 수중에 들어가는 액(額)이 될 것이다. 중앙은행이 단기어음에 대한 단일 은행이자율 대신에, 모든 종류의 만기를 가진 우량채권을 지정 가격으로 매매하기 위한 복합적인 가격을 제시하는 것은 아마도 화폐관리의 기술상 할 수 있는 가장 중요한 현실적인 개선일 것이다.

그러나 오늘날 실제의 관행에 있어서는, 은행기구에 의해 정해지는 채권의 가격이 시장에서 얼마만큼 「효과적」—「효과적」이라는 말은 그것이 현실적으로 시장가격을 지배하는 것을 의미한다 — 일 수 있는지의 정도는 제도(制度) 여하에 따라 다르다. 어떤 때에는 가격은 하나의 방향 [파는 방향 또는 사는 방향]에 대해서는 다른 방향[사는 방향 또는 파는 방향]에 대해서보다도 더욱 효과적인 경우가 있다. 다시 말해, 은행기구는 채권을 어떤 가격으로 매입(買入)은 하지만, 그것을 반드시 매매업자의 이윤 밖에 포함하지 않는 정도의, 매입가격과 차별 없는 가격으로 매각(賣却)한다는 보장은 없다 ― 하기는, 이 경우에는 그 가격을 공개시장조작의 도움으로 쌍방[매입 측과 매각 측]에 대하여 모두 효과적이 되도록 해서는 안 된다는 이유가 없는 것은 사실이지만. 또한 화폐당국은 통상 모든 만기의 채권을 항상 똑같이 능동적으로 매매할 의향이 있는 것은 아니라는 사실로부터 더욱 중요한 제약(制約)이 생긴다. 화폐당국은 흔히 실제에 있어서는 단기채권(短期債券)에 전념하고, 장기채권(長期債券)의 가격은 단기채권의 가격으로부터의 느리고 불완전한 반응에 일임하는 경향이 있다. ― 하기는, 여기서도 화폐당국이 그렇게 해야만 될 이유는 없지만. 이들 제약이 작용하는 경우에는, 이자율(利子率)과 화폐량(貨幣量) 사이의 관계의 직접성은 그만큼 수정된다. 영국에서는 계획적인 통제의 분야가 점차 확대되고 있는 것처럼 보인다. 그러나 이 이론을 특정한 경우에 적용하는 데 있어서는 화폐당국에 의해 실제로 채택되고 있는 방법이 갖는 여러 가지 특수성을 감안해야 할 것이다. 만일 화폐당국이 오직 단기채권만 매매하는 데 그친다면, 우리는 단기채권의 가격 ― 현실의 것과 예상되는 것 ― 이 더욱 장기인 채권에 대해 어떤 영향을 미치느냐를 고찰해 보아야 한다.

이와 같이 화폐당국이 기한과 위험이 여러 가지로 다른 채권에 대하여 여러 이자율의 특정한 복합체를 확립하는 능력에는 약간의 제한이 있는데, 그것은 다음과 같이 요약될 수 있다.

(1) 화폐당국 자신이 특정한 유형의 채권에 관해서는 매매를 제한하

는 관행을 가지고 있는데, 그 관행이 빚어내는 제약이 있다.

(2) 이미 설명한 이유로, 이자율이 일정 수준까지 하락한 다음에는, 거의 모든 사람들이 극히 낮은 율의 이자밖에 낳지 못하는 채권을 보유하기보다는 현금을 보유하기를 선호하게 된다는 의미에 있어서, 유동성선호(流動性選好)가 사실상 절대적으로 될 가능성이 있다. 이 경우에는 화폐당국은 이자율에 대한 효과적인 통제력을 상실하게 될 것이다. 그러나 이 극단적인 경우는 장래에 있어서는 현실적으로 중요하게 될는지 모르나 아직까지는 이런 예가 있었다는 것을 나는 알지 못하고 있다. 사실, 대부분의 화폐당국은 장기채권을 대담하게 매매하려는 의향을 가지고 있지 않기 때문에 [이 문제에 대한] 시험을 할 기회가 없었던 것이다. 뿐만 아니라, 만일 그런 사태가 일어난다고 한다면, 그것은 정부 자신이 은행기구를 통하여 명목적(名目的)인 이자율로 무제한으로 차입할 수 있다는 것을 의미할 것이다.

(3) 유동성함수(流動性函數)가 한 방향으로나 또는 다른 방향으로 평탄하게 뻗음(flatten out)으로 말미암아 이자율의 안정성(安定性)이 완전히 붕괴된 가장 현저한 예는 극히 비정상적인 상황에서 발생했다. 전후의 러시아와 중앙유럽은 통화공황(通貨恐慌) 또는 통화로부터의 도피를 경험한 적이 있는데, 그때에는 그 누구도, 어떤 조건으로도, 화폐나 채권 그 어느 것도 보유하도록 유인될 수가 없었으며, 이자율은 높고 또 상승하고 있었으나 그것은 화폐가치의 저락(低落)이 더욱 커지게 되리라는 기대의 영향 하에서 [상승하는] 자본(특히 유동자본재)의 한계효율(限界效率)을 따를 수 없었다. 그 반면에, 이와는 반대 종류의 공황 ― 금융공황 또는 파산공황 ― 이 발생한 1932년의 어떤 시기에 미국에서는 거의 아무도, 어떤 합리적인 조건으로도, 화폐를 내놓도록 유인될 수가 없었다.

(4) 끝으로, 유효이자율(有效利子率)을 어느 수준 이하로 끌어내리는 데에는 제11장 제4절(제178면)에서 논한 어려움이 있다. 이것은 저이자율 시대에는 중요하게 될 가능성이 있는 것으로, 차입자(借入者)와 궁극적인 대여자(貸與者)를 연결시키기 위한 중개비용(仲介費用)과, 대여자가 순이자율을 초과하여 요구하는 위험(危險), 특히 도덕적 위험(道德的 危險)에 대한 이자할증(利子割增)이 이것이다. 순이자율이 떨어질 때에도 비용과 위험에 대한 이자할증이 그것과 보조를 맞추어서 하락하는 것은 아니다. 따라서 전형적인 차입자가 지불하여야 할 이자율은 순이자율보다는 그 떨어지는 속도가 느리며, 현존의 은행 및 금융조직의 방법을 가지고는 그것을 어느 최저수준 이하로 인하할 수는 없을 것이다. 이것은 특히 도덕적 위험의 추정치가 상당히 높을 때에는 특히 중요하다. 왜냐하면, 위험이 대여자의 의중(意中)에 서의 차입자의 정직성에 대한 의혹으로 말미암은 경우에는, 부정직하게 할 의도가 전혀 없는 차입자의 의중에는 그 결과로 부과되는 더욱 높은 이자율을 상쇄할 만한 아무것도 없기 때문이다. 이것은 또, 비용이 많이 드는 단기대부(이를테면 은행대부)의 경우에도 중요하다 — 비록 대여자에 대한 순이자율이 제로(零)인 경우라 할지라도, 은행은 그 고객에 대하여 1.5퍼센트 내지 2퍼센트를 부과해야 할 것이다.

IV

다음의 제21장에서 문제로 삼는 것이 더욱 적절한 사항을 미리 서술하는 대가(代價)를 치르면서, 위에서 논한 것과 화폐수량설과의 관계를 이 단계에서 간단하게 지적해 놓는 것은 흥미 있는 일일 것이다.

정태적(情態的) 사회에 있어서는, 또는 다른 어떤 이유로든 아무도 장래의 이자율에 대해 아무런 불확실성도 느끼지 않는 사회에서는, 유동성함수(流動性函數) L_2 , 즉, 화폐보장성향(이렇게 부를 수 있다면)은, 균형하에서는 항상 제로(零)일 것이다. 따라서 균형에서는 $M_2 = O$이고 $M = M_1$이 된다. 따라서 M의 어떤 변화도, M_1의 변화가 M의 상정된 변화와 균등하게 되는 수준에 소득(所得)이 도달할 때까지, 이자율을 변동하게 만들 것이다. 그런데 $M_1 V = Y$이다. 여기서 V 는 위에서 정의한 의미에 있어서의 화폐의 소득속도(所得速度)이고 Y 는 총소득(總所得)이 된다. 그리하여, 경상산출물의 수량 O 와 그 가격 P 를 측정하는 것이 실제로 가능하다고 한다면, 우리는 $Y = OP$, 따라서 $MV = OP$를 얻는다. 이것은 전통적 형태의 화폐수량설(貨幣數量說)과 거의 같은 것이다.[2]

현실세계의 여러 가지 목적을 위해서 [화폐]수량설이 갖는 하나의 결함은, 그것이 산출량(産出量)의 변화의 함수인 가격의 변화와, 임금단위(賃金單位)의 변화의 함수인 가격의 변화를 구분하지 않는다는 점이다.[3] 이 구분을 등한시한 이유는 화폐보장성향(貨幣保藏性向)이 없다는 가정과, 항상 완전고용(完全雇用)이 있다는 가정에서 발견될 수 있는 것으로 추측된다. 왜냐하면, 이 경우에 있어서는 O 는 일정불변이고 M_2는 제로(零)이기 때문에, 만일 우리가 V 도 또한 일정불변이라고 상정한다면, 임금단위와 가격 수준은 화폐량과 정비례(正比例)의 관계에 있게 될 것이기 때문이다.

---

2) 만일 우리가 V를 Y/M_1와 같다고 정의하지 않고 Y/M 와 같다고 정의한다면, 물론, 비록 [화폐]수량설은 별로 의미가 없는 것이 되지만, 모든 상황에서 타당한 자명(自明)의 이치가 된다.

3) 이 점에 관해서는 뒤의 제21장에서 상세히 설명할 것이다.

제16장

자본의 본질에 관한 고찰들

I

개개인의 저축행위(貯蓄行爲)의 의미는 ― 말하자면 ― 오늘 만찬(晚
餐)을 갖지 말자는 의사결정과 같다. 그러나 그것은 1주일 후에 또는 1년
후에 만찬을 갖자고 하거나, 구두를 사자거나, 또는 어떤 특정 시일에 어
떤 특정 재화를 소비(消費)하자는 의사결정을 필요로 하는 것은 아니다.
따라서 그것은 오늘의 만찬을 준비하는 일을 억압할 뿐이며, 장래에 있어
서의 어떤 소비행위를 위하여 준비하는 일을 자극하는 것은 아니다. 그것
은 현재의 소비수요(消費需要)를 장래의 소비수요로 대체하는 것은 아니
다 ― 그것은 그와 같은 수요의 순감소일 뿐이다. 뿐만 아니라, 장래소비
의 기대는 현재소비의 경험에 크게 의존하는 것이기 때문에, 후자의 감퇴
는 전자를 억압할 가능성이 많으며, 그 결과, 저축행위는, 단순히 소비재
의 가격만을 억압하고 현존 자본의 한계효율에는 영향을 미치지 않은 채
그대로 두는 것이 아니라, 실제로 후자 또한 억압하는 경향이 있을 것이
다. 이렇게 되는 경우에는, 저축행위는 현재의 소비수요(消費需要)와 아

울러 현재의 투자수요(投資需要)도 감소시키게 될 것이다.

만약 저축(貯蓄)이 현재의 소비를 억제만 하는 것이 아니라 동시에 장래의 소비를 위하여 특정한 주문(注文)을 발주하는 것을 의미한다면, 그 효과는 물론 앞에서 말한 것과는 다를 것이다. 왜냐하면, 이 경우에는 투자로부터의 어떤 장래의 수익에 대한 기대(期待)가 개선될 것이고, 또 현재의 소비를 준비하는 것으로부터 해방된 자원(資源)들이 장래의 소비를 준비하는 데 전용될 수 있을 것이기 때문이다. 하기는, 이 경우에 있어서조차도, 그 전용은 반드시 해방된 자원들의 양(量)과 균등한 규모에서 이루어지는 것은 아니다. 왜냐하면, 원하는 [소비]연기의 기간은, 경상이자율을 훨씬 하회하는 효율을 가질 정도로 부자연스러운 「우회적(迂廻的)인」 생산방법을 요구하게 됨으로써, 그 결과, 소비를 위한 선물주문(先物注文)이 고용에 미치는 유리한 영향은 당장에 일어나는 것이 아니라 후일에 일어나게 되고, 따라서 저축의 즉시적인 효과는 여전히 고용에 대해 불리하게 될 수 있는 것이기 때문이다. 그러나 어쨌든, 저축하고자 하는 개개인의 의사결정은 실제에 있어서는 소비를 위한 어떤 특정한 선물주문(先物注文)을 발생시키는 것을 의미하는 것이 아니라, 단순히 현재(現在)의 주문의 취소(取消)를 의미하는 데 지나지 않는다. 이와 같이, 소비의 기대가 고용의 유일한 존재이유이기 때문에, 소비성향(消費性向)의 감소는, 다른 사정의 변화가 없는 이상, 고용에 대하여 억압적인 효과를 가진다는 결론에는 그 어떤 역설적(逆說的)인 것이 없을 것이다.

따라서 곤란한 문제는 다음과 같은 이유 때문에 일어난다. 즉, 저축행위는 현재의 소비를 어떤 특정한 부가적(附加的)인 소비 — 그것에 대한 준비를 하기 위해서는 저축액(貯蓄額)과 가치가 균등한 현재의 소비(消費)가 요구하는 만큼의 즉시적인 경제활동을 필요로 한다 — 로 대체하는 것을 의미하는 것이 아니라, [부(富)] 그 자체에 대한 욕구, 즉 불특정한 때에 불특정한 품목을 소비할 수 있는 잠재력(潛在力)에 대한 욕구를 의미한다는 것이 이것이다. 개인의 저축행위는 유효수요(有效需要)를 위하여 개인의 소비행위와 똑같은 효력이 있다고 하는 거의 보편적이면서도 어불성설(語不成說)의 관념은 그것으로부터 파생되는 결론보다는 훨씬 더 그럴듯하게 보이는 다음과 같은 사이비(似而非) 논리에 의해 육성되어온 것이다. 즉, 부(富)를 보유하고자 하는 욕구가 증가한다는 것은 투자물(投資物)을 보유하고자 하는 욕구가 증가한다는 것과 거의 같은 것이기 때문에, 그것은 투자물에 대한 수요를 증가시킴으로써 그것의 생산에 대한 자극제가 되지 않을 수 없을 것이며, 따라서 개인의 저축은 현재의 소비가 감소하는 것과 같은 정도로 경상투자(經常投資)를 촉진한다는 논리가 이것이다.

인간의 허망한 생각을 깨우치기가 가장 어려운 것은 바로 이 잘못된 논리(論理)에 관해서이다. 그것은 부(富)의 소유자는 자본자산(資本資産) 그 자체를 욕구한다고 믿는 데서부터 나온다. 사실인즉, 부(富)의 소유자가 실제로 욕구하는 것은 그 예상수익(豫想收益)인 것이다. 그런데, 예상수익은 전적으로 장래의 공급조건과의 관련 하에서 장래의 유효수요(有效需要)에 대한 기대(期待)에 의존하는 것이다. 그러므로 만일 저축행위가 예상수익을 개선하는 데 하등 도움이 되지 않는다면 그것은 조금도 투자를 자극하지 못하는 것이다. 뿐만 아니라, 개인 저축자가 부(富)의 소유(所有)라는 자기가 바라는 목표를 달성하기 위해서는, 그를 만족시켜줄 수 있는 새로운 자본자산이 생산되어야 할 필요는 없다. 한 개인에 의한 단순한 저축행위(貯蓄行爲)는, 우리가 위에서 설명한 바와 같이 양면적(兩面的)인 것이기 때문에, 강제적으로 다른 어떤 개인으로 하여금 신구(新舊)를 막론한 어떤 종류의 부(富)를 그에게 이전시키게 한다. 모든 저축행위는 저축하는 사람에게로 「강제적이고」 불가피한 부(富)의 이전 (移轉)을 수반하는 것이다 ─ 비록 그 저축자도 다음번에는 다른 사람들의 저축에 의해 고통을 받는 경우가 있을 수 있겠지만. 부(富)의 이전이란 새로운 부(富)의 창출을 요구하는 것은 아니다. ─ 실제에 있어서는, 이미 우리가 본 바와 같이, 부(富)의 이전은 창출에 대하여 적극적으로 저해요인(沮害要因)이 될 가능성이 있다. 새로운 부(富)의 창출은 전적으로 새로운 부(富)의 예상수익(豫想收益)이 경상이자율에 의해 설정되는 표준(標準)에 미치는가 여하에 의해 결정된다. 한계신투자(限界新投資)의 예상수익은 누군가가 스스로의 부(富)의 증가를 욕구하고 있다는 사실에 의해 높아지는 것은 아니다. 왜냐하면, 한계신투자의 예상수익은 특정한 기일에 있어서의 특정한 품목에 대한 수요의 기대에 의존하는 것이기 때문이다.

또 우리는, 부(富)의 소유자가 욕구하는 것은 주어진 예상수익이 아니라 달성 가능한 최선의 예상수익이므로, 부(富)를 소유하려는 욕구가 증가한다는 것은 신투자의 생산자들이 그것으로 만족해야 하는 예상수익을 감소시키게 된다고 논함으로써도 상기의 결론을 회피할 수는 없다. 왜냐하면, 이 논의는 항상 실물 자본자산의 소유를 대신할 수 있는 것, 즉 화폐와 채권의 소유가 언제나 가능하기 때문에, 신투자의 생산자들이 만족해야 하는 수익률(收益率)은 경상이자율에 의해 설정된 표준 이하로 떨어질 수가 없다는 사실을 간과하고 있기 때문이다. 그리고 경상이자율 (經常利子率)은, 이미 우리들이 본 바와 같이, 부(富)를 보유하려고 하는 욕구의 강도에 의존하는 것이 아니라, 부(富)를 유동적(流動的)인 형태로 보유하려는 욕구와 비유동적(非流動的)인 형태로 보유하려는 욕구의 강도 및 전자 형태의 부(富)의 공급과 후자 형태의 부(富)의 공급과의 상대적인 양(量)에 의존하는 것이다. 만일 독자들이 그래도 의아하게 생각한다면, 화폐량의 변화가 없는 경우에 왜 새로운 저축행위가 현존 이자율 하에서 유동적인 형태로 보유하려고 하는 액을 감소시키는가를 자문해 보도록 하라.

우리가 여러 가지 이유와 원인에 대하여 더욱 연구를 추진하고자 할 때에 일어날 수 있는 약간의 더욱 깊은 의문점에 관해서는 다음 장(章)에 서 고찰하고자 한다.

II

자본(資本)은 생산적이라고 말하기보다는, 자본은 그 존속기간 동안 그것의 원가(原價)를 초과하는 수익(收益)을 낸다고 말하는 편이 훨씬 바람직하다. 왜냐하면, 어떤 자산(資産)이 그 존속기간 동안 그것의 원초적인 공급가격보다 더 큰 총가치를 가진 서비스를 창출해낼 전망을 제공하는 유일한 이유는 그것이 희소(稀少)하기 때문이며, 또 그것이 항상 희소하게 유지되는 이유는 화폐(貨幣)에 대한 이자율의 경합 때문인 것이다. 만일 자본이 덜 희소하게 된다면, 초과수익(超過收益)은 감소한다. 그러나 자본이 전에 비해 덜 생산적으로 되었다고 할 수는 없다 ─ 적어도 물리적인 의미에 있어서는.

따라서 나는 모든 것은 노동(勞動)에 의해 생산(生産)된다고 한 전(前)고전파의 교리가 옳은 것으로 생각한다. 이 경우, 노동의 생산을 돕는 것은 일찍이 숙련(art)이라고 불렸으나 이제는 기술(技術:technique)이라고 불리는 것, 그들이 희소한가 풍부한가에 따라 지대(地代)가 붙거나 붙지 않거나 하는 자연자원(自然資源), 및 그들이 희소한가 또는 풍부한가에 따라 각각 가격이 다른 여러 자산(資産)에 구체화된 지난날의 노동의 성과 등이다. 여기서 노동이라고 하는 것은 기업자 및 그의 조수(助手)들의 개인적 용역(用役)을 물론 포함하는 것인데, 이것이야말로 주어진 기술, 자연자원, 자본장비 및 유효수요 등의 상황에서 작용하는 유일무이(唯一無二)의 생산요소라고 간주하는 것이 바람직한 것이다. 이것은 우리가 왜 화폐단위와 시간단위를 제쳐 놓고 노동단위를 우리의 경제체계에서 필요로 하는 유일한 물적(物的) 단위로 채택할 수 있는지를 설명해 주는 이유의 일부가 된다.

어떤 종류의 장기적(長期的) 또는 우회적(迂廻的) 과정이 물리적으로 능률적이 될 수 있다는 것은 사실이다. 그러나 단기적(短期的)인 과정도 능률적이 될 수 있다. 장기적인 과정이 물리적으로 능률적으로 되는 것은 그것이 장기이기 때문은 아니다. 어떤 종류의, 아니, 추측컨대 대부분의, 장기적 과정은 물리적으로 매우 비능률적일는지 모른다. 왜냐하면, 시간이 지남에 따라 손상이나 또는 낭비 등이 따르기 때문이다.[1]일정한 노동력을 가지고는, [유리하게 사용될 수 있는 우회적 과정에서] 구체화되는 노동의 양에는 확정적인 한도가 있다. 다른 것은 고려하지 않는다면, 기계를 제조하기 위해 고용되는 노동의 양과 그것을 사용하기 위해 고용될 노동의 양 사이에는 적정한 비율이 존재해야 하는 것이다. 고용된 노동량(勞動量)에 대비한 가치의 구극적(究極的)인 양은, 채용된 [생산]과정이 더욱더 우회적으로 됨에 따라 비록 그 물리적인 능률이 계속 증가한다고 하더라도, 무제한으로 증가하는 것은 아니다. 소비를 연기하고자 하는 욕구가 매우 강하여, 완전고용을 달성하기 위해서는 자본의 한계효율이 마이너스(負)가 될 정도로 많은 투자량(投資量)을 필요로 하게 될 경우에 비로소, 생산과정은 그것이 단순히 장기적이라는 이유만으로 유리하게 될 것이다. 그 경우에는, 연기(延期)로부터의 이득이 비능률

---

1) 뵘 바베르크에 관한 마샬의 각서(覺書), 『원리』, 제583면 참조.

을 보상하고도 남음이 있을 만큼 생산과정이 충분히 장기적이 될 수 있는 한에 있어서는, 우리는 물리적으로 비능률적인 과정을 채택할 것이다. [이 경우에는] 사실상 우리는 단기적인 생산과정의 물리적인 능률이 생산물의 조기(早期) 인도(引渡)의 불이익을 보상하고도 남으려면, 단기적인 과정을 충분히 희소(稀少)하게 유지해야만 하는 사태에 처하게 될 것이다. 따라서 옳은 이론은, 자본의 한계효율이 플러스(正)의 이자율에 대응하는 경우에나 마이너스(負)의 이자율에 대응하는 경우에나 다 같이 타당할 수 있도록 가역적(可逆的)인 것이어야 하며, 내 생각으로는 이 일을 할 수 있는 이론은 오직 위에서 개설(槪說)한 희소성이론(稀少性理論)뿐이라고 생각한다.

뿐만 아니라, 각종 서비스나 설비가 희소하고, 따라서 소요되는 노동량에 비해 상대적으로 가격이 높은 데에는 갖가지 이유가 다 있다. 예를 들어, 악취가 나는 과정은 높은 보수를 요구한다. 왜냐하면, 그렇지 않고는 그 일을 맡을 사람이 없을 것이기 때문이다. 위험이 많은 과정 역시 그렇다. 그러나 우리는 악취가 나거나 위험이 많은 과정 그 자체의 생산력설(生産力說)을 안출(案出)하는 것은 아니다. 요컨대, 모든 노동이 다 균등하고 쾌적한 부수상황(附隨狀況)에서 수행되는 것은 아니며, 균형의 조건으로서는 보다 불쾌한 부수상황(악취, 위험, 또는 시간의 경과 등으로 특징지어지는)에서 생산되는 품목은 더욱 높은 가격을 호가(呼價)할 수 있도록 충분히 희소하게 유지되어야 할 필요가 있게 되는 것이다. 그러나 만일 시간의 경과가 하나의 쾌적한 부수상황이 된다면 ― 이것은 아주 가능한 경우이고, 이미 많은 개인에게는 그렇게 되었다 ―, 상술한 바와 같이, 충분히 희소한 상태로 유지되어야 하는 것은 단기과정(短期過程)인 것이다.

최적량(最適量)의 우회도(迂廻度)가 주어진다면 물론 우리는 요구되는 총량(總量)에 이르기까지 우리가 발견할 수 있는 가장 능률적인 우회과정을 선택하게 될 것이다. 그러나 최적량 그 자체는 소비자의 수요 중에서 연기하기를 바라는 부분을 적절한 시일에 마련해줄 수 있는 그런 것이어야 한다. 다시 말해서, 최적상태에서는 생산은 소비자의 수요가 유효하게 될 것으로 기대되는 시일에 [그 재화를] 인도할 수 있는 [여러 가지 생산방법 중에서] 가장 능률적인 방법으로 이루어지도록 조직되어야 할 것이다. 이와 다른 시일에 인도할 수 있도록 생산하는 것은, 설사 그 인도의 기일을 변경함으로써 물적인 산출량은 증가시킬 수 있다고 하더라도, 아무런 소용이 없는 것이다; — 더욱 푸짐한 식사를 하게 되리란 전망이 소비자로 하여금 만찬 시간을 앞당기거나 늦추거나 하게 하는 경우는 예외이지만. 만일 소비자가, 만찬 시간을 이리저리 변경시킴으로써 각 시간에 얻을 수 있는 식사에 대한 상세한 내용을 완전히 들은 후에 8시로 정할 것이 기대된다면, 요리인의 임무는 그 시간에 제공할 수 있는 최선의 정찬(正餐)을 만들어내는 것이다. 빠르나 늦으나 시간에 구애받지 않고 오직 절대적으로 최선의 정찬을 마련하는 것이 요리인의 유일한 임무일 경우 그에게 가장 적합한 시각이 7시 반, 8시, 혹은 8시 반이라는 등의 사정은 이 경우에는 문제가 되지 않는다. 사회[발전]의 어떤 국면에서는, 현행 시간보다도 식사시간이 늦은 것이 품질로는 더 좋은 정찬을 얻는 데 유리할 경우도 있을 것이며, 또 이와 똑같이 다른 어떤 국면에서는 시간이 빠를 때에 더 좋은 정찬을 얻을 수 있는 경우도 생각할 수 있다. 위에서 말한 바와 같이, 우리의 이론은 그 어느 경우에도 적용될 수 있는 것이어야 한다.

만일 이자율이 제로(零)라면, 어떤 주어진 품목에 대해서도 평균적인 투입일시(投入日時)와 소비일시(消費日時) 사이에 노동비용이 최저가 되는 최적기간이 있을 것이다 — 이보다 짧은 생산과정은 기술적으로 덜 능률적일 것이며, 반면에 더 긴 과정도 또한 저장비와 변질로 말미암아 비능률적이 될 것이다. 그러나 만일 이자율이 제로(零) 이상이 되는 경우에는 그 [생산]과정의 길이와 더불어 증가하는 새로운 원가 요소가 도입되는바, 그 때문에 최적기간(最適期間)은 단축되고, 그 품목의 궁극적인 인도를 준비하기 위한 경상투입(經常投入)은, 그 예상가격이 증가되는 비용 — 이자부담 및 단기생산 방법의 능률 저하의 두 가지 이유로 증가되는 비용 — 을 보상하기에 충분할 만큼 상승하게 될 때까지, 삭감되지 않으면 안 될 것이다. 그 반면에, 만일 이자율이 제로(零) 이하로 저하하는 경우에는 (이것이 기술적으로 가능하다고 가정하고) 그 반대의 사태가 일어난다. 예상되는 소비자수요가 일정하다면, 오늘의 경상투입은, 말하자면, 후일에 시작되는 투입과 양자택일적인 경쟁관계에 서지 않으면 안 된다. 그래서 그 결과, 더욱 개선된 기술상의 능률이나 예상되는 가격변화 등의 이유로, 현재 생산하는 것보다 후일에 생산하는 것이 원가가 더 저렴하게 되는 정도가, 마이너스(負)의 이자로부터의 수익의 감소를 상쇄하기에 불충분하게 될 경우에 비로소 경상투입은 경제성을 가지게 될 것이다. 대부분의 품목의 경우에는 그들의 예상소비의 시간보다 매우 온당한 길이의 시간 이상을 앞서서 투입을 시작하는 것은 큰 기술적인 비능률(非能率)을 부담하는 것이 될 것이다. 그리하여 설령 이자율이 제로(零)라 할지라도 미리 준비를 시작하는 것이 유리한 예상소비자수요의 비율에는 엄격한 한도가 있으며, 이자율이 상승함에 따라, 오늘 생산하는 것이 채산에 맞는 예상 소비자수요의 비율은 같은 보조로 축소된다.

III

우리는 자본(資本)이 그 수명과 같은 기간 동안, 심리적 및 제도적 조건에 의해 결정되는 이자율(利子率)과 적어도 균등한 한계효율(限界效率)을 갖기 위해서는, 그것이 장기간 동안 충분히 희소하게 유지되어야 한다는 것을 보았다. 이것이 다음과 같은 사회, 즉 자본설비를 매우 넉넉히 가지고 있기 때문에 자본의 한계효율이 현재 제로(零)이고, 어떤 부가적인 투자가 있는 경우에는 한계효율은 마이너스(負)의 값을 갖도록 되어 있는 사회, 그러면서도 화폐제도를 가지고 있어서 화폐의 「보유(保有)」가 있으며, 그 저장과 안전보관을 위해서는 무시해도 좋을 정도의 비용이 드는 데 불과하며, 그 결과, 이자율은 실제로 마이너스(負)의 값을 가질 수 없는 사회, 그리고 완전고용의 조건에서 더욱 저축할 의향을 보이는 사회에 대해서 갖는 의미는 무엇일까?

이와 같은 상황에서 만일 우리가 완전고용의 위치로부터 시작한다면, 기업자들은, 만일 기존의 자본축적량(資本蓄積量) 전체를 이용할 수 있는 규모로 계속해서 고용을 제공한다면, 필연적으로 손실을 보게 될 것이다. 따라서 자본축적량과 고용수준은, 사회가 매우 가난해져서 어떤 개인들이나 단체들의 플러스(正)의 저축은 다른 개인들이나 단체들의 마이너스(負)의 저축에 의해 상쇄됨으로써 총저축이 제로(零)가 될 때까지, 감퇴하지 않으면 안 될 것이다. 이리하여 우리가 상상하고 있는 사회에서의 균형의 위치는, 자유방임의 상태에서, 저축을 제로로 만들기에 충분할 만큼 고용량은 낮고 또 생활수준도 비참한 그러한 위치일 것이다. 아니, 그보다는 이 균형상태를 중심으로 순환적인 변동이 존재할 가능성이 높다. 왜냐하면, 만일 아직도 장래에 대한 불확실성이 있을 여지가 있는 경우에는, 자본의 한계효율은 가끔 제로(零) 이상으로 상승하여 「호황(好況)」으로 이끌 것이며, 또 다음에 오는 「불황(不況)」에서는 자본축적량은 자본의 한계효율이 장기적으로 제로가 되는 수준 이하로 잠시 동안 떨어질 수 있기 때문이다. 예견력(豫見力)이 정확한 경우를 상정한다면, 한계효율이 정확히 제로(零)가 되는 균형자본축적량(均衡資本蓄積量)은 사용가능한 노동의 완전고용에 대응하는 [축적]량보다도 물론 적을 것이다. 왜냐하면 그것은 제로(零)의 저축을 보증하는 실업(실업)의 정도에 대응하는 설비[량]일 것이기 때문이다.

이것과 양자택일적인 유일한 균형의 위치는 다음과 같은 상태이다. 즉, 자본축적량이 한계효율을 제로(零)로 만들기에 넉넉한 크기이면서 동시에, 완전고용(完全雇用)까지 실현되어 있고 이자(利子)의 형태로 얻을 수 있는 아무런 특별배당(特別配當)도 없는 상황에서, 장래를 위해 대비를 마련하고자 하는 공중의 총체적 욕구를 완전히 충족시킬 수 있을 만큼 큰 부(富)의 양을 표시하기도 하는 그러한 상태이다. 그러나 자본의 한계효율이 제로가 되는 수준에 자본축적량이 도달하는 바로 그 점에서, 완전고용 상태에서의 저축성향(貯蓄性向)이 만족된다는 것은 있기 어려운 우연의 일치일 것이다. 따라서 만일 이와 같은 더 유리한 가능성(可能性)이 구원하러 나타난다면 그것은 아마도, 이자율이 제로(零)가 되는 바로 그 점이 아니라, 이자율이 점차적으로 저하하는 과정에서 제로(零)가 되기 전의 어떤 점에서, 효과를 나타낼 것이다.

우리는 지금까지, 이자율이 마이너스(負)가 되는 것을 저지하는 하나의 제도적 요인을, 무시할 수 있는 정도의 보관비용(carrying cost)밖에 들지 않는 화폐라는 형태로 상정해 왔다. 그러나 실제에 있어서는, 제로(零)보다 훨씬 높은 수준에서 이자율의 현실적 저하의 하한선(下限線)을 설정하는 제도적 및 심리적 요인들이 있다. 특히, 차용자(借用者)와 대여자(貸與者)를 만나게 하는 비용과, 우리가 위에서 고찰한 바와 같은 이자율의 장래에 관한 불확실성이 그 하한선을 설정하는 것인데, 그것은 현재의 상황에서는 장기에 있어서 아마도 2퍼센트 내지 2.5퍼센트 정도일

것이다. 만일 이것이 옳기만 하다면, 자유방임(自由放任) 하에서 이자율
이 더욱 하락할 수 없는 상태에서도 부(富)의 축적량(蓄積量)은 증가할 곤
란한 가능성이 멀지 않아 현실의 경험으로 나타날 수 있다. 뿐만 아니라,
만일 이자율을 현실적으로 무리 없이 설정할 수 있는 최저수준이 제로
(零)보다 상당히 높은 곳에 있다고 한다면, 부(富)를 축적하고자 하는 총
체적 욕구가 이자율이 최저수준에 도달하기 전에 만족될 가능성은 희박
하다.

실제로, 영국 및 미국의 전후(戰後)의 경험은 그 한계효율이 하락하
는 속도가 당시의 제도적 및 심리적 요인의 제약 하에서 이자율(利子率)
이 하락하는 속도보다 더 빠를 정도의 막대한 양의 부(富)의 축적이 어떻
게, 주로 자유방임의 상태에서, 적당 수준의 고용을 저해하며 또 생산의
기술적 조건이 제공할 수 있는 생활수준[의 달성]을 방해할 수 있는가를
보여주는 현실적 사례이다.

이렇게 볼 때, 동일한 기술(技術)을 가지면서 자본의 축적량이 다른
두 개의 비슷한 사회 가운데서, 자본축적량이 적은 사회가 축적량이 많
은 사회에 비해 당분간 더 높은 생활수준을 향유할 가능성이 있다는 이
치가 된다. 하기는 더 가난한 사회가 더 부유한 사회의 수준에 도달하게
되면 — 추측컨대, 궁극적으로는 그렇게 되겠지만 — 그때에는 양 사회
가 모두 마이다스왕(王)의 운명을 면치 못할 것이다. [우리를] 불안하게 만
드는 이 결론은, 물론, 소비성향(消費性向)과 투자율(投資率)이 사회적
이익을 위하여 정책적으로 통제되지 않고 주로 자유방임의 영향에 일임
(一任)되어 있다는 가정에 의존한다.

만일, 이유 여하를 막론하고, 이자율(利子率) 하락의 속도가 자본의
한계효율의 하락 — 자본의 한계효율은, 완전고용 상태에서의 자본의 한
계효율과 균등한 이자율 하에서 사회가 저축하고자 하는 축적률(蓄積率)

에 따라 하락한다 ― 의 속도보다 완만하다면, 그때에는 부(富)의 축적에 대한 욕구가 실제로 그 어떤 경제적 과실도 거두지 못하는 자산을 보유하는 데 돌려지는 경우조차도 경제적 후생을 증가시킬 것이다. 백만장자가 생전에는 그들의 육체를 수용하기 위해 호화로운 저택을 건조하고, 사후에는 시체를 안치하기 위해 피라미드를 건조하며, 혹은 죄악을 참회하여 대사원(大寺院)을 세우고, 수도원(修道院)이나 외국 선교단에 기부하는 데 만족을 구하는 한에 있어서는, 자본(資本)의 풍요가 산출물(産出物)의 풍요를 방해하는 시기는 연기될 수 있다. 「지면에 구멍을 파는 것」도, 그것이 저축으로부터 지불된다면, 고용을 증대시킬 뿐 아니라 유용한 재화 및 용역의 실질 국민분배분(國民分配分) 또한 증가시킬 것이다. 그러나 우리가 일단 유효수요(有效需要)를 규정하는 여러 가지 영향력을 이해한다면, 분별 있는 사회가 이와 같은 우발적이며 또 흔히 낭비가 심한 완화수단에 계속 의지하는 데 만족한다는 것은 합리적(合理的)이라 할 수 없다.

IV

우리는 여기서 이자율(利子率)이 완전고용에 대응하는 투자율(投資率)과 양립하는 것을 보장해 주는 조치가 취해졌다고 가정하자. 나아가서는, 자본설비의 증대가 현세대의 생활수준에 과도한 부담을 끼치지 않을 율(率)로 포화점(飽和點)에 접근하도록 균형을 잡기 위하여, 국가의 활동이 개입한다고 가정하기로 하자.

이와 같은 가정 하에서는, 인구의 증가가 급속하지 않고 현대적인 기술적 자원으로 이루어진 설비를 갖추고 있으면서 적절히 잘 관리되고 있는 사회는, 균형 하에 있어서의 자본의 한계효율을 1세대 이내에 거의 제로(零)로까지 끌어내릴 수 있을 것으로 나는 추측한다. 이렇게 되면, 우리는, 변화와 진보는 오직 기술(技術)과 기호(嗜好), 인구와 제도의 변화의 결과로 나타날 따름이며, 자본의 산출물의 판매가격은, 거의 무시할 정도의 자본비용밖에 들지 않는 소비재의 가격을 지배하는 원리와 똑같은 원리에 따라, 그것에 구체화되는 노동 및 기타에 비례하게 되는, 준 정상적(準定常的: quasi-stationary)인 사회의 상태에 도달하게 될 것이다.

만일 자본의 한계효율이 제로(零)가 되도록 자본재(資本財)를 매우 풍부하게 만드는 것이 비교적 쉽다고 생각하는 나의 상상이 옳다면, 이것이야말로 자본주의의 바람직하지 못한 여러 측면들을 점차적으로 제거하는 가장 현명한 방법이 될 수 있을 것이다. 왜냐하면, 잠깐만 돌이켜 생각해보면 곧 알 수 있듯이, 축적된 부(富)에 대한 수익률(收益率)의 점차적인 소멸로부터 엄청난 사회적 변화가 일어날 것이기 때문이다. 이 경우에도 사람은 후일에 지출할 목적으로 그가 가득(稼得)한 소득을 축적하고자 한다면 얼마든지 자유롭게 그렇게 할 수 있을 것이다. 그러나 그의 축적은 증식(增殖)되지는 못할 것이다. 그는 다만, 현업에서 은퇴할 때, 기니 금화의 함(函)을 트윅큰햄(Twickenham)의 별장으로 운반해 놓고 필요할 때 수시로 그것으로부터 가계지출에 충당한, 포프(Pope)의 부친[2]과 같은 처지에 놓이게 될 것이다.

비록 이자생활자(rentier)는 없어진다고 하더라도, 그럼에도 불구하고, 사람들의 의견이 서로 다를 수 있는 예상수익률의 추정에 있어서 기

---

2) 알렉산더 포프(Alexander Pope). 18세기 초의 영국 시인. 호머의 일리아드를 번역하여 얻은 수입으로 1719년에 트윅큰햄 지방에 별장을 사서 여생을 주로 그곳에서 글을 쓰며 보냈다.[역자 주]

획과 숙련이 작용할 여지는 아직도 남아 있을 것이다. 왜냐하면, 위의 논의는 위험(危險) 및 기타에 대한 고려를 하지 않은 주로 순수이자율만에 관한 것이었으며, 위험에 대한 보수를 포함하는 자산의 조수익(粗收益)에 관한 것은 아니었기 때문이다. 그리하여 순수이자율을 마이너스(負)의 수치에서 유지시키지 않는 한, 불확실한 예상수익을 가진 개개의 자산에 대한 숙련된 투자에는 아직도 플러스(正)의 수익이 있을 것이다. 만일 위험 부담을 좋아하지 않는 경향이 상당히 현저하다고 한다면, 일정기간 동안의 그와 같은 자산의 총체로부터도 또한 플러스(正)의 순수익이 있을 것이다. 그러나 이러한 상황에서, 불확실한 투자물(投資物)로부터 수익을 얻으려는 열의가 이들 투자물 총체로서는 마이너스(負)의 순수익을 나타내게 하는 경우가 없으리라고 할 수는 없다.

제 17장

이자 및 화폐의 기본적 성질

I

이와 같이 화폐에 대한 이자율(the rate of interest on money)은 고용수준(雇用水準)에 한계를 설정하는 하나의 특수한 역할을 연출하는 것처럼 보인다. 왜냐하면, 그것은 자본자산이 새로 생산되기 위하여 그것의 한계효율(限界效率)이 도달해야 하는 기준을 설정하는 것이기 때문이다. 이것이 당연히 그렇게 되어야 한다는 것은, 일견(一見) 매우 석연치 않다. (1)다른 자산과는 확실히 다른 화폐(貨幣)의 특성은 도대체 어디에 있는 것인지, (2)이자율(利子率)을 가지는 것은 오직 화폐뿐인지, 그리고 (3) 또 비화폐(非貨幣) 경제에 있어서는 어떤 일이 일어날 것인지에 대하여 의문을 제기하는 것은 당연한 일이다. 우리가 이들 의문에 대한 해답을 얻을 때까지는, 우리 이론(理論)의 완전한 의의는 밝혀지지 않을 것이다.

독자들이 상기해 주기를 바라는 것은, 화폐이자율이란 계약에 의해 예를 들어 1년 후에 인도받기로(forward delivery) 한 화폐액(貨幣額)이 우리가 「현물(現物)」가격(spot price) 또는 현금(現金)가격(cash price)이라고 부를 수 있는 것을 초과하는 액(額)을 백분율(百分率)로 나타낸 것 이외의 아무것도 아니다. 따라서 모든 종류의 자본자산에 대해서도 화폐에 대한 이자율(利子率)과 유사한 것이 당연히 존재한다고 할 수 있을 것이다. 왜냐하면 「현물」로 인도(引渡)되는 100쿼터의 소맥과 (예컨대) 오늘 그 교환가치가 똑같은 1년 후에 인도될 소맥의 확정량(確定量)이 존재하기 때문이다. 만일 후자의 수량이 105쿼터라고 한다면, 우리는 소맥의 이자율은 연 5퍼센트[$\frac{105-100}{100} = 5\%$]라고 말할 수 있고, 만약 그것이 95쿼터라면, 그것은 연 마이너스 5퍼센트[$\frac{(95-100)}{100} = -5\%$]가 된다고 할 수 있다. 이리하여 모든 내구재에 대하여 우리는 그 자신으로 표시한 이자율 ─ 소맥 이자율, 동(銅) 이자율, 가옥(家屋) 이자율, 심지어 강철공장 이자율까지도 ─ 을 상정(想定)할 수 있다.

시장에서 시세가 정해지는 예컨대 소맥과 같은 하나의 재화의 「선물(先物)」계약과 「현물(現物)」계약 간의 차이는 소맥 이자율에 대해 확정적인 관계를 가지고 있다. 그러나 선물계약은 후에 지불될 화폐액으로 시세가 표시되고 현물로 인도되는 밀의 양으로 시세가 표시되는 것은 아니기 때문에, 그것은 또한 화폐이자율(貨幣利子率)을 끌어들이게 된다. 정확한 관계는 다음과 같다.

지금, 소맥의 현물가격은 100쿼터에 대하여 100파운드이고, 1년 후에 인도될 소맥의 「선물」계약 가격은 100쿼터에 대하여 107파운드이며, 그리고 화폐이자율은 5퍼센트라고 가정하자. 이 경우 소맥의 이자율은 얼마가 되는가? 현물가격 100파운드는 선물계약 105파운드를 살 수 있고, 선물가격 105파운드는 [소맥의] 선물을 $\frac{105}{107} \cdot 100(=98)$쿼터를 살 수 있다. 혹은, 현금 100파운드는 현물도(現物渡) 소맥 100쿼터를 살 수 있다. 그리하여 현물도 소맥 100쿼터는 선물도(先物渡) 98쿼터를 살 수 있게 된다. 따라서 소맥 이자율은 연 마이너스 2퍼센트가 된다.[1]

이로부터 미루어 볼 때, 이들의 이자율이 각종 재화(財貨)에 대하여 동일하게 되어야 할 ― 소맥 이자율은 동(銅) 이자율과 같게 되어야 할 ― 이유는 없다. 왜냐하면, 시장에서 시세가 이루어지는 「현물」계약과 「선물」계약 사이의 관계는 재화에 따라 이만저만하게 다른 것이 아니기 때문이다. 이것은, 뒤에서 설명하는 바와 같이, 우리가 찾고 있는 실마리로 유도해 줄 것이다. 왜냐하면, 지배적인 힘을 가지는 것은 여러 가지 자기이자율(自己利子率: own-rates of interest)(우리는 그것을 이렇게 불러도 좋을 것이다) 가운데서 최대(最大)의 것일 것이고(그 이유는, 자본자산이 새로 생산되기 위해서는 그 한계효율이 도달해야 하는 것은 이러한 이자율 중에서 가장 큰 것이기 때문이다), 또 흔히 최대의 것은 화폐이자율(money-rate of interest)이어야 할 이유가 여럿 있기 때문이다(왜냐하면, 뒤에서 설명하는 바와 같이, 다른 자산의 자기이자율을 저하시키는 작용을 하는 몇 가지 힘이 화폐의 경우에는 작용하지 않기 때문이다).

첨언(添言)해 두고자 하는 것은, 언제나 여러 가지 상이한 재화이자율(財貨利子率)이 있는 것과 같이, 두 개의 서로 다른 화폐(貨幣)로, 이를테면 파운드화와 달러화로 표시한 [화폐]이자율조차도 꼭 같지 않다는 사실은 외환거래업자들이 익히 알고 있는 것이다. 무릇 이 경우에도, 파운드화로 표시한 어떤 외국화폐의 「현물」계약과 「선물」계약 사이의 차이는 보통 다른 여러 외국화폐에 있어서의 그것과 동일하지 않기 때문이다.

그런데 자본의 한계효율을 측정함에 있어서, 이들 각각의 재화 기준

---

[1] 이 관계는 스라파(Sraffa)씨에 의해 처음으로 지적되었다. Economic Journal, 1932년 3월호 제50면.

은 화폐와 똑같은 편의를 우리에게 제공해준다. 왜냐하면, 우리는 우리
가 선택하는 어떤 재화[예를 들면 소맥]를 기준으로 어떤 자본자산의 예상
수익의 소맥 가치(wheat-value of prospective yields)를 계산할 수 있
으며, 이 소맥연금(小麥年金)의 계열(系列)들의 현재가치를 소맥으로 표
시한 그 자산의 현재의 공급가격과 균등하게 하는 할인율(割引率)은, 소
맥으로 표시한 그 자산의 한계효율(限界效率)을 나타내는 것이기 때문이
다. 만일 두 개의 양자택일적인 기준의 상대가치(相對價値)에 아무런 변
화도 기대되지 않는다면, 그 경우에는 어떤 자본자산의 한계효율은 두
개의 기준 중의 어느 것으로 측정되든 동일할 것이다. 왜냐하면 한계효
율을 구성할 분수의 분자와 분모가 똑같은 비율로 변화할 것이기 때문이
다. 그러나 만일 택일적인 기준 중 어느 하나의 [다른 것으로 표시한] 가치
가 변화할 것이 기대된다면, 여러 자본자산의 한계효율은 그것이 측정되
는 기준 여하에 따라서 같은 비율로 변화할 것이다. 이것을 예증(例證)하
기 위하여, 택일적인 기준의 하나인 소맥의 가치가 화폐로 표시하면 일
률적으로 연 a퍼센트라는 불변의 율(率)로 올라갈 것이 예상되는 가장
단순한 경우를 상정해 보자. 이 경우에는 화폐로 표시하면 x퍼센트가
되는 어떤 자산의 한계효율은 소맥으로 표시하면 $x-a$퍼센트가 된다.
모든 자본자산의 한계효율은 똑같은 양만큼 변화할 것이므로, 선택되는
기준 여하를 막론하고 이들의 크기의 순위는 똑같은 것이 될 것이다.

만일 엄밀하게 말해서 대표적이라고 볼 수 있는 어떤 복합재가 존재
한다면, 이 재화로 표시한 이자율과 자본의 한계효율을, 어떤 의미에 있
어서는, 유일무이(唯一無二)한 대표적인 이자율(利子率) 및 대표적인 자본
의 한계효율(限界效率)로 간주할 수 있을 것이다. 그러나 물론 여기에도
또한 가치의 유일무이한 기준을 설정할 때에 부닥치는 것과 똑같은 장애
가 있다.

따라서, 지금까지 논의한 바에 의하면, 화폐이자율(貨幣利子率)은 다른 여러 가지 이자율에 비하여 어떤 독특성을 가지는 것이 아니라 정확하게 동일(同一)한 기반 위에 서 있다. 그렇다면 앞의 여러 장(章)에서 화폐이자율에 부여한 압도적인 실제적 중요성을 화폐이자율이 가질 수 있게 하는 특이성(特異性)은 어디에 있는가? 왜 산출량(産出量) 및 고용량(雇用量)은 소맥 이자율이나 가옥 이자율보다는 화폐 이자율에 더 밀접하게 결부되어 있는가?

II

여러 가지 상이한 유형의 자산에 대하여 일정 기간 (이를테면 1년) 동안의 각종 재화이자율(財貨利子率: commodity-rates of interest)이 얼마가 될 것 같은지 고찰해 보자. 우리는 각 재화를 차례대로 기준으로 삼을 것이기 때문에, 각 재화에 대한 수익(收益)은 이 문맥에서는 그 자신을 기준으로 측정되는 것으로 간주되어야 한다.

여러 가지 상이한 유형의 자산이 각각 그 정도가 다르게 [공통으로] 가지고 있는 특질(特質)에는 세 가지가 있다. 그 세 가지란 다음과 같다.

(1) 어떤 자산들은 어떤 생산과정에 조력(助力)함으로써, 또는 소비자에 대하여 용역(用役)을 제공함으로써, 그들 자신으로 측정한 수익 또는 산출물 q 를 생산한다.

(2) 화폐를 제외한 대부분의 자산들은, 수익을 낳는 데 사용되거나 그렇지 않거나를 막론하고, 단순히 시간의 경과로 말미암아 (그들의 상대가치의 변화는 별도로 하고) 어느 정도의 손모(損耗)를 당하거나 또는 어느 정도의 비용을 발생시킨다. 다시 말하면, 이들 자산은 그들 자신으로 측

정한 보관비용(carrying cost) c를 수반한다. q를 계산하기에 앞서 우리가 공제하는 여러 비용들과, 우리가 c 속에 포함시키는 여러 비용들의 사이 어디에다가 확실한 선을 그을 것인가는 우리의 당면 목적을 위해서는 문제가 되지 않는다. 이하에서 우리는 전적으로 $q-c$를 문제로 삼을 것이기 때문이다.

(3) 끝으로, 어떤 기간 동안에 어떤 자산을 처분할 수 있는 힘은 우리에게 잠재적인 편의(便宜) 또는 안전성(安全性)을 제공할 것이다. 비록 자산 그 자체의 당초의 가치는 같다고 하더라도 그 편의 또는 안정성의 정도는 자산의 종류에 따라 균등하지 않을 것이다. 이것에 대하여 기말(期末)에 산출물의 형태로 나타나는 것은, 말하자면, 아무것도 없다. 그럼에도 불구하고 그것은 사람들이 그것을 위하여 무엇인가 대가(代價)를 치를 용의가 있는 어떤 것이다. 이 처분할 수 있는 힘(그 자산에 부수하는 수익 또는 보관비용은 제외하고)이 제공하는 잠재적 편의 또는 안정성을 위하여 사람들이 거리낌 없이 지불할 용의가 있는 (그 자신으로 측정한) 액수를 우리는 유동성할증(流動性 割增: liquidity premium) l이라고 부르고자 한다.

이것으로 미루어 볼 때, 어떤 자산을 일정 기간 동안 소유함으로써 기대할 수 있는 총수익(總收益)은 그 수익(收益) 마이너스(-) 보관비용(保管費用) 플러스(+) 유동성할증, 즉 $q-c+l$과 일치하는 것이 된다. 다시 말해서, $q-c+l$은 [그것이 어떤 재화인가를 막론하고] 한 재화의 자기이자율(自己利子率)이다. 여기에서 q, c 및 l은 그 자신을 기준으로 측정된 것이다.

사용되고 있는 수단적 자본(手段的 資本: instrumental capital: 예를 들어, 기계) 또는 소비 자본(消費資本: 예를 들면, 가옥)의 특징은, 그 수익(收益)이 보통 그 보관비용을 초과하는 데 비해, 그 유동성할증(流動性

割增)은 아마도 무시할 수 있는 정도의 것이라는 데 있다. 유동재(流動財)의 재고나 또는 유휴상태에 있는 잉여의 수단적 자본이나 소비자본의 특징은 그 자신으로 측정된 보관비용을 부담하지만, 이 비용을 상쇄할만한 아무런 수익이 없으며, 또 이 경우에도 유동성할증은, 특수한 사정에서는 중요하게 될 가능성은 있으나, 보통의 경우에는 재고량이 적절한 수준을 초과하면 당장에 무시할 수 있는 정도라는 점에 있다. 그리고 화폐의 특징은 그 수익(收益)은 전무(全無)하고, 그 보관비용은 무시할 정도이지만, 그 유동성할증은 상당히 크다는 점에 있다. 사실, 재화의 종류에 따라, 그들 사이에 유동성할증의 정도가 다 다를 수도 있고, 화폐도 역시 어느 정도의 보관비용 — 이를테면 안전보관을 위한 — 을 수반할 수도 있다. 그러나 화폐(貨幣)와 다른 모든 (또는 대부분의) 자산(資産) 사이의 본질적인 차이는, 화폐의 경우에는 그 유동성할증이 그 보관비용을 훨씬 능가하는데, 다른 자산의 경우에는 그 보관비용이 그 유동성할증을 훨씬 능가한다는 점에 있다. 예증(例證)을 위하여, 가옥의 경우에 수익은 q_1이고 보관비용 및 유동성할증은 무시할 수 있는 정도의 것이라고 하고, 소맥의 경우 보관비용은 c_2이고 수익 및 유동성할증은 무시할 수 있는 정도의 것이라고 하며, 화폐의 경우에 유동성할증은 l_3라 하고 수익 및 보관비용은 무시할 수 있는 정도의 것이라고 가정하자. 다시 말해서 q_1은 가옥 이자율이고, $-c_2$는 소맥 이자율이고, l_3는 화폐 이자율이다.

여러 가지 유형의 자산으로부터 나오는, 균형과 양립하는 여러 기대수익(期待收益) 간의 관계들을 결정하기 위해서는, 우리는 또한 그해 동안에 어떤 상대가격의 변화가 기대되는가를 알아야 한다. 측정의 기준으로 화폐를 채택하고(이 목적을 위해서는 화폐는 오직 계산화폐(計算貨幣)이기만 하면 되고, 소맥을 선택해도 무방하다). 기대되는 가옥의 가치상승(또는 가치하락)의 백분율을 a_1이라고 하고 소맥의 그것을 a_2라고 하자. 우리는 q_1, $-c_2$ 및 l_3를 각각 가옥, 소맥 및 화폐의, 그 스스로를 가치의 기준으로 측정된 자기이자율(自己利子率)이라고 부른 바 있다. 즉 q_1은 가옥으로 표시한 가옥 이자율이고, $-c_2$는 소맥으로 표시한 소맥 이자율이며, l_3는 화폐로 표시한 화폐 이자율이다. 가치의 기준으로서의 화폐(貨幣)로 환산한 동일한 수량을 나타내는 $a_1 + q_1$, $a_2 - c_2$ 및 l_3를 각각 화폐이자의 가옥률(house-rate of money-interest), 화폐이자의 소맥률(wheat-rate of money-interest) 및 화폐이자의 화폐율(money-rate of money-interest)이라고 부르는 것도 유익할 것이다. 이러한 기호를 사용하면, 부(富)의 소유자의 수요가 $a_1 + q_1$, $a_2 - c_2$ 및 l_3 중에서 어떤 것이 최대가 되느냐에 따라서 가옥, 소맥 및 화폐의 어느 것으로 향할 것인가를 용이하게 알 수 있다. 그리하여, 균형이 이루어질 때에는 화폐로 표시한 가옥의 수요가격과 소맥의 수요가격은, 가옥과 소맥의 어느 것을 택하여도 이익이라는 면에 있어서는 하등의 차이가 없는 것으로 될 것이다 ― 즉, $a_1 + q_1$, $a_2 - c_2$ 및 l_3는 균등하게 될 것이다. 가치의 기준으로 어느 것을 선택하더라도 이 결과에는 하등의 변화가 없을 것이다. 왜냐하면, 하나의 기준으로부터 다른 기준으로 옮긴다는 것은 모든 항(項)의 값을 일률적으로, 즉 구(舊)기준에 의해 표시된 신(新)기준의 기대되는 가치상승률(또는 가치하락률)과 균등한 액(額)만큼 변화시킬 것이기 때문이다.

그런데, 통상적인 공급가격이 수요가격보다 낮은 자산은 신규로 생산될 것이다. 그리고 이러한 자산은 그 한계효율이 이자율(양자는 모두 똑같은 가치의 기준 ― 그것이 무엇이든 간에 ― 으로 측정된다)보다 큰(그들의 통상적인 공급가격을 기초로 하여) 자산일 것이다. 이들 자산의 재고는 처음에는 그 한계효율이 적어도 이자율과 같은 그러한 상태에 있지만, 그것이 점차 증가함에 따라 그들의 한계효율은 (이미 설명한 바와 같이 자명한 이유로) 하락하는 경향이 있다. 그리하여, 이자율이 보조를 맞추어서 하락하지 않는 이상, 이들 자산을 생산하는 것이 더 이상 채산에 맞지 않는 점이 도래하고야 말 것이다. 그 한계효율이 이자율에 도달하는 자산이라고는 아무것도 없게 되는 경우에는, 자본자산의 그 이상의 생산은 정지될 것이다.

지금 가령 (논의의 현재 단계에 있어서는 하나의 단순한 가설로서), 그 이자율이 고정되어 있는(또는 산출량이 증가함에 따라 그 이자율이 다른 어떤 재화의 이자율보다도 더 완만하게 저하하는) 어떤 자산(이를테면, 화폐)이 있다고 하자. 그 상태는 어떻게 조정될 것인가? $a_1 + q_1$, $a_2 - c_2$ 및 l_3는 필연적으로 균등하며, 또 l_3는 가정에 의해 고정되어 있거나 아니면 q_1 또는 $-c_2$보다도 완만하게 저락(低落)하기 때문에, a_1 및 a_2는 상승하지 않으면 안 된다는 이치가 된다. 다시 말해서, 화폐 이외의 모든 재화의 현재의 화폐가격(貨幣價格)은 그 기대되는 장래의 가격에 비하여 상대적으로 떨어지는 경향이 있는 것이다. 따라서 만일 q_1 및 $-c_2$가 계속 떨어진다면, 어떤 장래의 시일에서의 생산비가 현재의 생산비에 비하여 [지금 생산되는 재고를 가격등귀가 예상되는 날까지 보관하는 비용을 보상하는 액만큼] 등귀할 것이 기대되지 않는 한, 이들 재화의 어떤 것을 생산하더라도 채산성이 없는 점이 도래할 것이다.

이제는 산출의 율(率)에 한계를 설정하는 것은 화폐이자율(貨幣利子率)이라고 우리가 전에 서술한 것은 엄밀하게는 옳지 않다는 것이 분명하게 되었다. 우리는 다음과 같이 말했어야 했다. 즉, 채산성 있는 다른 개별적인 자산의 생산을 끝내 좌절시키는 것은, 자산 일반의 재고가 증가함에 따라 하락하는 속도가 가장 완만한 자산의 이자율(利子率)이다 ― 현재의 생산비와 예상 생산비 사이에 특수한 관계가, 방금 지적한 바와

같이, 우연히 성립하는 경우는 [여기에서] 제외된다. 산출량이 증가함에
따라 여러 가지 자기이자율은 각 자산이 차례로 채산성 있는 생산의 기
준 이하로 떨어지는 수준까지 저락하는 것이다 — 마침내, 한 두 개의
자기이자율(自己利子率)만이 일체 자산의 한계효율의 수준을 상회하는
수준에 머무르게 되는 것이다.

　만일 화폐라는 말이 가치(價値)의 기준을 의미하는 것이라고 해석한
다면, 곤란을 야기하는 것은 꼭 화폐이자율(貨幣利子率)이 아니라는 것
이 명백하다. 우리는 단순히 금이나 파운드화 대신에 소맥이나 가옥을
가치의 기준으로 삼는다고 선포함으로써 (일부 사람들이 생각한 것처럼) 우
리의 곤란을 모면할 수는 없을 것이다. 왜냐하면, 어떤 자산이든지간에
산출량이 증가함에 따라 자기이자율이 잘 떨어지지 않는 자산이 여전히
존재한다면, 똑같은 곤란이 뒤따르리라는 것이 이제는 분명해진 까닭이
다. 예를 들어 불환지폐본위(不換紙幣本位)로 이행한 나라에 있어서는 금
(金)이 여전히 이 역할을 담당할 수도 있을 것이다.

Ⅲ

　따라서 화폐이자율(貨幣利子率)에 특수한 중요성이 있다고 논할 때에
는, 우리는 우리에게 낯익은 그런 종류의 화폐는 몇 가지 특수한 성질을
가지고 있는바, 그 성질로 말미암아, [가치]기준으로서의 그 자신으로 측
정된 [화폐의] 자기이자율은, 다른 모든 자산의 그 자신으로 측정된 자기
이자율에 비하여, 산출량이 증가함에 따라 떨어지는 정도가 더 낮다는
것을 암묵적으로 상정하고 있었던 것이다. 이와 같은 상정은 과연 타당
한 것인가? 잠시만 반성해 보면 우리가 알고 있는 화폐를 보편적으로 특

징지어주는 다음과 같은 특질이 그 타당성을 인정해주고 있는 것으로 나는 생각한다. 기존의 가치기준이 이들의 특질을 가지는 한에 있어서는, 중요한 이자율은 화폐이자율이라고 하는 총괄적인 서술은 타당성을 가질 것이다.

(1) 상기의 결론을 유도하는 [화폐의] 제1의 특질은 그것이, 장기에 있어서나 단기에 있어서나, 화폐당국은 별도로 하고 개인 기업의 능력에 관한 한, 그 생산탄력성(elasticity of production)이 제로(零)이거나 아니면 여하튼 극히 작다는 사실에 있다 — 이 문맥에서 생산탄력성[2]이란 화폐 1단위가 지배할 노동량의 증가에 대한 화폐의 생산에 충당되는 노동량의 반응을 의미한다. 다시 말해서, 화폐란 쉽게 생산될 수가 없는 것이다 — 즉, 임금단위로 측정된 화폐의 가격이 상승함에 따라 기업자가 마음대로 노동을 화폐의 증산을 위해 전용할 수는 없는 것이다. 불환관리통화(不換管理通貨)의 경우에는 이 조건은 엄밀히 만족된다. 그러나 금본위통화(金本位通貨)의 경우에 있어서도, 금 채굴을 그 주요 산업으로 하는 나라는 물론 예외이지만, 이와 같이 고용될 수 있는 노동량이 비례적으로 증가할 수 있는 그 최대량은 매우 근소하다는 의미에서, 상기의 조건은 거의 만족된다.

그런데, 생산탄력성이 있는 여러 자산의 경우에는, 우리가 그들 자산의 자기이자율이 하락한다고 상정한 것은, 그들의 재고가 더욱 높은 산출율(産出率)의 결과로 인해 증가할 것으로 상정한 때문이었다. 그러나 화폐의 경우에는 — 임금단위 인하의 효과나 화폐당국이 그 공급량을 계획적으로 증가시키는 효과 등에 대한 고려는 잠시 뒤로 미루기로 하고 — 그 공급은 고정되어 있는 것이다. 이리하여 화폐는 노동에 의하여 용이하게 생산될 수가 없다는 특질은 곧바로 그 자기이자율(自己利子率)은

---

2) 제20장 참조.

비교적 저락(低落)하기 어렵다는 견해에 대한 일견 명백한 추측의 근거가 된다. 이에 비해 만일 화폐가 농작물처럼 재배될 수 있다거나 자동차처럼 제조될 수 있다고 한다면, 불황은 회피될 수 있거나 아니면 완화될 수 있을 것이다. 왜냐하면, 만일 다른 자산의 가격이 화폐로 측정하여 저하하는 경향에 있다면 더욱 많은 노동이 화폐의 생산을 위해 전용될 것이기 때문이다 — 이 사실은 마치 금 채굴국(採掘國)에서 보는 바와 같으나, 세계 전체로 볼 때 이와 같이 전용될 수 있는 최대량은 거의 무시할 정도이다.

(2) 그러나 위의 조건은 분명히 화폐에 의해서뿐만 아니라, 생산이 완전히 비탄력적인 모든 순수한 지대요소(地代要素: rent-factors)에 의해서도 또한 만족된다. 따라서 화폐를 다른 지대요소와 구별하기 위하여 제 2의 조건이 요구된다.

화폐를 다른 것과 구별하는 제2의 특질은 그것의 대체탄력성(代替彈力性)이 완전히 또는 거의 제로(零)와 같다는 점에 있다. 이것은 화폐의 교환가치가 상승함에 따라 화폐를 어떤 다른 요소로 대체하는 경향이 없다는 것을 의미한다 — 추측컨대, 상품화폐가 제조업이나 또는 공예에도 또한 사용되는 경우에 일어날 수 있는 극소량의 대체를 제외하고는. 이것은 다음과 같은 화폐의 특질로부터 도출된다. 즉, 그 특질이란, 그 효용이 오직 그 교환가치(交換價値)로부터 파생할 뿐이며 따라서 양자는 동일보조로 상승 또는 하락하며, 그 결과 화폐의 교환가치가 상승함에 따라, 지대요인(地代要因)의 경우에서와는 달리, 다른 어떤 요소로 그것을 대체하려는 동기 또는 경향이 없다는 것이다.

이리하여 화폐의 노동가격이 상승하는 경우에도, 화폐의 생산을 위해 더욱 많은 노동을 전용(轉用)하는 것이 불가능할 뿐 아니라, 화폐에 대한 수요가 증가하는 경우에는, 화폐는 구매력(購買力)을 흡수하는 밑

빠진 항아리가 되어버린다. 왜냐하면, 화폐에 있어서는 어떤 가치에 달하게 되면 수요의 방향이 바뀌어져서 — 다른 지대요인의 경우에서와는 달리 — 다른 물건에 대한 수요로 넘쳐흐르는 일이 없기 때문이다.

이에 대한 유일의 제한은, 화폐가치의 상승이 장래에 있어서의 이 상승의 지속 여부에 대한 불확실성을 수반하는 경우에 일어난다. 이 경우에는 a_1과 a_2는 증가하게 되는데, 그것은 화폐이자의 여러 재화율(財貨率)이 상승하는 것과 같은 것이고, 따라서 다른 자산의 산출에 대한 자극제가 될 것이다.

(3) 셋째로, 우리들은 이들 결론이, 비록 노동을 화폐의 생산으로 돌림으로써 화폐량을 증가시킬 수는 없다고 하더라도, 그럼에도 불구하고 그 유효공급이 경직적으로 고정되어 있다는 가정은 부정확한 것이라는 사실에 의해 번복되는지의 여부를 고찰해야 한다. 특히 임금단위(賃金單位)의 인하는 유동성(流動性) 동기를 만족시키기 위해 현금을 다른 용도로부터 해방시킬 것이다. 다른 한편으로는 이에 부가하여 화폐로 표시한 재화의 가치가 하락함에 따라, 사회의 부(富) 전체에 대한 화폐의 현존량(現存量)의 비중은 증가할 것이다.

이 반작용이 화폐이자율의 충분한 하락을 가져올 수도 있으리라는 것을 순수한 이론적인 근거에서 논박(論駁)할 수는 없다. 그러나 우리가 익숙해져 있는 유형의 경제에 있어서, 화폐이자율이 충분히 하락하기가 흔히 어렵게 될 개연성(蓋然性)을 매우 크게 만드는 몇 가지 이유가 있으며, 이런 이유들을 종합해서 생각해 보면 대항하기 어려운 힘을 가지고 있다.

(가) 먼저 우리는 임금단위의 하락이 화폐로 측정되는 다른 여러 자산의 한계효율(限界效率)에 미치는 반작용을 염두에 두어야 한다 — 왜냐하면 우리의 관심의 대상이 되는 것은 이들 한계효율과 화폐이자율의 차

이(差異)이기 때문이다. 만일 임금단위의 하락의 효과가 임금단위는 앞
으로 다시 상승하리라는 기대를 낳는 것이라고 한다면, 결과는 완전히
유리하게 될 것이다. 그러나 그 반대로, 만일 그 효과가 임금단위는 앞
으로 더욱 하락하리라는 기대를 낳는 것이라고 한다면, 자본의 한계효율
에 대한 반작용은 이자율의 하락을 상쇄할 것이다.3)

(나) 화폐임금(貨幣賃金)은 실질임금(實質賃金)에 비해 더욱 안정적이
기 때문에 임금(賃金)이 화폐로 측정될 때에는 점착적(粘着的)으로 되는
경향이 있다는 사실은, 화폐로 측정될 때의 임금단위가 쉽게 저락할 수
있는 정도를 제한하는 경향이 있다. 뿐만 아니라, 만일 사실이 이렇지
않다면 사태는 호전되기는 고사하고 오히려 악화될 것이다. 왜냐하면,
만약 화폐임금이 용이하게 하락한다면 이것은 흔히 화폐임금은 앞으로
더욱 하락할 것이라는 기대를 낳아서, 자본의 한계효율에 불리한 반작용
을 만들어내는 경향을 가질 것이기 때문이다. 뿐만 아니라, 만일 여러
임금이 다른 어떤 재화, 이를테면 소맥을 기준으로 정해진다고 한다면,
임금이 계속 점착성을 가질 가능성은 아마도 거의 없을 것이다. 임금이
화폐로 정해질 경우에 점착력을 가지는 것은 화폐가 가지는 특질들 ―
특히 화폐를 유동적인 것으로 만드는 특질들 ― 때문인 것이다.4)

(다) 셋째로, 우리는 이 문맥에서 가장 기본적인 중요성을 가지는 문
제, 즉 유동성선호(流動性選好)를 만족시키는 화폐의 특질들에 관한 문제
에 도달하였다. 왜냐하면, 흔히 일어날 수 있는 어떤 경우에 있어서는,
이 특질들은 이자율로 하여금 다른 형태의 부(富)에 비한 화폐량의 상대
적 비중의 현저한 증가에 대하여도, 특히 어떤 수치(數値) 이하에 있어서

---

3) 이 문제에 대해서는 후의 제 19장에서 더 상세하게 고찰할 것이다.

4) 임금(및 계약)이 소맥으로 정해지는 경우에는, 소맥이 화폐가 가지는 유동성할
증(流動性割增)을 어느 정도 획득하게 될 수도 있을 것이다. 우리는 후의 (제4절)에
서 다시 이 문제로 돌아올 것이다.

는,5) 거의 무감각하게 만들기 때문이다. 다시 말해서, 어떤 점을 넘어서서는, 유동성으로부터 나오는 화폐의 수익(收益)이 화폐량의 증가에 대응하여 하락하는 정도는, 다른 자산들로부터의 수익이 그 양의 상대적 증가에 따라 하락하는 정도에는 도저히 근접할 수 없을 정도로 작을 것이다.

이와 관련하여 화폐의 낮은(또는 무시할 수 있는 정도의) 보관비용(保管費用)이 매우 중요한 역할을 연출한다. 왜냐하면, 만일 그 보관비용이 상당히 크다면, 그 보관비용은 후일에 있어서의 화폐의 예상가치에 대한 기대의 효과를 상쇄할 것이기 때문이다. 공중(公衆)이 비교적 근소한 자극에 호응하여 화폐 보유량을 주저 없이 늘릴 용의가 있는 이유는, 유동성의 이익(그것이 실제로 존재하는 것이든 상상 속에 있는 것이든 간에)이 [시간의 경과에 따라 급격하게 불어나는] 보관비용이라는 형태의 상쇄물(相殺物)과 경쟁해야 하는 일이 없기 때문이다. 화폐 이외의 재화의 경우에는 그것의 적정량(適正量)은 그것을 쓰는 사람에 대해서 어느 정도의 편의를 제공할 수도 있다. 그러나 더 많은 양을 가지는 것이 가치가 안정된 부(富)의 축적(蓄積)을 나타내는 것으로서 어느 정도의 매력을 가진다고 하더라도, 이것은 보관료, 손모비(損耗料) 등의 형태를 갖는 보관비용에 의해 상쇄될 것이다. 따라서 어떤 일정한 점에 도달한 다음에는 더 큰 재고량을 보유하는 것은 필연적으로 손실을 수반하게 된다.

그러나 이미 우리가 본 바와 같이, 화폐의 경우에는 사정은 이와 같지 않다 — 그 이유에는 여러 가지가 있는데, 그것은 곧 화폐를 공중의 평가에 있어서 특히 탁월하게 「유동적(流動的)」인 것으로 만드는 이유들이다. 그렇다면, 법화(法貨)인 현금통화(現金通貨)가 화폐로서의 자격을 보유하기 위해서는 규정된 일정 비용을 지불하고 정기적으로 거기에 인

---

5) 앞의 제170면 참조.

지(印紙)를 붙이도록 규정한다거나, 또는 이와 유사한 방법으로 화폐에도 인위적인 보관비용을 만들어 냄으로써 (상기에 대한) 대책을 강구하고자 하는 개혁론자들의 착상은 올바른 궤도 위에 있다고 할 수 있고, 그들의 제안은 고려할만한 실천적 가치를 지니고 있다.

따라서 화폐이자율(貨幣利子率)의 중요성은 다음과 같은 특징들의 결합으로부터 나온다. 즉, 이 이자율은, 유동성 동기의 작용을 통하여, 화폐로 측정한 여러 가지 다른 형태의 부(富)에 대한 화폐량의 비율의 변화에 대하여 어느 정도 무반응(無反應)일 수 있다는 것, 그리고 화폐는 생산(生産)에 관해서나 대체(代替)에 관해서나 다 같이 제로(또는 무시할 수 있는 정도)의 탄력성을 가지고 있다(또는 가질 가능성이 있다)는 것이 그것이다. 제1의 조건은 수요(需要)가 압도적으로 화폐를 지향할 수 있다는 것을 의미하며, 제2의 조건은 이렇게 수요가 일어날 때에 화폐의 생산을 늘리기 위해 노동의 고용(雇用)을 증가시킬 수 없다는 것을 의미하며, 제3의 조건은 어떤 점에 있어서도 다른 어떤 요인이, 만일 그것이 충분히 저렴하다면, 화폐의 임무를 화폐처럼 잘 수행할 수 있다는 것을 통하여 사태가 완화될 수는 없다는 것을 의미한다. 유일의 구제책은 — 자본의 한계효율의 변화를 제외하고는 — 화폐량을 증가시키는 데 있거나(유동성에 대한 성향에 변화가 없는 이상), 아니면 — 형식적으로는 똑같은 것이지만 — 일정 화폐량이 더 많은 화폐의 서비스를 수행할 수 있도록 화폐가치(貨幣價値)를 상승시키는 데 있을 뿐이다.

따라서 화폐이자율의 상승은 화폐의 생산을 자극할 수 없으면서도(화폐의 생산은 가설(假說)에 의하여 완전히 비탄력적이다) 그 생산이 [이자율에 대하여] 탄력적인 모든 물품의 생산을 저해한다. 화폐이자율은 화폐의 생산을 위한 투자를 자극할 수 없으면서도 — 화폐는 가설에 의하여 생산될 수 없다 — 그 밖의 모든 재화이자율(財貨利子率)에 대한 보조(步調)의 기준을 설정함으로써 이들 재화의 생산을 위한 투자를 억제한다. 뿐만 아니라, 채권(債權)으로 표시한 유동적 현금에 대한 수요의 탄력성으로 말미암아, 이 수요를 지배하는 조건에 다소의 변화가 있다고 하더라도 화폐이자율을 크게 변화시킬 수는 없을 것이다. 반면에 (당국의 조처가 있는 경우를 제외하고) 화폐 생산의 비탄력성(非彈力性)으로 말미암아, 어떤 자연적인 힘들이 공급 측에 영향을 미침으로써 화폐이자율을 저하시킨다는 것도 현실적으로 있을 수 없다. 보통의 재화의 경우에서는 그 유동적 재고(在庫)에 대한 수요의 비탄력성으로 말미암아, 수요 측면에 있어서의 근소한 변화가 있는 경우에도 그 변화는 그 이자율을 당장에 상승 또는 하락하도록 할 것이며, 다른 한편으로는 그 공급의 탄력성(彈力性)은 선물인도(先物引渡)에 비하여 현물인도(現物引渡)에 높은 할증(割增)이 붙는 것을 막는 경향이 있을 것이다. 이리하여 다른 재화들을 그 스스로의 작용에 맡겨둔다면, 「자연적인 힘들」, 즉 시장에 작용하는 통상적인 여러 가지 힘들은, 완전고용의 출현으로 말미암아 우리가 화폐의 통상적인 특질로 상정한 공급의 비탄력성이 재화 일반에 나타날 때까지, 그들의 이자율을 저하시킬 것이다. 그리하여 화폐가 존재하지 않거나, 화폐가 가지는 것으로 상정한 특질들을 가진 다른 어떤 자산이 존재하지 않는 — 이 점도 물론 우리가 가정해야 하는 것이다 — 경우에는, 이자율들은 완전고용이 있을 때에 한하여 균형에 도달할 수 있을 뿐이다.

다시 말해서, 실업(失業)이란 사람들이 달(月)을 갖고 싶어 하기 때문에 일어난다. — 욕구의 대상(즉, 화폐)이 생산될 수도 없고 그에 대한 수요도 쉽사리 막아버릴 수도 없는 그런 무엇인 경우에는, 사람들은 고용될 수가 없는 것이다. 이를 구제하는 방법은 공중에게 녹색 치즈[즉, 지폐] 또한 화폐와 같은 것임을 납득시키고 녹색 치즈 제조공장(즉, 중앙은행)을 정부의 통제 하에 두는 길밖에 없다.

가치의 기준으로 사용되기에는 특히 금(金)이 적합하다고 전통적으로 생각되어 온 [금의] 특질, 즉 그 공급(供給)의 비탄력성이야말로, 결과적으로는 바로 곤란(困難)의 근원이 되고 있다는 점을 인식하는 것은 흥미 있는 일이다.

우리의 결론을 가장 일반적인 형태로(소비성향을 주어진 것으로 하고) 다음과 같이 천명할 수 있다. 사용가능한 모든 자산(資産)의 자기이자율(自己利子率) 가운데서 최대의 것이 모든 자산의 한계효율(限界效率) — 자기이자율이 가장 높은 자산으로 측정한 — 중에서 최대의 것과 같은 경우에는, 투자율(投資率)의 그 이상의 증가는 있을 수 없다.

완전고용 상태에서는 이 조건은 필연적으로 충족된다. 그러나 만약 생산 및 대체의 탄력성이 제로(零)인6) (또는 상대적으로 작은) 어떤 자산이 존재하고, 산출량의 증가에 따라 그 이자율이 그 자산으로 측정된 여러 가지 자본자산의 한계효율보다도 완만하게 저락(低落)하는 경우에는, 완전고용이 도달되기 이전에도 상기의 조건은 만족될 수 있다.

IV

우리는 이상에서, 어떤 재화가 가치(價値)의 기준이 된다는 것이 그

6) 탄력성(彈力性)이 제로(零)라는 것은 필연적으로 요구되는 이상으로 엄격한 조건이다.

재화의 이자율이 중요한 이자율이 되기 위한 충분조건(充分條件)은 아니라는 것을 밝힌 바 있다. 그러나 우리가 알고 있는 바의 화폐의 특질들, 즉 화폐이자율을 중요한 율(率)로 만드는 특질들이, 화폐가 관례적으로 채권(債權)과 임금(賃金)을 정하는 기준이 되고 있다는 사실과 어느 정도로 결부되어 있는가를 고찰하는 것은 흥미 있는 일이다. 이 문제는 두 가지 측면에서 고찰될 필요가 있다.

우선 먼저, 모든 계약이 화폐단위로 정해지고, 화폐단위로 정해진 임금이 보통 어느 정도 안정되어 있다는 사실은 의심의 여지없이 화폐에게 극히 높은 유동성할증(流動性割增)을 부여하는 데 큰 역할을 수행한다. 장래의 채무(債務)가 만기에 도달할 때 그것의 크기를 나타내는 기준과 똑같은 기준으로, 그리고 또 장래의 생계비가 그것으로 측정되는 경우 비교적 안정되어 있을 것이 예상되는 기준으로, 여러 자산을 보유하는 것이 편리하리라는 것은 명백한 일이다. 동시에, 만일 높은 생산탄력성(生產彈力性)을 가진 재화가 가치의 기준이라면, 산출물의 장래의 화폐비용이 상대적으로 안정적일 것이라는 기대를 아주 자신 있게 가질 수도 없을 것이다. 뿐만 아니라, 우리가 아는 바의 화폐의 낮은 보관비용은 화폐이자율을 중요한 이자율로 만드는 데 있어 고율(高率)의 유동성할증과 똑같이 큰 역할을 연출한다. 왜냐하면, 문제가 되는 것은 유동성할증과 보관비용의 차이(差異)이며, 금, 은 및 은행권 등의 자산을 제외한 대부분의 재화의 경우에는, 보관비용은 적어도 계약이나 임금이 정해지는 기준에 통상적으로 부여되어 있는 유동성할증만큼 높으며, 따라서 설사 현재 (이를테면) 파운드화에 부여되어 있는 유동성할증이 (이를테면) 소맥으로 이전된다고 하더라도, 소맥이자율은 그래도 제로(零) 이상으로 올라갈 가능성이 희박할 것이기 때문이다. 따라서 여러 계약들과 임금이 화폐단위로 정해지고 있다는 사실이 화폐이자율의 중요성을 상당히 제고시키기는 하나, 그럼에도 불구하고, 이 사정은 그것 자체만으로는 아마도 상술한 바와 같은 화폐이자율의 특질들을 만들어내기에는 부족하다는 문제가 남는다.

둘째로 고찰되어야 할 점은 더욱 미묘하다. 산출물의 가치가 다른 어떤 재화로 측정될 때보다 화폐로 측정될 때에 더 안정성이 있으리라는 통상적인 기대는, 말할 나위도 없이, 임금이 화폐단위로 약정되어 있다는 데 의존하는 것이 아니라, 임금이 화폐단위로 표시될 때 비교적 점착적(粘着的)으로 된다는 사실에 의존한다. 그렇다면, 만일 임금이 화폐 그 자체에 의해서가 아니라 화폐 이외의 어떤 한 개 또는 그 이상의 재화를 기준으로 측정될 때에 점착성(즉, 안정성)이 더욱 클 것으로 기대될 수 있다면 사정은 어떻게 될 것인가? 그와 같은 기대가 있기 위해서는 다음과 같은 것이 필요하다. 즉, 당해 재화의 생산비는 산출량의 규모의 대소에 관계없이, 장기에 있어서나 단기에 있어서나, 임금단위를 기준으로 할 때 비교적 불변일 것이라고 기대되어야 할 뿐 아니라, 생산비 가격에서의 경상수요를 초과하는 잉여는 모두 비용 없이 재고로 편입될 수 있다는 것, 즉 그 유동성할증이 그 보관비용을 초과한다는 것(왜냐하면, 그렇지 않다면 가격의 상승으로부터 이익이 나올 가망이 없고, 따라서 이 재고를 가진다는 것은 필연적으로 손실을 수반하지 않을 수 없기 때문이다)이 필요하다. 만약에 어떤 재화가 이런 조건들을 만족시킬 수 있다는 것이 발견된다면, 그때에는 확실히 그 재화는 화폐의 적수(敵手)로 등장할 수도 있을 것이다. 이와 같이, 산출물의 가치가 화폐를 기준으로 측정되는 것보다 그것을 기준으로 측정되는 것이 더욱 안정적으로 되는 그런 어떤 재화가 있다는 것은 논리적으로는 불가능한 일이 아니다. 그러나 아마도 실제로는 그와 같은 재화는 존재하지 않을 것으로 생각된다.

따라서 나는 다음과 같이 결론짓는다. 즉, 임금이 그것을 기준으로

하여 측정될 때 가장 점착적(粘着的)이라고 기대되는 재화는 그 생산탄력성이 최소가 아닌 재화일 수가 없고, 또한 그 유동성할증에 대한 보관비용의 초과가 최소가 아닌 재화일 수가 없다. 다른 말로 하자면, 화폐로 표시하는 임금이 비교적 점착적이라는 기대는 유동성할증이 보관비용을 초과하는 정도가 다른 어떤 자산의 경우보다 화폐의 경우에 더 크다는 것의 필연적인 귀결인 것이다.

그리하여 우리는, 서로 결합하여 화폐이자율을 중요한 것으로 만드는 특질들은 누적적인 양상을 띠면서 상호 작용한다는 것을 알 수 있다. 화폐가 낮은 생산(生産) 탄력성과 대체(代替) 탄력성 및 낮은 보관비용을 가지고 있다는 사실은, 화폐임금이 비교적 안정적일 것이라는 기대를 일으키는 경향을 가지며, 이 기대는 나아가서는 화폐의 유동성할증을 제고하고, 화폐이자율과 다른 여러 자산의 한계효율 사이의 특수한 상관관계(相關關係) ― 만일 그러한 상관관계가 존재할 수 있다면, 화폐이자율로부터 그 가시[독침(毒針)]를 박탈할지도 모른다 ― 가 일어나지 못하도록 할 것이다.

피구 교수는(다른 사람들과 같이), 실질임금이 화폐임금보다 더 안정적이라고 추정할 근거가 있다고 가정하는 것을 상례(常例)로 하여 왔다. 그러나 이것은 고용이 안정적이라고 추정할 근거가 있을 경우에 한하여 타당할 수 있다. 뿐만 아니라, 임금재(賃金財)는 높은 보관비용을 수반한다는 난점도 있다. 사실, 만일 임금재를 가지고 임금을 정함으로써 실질임금을 안정시키고자 하는 어떤 기도가 이루어진다면, 그 결과는 오직 격심한 화폐가격의 진동을 야기할 따름일 것이다. 왜냐하면, 소비성향이나 투자유인의 근소한 변동이라도 그것이 있을 때마다 화폐가격을 제로(零)와 무한대 사이에서 격심하게 변동하도록 만들 것이기 때문이다. 화폐임금이 실질임금보다 더 안정적이라는 것은 경제체계가 고유의 안정성(安

定性)을 가지기 위한 하나의 조건인 것이다.

그러므로 [경제체계가] 상대적인 안정성을 갖는 이유를 실질임금에게 돌린다는 것은 단순히 사실과 경험상의 과오만은 아니다. 만약 관찰의 대상이 되고 있는 [경제]체계는, 소비성향과 투자유인의 사소한 변화가 있을 때에도 물가(物價)는 격심한 영향을 받지 않는다는 의미에서, 안정적(安定的)이라고 우리가 생각한다면, 그것은 또한 논리상의 오류이기도 한 것이다.

V

상기의 논의에 대한 각주(脚註)로서, 이미 위에서 서술한 바 있는 것, 즉 「유동성」과 「보관비용」은 다 같이 정도의 문제라는 것, 그리고 「화폐」의 특질은 오직 전자가 후자에 비해 상대적으로 높다는 데 있을 뿐이라는 것은 강조해 둘만한 가치가 있을 것이다.

예를 들어, 유동성할증(流動性割增)이 항상 보관비용을 초과하는 자산은 하나도 없는 경제 ― 이것이야말로 이른바 「비화폐(非貨幣)」 경제에 대하여 내가 내릴 수 있는 최선의 정의이다 ― 를 고찰해 보자. 다시 말해서, 이 경우에는 특정의 소비재와 특정의 자본설비 ― 그 자본설비는, 길고 짧은 다양한 기간을 통하여, 그것이 만들어낼 수 있거나 또는 그것의 조력을 얻어서 만들어낼 수 있는 소비재들의 성질에 따라, 많든 적든 전문화되어 있다 ― 이외에는 아무것도 존재하지 않으며, 이들은 모두 현금과는 달리 그들이 재고로 보유되고 있는 경우에는 가치의 손모(損耗)를 입거나 또는 비용이 들거나 하는데, 이 손모와 비용은 이들에게 부여될 수 있는 어떤 유동성할증보다도 클 것이다.

그와 같은 경제에서는 자본설비는 다음과 같은 점에서 서로 차이가 있을 것이다. 즉 (a) 그 설비가 그 생산을 도울 수 있는 소비재의 종류에 차이가 있고, (b) 그 산출물의 가치(價値)의 안정성(安定性)에 (빵의 가치는 세월을 통하여 유행 신제품의 가치보다 더 안정적이라는 의미에 있어서) 차이가 있고, 그리고 (c) 그 자본설비에 구체화되어 있는 부(富)의 「유동화(流動化)」의 속도에 — 여기에서 부(富)의 유동화라는 의미는, 그 설비가 생산물을 생산하여 그것을 판매하여 얻은 금액을 필요하다면 언제나 전혀 다른 형태의 설비에 다시 구현시킬 수 있다는 것을 의미한다 — 차이가 있다.

이 경우 부(富)의 소유자는, 부(富)를 보유하는 수단으로서의 각종 자본설비의 상술한 의미에서의 「유동화」의 결여를, 위험을 감안한 후의 그들의 예상수익에 관한 가능한 최선의 보험수학적(保險數學的) 추정치와 비교하여, 평량(評量)할 것이다. 여기서 독자들은 관찰할 수 있겠지만, 유동성할증은 어느 부분에 있어서는 위험할증(危險割增)과 비슷하지만, 어느 부분에서는 서로 다르다. — 그 차이는 우리가 확률에 관해 할 수 있는 최선의 추정과, 우리가 그 추정을 하는 경우에 가지는 확신 사이의 차이에 대응하는 것이다.7) 앞의 장(章)들에서 우리가 예상수익(豫想收益)의 추정에 관해 논하였을 때, 우리는 그 추정이 어떻게 이루어지느냐에 대하여 자세히 논하지 않았었다. 그리고 논의가 복잡해지는 것을 피하기 위해 유동성의 차이와 위험 자체의 차이를 구별하지 않았었다. 그러나 자기이자율(自己利子率)을 계산하는 경우에는 양자를 다 감안해야 한다는 것은 분명하다.

확실히, 「유동성」에는 절대적인 기준은 없고 오직 유동성의 척도(尺度) — 여러 가지 다른 형태의 부(富)를 보유할 때의 상대적인 매력을 추

---

7) 상기 제 148면의 각주 참조.

정하는 데 있어, 사용의 수익(收益)과 보관비용에 부가하여 고려되지 않
으면 안 되는 여러 가지의 할증(割增) — 가 있을 뿐이다. 「유동성(流動
性)」에 기여하는 것이 무엇이냐에 대한 개념은 부분적으로는 모호한 것
으로서 시대에 따라 변화하고 사회의 관행과 제도에 따라 다르다. 그러
나 부(富)의 소유자가 어떤 주어진 시점에서 유동성에 관한 그들의 느낌
을 표현하는 그들의 의중(意中)에 있어서의 선호(選好)의 서열(序列)은 확
정적이며, 그것이야말로 우리가 경제체계의 운행(運行)을 분석하는 데
있어 우리가 필요로 하는 전부라 할 수 있다.

어떤 역사적 환경 하에 있어서는, 토지의 소유가 부(富)의 소유자의
의중에 높은 유동성할증을 가지는 것으로 여겨진 경우가 있었을는지 모
른다. 토지는 그 생산탄력성 및 대체탄력성이 극히 낮다[8]는 점에 있어
서 화폐와 유사하기 때문에, 역사상 토지를 보유하고자 하는 욕구가[이
자율을 지나치게 높은 수준으로 유지하는 데 있어 근래 화폐가 연출하고 있
는 것과 똑같은] 역할을 연출한 경우가 가끔 있었으리라는 것은 능히 상
상할 수 있는 일이다. 토지에는 화폐채권(貨幣債權)에 대한 이자율과 엄
밀하게 비교될 수 있는 그 자신에 의해 측정되는 선물가격(先物價格)이
없기 때문에, 이 영향을 수량적으로 추적하기는 어렵다. 그러나 우리는,
저당증권(抵當證券)에 대한 높은 이자율의 형태에서 이와 아주 유사한
경우를 흔히 본다.[9] 토지에 대한 저당증권의 이자율이 토지의 경작으로

---

8) 「유동성(流動性)」이라는 속성은 이들 두 가지 특질의 존재와 무관한 것이 절대
아니다. 왜냐하면 그 공급이 용이하게 증가되거나 상대가격의 변화에 의해 그것에
대한 욕구가 용이하게 다른 것으로 전환될 수 있는 자산이 부(富)의 소유자의 의중에
서 「유동성」의 속성을 가진다는 일은 아마도 없을 것이기 때문이다. 화폐 자체도,
그 장래에 있어서의 공급이 급격한 변화를 겪을 것으로 기대된다면, 「유동성」의 속
성을 급속히 상실할 것이다.

9) 저당권(抵當權)과 이에 대한 이자(利子)는 물론 화폐단위로 정해진다. 그러나
저당권 설정자가 채무 변제를 위해 토지 그 자체를 인도할 선택권을 보유한다 — 만

부터 나올 수 있는 예상수익을 초과하는 수가 비일비재할 경도로 높다는
사례는 많은 농업경제에서 흔히 볼 수 있는 특징이다. 고리금지법(高利
禁止法)은 원래 이와 같은 성질의 저당권 설정을 억압할 것을 목적으로
하는 것이었다. 고리금지법은 정당한 것이었다. 왜냐하면, 근대적인 의
미에 있어서의 장기채권이 존재하지 않았던 옛날의 사회조직 하에서는,
저당증권에 대한 높은 이자율 경쟁은, 새로 생산되는 자본자산에 대한
경상투자로부터 나오는 부(富)의 성장을 저해하는 데 있어, 현대에 있어
서의 장기채권에 대한 고이자율과 똑같은 영향을 미쳤을 가능성이 클 것
이기 때문이다.

수천 년에 걸친 끊임없는 개인저축(個人貯蓄)이 있은 후의 세계가 축
적된 자본자산 속에서도 지금처럼 빈곤하다는 사실은, 나의 견해로는,
인류의 짧은 생각[短慮]의 성향 때문도 아니며, 또 전쟁의 파괴 때문도
아니고, 왕년에는 토지의 소유에 대하여 부여했고 그리고 오늘에 와서는
화폐에 대하여 부여하고 있는 높은 유동성할증(流動性割增)에 의해 설명
될 수 있는 것이다. 이 점에 있어서 나는, 마샬이 그의 『경제학 원리』의
제581면에서 그에게는 드물게 보이는 독단력(獨斷力)을 가지고 피력한,
다음과 같은 고풍(古風)의 견해와는 의견을 달리하는 것이다.

「인류의 대다수가 장래의 만족보다는 현재의 만족을 선호함으로써,
환언하면, 사람들이 '대인(待忍)' 하기를 꺼림으로써, 부(富)의 축적이
억제되고 이자율이 지금까지 유지되어 왔다는 것은 누구나 잘 알고 있
는 사실이다.」

일 그가 요구에 응하여 지불할 수 있는 화폐를 가지고 있지 않을 때에는 그는 그렇
게 토지를 인도해야 한다 —는 사실은, 저당권 제도를 현물도(現物渡)의 토지에 대하
여 선도(先渡)의 토지를 계약하는 것과 근사한 것으로 만드는 수가 가끔 있다. 소작
인에게 설정되어 있는 저당권과의 교환으로 토지가 소작인에게 판매되는 경우가 있
었던바, 그것은 사실상, 이런 성격의 거래와 거의 같은 것이다.

VI

나의 『화폐론』에서 나는 유일무이(唯一無二)의 이자율이라고 할 수 있는 것을 정의하고 그것을 자연이자율(natural rate of interest) ─ 즉, 나의 『화폐론』의 용어법에서는, 저축률(그 책에서 정의한 바와 같은)과 투자율 사이의 균등성(均等性)을 유지하는 이자율 ─ 이라고 불렀다. 나는 이것이야말로 빅셀이 「자연이자율(自然利子率)」이라고 한 것, 즉 그가 아주 명확하게 지정하지는 않았지만 물가수준의 안정성을 유지하는 어떠한 이자율이라고 생각했던 것을 발전시킨 것이고 명료화한 것이라고 믿었었다.

그러나 나는 거기에서, 이 정의에 입각할 때, 주어진 어떤 사회에 있어서든지, 가정된 각 고용수준(雇用水準)에 대하여 각각 하나씩 다른 자연이자율이 존재한다는 사실을 간과하고 있었다. 다시 말해서, 경제체계는 그 이자율과 그 고용수준에서 균형상태에 놓이게 될 것이라는 의미에서, 모든 각각의 이자율에 대하여 그 이자율이 「자연(自然)」율이 되게끔 하는 하나의 고용수준이 있는 것이다. 따라서 유일(唯一)의 자연이자율(自然利子率)에 대하여 말하거나, 또는 상기의 정의가 고용수준 여하를 막론하고 이자율의 유일무이한 값을 우리에게 줄 것이라고 시사하거나 하는 것은 잘못이었다. 그 당시에 나는, 어떤 조건 하에 있어서는, 경제체계가 완전고용수준 이하에서 균형상태를 이룰 수 있다는 것을 이해하지 못했던 것이다.

나는 이제 왕년에는 대단히 유망(有望)한 관념으로 보였던 「자연(自然)」이자율의 개념이 더 이상 우리의 분석에 대하여 매우 유용하거나 중요한 그 무엇을 가지고 있다고는 생각하지 않는다. 그것은 단순히 현재

의 상태를 유지하게 하는 이자율에 불과하며, 일반적으로 우리는 현재의
상태 그 자체에 대해서는 아무런 두드러진 관심도 가지고 있지 않은 것
이다.

만일 유일무이하고 중요한 그런 어떤 이자율(利子率)이 존재한다면,
그것은 우리가 중립적(neutral) 이자율[10]─ 즉, 경제체계의 다른 파라미
터는 일정하다고 할 때 완전(完全)고용과 양립하는 상기한 의미에 있어서
의 자연율(自然率) ─ 이라고 부를 수 있는 이자율이어야 한다. 하기는
이 율(率)은 아마도 최적률(optimum rate)이라고 부르는 것이 더욱 적합
할는지 모르지만.

중립적 이자율이란, 더욱 엄밀하게, 산출량과 고용의 상태가 전체 고
용의 탄력성을 제로(零)로 만들고 있을 때의 균형 하에서 성립하는 이자
율이라고 정의할 수가 있다.[11]

앞에서 말한 것은 다시 한 번, 이자율(利子率)에 관한 고전파이론이
말이 되기 위해서는 어떠한 암묵적인 가정(假定)이 필요한가 하는 문제
에 대한 해답을 우리에게 제공한다. 이 이론은, 현실의 이자율은 항상
우리가 지금 정의한 의미에 있어서의 중립이자율(中立利子率)과 같다고
가정하거나, 아니면, 현실의 이자는 항상 고용을 어떤 특정한 불변 수준
으로 유지할 이자율과 같다고 가정하고 있다. 만일 전통적인 이론을 이
렇게 해석한다면, 그 실천적인 결론에는 우리가 이의를 제기할 것은 거
의 또는 전혀 없다. 고전파이론은, 은행 당국이나 자연적인 여러 힘들이
시장이자율(市場利子率)로 하여금 상기의 여러 조건들 중의 하나 또는 그

10) 이 정의는 최근의 저술가들에 의해 내려지고 있는 중립적 화폐(中立的 貨幣)에
관한 여러 가지 정의의 어떤 것에도 해당하는 것이 아니다 ─ 비록 그것은 아마도 이
저술가들이 의중(意中)에 가지고 있던 목적과 모종의 관계를 가질 수는 있을지 모르
지만.

11) 후술하는 제20장 참조.

밖의 것을 만족시키도록 한다고 가정하며, 이 가정 하에서 사회의 생산자원의 사용과 보수를 지배하는 법칙(法則)이 어떤 것인가를 검토하는 것이다. 이 한정(限定)이 유효한 경우에는, 산출량은 오로지 현존의 설비 및 기술과의 관련 하에서 일정불변이라고 가정되는 고용수준에만 의존하게 될 것이며, 우리는 이제 리카도적인 세계에 안전하게 은신(隱身)하고 있는 것이다.

제18장

고용의 일반이론 재설(再說)

I

우리는 이제 우리의 논의의 여러 맥락을 총괄할 수 있는 시점에 도달하였다. 우선, 우리는 경제체계의 어떤 요인(要因)들을 보통 주어진 것으로 보며, 우리의 체계의 독립변수(獨立變數)들은 어떤 것들이며 종속변수(從屬變數)들은 어떤 것들인가를 밝혀 두는 것이 유용할 것이다.

우리가 주어진 것으로 보는 것은 가용노동(可用勞動)의 현존하는 숙련도와 양(量), 가용설비(可用設備)의 현존의 질(質)과 양, 현존의 기술, 경쟁의 정도, 소비자의 기호와 관습, 강도가 서로 다른 노동의 비효용(非效用), 감독 및 조직의 여러 활동들의 비효용 및 국민소득의 분배를 결정하는 여러 힘들 ― 이하에서 제시하는 변수를 제외한 ― 을 포함하는 사회구조 등이다. 이것은 우리가 이런 요인들을 불변(不變)이라고 가정한다는 것을 의미하지는 않는다. 그것은 단순히 이 장소와 문맥에 있어서는 우리가 이들 요인들의 변화(變化)의 효과와 결과를 고찰하거나 염두에 두거나 하지는 않겠다는 것을 의미할 따름이다.

우리의 독립변수(獨立變數)들은, 우선 먼저 소비성향(消費性向), 자본의 한계효율표(限界效率表) 및 이자율(利子率)인데, 이미 우리가 본 바와 같이, 이들은 더욱 자세한 분석의 대상이 될 수 있는 것들이다.

우리의 종속변수들은 고용량(雇用量)과 임금단위로 측정된 국민소득(또는 국민분배분)이다.

우리가 주어진 것으로 간주한 요인(要因)들은 우리의 독립변수에 영향을 미치기는 하나 그것을 완전히 결정하지는 않는다. 예를 들어, 자본의 한계효율표(限界效率表)는 부분적으로는 주어진 요인들 중의 하나인 설비(設備)의 현존량에 의존하지만, 또 부분적으로는 주어진 여러 요인들로부터 도출될 수 없는 장기기대(長期期待)의 상태에도 의존하는 것이다. 그러나 또 그 밖의 몇 가지 요인들은 주어진 요인들에 의해 아주 완전히 결정되며, 따라서 우리는 이와 같이 파생(派生)된 요인(要因)들 자체를 주어진 것으로 취급할 수 있다. 예를 들어, 우리는 어떤 주어진 고용수준에 대응하는, 임금단위로 측정되는 국민소득(國民所得)의 수준이 어떤 것인가를 주어진 요인들로부터 추론할 수가 있다. 때문에, 우리가 주어진 것으로 보는 경제의 윤곽 내에서는 국민소득은 고용(雇用)의 양(量), 즉 경상적으로 생산에 투입되는 노력(勞力)의 양에 — 양자 간에는 일의적(一義的)인 상관관계가 존재한다는 의미에서 — 의존하는 것이다.[1] 나아가서는, 우리는 주어진 요인들로부터 서로 다른 유형의 생산물에 대한 총공급함수(總供給函數) — 그것은 공급의 물적(物的)조건을 나타낸다 — 의 형태를, 다시 말해서, 임금단위로 측정된 유효수요의 어떤 주어진 수준에 대응하는 생산에 투입될 고용량(雇用量)을 추정할 수

---

1) 우리는, 이 단계에서는, 여러 가지 다른 생산물의 고용함수가 유관한 고용범위 내에서 각각 다른 곡률(曲率)을 가지는 경우에 일어나는 모종의 복잡성(複雜性)을 무시하고 있다. 후의 제20장 참조.

가 있다. 끝으로, 주어진 요인들은 우리에게 노동(또는 노력)의 공급함수
를 알려준다. 따라서 주어진 요인들은 노동 전체에 대한 고용함수가[2]
특히 어떤 점에서 탄력성(彈力性)을 상실하는가를 우리에게 제시해주는
것이다.

그러나 자본의 한계효율표(限界效率表)는 부분적으로는 주어진 요인
들에, 그리고 또 부분적으로는 여러 가지 종류의 자본자산의 예상수익
(豫想收益)에 의존한다. 한편, 이자율은 부분적으로는 유동성선호의 상
태(즉, 유동성함수)에 의존하며, 그리고 또 부분적으로는 임금단위로 측
정된 화폐량(貨幣量)에 의존한다. 이리하여 우리는, 경우에 따라서는, 우
리의 궁극적인 독립변수가 다음과 같은 것으로 구성되는 것이라고 볼 수
있다. (1) 3개의 기본적인 심리적(心理的) 요인, 즉 소비(消費)에 대한 심
리적 성향, 유동성(流動性)에 대한 심리적 태도 및 자본자산으로부터의
장래의 수익(收益)에 대한 심리적 기대, (2) 고용자와 피고용자 사이의
교섭의 결과 체결되는 계약에 의해 결정되는 임금단위(賃金單位) 그리고
(3) 중앙은행의 행위에 의해 결정되는 화폐량(貨幣量). 따라서 만일 위에
서 열거한 요인들을 주어진 것으로 본다면, 이들 변수는 국민소득(또는
국민분배분)과 고용량을 결정한다. 그러나 이들에 관해서도 더욱 분석해
보아야 할 여지는 있는 것으로서, 말하자면 우리의 궁극적인 원자적 독
립요소는 아닌 것이다.

경제체계의 결정인자(決定因子)들을 주어진 요인들과 독립변수들이
라는 두 가지 부류로 구분한다는 것은 물론, 어떤 절대적인 입장에서 보
더라도, 전적으로 자의적(恣意的)인 것이라 할 수 있다. 이 구분은 전적
으로 경험의 기초에 서서, 한편으로는 그 변화가 극히 완만하다거나 또
는 거의 관계가 없기 때문에 우리가 구하려는 값에 대하여 근소하고 또

---

2) 후술하는 제20장에서 정의됨.

한 상대적으로 보아서 무시할 수 있는 정도의 단기적인 영향을 주는 데
불과한 것처럼 보이는 요인들에 해당하도록, 그리고 다른 한편으로는,
그 변화가 우리가 구하려는 값에 지배적인 영향을 미치는 것이 실제로
명백한 요인들에 해당하도록 이루어져야 할 것이다. 우리가 당면하고 있
는 목적은, 어느 시점에서 주어진 경제체계의 국민소득(國民所得)과 (거
의 같은 것이기는 하나) 그 고용량(雇用量)을 결정하는 것은 무엇이냐를 발
견하고자 하는 데 있다. 그것은 즉, 완전히 정확한 일반화(一般化)를 바
랄 수 없는 경제학(經濟學)과 같은 복잡한 학문분야에서는, 그 변화가 우
리가 구하려는 값을 주로 결정하는 요인들이 무엇이냐를 발견하고자 하
는 것을 의미한다. 우리의 최후의 과제는 우리가 실제로 살고 있는 종류
의 경제체계에서 중앙당국이 의도적으로 통제하고 관리할 수 있는 변수
(變數)들을 가려내는 데 있다고 할 수 있을 것이다.

Ⅱ

여기에서 우리는 여러 요인들을 우리가 도입해온 순서와는 역(逆)의
순서로 열거하면서 앞의 여러 장(章)의 논의를 요약해 보도록 하자.
각종 자본자산의 공급가격(供給價格)이, 그 자산의 예상수익과 관련
하여, 자본 일반의 한계효율을 이자율(利子率)과 거의 균등하게 하는 어
떤 수치에 도달하는 점에 이를 때까지 신투자(新投資)를 추진시키는 유
인(誘因)이 있을 것이다. 다시 말해, 자본재 산업에서의 공급의 물적 조
건, 예상수익(豫想收益)에 관한 확신의 상태, 유동성에 대한 심리적 태도
및 화폐량(임금단위로 계산되는 것이 바람직하다)이, 서로 작용하여 신투자
율(新投資率)을 결정하는 것이다.

그러나 투자율(投資率)의 증가(또는 감소)는 소비율(消費率)의 증가(또는 감소)를 수반하지 않을 수 없을 것이다. 왜냐하면, 공중(公衆)의 행동은 일반적으로 자기들의 소득(所得)이 증가(또는 감소)하는 경우에, 소득과 소비 사이의 격차를 넓히기를(또는 좁히기를) 원하는 그런 성질의 것이기 때문이다. 다시 말해, 소비율의 변화는 일반적으로 소득율(所得率)의 변화와 그 방향이 같은(비록 액수는 더 적을지라도) 것이다. 일정한 저축(貯蓄)의 증분(增分)에 따라 나오는 소비(消費)의 증분과 [소득의 증분]의 관계는 한계소비성향에 의해 주어진다. 이와 같이 결정된 투자(投資)의 증분과 이에 대응하는 총소득(總所得)의 증분 사이의 비율 ― 양자는 다 임금단위로 측정된다 ― 은 투자승수(investment multiplier)에 의해 주어진다.

끝으로, 만일 우리가 (제1 근사법으로서) 고용승수(雇用乘數)는 투자승수(投資乘數)와 같다고 가정한다면, 그 승수를 최초에 서술한 요인들에 의해 이룩된 투자율의 증분(또는 감소분)에 적용함으로써 고용(雇用)의 증분을 추측할 수가 있다.

그러나 고용의 증분(또는 감소분)은 유동성선호표(流動性選好表)를 인상(또는 인하)시키기 쉽다. 그것이 화폐에 대한 수요를 증가시키는 경향을 가지는 것은 세 가지 경로를 통해서다. 무릇, 고용이 증가할 경우에는 비록 임금단위(賃金單位) 및 (임금단위로 측정된) 물가(物價)에 변화가 없다고 하더라도, 산출량의 값은 커질 것이다. 그러나 이에 부가하여, 고용이 개선됨에 따라 임금단위 그 자체가 상승하는 경향을 보일 것이고, 또 산출량의 증가는 단기에 있어서는 생산비의 증가로 말미암아 (임금단위로 측정된) 물가의 상승을 수반할 것이다.

이리하여 균형상태는 이들 반작용에 의하여 영향을 받게 될 것인데, 이 밖에 또 다른 반작용들도 있다. 뿐만 아니라, 위에서 말한 요인들 중의 어느 하나도, 별로 예고도 없이, 그리고 때로는 상당한 정도로, 변화할 가능성을 가지지 않는 것은 없다. 따라서 현실의 사태의 추이는 지극히 복잡해진다. 그럼에도 불구하고 이 요인들은 그들을 따로 떼어 고찰하는 것이 유용하면서도 편리한 것처럼 보인다. 만일 우리가 어떤 현실 문제라도 앞에서 말한 것과 같은 도식(圖式)에 따라 고찰한다면, 그것을 다루기가 훨씬 쉽다는 것을 알게 될 것이다. 그리고 우리의 실천적 직관 (그것은 일반적인 원리에 따라 다룰 수 있는 것보다도 훨씬 상세하게 착잡한 사실들을 고려할 수 있다)은 더욱 처리하기 쉬운 분석의 자료를 제공받을 것이다.

III

이상이 일반이론의 요약이다. 그러나 경제체계의 실제적 현상은 소비성향(消費性向), 자본의 한계효율표(限界效率表) 및 이자율(利子率)의 몇 가지 특수한 성격들에 의해 채색되고 있다. 이런 특수한 성격들에 관해서는 우리는 경험으로부터 안심하고 일반적 법칙(法則)을 도출할 수는 있으나 그것이 논리적으로는 꼭 필요한 것은 아니다.

특히, 우리가 살고 있는 경제체계의 하나의 현저한 특징은 그것이 산출량(産出量)과 고용(雇用)의 면에서는 격심한 진동을 면할 수 없지만, 그 자체가 그리 격렬하게 불안정적인 것은 아니라는 점에 있다. 사실상 그것은 오히려 회복을 향하거나 또는 완전한 붕괴를 향하는 아무런 뚜렷한 경향을 보이지 않은 채, 상당한 기간 동안 만성적인 정상 이하의 활동 상태에 머물러 있을 수가 있는 것같이 보인다. 뿐만 아니라, [경험에 나타나는] 증거가 보여주는 바에 의하면, 완전고용, 또는 심지어 완전고용에 근사한 상태조차도 희귀하고 단명(短命)한 현상이다. 경기변동은 처음에는 활발하게 시작할지도 모르지만, 그것이 심한 극단적 상태로 진행하기 전에 쇠잔(衰殘)하는 것인 듯하며, 절망적이지도 않고 만족할 수도 없는 중간 상태가 우리의 일상적인 처지인 것이다. 규칙적인 국면을 가진 경기순환(景氣循環)의 이론은 경기변동은 극단적 상태까지 진행하기 전에 이미 누그러지고 마침내 반대편으로 방향을 돌린다는 사실에 근거를 두고 있다. 똑같은 것이 여러 물가(物價)에 관해서도 타당한바, 물가는, 교란(攪亂)의 시발적(始發的) 원인에 대한 반응으로, 잠시 동안 어느 정도 안정적으로 머물러 있을 수 있는 수준을 발견할 수 있는 듯이 보이는 것이다.

그런데, 이들 경험상의 사실은 논리적인 필연성(必然性)으로부터 나오는 것은 아니기 때문에, 우리들은 현대사회의 환경과 심리적 성향(性向)이야말로 이런 결과들을 빚는 그런 특성을 가지고 있다고 생각하지 않을 수 없다. 따라서 어떤 가설적(假說的)인 심리적 성향들이 안정적인 체계로 유도할 것인가를 고찰하고, 그 다음에, 당대의 인간성에 관한 우리의 일반적 지식에 비추어, 우리가 살고 있는 세계가 이런 성향들을 가지고 있다고 생각하더라도 큰 무리가 없을 것인가를 고찰하는 것은 유익한 일이다.

앞에서 말한 분석이 관찰된 여러 결과들을 설명할 수 있을 것으로 우리에게 시사하는, 안정을 위한 조건들은 다음과 같다.

(1) 한계소비성향(限界消費性向)은 다음과 같은 성격을 가진다 ; 즉, 어떤 특정 사회의 자본장비에 더 많은 (또는 더 적은) 고용이 이루어짐으로써 그 사회의 산출량이 증가(또는 감소)할 때에는, 양자를 관련시키는 승수(乘數)는 1보다 더 크지만 과도하게 크지는 않다.

(2) 자본의 예상수익(豫想收益)이나 또는 이자율(利子率)에 변화가 있

을 때 자본의 한계효율표(限界效率表)는, 그 성질상 신투자의 변화로 하여금 전자(예컨대 자본의 예상수익 또는 이자율)의 변화와 크게 어긋나게 만들지는 많을 것이다. 즉, 자본의 예상수익 또는 이자율의 다소의 변화는 투자율의 과대한 변화를 가져오지는 않는다.

(3) 고용(雇用)의 변화가 있을 때, 화폐임금(貨幣賃金)은 고용의 변화와 같은 방향으로 변화하는 경향을 보이되, 그것과 크게 균형을 잃을 정도로 변화하지는 않는다. 다시 말해, 다소의 고용의 변화는 화폐임금의 대폭적인 변화를 가져오지는 않는다. 이것은 고용의 안정조건이라기보다는 오히려 물가(物價)의 안정조건이다.

(4) 우리는 여기에서 체계의 안정성을 가져오는 것이라기보다는 어떤 하나의 방향으로의 변동이 적당한 때가 오면 반대방향으로 역전하도록 하는 제4의 조건을 부가해도 좋을 것이다. 그것은, 다시 말해, 전에 있었던 것보다 더 높은(또는 낮은) 율(率)의 투자는, 연수(年數)로 측정하여 과도하게 많지 않은 어느 일정 기간 동안 계속된다면, 자본의 한계효율에 불리한(또는 유리한) 반작용을 미치기 시작한다는 것이다.

(1) 제1의 안정조건, 즉 승수(乘數)는 1보다 크지만 훨씬 크지는 않다는 조건은, 인간성의 심리적 특징으로서 매우 있음직한 일이다. 실질소득이 증가함에 따라 현재의 필요(必要)의 압력은 감소하고, 또 동시에, 기존의 생활수준을 초과하는 잉여(剩餘)도 증가한다. 실질소득이 감소함에 따라 그 역(逆)이 참(眞)이 된다. 이리하여 고용이 증가함에 따라 경상소비(經常消費)도 증가하지만 실질소득의 전체 증가분보다는 적게 증가하며, 고용이 감소함에 따라 경상소비는 감소하되 실질소득의 전체 감소분보다는 적게 감소한다는 것은 — 어쨌든 사회를 평균해 보면 — 당연한 일이다. 뿐만 아니라, 개개인의 평균에 타당한 일은 정부에게도 또한

타당할 것이다. 실업의 누진적인 증가가 관례적으로 국가로 하여금 차입한 기금으로 구제책을 강구하지 않을 수 없게 하는 시대에 있어서는 더욱 그렇다.

그러나 이 심리적 법칙이 독자에게 선험적으로 그럴듯하다는 인상을 주거나 않거나를 막론하고, 현실은 이 법칙이 타당하지 않을 경우에는 지금의 현실과는 극단적으로 다를 것이라는 것만은 확실하다. 왜냐하면, 그때에는 투자(投資)의 증가는 그것이 아무리 근소한 것이라 할지라도, 완전고용이 달성될 때까지 유효수요를 누적적으로 증가시키는 동인(動因)으로 될 것이고, 반면에, 투자의 감소는 유효수요를 누구도 고용되지 못할 상태까지 누적적으로 감소시키는 동인으로 될 것이기 때문이다. 그러나 경험은 우리가 일반적으로는 어떤 중간 지점에 있다는 것을 보여주고 있다. 불안정성(不安定性)이 사실상 존재하고 있는 어떤 범위가 있을 수 있다는 것도 불가능한 일은 아니다. 그러나 만일 그렇다면, 그 범위는 아마도 좁은 것일 것이며, 그 범위를 좌(左)로든지 우(右)로든지 벗어나기만 하면 우리의 심리적 법칙은 의심의 여지없이 타당하지 않을 수 없을 것이다. 나아가서, 또 한 가지 분명한 것은, 승수는 비록 1을 초과하되 정상적인 상태에 있어서는 엄청나게 크지는 않다는 사실이다. 왜냐하면, 만일 그것이 그렇게 크다면, 투자율(投資率)에서의 어떤 주어진 변화는 소비율(消費率)에서의 (오직 완전고용이나 제로(零)의 고용에 의해서만 제한되는) 일대 변화를 수반할 것이기 때문이다.

(2) 우리의 제1의 조건은 투자율(投資率)의 약간의 변화는 소비재수요(消費財需要)의 무한히 큰 변화를 수반하지 않는다는 것을 내용으로 하는 것이었는데, 우리의 제2의 조건은, 자본자산의 예상수익(豫想收益)이나 이자율(利子率)에서의 다소의 변화는 투자율의 무한히 큰 변화를 수반하지 않는다는 것을 내용으로 하는 것이다. 이것이 사실과 부합할 것

같은 이유는, 현존 설비로부터 크게 확대된 산출량을 생산하게 되면 생산비(生産費)가 체증한다는 데 있다. 사실, 만일 우리가 자본자산의 생산을 위한 대단히 많은 잉여자원(剩餘資源)이 있는 상태로부터 시작한다면, 어떤 범위 내에서는 상당한 불안정성이 있을 가능성도 있을 것이다. 그러나 그것은 이 잉여가 대부분 이용되기에 이르면 즉시 타당성을 상실하게 될 것이다. 뿐만 아니라, 이 조건은 사업심리(事業心理)의 급격한 변화나 또는 획기적인 발명으로 말미암아 일어날 자본자산의 예상수익의 급속한 변화로부터 나오는 불안정성에 한계를 설정한다 ─ 비록, 추측컨대, 하강(下降)의 방향보다도 상승(上昇)의 방향에 더욱 그러하겠지만.

(3) 우리의 제3의 조건은 인간성(人間性)에 대한 우리의 경험과 부합한다. 왜냐하면, 화폐임금을 위한 투쟁은, 이미 우리가 앞에서 지적한 바와 같이, 본질적으로는 상대적 임금을 높게 유지하기 위한 투쟁이지만, 고용이 증가함에 따라 이 투쟁은 투쟁이 있을 때마다 격화될 가능성이 있을 것 같다. 그 이유는, 한편으로는 노동자의 교섭상의 지위가 향상되기 때문이고, 또 한편으로는 그의 임금(賃金)의 한계효용(限界效用)의 감소와 그의 가계상(家計上)의 여유의 개선이 노동자로 하여금 더욱 적극적으로 위험을 무릅쓸 수 있게 하기 때문이다. 그러나, 그렇다고 하더라도, 이들 동기(動機)는 어떤 한계 내에서 작용할 뿐이며, 노동자들은 고용이 증가한다고 해서 훨씬 더 많은 화폐임금을 요구하지도 않을 것이고, 또 조금이나마 실업의 고통을 당하기보다는 차라리 임금의 대폭적인 인하를 감수하는 일도 없을 것이다.

그러나 이 경우에 있어서도 또한, 이 결론이 선험적(先驗的)으로 그럴듯하고 안하고와는 관계없이, 그와 같은 어떤 심리적인 법칙이 분명히 현실적으로 타당하다는 것은 경험이 보여주고 있다. 왜냐하면, 실업 중

에 있는 노동자 사이의 경쟁이 항상 화폐임금의 대폭적인 인하를 가져온
다면, 물가수준의 급격한 불안정이 있을 것이다. 뿐만 아니라, 완전고용
과 양립하는 조건 하에 있을 경우를 제외하고는 안정적 균형의 상태는
성립하지 못할 가능성도 있을 것이다. 왜냐하면, 그런 경우에는 임금단
위(賃金單位)가, 임금단위로 측정된 화폐가 풍부하게 존재한다는 사정이
이자율에 미치는 효과가 완전고용 수준을 회복하기에 충분한 점에 도달
할 때까지, 한없이 하락(下落)하지 않을 수 없게 될 것이기 때문이다. 이
점에 도달하기 이전에는 어디에도 안주할 곳은 있을 수 없게 되는 것이
다.3)

　(4) 우리의 제4의 조건은 안정(安定)의 조건이라기보다는 오히려 경
기 후퇴와 회복의 순환(循環)의 조건인데, 그것은 단순히 여러 자본자산
들은 연령도 다양하고, 시간의 경과에 따라 마모되고, 모두가 그리 장수
하지는 못한다는 가정을 기초로 하는 것이다. 따라서 투자율(投資率)이
어떤 최저수준 이하로 하락하면, 이 최저수준을 상회하는 투자의 회복을
가져오기에 충분할 정도로 자본의 한계효율(限界效率)이 상승하게 되는
것은 단지 시간의 문제에 불과하다(만일 다른 요인에 큰 변동이 없다면). 그
리고, 물론 같은 이치로, 만일 투자가 전보다 높은 수치로 증가하면, 다
른 요인들에 이것을 보상하는 변화가 있지 않은 한, 경기후퇴를 가져오
기에 충분할 만큼 자본의 한계효율이 하락하게 되는 것도 단지 시간의
문제에 불과하다.

　이런 이유로 말미암아, 우리의 그 밖의 안정조건에 의해 설정된 여러
가지 제한 내에서 일어날 수 있는 정도의 경기회복(景氣回復)과 후퇴(後
退)조차도, 그것이 충분히 오랜 기간 동안 존속하고 다른 요인의 변화에
의해 방해되지 않는 한, 반대방향으로의 역전(逆轉) 운동을 일으킬 것이

---

3) 임금단위의 변화의 효과들은 제19장에서 상세하게 고찰될 것이다.

며, 이것은 전에 있어서와 똑같은 힘들이 다시 방향을 역전시키게 될 때까지 지속될 것이다.

이와 같이 우리의 네 가지 조건들은 모두 함께, 우리의 현실상의 경험의 현저한 여러 특징들 — 즉, 우리가 고용과 물가의 상하(上下) 양 방향으로의 변동의 극히 중대한 극단은 피하면서도, 완전고용보다는 상당히 낮고, 그 이하로 저락하면 생활을 위태롭게 할 최저고용보다는 상당히 높은, 어떤 중간적인 위치를 중심으로 왔다갔다 하고 있다는 사태 — 을 설명하는 데 충분한 것이다.

그러나 그렇다고 해서 우리는 그와 같이 「자연적(自然的)」 경향들에 의해, 즉 이런 경향들을 시정하려는 명료한 의도를 가지고 고안해낸 방안이 채택되지 않는 한 결코 없어지지 않을 경향들에 의해, 결정되는 중간적인 위치는 따라서 필연(必然)의 법칙(法則)에 의해 확립되는 것이라는 결론을 맺어서는 안 된다. 위에서 말한 여러 조건들이 저해(沮害)되지 않은 채 현실에 나타난다는 것은 현재 또는 과거에 있어서의 현상 그대로의 세계에서 관찰할 수 있는 사실이며, 변경될 수 없는 필연적 원리는 아니다.

제 5 편

화폐임금과 가격

"우리의 분석의 목적은 오류가 전혀 없는 해답을 제공해 주는 기계나 또는 맹목적인 조작의 방법을 마련하자는 데 있는 것이 아니라, 특정한 문제를 철저하게 추리해 내기 위한 조직화되고 질서정연한 방법을 우리 스스로에게 마련해 두자는 데 있다. 그리고 복잡하게 만드는 요인들을 하나씩 분리시킴으로써 잠정적 결론에 도달하고 난 후에는, 우리는 다시 우리 자신에게로 돌아와서 우리가 할 수 있는 능력을 다하여, 여러 요인(要因)들 상호간의 개연적(蓋然的)인 반작용을 고찰하도록 해야 할 것이다. 이것이 경제학적(經濟學的) 사고(思考)의 본질인 것이다. 우리의 형식적(形式的) 사고(思考)의 원리를(그러나 이러한 원리가 없다면 우리는 숲 속에서 길을 잃어버리고 말 것이다) 적용하는 이 밖의 어떤 방법도 우리를 오류로 인도할 것이다."　　　　　　　(본문 p.357에서)

제19장

화폐임금의 변화

I

    화폐임금 변화의 효과들에 대한 논의가 앞의 어떤 장(章)에서 이루어질 수가 있었다면, 그 편이 유리했을 것이다. 왜냐하면, 고전파이론은 경제체계의 가상적인 자기조정적(自己調整的) 성격의 근거를 화폐임금의 신축성(伸縮性)이라는 가정에 두고, 경직성(硬直性)이 존재하는 경우에는 부조정(不調整)의 책임을 이 경직성에 돌리는 것을 상례(常例)로 하고 있기 때문이다.

    그러나 우리 자신의 이론이 충분히 전개되기 전에는 이 문제에 관하여 논의한다는 것은 불가능했다. 왜냐하면, 화폐임금의 변화의 결과들은 복잡하기 때문이다. 화폐임금의 인하(引下)는 어떤 경우에 있어서는 고전파이론이 상정(想定)하는 바와 같이 확실히 생산에 자극을 줄 수도 있다. 나의 이론이 이 이론과 다른 점은 주로 분석상의 차이며, 따라서 독자가 나 자신의 방법을 잘 알기 전에는 그것을 명료하게 설명할 수가 없었던 것이다.

일반적으로 인정되고 있는 설명은, 내가 이해하기로는, 아주 단순한 것이다. 그것은 우리가 아래에서 논의하고자 하는 바와 같은 우회적인 여러 반작용(反作用)에 의존하는 것이 아니다. 통설(通說)의 주장은 단순히 화폐임금(貨幣賃金)의 인하(引下)는, 다른 사정에 변화가 없다면, 완성된 산출물의 가격을 저하시킴으로써 수요(需要)를 자극하고, 따라서 노동자 측이 받아들이기로 합의한 화폐임금의 인하가 (주어진 설비로부터의) 생산의 증가에 따른 노동의 한계효율의 감소에 의해 과부족 없이 상쇄되는 점까지 산출량(産出量)과 고용(雇用)을 증가시킬 것이라는 것이다.

그 가장 소박한 형태에 있어서는, 이것은 곧 화폐임금(貨幣賃金)의 인하가 있어도 수요(需要)는 아무런 영향을 받지 않고 여전하리라고 가정하는 것과 대동소이(大同小異)하다. 경제학자들 가운데는, 총수요(總需要)는 화폐량(貨幣量)에 화폐의 소득속도(所得速度)를 곱한 것에 의존하고, 또 화폐임금의 인하가 화폐량이나 화폐의 소득속도의 양자 중의 어느 하나라도 감소시킬 아무런 명백한 이유가 없다고 논하면서, [화폐임금의 인하에 의해] 수요에 영향이 미쳐질 이유가 없다고 주장하는 사람도 있을 것이다. 또는 그들은 심지어, 임금이 떨어짐으로써 이윤(利潤)이 필연적으로 올라가리라고 주장할 수도 있을 것이다. 그러나 나의 생각으로는, 그 사람들도 화폐임금의 인하는 일부 노동자들의 구매력을 저하시킴으로써 총수요에 대하여 다소의 영향을 미칠 수도 있을 것이라는 사실은 보통 인정하겠지만, 반면에 그들은 또 그 화폐소득이 감소되지 않는 다른 생산요소들의 실질수요(實質需要)가 물가의 하락에 의해 자극을 받을 것이라고 주장하며, 또 노동자들 자신의 총수요도, 화폐임금의 변화에 대한 노동수요의 탄력성이 1미만이 아닌 이상, 고용량의 증가에 따라 증가할 공산이 크다고 주장하리라고 생각한다. 이와 같이 아마도 새로운 균형(均衡) 하에 있어서는, 실제적으로는 실현성이 없는 어떤 이상한 극단적인 경우를 제외하고는, 고용은 그렇지 않은 앞의 경우에 있어서보다는 증가하게 될 것이다.

나는 이와 같은 유형의 분석, 아니 오히려 앞에서 말한 바와 같은 관찰의 이면에 숨어 있다고 보이는 분석과는 근본적으로 의견을 달리한다. 왜냐하면, 앞에서 말한 서술은 많은 경제학자들이 말하는 투나 쓰는 방식을 그런대로 잘 나타낸다고는 생각되지만, 그 밑에 깔려 있는 분석이 상세하게 기술된 적은 거의 없기 때문이다.

그러나 이런 식의 사고(思考)는 아마 다음과 같이 해서 도달된 것으로 생각된다. 어떤 주어진 산업에 있어서든지 우리는 판매가 가능한 여러 수량(數量)을 요구되는 여러 가격(價格)과 관련시키는 그 산출물에 대한 수요표(需要表)를 가지는 동시에, 우리는 또 생산비의 여러 가지 기초 위에서 여러 수량의 판매를 위하여 요구되는 여러 가격에 관한 일련의 공급표(供給表)를 갖는다. 그리고 이 표들은 서로 결합하여 또 하나의 표를 도출하는데, 그 표는 다른 생산비들이 불변(不變)이라는(산출량이 변화한 결과로서의 변화는 제외하고) 가정 위에서 고용의 양을 임금의 여러 수준과 관련시키는 당해 산업에 있어서의 노동수요표(勞動需要表)이며, 그 표의 모양은 우리에게 어떤 점에 있어서든 노동에 대한 수요의 탄력성을 제공해 준다. 이 관념은 그 다음에도 별다른 수정 없이 산업 전체에 이관된다. 그래서 논리의 유추에 의해, 고용량을 임금의 여러 가지 수준과 관련시키는 산업 전체에 있어서의 노동수요표(勞動需要表)를 우리가 가지게 된다고 생각되고 있는 것이다. 이 이론은 화폐임금(貨幣賃金)을 기준으로 하는 경우나 또는 실질임금(實質賃金)을 기준으로 하는 경우나 별로 큰 차이가 있는 것은 아니라고 생각되고 있다. 만일 우리가 화폐임금을 기준으로 생각하고 있다면, 우리는 물론 화폐가치의 변화를 감안해야 한다. 그러나 이것 때문에 논의의 일반적 경향이 변화되지는 않는다. 왜냐하면, 물가(物價)의 변화는 분명히 화폐임금의 변화와 정확한 비례 관계에 있지 않기 때문이다.

만일 이것이 논의의 기반이라고 한다면(만일 그렇지 않다고 한다면 나는 그 기반이 어떤 것인지 모르겠다), 그것은 분명히 오류이다. 왜냐하면, 어떤 특정한 산업에 대한 수요표(需要表)는 오직 다른 산업의 수요표와 공급표의 성격에 관한, 그리고 또 총유효수요(總有效需要)의 양(量)에 관한 어떤 확정적인 가정 위에서만 구성될 수 있는 것이기 때문이다. 그러므로 총유효수요가 고정되어 있다는 가정까지도 이식(移植)하지 않는 한 [특정한 산업에 관한] 논의를 산업 전체로 이식한다는 것은 부당한 것이다. 그러나 이 가정은 그 논의를 논점상위(論點相違 : ignoratio elenchi)의 허위(虛僞)에 빠지게 한다. 왜냐하면, 종전과 같은 총유효수요에서의 화폐임금의 인하는 고용의 증가를 가져올 것이라는 명제(命題)의 타당성은 누구도 부정하기를 원하지 않겠지만, 문제가 되어 있는 논의의 초점은 바로 화폐임금의 인하가 화폐로 측정하여 종전과 똑같은 총유효수요를 수반할 것인지 않을 것인지, 아니면, 여하튼, 화폐임금의 인하분(引下分) 전량만큼 감소하지는 않는(즉, 임금단위로 측정되는 경우는 종전보다 다소 더 큰) 총유효수요를 수반할 것인지 않을 것인지에 있는 것이기 때문이다. 그러나 만일 고전파이론에게 하나의 특정 산업에 대한 결론들을 유추에 의해 산업 전체에 확대 적용하는 것이 허용되지 않는다고 한다면, 화폐임금의 인하가 고용에 대하여 어떤 결과를 가져올 것인가 하는 의문에 대해서 고전파이론은 전혀 해답을 줄 수가 없는 것이다. 왜냐하면, 고전파이론은 그 문제를 다룰 그 어떤 분석방법도 가지고 있지 않기 때문이다. 나에게는 피구 교수의 『실업이론(失業理論)』이 고전파이론으로부터 끄집어 낼 수 있는 것은 모조리 다 끄집어내고 있는 것으로 보인다.

그 결과 이 책은, 그 이론이 고용 전체의 실제의 양(量)을 무엇이 결정하느냐 하는 문제에 적용될 때, 아무것도 제공할 것이 없다는 것을 뚜렷이 드러내고 있는 것이다.[1]

Ⅱ

그러면 우리 자신의 분석방법(分析方法)을 이 문제의 해결에 적용해 보자. 논의는 두 개의 부분으로 나뉜다. (1) 화폐임금의 인하는, 다른 사정에 변화가 없는 한 ― 「다른 사정에 변화가 없는 한」이라는 것은 소비성향(消費性向), 자본의 한계효율표(限界效率表) 및 이자율(利子率)이 사회 전체에 대하여 종전과 같다는 뜻이다 ―, 고용을 증가시키는 직접적인 경향을 가지는 것인가? 그리고 (2) 화폐임금의 변화는 이들 세 가지 요인에 대한 확실한 또는 있을 수 있는 반작용을 미침으로써 어떤 특정한 방향으로 고용이 이루어지게 하는 확실한 또는 있을 수 있는 경향을 가질 것인가?

제1의 의문에 대해서는 우리는 이미 앞의 여러 장(章)에서 부정적으로 답한 바 있다. 왜냐하면, 우리는 앞에서 고용(雇用)의 양은 임금단위로 측정된 유효수요(有效需要)의 양과 일의적(一義的)인 상관관계가 있다는 것, 그리고 유효수요는 기대되는 소비(消費)와 기대되는 투자(投資)의 합계이기 때문에, 만일 소비성향과 자본의 한계효율표 및 이자율 모두가 불변이라면, 변화할 수가 없다는 것을 논증하였기 때문이다. 만일 이런 요인들에 아무런 변화가 없는데도 기업자들이 전체적으로 고용을 증가

---

[1] 본 장(章)에 대한 보론(補論)에서 피구 교수의 『실업이론』이 상세하게 비판되고 있다.

시킨다면, 그들의 매상금액(賣上金額)은 필연적으로 그들의 공급가격(供給價格)에 미달하게 될 것이다.

화폐임금의 인하는 「그것이 생산비를 저하시키기 때문에」 고용을 증가시킬 것이라는 소박한 결론을 반박하는 데 도움이 되는 방법이 한 가지 있다. 추측컨대 이 견해에 대하여 가장 유리한 가설(假說), 즉 기업자는 당초에는 화폐임금의 인하가 이 효과를 가져 올 것으로 기대(期待)한다는 가설에 입각하여 사태의 추이를 추적하는 방법이 바로 그것이다. 아닌 게 아니라, 개개의 기업자는 그 자신의 생산비(生産費)가 감소되는 것을 보고 당초에는 [임금인하가] 그의 생산물에 대한 수요(需要)에 미치는 반작용을 간과(看過)하고, 종전보다 더 많은 양의 생산물을 이윤(利潤)을 올리면서 판매할 수 있으리라는 가정 위에서 행동할 가능성이 없지 않은 것이다. 그러면, 만일 기업자들이 일반적으로 이러한 기대 위에서 행동한다면, 그들은 실제로 그들의 이윤을 증가시키는 데 성공할 것인가? 오직 다음과 같은 경우에 한하여 그것이 가능하게 될 것이다. 즉, 사회의 한계소비성향(限界消費性向)이 1과 같아서, 따라서 소득의 증분(增分)과 소비의 증분 사이에 아무런 간격이 없는 경우나, 아니면 소득의 증분과 소비의 증분 사이의 간격에 대응하는 투자(投資)의 증가가 있는 경우 ― 이러한 사태는 오직 자본의 한계효율표(限界效率表)가 이자율과 비교하여 상대적으로 증가할 때에 한하여 일어날 수 있다 ― 가 그것이다. 그러므로 한계소비성향이 1과 같거나 혹은 화폐임금의 인하가 이자율에 비하여 상대적으로 자본의 한계효율표를 증가시키는 효과를 가져오며 이것이 나아가서는 투자량을 증가시키지 않는 한, 산출량을 증가시킴으로써 실현되는 [기업의] 매상금액은 기업자들을 실망시키게 될 것이고, 따라서 고용은 종전의 수치로 다시 하락하게 될 것이다. 왜냐하면, 기업자들이 그들의 산출물을 기대하던 바와 같은 가격으로 판매할 수 있다고 할 때, 공중(公衆)에게 경상투자액(經常投資額) 이상으로 저축할 수 있는 소득(所得)을 마련해 줄 정도의 그러한 규모의 고용(雇用)을 제공한다면, 기업자들은 그 [경상투자액과 저축의] 차액(差額)과 같은 액수의 손실(損失)을 입지 않을 수 없게 된다. 그리고 이것은 화폐임금의 수준 여하를 막론하고 절대로 피할 수 없는 사태일 것이다. 기껏해야 그들이 실망할 시기가, 경영자본(經營資本)을 증가시키는 형태로서의 그들 자신의 투자에 의해 그 차액이 보전되고 있는 기간만큼, 지연될 수 있을 따름인 것이다.

이와 같이 화폐임금의 인하가 사회 전체의 소비성향(消費性向)에 대한 반작용이나 자본의 한계효율표(限界效率表)에 대한 반작용, 또는 이자율(利子率)에 대한 반작용의 덕택을 통하지 않고서 고용(雇用)을 증가시키는 영속적인 경향이란 없는 것이다. 이들 세 가지 요인에 대한 있을 수 있는 효과를 추적하는 것 이외에는 화폐임금의 인하의 효과를 분석할 방법은 없다.

이 요인들 중의 가장 중요한 반작용(反作用)은 실제에 있어서는 다음과 같은 것이 될 것이라고 생각된다.

(1) 화폐임금의 인하는 어느 정도 물가를 하락시킬 것이다. 따라서 그것은 다음과 같이 다소의 실질소득(實質所得)의 재분배를 수반할 것이다. (a) 임금수입자(賃金收入者)로부터 한계주요생산비(限界主要生産費)에 산입되는 [임금소득자 이외의] 다른 생산요소 ― 그들의 보수는 인하되지 않았다 ― 로의 재분배, 그리고 (b) 기업자들로부터 화폐단위로 정해진 일정 소득이 보장되고 있는 이자소득자(利子所得者)로의 재분배가 이것이다.

이와 같은 재분배(再分配)가 사회 전체의 소비성향에 미치는 효과는 어떤 것인가? 임금수입자로부터 다른 생산요소에게로의 재분배는 소비성향을 감소시킬 가능성이 있다. 기업자로부터 이자소득자로의 재분배의 효과에 관해서는 의문의 여지가 있다. 그러나 만일 이자소득자들이 보편적으로 사회의 부유층이고 그 생활 수준의 신축성이 가장 적은 사람들이라고 한다면, 이 효과 또한 불리할 것이다. 이 모든 고려를 비교평량(比較評量)한 후의 순결과(純結果)가 어떨 것인가에 관해서는 우리는 오직 억측할 수밖에 없다. 추측컨대 그것은 유리하기보다는 불리하게 될 가능성이 많을 것이다.

(2) 만일 우리가 비(非) 봉쇄체제(封鎖體制)의 경우를 고찰한다면, 그리고 화폐임금의 인하가 외국에서의 화폐임금에 비한 상대적인 인하 — 양자를 공통의 단위로 환산하는 경우 — 를 의미한다면, 이 변화는 투자(投資)에 대하여 유리할 것이 분명하다. 왜냐하면 그것은 무역흑자(貿易黑字)를 증가시키는 경향을 보일 것이기 때문이다. 이것은 물론 그 이점(利點)이 관세, 수입할당 및 기타의 변화에 의해 상쇄되지 않는다는 것을 전제로 하는 것이다. 영국에 있어서는 고용증대 수단으로서의 화폐임금 인하의 유효성에 대한 전통적인 신념이 미국에 비해 훨씬 강한데, 이것은 아마도 미국이 우리 자신에 비해 상대적으로 봉쇄체제에 가깝기 때문이라고 할 수 있을 것이다.

(3) 비(非) 봉쇄체제의 경우에는 화폐임금의 인하는, 비록 그것이 무역흑자액을 증가시키기는 하지만, 교역조건(交易條件)을 악화시키기 쉽다. 따라서, 신규로 고용되는 사람들의 경우를 제외하면, 실질소득(實質所得)의 감소가 있게 되고, 이 감소는 소비성향(消費性向)을 증가시키는 경향을 보일 것이다.

(4) 만일 화폐임금의 인하가 장래에 있어서의 화폐임금에 비한 상대적인 인하(引下)라고 기대된다면, 그 변화는 투자(投資)에 대하여 유리할 것이다. 왜냐하면, 그것은 앞에서 말한 바와 같이 자본의 한계효율을 증가시

킬 것이기 때문이다. 또한 똑같은 이유로 다른 한편으로는 그것은 소비
(消費)에 대하여 유리하게 될 것이다. 이에 반해, 만일 그 인하가 장래에
재차 임금인하가 있을 것이라는 기대(期待)를, 또는 그럴 것이라는 심각
한 가능성까지 유발한다면, 그것은 정반대의 효과를 가지고 올 것이다.
왜냐하면, 그것은 자본의 한계효율을 감소시킬 것이고 투자와 소비를 다
같이 연기시킬 것이기 때문이다.

（5） 임금 지불액의 감소는 일반적으로 어느 정도 물가와 화폐소득의
감소를 수반하게 될 것이고, 그것은 소득동기(所得動機) 및 영업동기(營業
動機)를 위한 현금의 필요를 감소시킬 것이며, 따라서 사회 전체의 유동
성선호표(流動性選好表)를 동일보조로 인하시킬 것이다. 다른 사정에 변
화가 없는 한, 이것은 이자율을 하락시키고 따라서 투자에 유리한 효과
를 미칠 것이다. 그러나 이 경우에 있어서는 장래에 대한 기대의 효과는
（4）에서 방금 고찰한 경향과는 반대의 것이 될 것이다. 왜냐하면, 만일
임금과 물가가 나중에 다시 상승할 것으로 기대된다면, 유리한 반응의
정도는, 단기대부(短期貸付)의 경우에 비해 장기대부(長期貸付)의 경우에
는 훨씬 더 낮을 것이기 때문이다. 뿐만 아니라, 만일 임금의 인하가 대
중의 불만을 터뜨림으로써 정치적 신임을 교란시키게 된다면, 이 원인으
로 말미암은 유동성선호의 증대는 활동적 유통으로부터 해방되어 [퇴장되
려는] 현금을 상쇄하고도 남음이 있을 것이다.

（6） 어떤 특정 부문에 국한된 화폐임금의 인하는 항상 그 개별 기업
자 또는 그 개별 산업에게는 유리하기 때문에, 전반적인 인하(引下)(비록
그 실제적인 효과는 다르다 할지라도) 또한 기업자들의 의중(意中)에는 낙관
적인 기분을 자아낼 수 있을 것이다. 그리고 그것은 자본의 한계효율에
관한 부당하게 비관적인 평가(評價)의 악순환(惡循環)을 단절하고 더욱
정상적인 기대의 기초 위에서 활동을 재개시킬 수 있을 것이다. 반면에,

만약 노동자들도 전반적인 임금 인하의 효과에 관하여 고용주와 똑같은 잘못된 판단을 한다면, 노동 분규(紛糾)가 이 유리한 요인을 상쇄하게 될는지 모른다. 이것은 별도로 치더라도, 모든 산업에 걸친 동시적이고 일률적인 화폐임금의 인하를 보증하는 수단은 일반적으로는 존재하지 않기 때문에, 노동자가 자기가 관련되어 있는 개별적인 경우의 인하에 저항하는 것은 그들 모두에게 이익이 된다. 사실, 화폐임금 계약을 하향조정 하고자 하는 고용주들의 움직임은, 물가상승의 결과로 실질임금이 천천히 그리고 자동적으로 인하되는 경우보다도, 훨씬 더 강한 [노동자들의] 저항을 받을 것이다.

(7) 다른 한편으로, 기업자의 부채 부담의 가중(加重)이 그들에게 미치는 의기(意氣) 저상적(沮喪的)인 영향은 임금의 인하가 가져오는 어떤 고무적인 반응을 부분적으로는 상쇄해 버릴 것이다. 사실, 만일 임금과 물가(物價)의 저락(低落)이 심한 경우에는 거액의 부채를 지고 있는 기업자의 궁박함은 불원간 파산의 지경에 도달할 것이다 ― 그 결과는 투자에 대하여 심히 불리한 효과를 미칠 것이다. 뿐만 아니라, 물가 수준의 저락이 국채(國債)의 실질적 부담에 대하여, 따라서 과세(課稅)에 대하여, 미치는 효과는 실업계(實業界)의 확신에 극히 불리한 결과를 빚을 것이다.

이상은 임금 인하가 복잡한 현실 세계에 미치는 모든 가능한 반작용의 완전한 목록(目錄)은 아니다. 그러나 앞에서 말한 것들은 보통 가장 중요한 항목(項目)들을 망라한 것이라고 나는 생각한다.

따라서 만일 우리가 우리의 논의를 봉쇄체제(封鎖體制)의 경우로 한정하고, 실질소득의 새로운 분배가 사회의 지출 성향에 미치는 반작용에는 희망을 걸 아무것도 없으며, 만약 무엇이 있다면 불리한 것뿐이라고 생각한다면, 화폐임금의 인하에 의해 고용에 유리한 결과가 나오리라는 가망은 주로 (4)에서 서술한 자본의 한계효율의 상승이나, 아니면 (5)에서 서술한 이자율(利子率)의 저하나, 양자 중의 하나에 의한 투자(投資)의 개선에 걸지 않을 수 없다. 이 두 가지 가능성에 대해 좀 더 상세하게 고찰해 보자.

자본의 한계효율의 상승에 유리한 사정이 있다고 한다면, 그것은 화폐임금이 밑바닥까지 왔다고 믿어지므로 또 한번 변화가 있다면 그것은 상승 방향일 것이라고 기대되는 경우이다. 가장 불리한 경우는, 화폐임금이 차츰 인하되는 과정에 있어서 인하가 있을 때마다 장래에서의 임금 유지에 대한 신뢰감이 저하되는 경우이다. 우리가 유효수요(有效需要)의 약화기(弱化期)에 진입할 때, 화폐임금의 인하가 무제한 계속될 수 있으리라고 생각하는 사람은 전혀 없을 만큼 낮은 수준까지 그것이 급격히 대폭 하락하는 경우가 유효수요의 강화를 위해서는 가장 유리한 사태라고 볼 수 있다. 그러나 이것은 오직 행정명령(行政命令)에 의해 달성될 수 있을 뿐이며 자유로운 임금교섭 체제 하에서는 실행 가능성이 거의 없는 정책이다. 또 다른 한편으로, 임금이 경직적으로 고정되어 있어서 상당한 변화는 있을 수 없다고 여겨지는 편이, 화폐임금이 서서히 하락하는 경향을 가진 — 이 경우, 임금이 또 다시 어느 정도 인하된다면 사람들은 그것을 실업률을, 이를테면, 1퍼센트씩 증가시키는 신호라고 여기게 된다 — 불황(不況)의 경우보다는 훨씬 좋을 것이다. 예를 들어, 임금이 다음해에는 이를테면 2퍼센트 정도 하락하리라는 기대의 효과는 같은 기간 동안에 지불되는 이자액이 2퍼센트 증가하는 효과와 대략 맞먹을 것이다. 똑같은 관찰이 호황(好況)의 경우에도 적당한 수정을 가하면 적용될 수 있다.

이와 같은 당대(當代) 세계의 관행과 제도에 비추어 볼 때, 경직적(硬直的)인 화폐임금 정책을 지향하는 편이, 실업량(失業量)의 변화에 대하여 천천히 대응하는 신축적인 임금정책을 지향하는 편보다는 ― 적어도 자본의 한계효율에 관한 한에 있어서는 ― 오히려 시의(時宜)에 적합한 정책이 된다. 그러나 우리가 시야를 이자율(利子率)로 옮기게 되면 이 결론은 무너질 것인가?

따라서 경제체계의 자기 조정적(自己調整的)인 성질을 신뢰하는 사람들이 그들의 논의의 중점을 두어야 하는 점은 임금 및 물가의 하락이 화폐수요에 미치는 효과라 할 수 있다. 그러나 나는 그들이 언제 그렇게 한 적이 있었는지 알지 못한다. 만일 화폐량(貨幣量) 그 자체가 임금수준과 물가수준의 함수(函數)라고 한다면, 사실 이러한 [논의 전개의] 방향으로부터 [우리가] 바랄 것은 아무것도 없다. 그러나 만약 화폐량이 현실적으로 고정되어 있다면, 임금 단위로 측정한 화폐량은 화폐임금의 충분한 하락에 따라 제한 없이 증가될 수 있다는 것, 또 소득에 대한 그 상대량(相對量)도 일반적으로 크게 증가될 수 있다는 것 ― 이 증가의 한계는 한계주요비용(限界主要費用)에 대한 임금비용의 비율과, 한계주요비용 중의 그 밖의 요소들이 임금단위의 하락에 대하여 나타내는 반응 여하에 의존한다 ― 은 분명하다 할 것이다.

이와 같이 우리는, 적어도 이론적으로는, 임금 수준은 변화시키지 않고 전과 같이 유지하면서 화폐량을 증가시킴으로써 얻을 수 있는 것과 똑같은 이자율에 대한 효과를, 화폐량은 변화시키지 않고 전과 같이 유지하면서 임금을 인하시킴으로써 얻을 수 있는 것이다. 이렇게 볼 때, 완전고용을 확보하기 위한 방법으로서 임금 인하의 방법은 화폐량을 증가시키는 방법과 똑같은 한계를 지니고 있다는 것이 된다. 위에서 지적한 바 있는 것과 똑같은 여러 가지 이유들, 즉 투자(投資)를 최적의 수치로 증가시키기 위한 수단으로 화폐량을 증가시키는 방법의 유효성을 제한하는 여러 가지 이유들은, 적절한 수정이 가해지면, 임금 인하의 방법

에도 그대로 합당하게 된다. 화폐량의 다소의 증가(增加)는 장기이자율
에 대하여 충분한 영향을 미치지 못하고, 그 반면에 [화폐량의] 상당한 증
가는 확신에 대한 교란적인 효과에 의해 그 밖의 여러 가지 이익을 상쇄
시키게 되는데, 그것과 똑같이, 화폐임금의 다소의 인하(引下)는 불충분
한 것이며, 반면에 상당한 인하는 설령 그것이 실행 가능한 것이라 할지
라도 확신을 무산시켜버릴 가능성이 있는 것이다.

그러므로 신축적인 임금정책이 지속적인 완전고용의 상태를 유지할
수 있다는 신념에 대한 근거는 없다 ― 그것은 마치 화폐의 공개시장정
책(公開市場政策)이 다른 것의 도움 없이 이 결과를 달성할 수 있다는 신
념에 대한 근거가 없는 것과 같다. [이런 정책들에 의해] 경제체계가 자기조
정적(自己調整的)으로 될 수는 없는 것이다.

사실 노동자측이, 완전고용 이하의 경우에는 언제든지, 화폐가 임금
단위에 비하여 상대적으로 풍부하게 됨으로써 이자율이 완전고용과 양
립할 수 있는 수준까지 하락할 수 있는, 그러한 수준까지 화폐수요를 인
하시키기 위한 일치된 행동을 취할 수가 있다면 (그리고 실제로 그렇게 한
다고 한다면), 그것은 결과적으로는 완전고용을 지향하는 화폐관리(貨幣
管理)가 은행제도에 의해서가 아니라 노동조합에 의해 수행되는 것과 다
름이 없는 것이다.

그럼에도 불구하고, 신축적 임금정책(賃金政策)과 신축적 화폐정책
(貨幣政策)은, 양자가 모두 임금단위로 측정된 화폐량(貨幣量)을 변화시
키는 양자택일적인 수단이라는 의미에서, 분석적으로는 동일한 것이라
고 할 수 있으나, 다른 측면에 있어서는, 물론 양자 사이에는 엄청난 차
이가 있다. 고찰해야 할 네 가지 주요한 점에 대하여 독자들의 주의를
환기하고자 한다.

(1) 임금정책이 명령(命令)에 의해 정해지는 사회주의화된 사회의 경

우를 제외하고는, 노동의 모든 등급(等級)에 대하여 일률적인 임금인하를 확보할 수단은 존재하지 않는다. 그러한 결과는 사회정의(社會正義)나 또는 경제적 편의(便宜) 등의 기준으로 보아서는 도저히 정당화될 수 없는 일련의 완만하고 불규칙적인 변화들에 의해서만 실현될 수 있을 따름이며, 그것은 아마도 낭비적이고 재난으로 가득 찬 투쟁, 즉 거기에서는 가장 약한 교섭력을 가진 사람들이 여타 사람들에 비해 상대적으로 불이익을 당하게 되는 그런 투쟁이 있은 후에야만 종언(終焉)을 고(告)하게 될 것이다. 그 반면에, 공개시장조작(公開市場操作) 내지 이와 유사한 방책을 통하여 화폐량을 변화시키는 방법은 이미 대부분의 정부의 지배하에 놓여 있다. 인간성과 우리의 제도에 비추어 볼 때, 신축적 화폐정책보다 신축적 임금정책을 선호한다는 것은 전자로부터 얻을 수 없는 이점이 후자로부터는 얻어질 수 있다는 것을 지적할 수 없는 한, 오직 어리석은 자들이나 할 일인 것이다. 뿐만 아니라, 다른 사정이 동일하다면, 비교적 적용하기 쉬운 방법이 실행 불가능할 정도로 적용하기 어려운 방법보다 우월하다고 생각되는 것은 당연한 일이다.

(2) 만일 화폐임금이 비신축적(非伸縮的)이라면, 실제로 일어나는 물가(物價)의 변동(즉, 한계생산비 이외의 다른 고려에 의해 결정되는 「관리된」 가격, 또는 독점가격은 별도로 하고)은 주로 산출량이 증가함에 따라 체감하는 현존 설비의 한계생산력(限界生産力)에 대응하여 일어날 것이다. 그리하여 노동자와, 계약상 화폐단위로 확정된 보수를 받는 여러 생산요소(生産要素), 특히 이자수입자 계급 및 회사, 공공기관, 국가 등의 항구적인 조직에서 확정된 보수를 받는 사람들 사이에 현실적으로 있을 수 있는 최대의 공평(公平)이 유지될 수 있을 것이다. 만일 중요한 여러 계급(階級)들이 여하한 경우에도 화폐단위로 확정된 보수를 받는다고 한다면, 모든 생산요소의 보수가 화폐를 기준으로 어느 정도 비신축적이라

고 하는 것은 사회적 정의와 사회적 편의의 목적에도 가장 잘 부합될 것
이다. 대다수 집단의 소득이 화폐단위를 기준으로 비교적 비신축적이라
는 사실에 비추어 볼 때, 신축적인 화폐정책보다 신축적인 임금정책을
선호한다는 것은, 전자로부터 얻을 수 없는 이익이 후자로부터 얻어질
수 있다는 것이 지적되지 않는 이상, 오직 불의(不義)한 사람들이나 할
일인 것이다.

(3) 임금단위(賃金單位)를 인하함으로써 임금단위로 측정한 화폐량
(貨幣量)을 증가시키는 방법은 부채(負債)의 부담을 비례적으로 증가시킨
다. 그 반면에 임금단위를 불변으로 종전처럼 유지한 채 화폐량을 증가
시킴으로써 동일한 결과를 만들어 내는 방법은 그와 반대의 효과를 나타
낸다. 여러 가지 유형의 부채의 부담이 과중하다는 사정에 비추어 볼 때,
오직 미숙한 사람만이 전자를 선호할 것이다.

(4) 만일 이자율의 저락(低落)이 임금수준의 저락에 의해 실현되어야
한다면, 위에서 말한 여러 가지 이유에 의해, 자본의 한계효율(限界效率)
에 이중(二重)의 억압이 가해지고, 또 투자(投資)를 감퇴시키고 따라서
회복을 지연시킬 이중의 이유가 있다.

III

이렇게 볼 때, 만일 노동자들이 고용(雇用)이 점차 감소하는 상황에
대하여 점차 감소해가는 화폐임금(貨幣賃金)을 받고 그들의 근로서비스
를 제공하는 것으로써 대처한다면, 이것은 보통 실질임금(實質賃金)을
감소시키는 것이 아니라, 산출량(産出量)에 미치는 불리한 영향 때문에,
오히려 그것을 증가시키는 효과를 가져올 수 있다는 결론이 나온다. 이

정책이 빚어내는 주요 결과는 물가를 극히 난폭하게 불안정적으로 만드는 것인데, 그 불안정성(不安定性)은 우리가 살고 있는 경제사회와 같은 양식으로 운행되는 경제사회에 있어서의 기업의 계산을 무효로 만들 만큼 심할 것이다. 신축적(伸縮的) 임금정책(賃金政策)이 대체로 자유방임적인 체제의 정당하고 적절한 부수물(附隨物)이라고 생각하는 것은 진실과 반대된다. 급격하고, 대폭적이고, 전반적인 변화를 행정명령으로 시행할 수 있는 고도로 권위주의적인 사회에 있어서만 신축적 임금정책이 성공적으로 운영될 수 있다. 그것은 이탈리아나 독일이나 러시아에서는 실시될 수 있지만, 프랑스나 미국이나 영국에서는 그럴 수 없다고 생각된다.

만일 호주에 있어서와 같이 실질임금(實質賃金)을 입법(立法)에 의해 결정하려고 기도한다면, 그 실질임금에 대응하는 일정한 고용수준(雇用水準)이 있을 것이다. 그리고 봉쇄체제에서의 실제의 고용수준은 투자율(投資率)이 그 수준과 양립할 수 있는 율(率) 이하냐 아니냐에 따라서, 그 수준과 전혀 고용이 없는 상태 사이를 크게 오르내릴 것이다. 한편 물가(物價)는, 투자가 그 임계수준(臨界水準: critical level)에 있는 경우에는 불안정한 균형상태에 있으며, 투자가 그 수준 이하가 되면 항상 제로(零)를 향하여 돌진하고, 투자가 그 수준 이상이 되면 항상 무한대를 향하여 돌진하게 될 것이다. 안정(安定)의 요소는, 만약 그런 것이 있다고 한다면, 화폐량이 투자(投資)를 그 임계적(臨界的) 수준으로 유지할 수 있는 이자율과 자본의 한계효율 사이의 관계를 확립하게 되는 [것과 양립하는] 어떤 화폐임금(貨幣賃金)의 수준이 항상 존재할 수 있도록, 화폐량을 통제하는 요인들을 결정하는 데서 발견되어야 할 것이다. 이 경우에는 고용(雇用)은 불변일 것이고(법정(法定) 실질임금에 부합하는 수준에서), 화폐임금과 물가는 이 투자율을 적절한 수치로 유지하기에 꼭 필요할 정도로 신속히 변동할 것이다. 호주의 실례에 있어서 탈출구는 그 일부가, 말할 나위도 없이, 이 목적을 달성하는 데 있어서의 이 입법(立法)의 효력이 불가피하게 제한되어 있었다는 데에 있었고, 또 일부는 호주가 봉쇄체제가 아니기 때문에 화폐임금 수준 그 자체는 해외투자(海外投資) 수준의, 따라서 총투자 수준의 결정 요인이었고, 다른 한편으로 교역조건(交易條件)이 실질임금에 영향을 미치는 중요한 요인으로 작용한 데 있었다.

이와 같은 고찰에 비추어 보아, 나는 이제는 화폐임금의 안정적인 일반적 수준을 유지하는 일이야말로, 이모저모 평량(評量)해 보면, 봉쇄체제(封鎖體制)에 대해서는 가장 현명한 정책이라고 생각하고 있다. 다른 한편으로, 만일 세계의 다른 나라들과의 균형(均衡)이 환율(換率)의 변동에 의해 확보될 수 있다고 한다면, 똑같은 결론은 개방체제(開放體制)에도 적용된다. 특정 산업의 임금에 어느 정도 신축성이 있다면, 여기에는 상대적으로 쇠퇴하는 산업으로부터 상대적으로 확대하는 산업으로의 노동의 이전(移轉)을 촉진시키는 이점이 있을 것이다. 그러나 화폐임금은, 적어도 단기에 있어서는, 가능한 한 안정적으로 유지되는 것이 바람직하다.

이 정책은 상당한 정도 물가수준의 안정 — 적어도 신축적 임금정책이 채택되는 경우보다는 큰 안정 — 을 가져올 것이다. 「관리」가격 내지 독점가격을 별도로 하면, 물가수준은 단기에 있어서는 오직 고용량(雇用量)의 변화가 한계주요비용(限界主要費用)에 영향을 미치는 정도에 따라서 변화할 따름일 것이다. 반면에, 장기에 있어서는 물가수준은 오직 신기술과 설비의 쇄신 및 그 증가로 인한 생산비(生産費)의 변화에 따라 변화할 따름일 것이다.

그럼에도 불구하고, 만일 고용의 대폭적인 변동이 있다면, 물가수준의 상당한 변동이 이것에 수반되리라는 것은 확실하다. 그러나 그 변동은, 위에서 말한 바와 같이, 신축적인 임금정책을 채택하는 경우보다는 적을 것이다.

이리하여 경직적 임금정책을 채택할 경우에는 물가의 안정성은, 단기에 있어서는, 고용 변동의 회피(回避)와 결합되어 있다. 다른 한편으로는, 장기에 있어서는, 우리에게는 아직도 임금을 안정적으로 유지하면서 기술과 설비의 진보에 따라 물가가 서서히 하락하게 하는 정책과, 물가를 안정적으로 유지하면서 임금을 서서히 인상하게 하는 정책 중 어느 것을 선택하느냐의 문제가 남아 있다. 대체로 나는 후자를 선호한다. 그 이유는, 현실의 고용수준을 완전고용의 일정 범위 내로 유지하는 것은 장래에 임금이 인상될 것이라는 기대가 있는 편이, 장래에 임금이 인하될 것이라는 기대가 존재하는 경우보다도, 용이하다는 사실을 고려하기 때문이며, 또한 부채의 부담이 점차 경감된다는 것, 사양산업(斜陽産業)으로부터 성장산업(成長産業)으로의 조정이 더욱 쉬워진다는 것, 그리고 화폐임금이 알맞게 오르는 경향으로부터 사람들은 심리적인 고무를 느낄 것이라는 등의 사회적 이익이 있을 것이라는 고려를 하기 때문이다. 그러나 여기에는 원칙상의 본질적인 점은 전혀 관련되어 있지 않으며, 양측의 어느 편에 대해서든 간에 논의를 더욱 자세하게 전개하는 것은 나의 당면 목적의 범위 밖의 일이 될 것이다.

제19장에 대한 보론

피구 교수의 『실업이론』

피구(Pigou) 교수는 그의 『실업이론(失業理論)』에서 고용량은 두 개의 기본적 요소에 의존한다고 하였다. 그 두 개 요소란, (1) 노동자가 제시하는 실질임금률(實質賃金率)과 (2) 노동에 대한 실질수요함수 (Real Demand Function for Labour)의 모양이 그것이다. 그의 책의 중추적 부분은 후자의 함수의 모양이 어떤 것인가를 밝히는 데 관련되어 있다. 노동자들이 실제로 요구하는 것은 실질임금률이 아니고 화폐율(貨幣率) 이라는 사실은 무시되고 있지는 않다. 그러나 결과적으로 실제의 화폐임 금률(貨幣賃金率)을 임금재(賃金財)의 가격으로 나눈 것이 노동자들이 요 망하는 실질임금률을 측정하는 것으로 간주될 수 있다고 상정(想定)되고 있는 것이다.

그가 말하는 대로 노동에 대한 실질수요함수에 대한 「연구의 출발점을 이루는」 방정식은 그의 『실업이론』의 제90면에 제시되고 있다. 그의 분석을 적용하는 데 필요한 암묵적인 가정(假定)들이 그의 논의의 시작 부근에 슬그머니 들어와 있기 때문에, 나는 그의 논술을 결정적으로 중 요한 점까지 요약하고자 한다.

피구 교수는 모든 산업들을 「국내에서 임금재(賃金財)를 제조하는 데

종사하거나, 또는 그 판매를 통해 외국에서의 임금재에 대한 청구권이
생기는 수출품(輸出品)을 제조하는 데 종사하는」 산업과 「그 밖의」 산
업으로 분류한다. 이들을 각각 임금재 산업 및 비임금재(非賃金財) 산업
이라고 부르는 것이 편리하다. 그는 전자에서 x명, 후자에서 y명이 고
용되고 있다고 가정한다. x명이 생산하는 임금재 산출량의 가치를
$F(x)$, 이 산업에서의 일반임금률을 $F'(x)$라고 부른다. 이것은, 비록 그
가 잠시 멈추어서 지적하고 있지는 않으나, 바로 한계임금비용(限界賃金
費用)은 한계주요비용(限界主要費用)과 같다고 가정하는 것이나 대동소
이(大同小異)하다.[1) 더 나아가 그는, $x + y = \emptyset\,(x)$, 즉 임금재 산업에서

---

1) 한계임금비용(限界賃金費用)을 한계주요비용(限界主要費用)과 같다고 하는 그릇
된 관행의 근원은 아마도 한계임금비용의 의미가 애매하다는 점에 있을 것이다. 우
리는 그것을 임금비용(賃金費用)이 부가(附加)되는 것 이외에는 아무런 새로운 비용
이 부가되지 않는 경우에 있어서의 새로 부가되는 산출물 1단위의 비용(費用)이라고
해석할 수도 있고, 또 현존설비 및 사용되지 않는 그 밖의 생산요소의 도움을 받아
서, 가장 경제적인 방법으로 새로 부가되는 산출물의 1단위를 생산하는 데 소요되는
부가적 임금비용(賃金費用)이라고 해석할 수도 있을 것이다. 전자의 경우에는 우리는
새로 부가되는 노동에 어떤 기업자 활동이나, 경영자본(經營資本)이나, 그 밖의 생산
비에 부가될 노동 이외의 어떤 것의 부가가 결합된다고 생각할 여지가 없게 되고,
뿐만 아니라, 심지어 우리는 새로 부가되는 노동이 설비를 소모시키는 속도가 더 적
은 노동인력이 소모시키는 경우보다 더 빠를 수 있다고는 생각할 수조차 없다. 전자
의 경우에는 우리는 노동비용 이외의 어떤 생산비 요소도 한계주요비용에는 포함시
키지 못하게 되어 있으므로, 한계임금비용과 한계주요비용이 일치하는 것은 당연한
일이다.
　그러나 이와 같은 가정 하에서 이루어지는 분석은 거의 실용(實用)의 여지가 없는
결과가 된다. 왜냐하면, 그것이 입각하고 있는 가정이 실제로 실행되고 있는 경우는
극히 드물기 때문이다. 사실 우리는 현실에서는 새로 부가되는 노동에 부가적인 다
른 생산요소를, 그것이 이용될 수 있는 한에 있어서는, 적당히 결부시키는 것을 거부
할 정도로 어리석은 것은 아니며, 따라서 이 상정(想定)은 노동 이외의 모든 생산요
소가 이미 극한의 지경까지 사용되고 있다고 가정되는 경우에 한하여 적용될 수 있
는 데 불과하기 때문이다.

의 피용자(被用者) 수는 총고용량(總雇用量)의 함수라고 상정한다. 그리
고 나서 그는 총노동량(總勞動量)에 대한 실질 수요 탄력성(그것은 우리에
게 우리가 구하려는 값, 즉 노동에 대한 실질수요함수의 모양을 나타낸다)은 다
음과 같이 쓰일 수 있다는 것을 보여준다.

$$E_r = \frac{\varnothing'(x)}{\varnothing(x)} \cdot \frac{F'(x)}{F''(x)}$$

기호(記號)에 관한 한에 있어서는 이것과 나 자신의 표현방법 사이에
중요한 차이는 없다. 우리가 피구 교수의 임금재(賃金財)와 나의 소비재
(消費財)를 동일시하고, 또 그의 「기타재(其他財)」와 나의 투자재(投資
財)를 동일시할 수 있는 한에 있어서는, 그의 $\frac{F(x)}{F'(x)}$ 는 임금단위로 표시
한 임금재 산업의 산출물의 가치(價値)이기 때문에, 그것은 나의 C_w와
같다는 이치가 된다. 뿐만 아니라 그의 함수 $\varnothing$ 는 (임금재가 소비재와 동
일시될 수 있다면) 내가 위에서 고용승수(雇傭乘數) k'라고 부른 것의 함
수이다. 왜냐하면,

$$\triangle x = k' \triangle y \text{ 2)}$$
따라서
$$\varnothing'(x) = 1 + \frac{1}{K'}$$

이 되기 때문이다.

이와 같이 피구 교수의 「총노동량에 대한 실질수요의 탄력성」은 나
자신의 어떤 것과 유사한 혼합물이며, 그것은 일부는 산업의 물적 및 기
술적 조건(피구의 함수 F에 의해 나타나는)에 의존하고, 또 일부는 임금재
를 소비하는 성향(피구의 함수 $\varnothing$ 에 의해 나타나는)에 의존한다. 다만 그것

2) 본문에서는 $\triangle x = k' \triangle y$라고 하였으나, 이는 인쇄상의 잘못일 것이고 당연히
$\triangle(x+y) = k' \triangle y$가 되어야 할 것이다. 왜냐하면, 이렇게 되어야만 다음의 $\varnothing'(x)$
$= 1 + \frac{1}{K'}$ 이 도출될 수 있기 때문이다.[역주]

은 항상 우리가 한계노동비용이 한계주요비용과 같은 특수한 경우만을 고찰할 때에 한한다.

그리고 난 다음, 고용의 양(量)을 결정하기 위하여 피구 교수는 그의 「노동에 대한 실질수요(real demand for labor)」에 노동의 공급함수를 결합시킨다. 그는 이것이 실질임금의 함수이며, 그 밖의 어느 것의 함수도 아니라고 상정한다. 그러나 그는 실질임금은 임금재 산업에 있어서의 피용자 x명의 함수라고 또한 상정하고 있기 때문에, 이것은 결국 현존 실질임금 하에서의 전 노동공급은 x의 함수이며 그 밖의 어느 것의 함수도 아니라고 상정하는 것과 다름이 없다. 즉, n을 실질임금 $F'(x)$ 하에서 사용가능한 노동공급이라고 한다면, $n = X(x)$ 가 된다.

이와 같이, 모든 복잡한 점을 다 사상(捨象)하고 나면, 피구교수의 분석은 결국 다음과 같은 두 방정식으로부터 실제 고용량을 발견하고자 하는 것으로 귀결된다고 할 수 있다.

$$x + y = \varnothing(x)$$

및 $n = X(x)$

그러나 여기에는 미지수(未知數)가 세 개인데 방정식(方程式)은 두 개밖에 없다. 그는 이 곤란을 $n = x + y$라고 봄으로써 회피하고 있는 것이 분명하다고 생각된다. 이것은 결국, 말할 나위도 없이, 엄밀한 의미에 있어서의 비자발적(非自發的)인 실업(失業)은 없다는 것, 즉 현재의 임금 수준에서 고용가능한 모든 노동자는 실제로 고용되고 있다는 것을 의미한다. 이 경우 x는 다음의 방정식을 만족시키는 값을 갖는다.

$$\varnothing(x) = X(x)$$

그리고 우리가 이와 같이 하여 x의 값이 (이를테면) n_1과 같다는 것을 발견하였을 경우에는, y는 $X(n_1) - n_1$ 과 같고, 총고용량(總雇用量) n은 $X(n_1)$과 같지 않을 수 없다.

여기에서 잠시 멈추어 이것이 무엇을 의미하는지를 고찰하는 것도 무용(無用)한 일은 아니다. 그것은 다음과 같은 것을 의미한다. 즉, 만약 노동의 공급함수가 변화하여 주어진 실질임금에서 더 많은 노동이 공급되면(따라서 $n_1 + dn_1$은 이제는 방정식 $\varnothing(x) = X(x)$를 만족시키는 x의 값이 된다), 비임금재(非賃金財) 산업의 산출물에 대한 수요는, 이들 산업에서의 고용도 필연적으로 $\varnothing(n_1 + dn_1)$ 과 $X(n_1 + dn_1)$ 사이의 균형을 유지하기에 꼭 필요한 양만큼 증가할 수밖에 없는, 그러한 것이다. 총고용량이 변화할 수 있는 이 밖의 유일한 길은, y 가 증가하고 이에 따라 x 가 더 크게 감소하도록 임금재와 비임금재의 각각을 구입하는 성향(性向)이 수정되는 것이다.

$n = x + y$ 라는 가정은, 물론, 노동자는 항상 그 자신의 실질임금을 결정할 수 있는 지위에 있다는 것을 의미한다. 이리하여 노동자가 그 자신의 실질임금을 결정할 수 있다는 가정은 비임금재(非賃金財) 산업의 산출물에 대한 수요도 앞에서 말한 법칙들에 따른다는 것을 의미한다. 다시 말하면, 이자율(利子率)은 항상 완전고용을 유지할 수 있도록 자본의 한계효율표에 대하여 스스로를 조정한다는 것을 상정하고 있는 것이다. 이 가정이 없으면 피구 교수의 분석은 와해되고, 고용량(雇用量)이 어떤 수준일 것인가를 결정하는 아무런 수단도 제공하지 못하게 된다. 피구 교수가, 노동의 공급함수의 변화에 의해서가 아니라, (이를테면) 이자율이나 아니면 확신의 상태의 변화에 의한 투자율(投資率)의 변화(즉, 비임금재 산업에 있어서의 고용의 변화)에 대하여 전혀 아무런 언급이 없는 실업이론을 마련해낼 수 있다고 상상하였다는 사실은, 참으로 기이한 일이 아닐 수 없다.

그의 저서의 『실업이론』이라는 표제는 따라서 명칭과 실제가 서로 부합하지 않은, 이른바 양두구육(羊頭狗肉)과 같은 것이다. 그의 저서는 실제로는 이 문제를 다루지 않고 있다. 거기에는, 노동의 공급함수가 주어져 있고, 완전고용의 조건이 만족될 경우에는 얼마만큼의 고용이 이루어질 것인가에 관한 논의가 있을 뿐이다. 노동 총량의 실질수요탄력성(實質需要彈力性)이라는 개념의 목적은, 노동의 공급함수에서의 주어진 이동(移動)에 대응하여 얼마만큼 완전 고용이 상승 또는 하강하는가를 보여주는 데 있다. 또는 ― 다르게 표현하면, 그리고 그것이 아마 더 좋을지도 모르지만 ― 우리는 그 저서를 어떤 주어진 수준의 고용(雇用)에 대응하는 실질임금(實質賃金)의 수준은 어떤 것인가를 결정하는 함수관계에 관한 비인과론적(非因果論的) 연구라고 볼 수도 있을 것이다. 그러나 그것은 우리에게 무엇이 실제의 고용수준을 결정하는가를 말해줄 수는 없으며, 비자발적 실업의 문제에 대해서는 그것은 아무런 직접적인 관련도 없는 것이다.

설령 피구 교수가, 내가 위에서 정의한 의미에 있어서의 비자발적 실업의 가능성을 부인한다고 하더라도 ― 아마 그는 부인하리라 생각되지만 ―, 그의 분석이 어떻게 적용될 수 있는지를 납득하기는 여전히 곤란하다. 왜냐하면, 무엇이 x 와 y 사이의 관련을 결정하는가, 즉 무엇이 임금재 산업과 비임금재 산업에 있어서의 고용을 각각 결정하는가에 관한 논의를 그가 생략하고 있다는 사실은 여전히 치명적이기 때문이다.

뿐만 아니라, 일정 한도 내에서는 노동자들이 흔히 실제로 요구하는 것은 일정한 실질임금(實質賃金)이 아니라 일정한 화폐임금(貨幣賃金)이라는 사실을 그도 인정하고는 있다. 그러나 이 경우에 있어서는 노동의 공급곡선은 $F'(x)$ 만의 함수가 아니라 임금재(賃金財)의 화폐가격의 함수기도 한 것이다. 그 결과 이전의 분석은 무너지고 새로운 사실이 추가적으로 도입되어야 하는데, 이 추가되는 미지수(未知數)에 대비하는 또 하나의 방정식이 없는 것이다. 모든 것을 단일변수(單一變數)의 함수로

간주하고, 모든 편미분(偏微分)은 자취를 감추는 것으로 가정하지 않고
서는 더 이상 전혀 전진할 수 없는 사이비(似而非) 수리적 방법의 맹점이
이보다 더 잘 표출되는 예도 없을 것이다. 왜냐하면, 나중에 와서야 사
실 다른 변수가 있다는 것을 인정하고, 그러면서도 그때까지 쓰인 모든
것을 새로 쓰지 않고 그대로 전진한다는 것은 아무런 소용이 없는 것이
기 때문이다. 이와 같이 만약 (어떤 한도 내에서) 노동자가 요구하는 것은
화폐임금(貨幣賃金)이라고 한다면, 우리가 무엇이 임금재의 화폐가격을
결정하는가를 알기 전에는 설사 $n = x + y$라고 가정하더라도, 우리의 기
지수(旣知數)는 여전히 불충분한 것이다. 왜냐하면, 임금재의 화폐가격
은 총고용량(總雇用量)에 의존하는 것이기 때문이다. 따라서 우리가 임
금재의 화폐가격을 알 때까지는 총고용이 어떻게 될 것인가에 대하여 말
할 수 없으며, 총고용량을 알 때까지는 임금재의 화폐가격을 알 수가 없
다. 이미 말한 바와 같이, 방정식이 하나 부족한 것이다. 그렇지만 우리
의 이론을 사실과 가장 근접하게 하는 것은 실질임금의 경직성이 아니라
화폐임금의 경직성이라는 잠정적인 가정일지도 모른다. 예를 들어,
1924~1934년의 10년간의 혼란과 불확실성과 광폭의 물가변동이 있었
던 동안에 영국의 화폐임금은 6퍼센트의 범위 내에서 안정되어 있었다.
이에 비하여 실질임금은 20퍼센트 이상 변동했던 것이다. 어떤 이론이
든 화폐임금이 고정(固定)되어 있는 경우(또는 그 범위)에도, 다른 모든
경우에 대해서와 마찬가지로, 적용될 수가 있지 않고서는 그것은 일반이
론이라고 주장할 수는 없다. 정치가들이라면 화폐임금은 당연히 고도로
신축적이어야 한다고 불평할 자격을 가지고 있다. 그러나 이론가라면 양
자 간 어떤 사태라도 공평하게 취급할 준비가 되어 있어야 한다. 과학적
인 이론이라면 사실(事實)이 그 자신의 가정(假定)에 순응할 것을 요구할
수는 없다.

피구 교수가 화폐임금(貨幣賃金)의 인하의 효과를 명시적으로 취급하려고 했을 때에도, 그는 또 한 번, 뚜렷하게 (내 생각으로는), 어떤 결정적인 해답이 얻어질 수 있기에는 너무나 소수의 기지수(旣知數)밖에 도입하고 있지 않다. 그는 만일 한계주요비용이 한계임금비용과 같다면, 화폐임금이 인하되었을 경우, 비(非)임금소득자의 소득은 임금소득자의 소득과 같은 비율로 변화할 것이라는 주장에 반대하는 것으로부터 시작한다(앞의 책, 제101면). 이 반대의 근거는, 고용량이 계속 불변이라는 가정 하에서만 이것이 타당하다는 데 있다 — 그것이 바로 문제의 핵심인 것이다. 그러나 그는 다음 면(앞의 책, 제102면)으로 진행할 때에는 「당초에 비(非)임금소득자들의 화폐소득에는 아무런 변화도 없다」는 것을 그의 가정으로 삼음으로써 그 스스로 똑같은 오류를 범하고 있다. 그 가정은, 그가 방금 보여준 바와 같이, 고용량이 계속 불변으로 머물러 있지 않다는 가정 하에서만 타당하다 — 그것이 바로 문제의 핵심인 것이다. 사실 다른 요인들이 우리의 기지수 중에 포함되지 않는 이상, 그 어떤 해답도 불가능(不可能)한 것이다.

노동자는 실제로 어떤 일정한 화폐임금(貨幣賃金)을 요구하지 일정한 실질임금(실질임금이 어떤 최소 수준 이하로 하락하지 않는다면)을 요구하는 것은 아니라는 점을 인정하는 것이 분석에 어떤 영향을 미치는가는, 실질임금이 더 크게 되지 않는 한 더 많은 노동이 사용 가능해질 수는 없다는 가정이 — 그것은 논의의 대부분에 대하여 근본적인 것이다 — 이 경우에는 붕괴한다는 것을 지적함으로써도 또한 그것을 보여줄 수 있다. 예를 들어, 피구 교수는 실질임금률(實質賃金率)이 일정하다고 가정함으로써, 다시 말해서, 이미 완전고용은 달성되어 있기 때문에 실질임금 수준을 인하하더라도 노동의 공급이 증가할 수 없다고 가정함으로써, 승수이론(乘數理論)을 부인하고 있다(앞의 책, 제75면). 이러한 가정 하에서는 물론 그 주장은 정당하다. 그러나 이 구절(句節)에서 피구 교수는 현실 정책에 관한 제안을 비판하고 있는 것이다. 영국에서의 통계상의 실업자 수가 200만 명을 초과하고 있을 때(즉, 현재의 화폐임금에서 취업을 원하는 사람이 200만 명이나 존재하고 있을 때) 화폐임금에 비하여 생계비가 비록 근소하게나마 상승한다면, 노동시장으로부터 이 200만 명 전체와 비등한 수 이상의 노동이 빠져나가리라고 상정한다는 것은 몽상(夢想)과도 같은, 현실과 멀리 괴리된 생각이다.

피구 교수의 저서의 전체는, 화폐임금에 비하여 생계비가 비록 근소하게나마 상승한다면 노동시장으로부터 현존 실업자 전체의 수보다도 더 많은 수의 노동자들의 철수를 야기하리라는 상정 하에서 쓰여진 것이라는 점을 강조하는 것은 중요한 일이다.

그뿐 아니라 피구 교수는 이 구절(앞의 책, 제75면)에서, 공공사업의 결과로서 나타나는 「제2차적」 고용에 반대하여 제시한 논거가, 똑같은 상정 하에서 똑같은 정책으로부터 나오는 「제1차적」 고용의 증가에 대해서도 그에 못지않게 치명적이라는 사실을 간과하고 있다. 왜냐하면, 임금재(賃金財) 산업에서 형성되고 있는 실질임금률(實質賃金率)이 일정하다면 ― 물론 비임금 소득자가 임금재의 소비를 줄이는 경우를 제외하고는 ― 고용의 증가란 전혀 불가능한 일이기 때문이다. 제1차적 고용에 새로 종사한 사람들은 아마도 임금재의 소비를 증가시킬 것인데, 그것은 실질임금을 저하시킬 것이고, 나아가서는 (그의 가정에 따르면) 종전에 어딘가 다른 곳에서 고용되고 있던 노동자의 철수를 가져올 것이기 때문이다. 그럼에도 불구하고 피구 교수는 분명히 제1차적 고용이 증가하는 가능성을 인정하고 있다. 제1차적 고용과 제2차적 고용의 경계선이야말로, 그의 훌륭한 상식(常識)이 그의 나쁜 이론(理論)을 억압하는 작용을 하지 못하게 되는 심리적 분계점(分界點)인 것 같다.

앞에서 말한 바와 같은 가정과 분석에 있어서의 특이성(特異性)이 도출하는 그의 결론의 특이성은 피구 교수가 그의 견해를 요약한 다음과 같은 중요한 구절에 의해 밝혀질 수 있다. 「노동자 간에 완전한 자유경쟁이 이루어지고 노동의 이동성(移動性)이 완전하다면, 그 관계(즉, 노동자들이 요구하는 실질임금률과 노동에 대한 수요함수 사이의 관계)는 아주 단순할 것이다. 임금률(賃金率)은 수요에 대하여 모든 사람이 고용되도록 하는 관계에 놓여지는 경향이 항상 강하게 작용할 것이다. 따라서 안정적인 상태에서는 모든 사람이 실제로 고용될 것이다. 이것이 함축하는 의미는, 어떤 경우에 있어서나 실업(失業)이 존재한다면 그것은 순전히 수요의 변화가 부단히 일어나고 있다는 사실, 그리고 마찰적인 저항으로 말미암아 적당한 임금의 조정이 즉시로 이루어지는 것이 방해되고 있다는 사실에 기인한다는 것이다.」[3]

그는 실업은 제1차적으로는 노동에 대한 실질수요함수(實質需要函數)의 변화에 대하여 충분히 스스로를 조정하지 못하는 임금정책에 기인한다고 결론짓고 있다(앞의 책, 제253면).

이와 같이 피구 교수는 장기에 있어서는 실업은 임금조절(賃金調節)로 구제될 수 있다고 믿고 있다.[4] 이에 대하여 나는 실질임금(그것은 오직 고용의 한계비효용(限界非效用)에 의해서만 설정될 수 있을 따름인 최저수준의 제약을 받는다)은 제1차적으로는 「임금조정에 의해 결정되는 것이 아니라 (그것이 여러 가지 반작용을 불러일으킬 수는 있을지 모르지만) 경제체계의 다른 힘들에 의해 결정된다」고 주장하는 바인데, 그 힘들 중의 몇 가지는(특히 자본의 한계효율과 이자율의 관계는), 내가 보는 바가 옳다고 한다면, 피구 교수가 그의 형식적 도식(圖式) 중에 포함시키지 않았던 것

---

3) 상게서 제252면.
4) 이것이 이자율에 대한 반응을 통해 나오리라는 아무런 암시나 시사가 없다.

들이다.

끝으로, 피구 교수가 「실업의 원인」에 대하여 논급(論及)하는 대목에 이르러서는, 그는 내가 하는 것과 거의 비슷하게, 수요 상태의 변동에 관하여 논하고 있다. 그러나 그는 수요 상태를 노동에 대한 실질수요함수와 동일시하고 있으면서도 이것이 그의 정의(定義)에 있어서는 [그 의미가] 얼마나 좁은 것인가를 망각하고 있다. 왜냐하면 노동에 대한 실질수요함수는, 정의에 의해 (이미 우리가 본 바와 같이), 다음의 두 가지 요인 이외의 아무것에도 의존하는 것이 아니기 때문이다. (1) 고용되고 있는 사람들의 총수(總數)와, 그들이 소비하는 것을 마련하기 위해 임금재(賃金財) 산업에 고용되지 않으면 안 되는 사람들의 수 사이의 어떤 주어진 환경 하에서의 관계 및 (2) 임금재 산업에서의 한계생산성(限界生産性)의 상태. 그런데 그의 『실업이론』의 제5부에서는 「노동에 대한 실질수요」의 상태의 변동에 중요한 지위가 주어지고 있다. 「노동에 대한 실질수요」는 대폭적인 단기변동을 하기 쉬운 요인으로 간주되고 있는데(앞의 책, 제5부, 제6~12장), 이것이 시사하고자 하는 것은 「노동에 대한 실질수요」의 진동이, 그와 같은 변화에 대하여 임금정책이 민감하게 대처하지 못하고 있다는 사실과 함께, 경기순환을 일으키는 주요 원인이 된다는 것 같다. 독자에게는 이 모든 것은 처음에는 합리적이고 주지의 사항인 것처럼 보일 것이다. 왜냐하면 이 용어(用語)의 정의로까지 소급해 올라가지 않는 한, 그의 「노동에 대한 실질수요의 변동」이라는 용어는 내가 「총수요(總需要) 상태의 변동」이라는 말로 전달하고자 하는 것과 같은 종류의 시사를 독자들의 마음에 전달할 것이기 때문이다. 그러나 만일 우리가 「노동에 대한 실질수요」의 정의로 거슬러 올라가면, 이 모든 것은 그럴듯하게 들리는 면이라고는 아주 없어질 것이다. 왜냐하면, 이 요인만큼 급격한 단기적인 진동을 할 가능성이 적은 것은 이 세상에는 없다는 것을 알게 될 것이기 때문이다.

피구 교수의 「노동에 대한 실질수요」는, 정의에 의해, 임금재 산업에서의 생산의 물적 조건(物的 條件)들을 나타내는 $F(x)$ 와, 임금재 산업에서의 고용(雇用)과 그것의 어떠한 주어진 수준에도 대응하는 총고용(總雇用) 사이의 함수관계를 나타내는 $\varnothing(x)$ 두 가지 이외의 어떤 것에도 의존하지 않는다. 이 두 함수 중의 어느 하나도, 장기간에 걸친 완만한 것이 아닌 한, 변화해야 할 이유를 발견하기는 어렵다. 분명히 경기순환 과정에서 이들이 변화할 것으로 상상할 아무런 이유도 없을 것 같다. 왜냐하면 $F(x)$ 는 오직 완만하게만 변화할 것이고, 또 기술적으로 진보적인 사회에서는 오직 전방(前方)으로밖에 변화하지 않을 것인데, 다른 한편으로 $\varnothing(x)$ 는 노동계급에서 갑작스런 절약 풍조의 팽배, 혹은, 더욱 일반적으로 말한다면, 소비성향(消費性向)에 급격한 변화가 있는 경우를 상상하지 않는 한, 안정을 유지할 것이기 때문이다. 따라서 나는 노동에 대한 실질수요는 경기순환 과정을 통하여 사실상 일정불변일 것으로 예상한다. 반복하여 말한다면, 피구 교수는 그의 분석에서 고용변동 현상의 근저에 아주 흔히 있는 불안정한 요인, 즉 투자(投資) 규모의 변동을 완전히 생략하고 만 것이다.

나는 피구 교수의 실업이론을 장황하게 비판하였다. 그것은 그의 이론이 고전학파의 다른 경제학자들보다 더 많은 비판을 받을 여지가 있다고 생각되기 때문이 아니라, 그의 이론이 고전파의 실업이론을 정확하게 기술(記述)하고자 한 내가 아는 유일의 시도이기 때문이다. 그리하여 지금까지 전개된 것 가운데서 가장 견고하게 서술된 이 이론에 대하여 반대론(反對論)을 제기하는 것이 나의 임무였던 것이다.

제 20 장

고용함수[1]

I

제3장(제28면)에서 우리는 총공급함수(總供給函數) $Z = \emptyset(N)$ 을 정의하였는데, 그것은 고용량 N과 그것에 대응하는 산출량의 공급가격의 관계를 나타낸 것이다. 고용함수(雇用函數)가 총공급함수와 다른 점은, 그것은 결국 후자의 역(逆)함수이며, 임금단위(賃金單位)를 기준으로 규정된다는 것뿐이다. 고용함수의 목적은 어떤 주어진 하나의 기업, 또는 하나의 산업, 또는 산업 전체가 직면한, 임금단위로 측정된 유효수요(有效需要)의 양(量)과 고용(雇用)의 양을 관련시키는 것이므로, 그 고용량의 산출물의 공급가격은 그 유효수요의 양과 비등한 것이 될 것이다. 따라서 만일 어떤 하나의 기업이나 하나의 산업이 직면한, 임금단위로 측정된 유효수요량 D_{wr}가 그 기업이나 산업에 있어서의 고용량(雇用量) N_r을 초래한다면, 고용함수(雇用函數)는 $N_r = F_r(D_{wr})$이 된다. 혹은, 좀더 일반적으로 말한다면, 만일 우리가 D_{wr}는 총유효수요 D_w의 일의적(一義的)인 함수라고 상정해도 좋다면, 고용함수는 $N_r = F_r(D_w)$가 된

---

[1] 대수식(代數式)을 (당연히) 좋아하지 않는 사람은 이 장(章)의 처음 절(節)을 생략하더라도 거의 잃는 것이 없을 것이다.

다. 다시 말해, 유효수요가 D_w일 때에는 산업 r에 있어서는 N_r명이 고용되리라는 것이다.

우리는 본 장(章)에서 고용함수의 몇 개의 특질(特質)에 관하여 논의를 전개하고자 한다. 그러나 이 특질들이 가지는 흥미 있는 점이 무엇이든 간에 그것은 별도로 하고, 통상적인 공급곡선(供給曲線)을 고용함수로 대체한다는 것이 이 책의 방법과 목적에 합치되는 이유에는 두 가지가 있다. 우선 첫째, 고용함수는 수량적 성격이 의심스러운 어떤 단위도 도입하지 않고 우리가 채택하기로 결정한 단위만으로써 중요한 사실들을 표현할 수 있다. 둘째, 그것은 주어진 환경 하에 있는 어떤 하나의 산업이나 하나의 기업의 문제와는 다른, 산업이나 산출량 전체의 문제를 고찰하는 데 대하여 통상적인 공급곡선보다 쉽게 적용될 수 있다. 그 이유는 다음과 같다.

어떤 특정 재화에 대한 수요곡선(需要曲線)은 사회의 구성원들의 소득(所得)에 대한 어떤 상정 하에서 그려지며, 소득이 변화하는 경우에는 다시 그려져야 한다. 똑같이, 어떤 특정 재화에 대한 통상적인 공급곡선도 산업 전체의 산출량(産出量)에 관한 어떤 상정 하에서 그려지며, 산업의 총산출량이 변화한다면 그것도 변화할 가능성이 많은 것이다. 그러므로 우리가 총고용(總雇用)의 변화에 대한 각 개별 산업의 반응을 고찰할 때에는, 필연적으로 우리는 어떤 하나의 공급곡선과 관련된 각 산업에서의 단일 수요곡선이 아니라, 총고용에 관한 여러 가지 상이한 상정에 대응하는 그와 같은 [수요]곡선들의 두 가지 집단을 문제시하게 된다. 그러나 고용함수(雇用函數)의 경우에는, 고용 전체의 변화를 반영하는 산업 전체에 대한 함수에 도달하는 작업은 현실적으로 더욱 용이한 것이 된다.

그래서 (우선 처음에) 우리가 위의 제18장에서 주어졌다고 간주한 기타의 요인들과 아울러 소비성향(消費性向)이 주어졌다고 상정하고, 투자율(投資率)의 변화에 반응하는 고용(雇用)의 변화를 고찰한다고 상정해 보자. 이 상정 하에서, 임금단위로 측정된 모든 수준의 유효수요에 대하여, 이에 대응하는 총고용(總雇傭)이 있을 것이고, 이 유효수요는 확정적인 비율에 의해 소비와 투자로 나누어질 것이다. 뿐만 아니라 유효수요의 각 수준은 일정한 소득분배(所得分配)에 대응할 것이다. 따라서 나아가서는 총유효수요의 일정 수준에 대응하여 각종 산업에 대한 그것의 일의적(一義的)인 배분이 존재하는 것으로 상정하는 것은 합리적인 일이다.

이것으로부터 우리는 각 산업에서의 [과연] 어떤 고용량이 일정한 총고용량 수준에 대응하는가를 알 수가 있다. 다시 말해, 그것은 임금단위로 측정된 총유효수요의 각 수준에 대응하는 각 특정 산업에서의 고용량을 우리에게 주는 것으로서, 따라서 위에서 정의한 당해 산업에 대한 고용함수의 제2의 형태, 즉 $N_r = F_r(D_w)$를 위한 조건들이 충족된다. 따라서 이와 같은 조건 하에서는, 일정 수준의 유효수요에 대응하는 산업 전체에 대한 고용함수는 각 개별 산업에 대한 고용함수의 합계와 동등하다는 의미에서, 개개의 고용함수는 가산적(加算的)이라고 하는 이점을 우리는 가질 수 있는 것이다. 즉, 다음과 같이 된다.

$$F(D_w) = N = \sum N_r = \sum F_r(D_w)$$

다음으로 우리는 고용(雇用)의 탄력성(彈力性)을 정의하고자 한다. 어떤 주어진 산업에서의 고용의 탄력성은 다음과 같다.

$$e_{er} = \frac{dN_r}{dD_{wr}} \cdot \frac{D_{wr}}{N_r}$$

왜냐하면, 이것은 그 산업의 산출물을 구입하는 데 지출될 것이 기대되는 임금단위의 수(數)의 변화에 대한 그 산업에 고용되는 노동단위의 수(數)의 반응을 측정하는 것이기 때문이다. 산업 전체에 대한 고용의 탄력성을 우리는 다음과 같이 쓴다.

$$e_e = \frac{dN}{dD_w} \cdot \frac{D_w}{N}$$

만약 우리가 산출량을 측정하는 데 충분히 만족스러운 어떤 방법을 발견할 수가 있다면, 산출량 또는 생산의 탄력성이라고도 부를 수 있는 것 ― 즉, 임금단위로 측정된 유효수요의 더 많은 양이 어떤 산업으로 향할 때, 그 산업에서의 산출량이 증가하는 율(率)이 어떻게 되는가를 측정하는 것 ― 을 정의한다는 것도 또한 유익하다. 그것은 다음과 같다.

$$e_{\text{or}} = \frac{dO_r}{dD_{wr}} \cdot \frac{D_{wr}}{O_r}$$

만일 우리가 가격(價格)은 한계주요비용(限界主要費用)과 균등하다고 상정할 수가 있다면, 우리는 다음의 식을 얻는다.

$$\triangle D_{wr} = \frac{1}{1-e_{\text{or}}} \triangle P_r$$

여기서 P_r는 기대이윤(期待利潤)이다.[2] 이것으로부터 다음과 같은 결과가 나온다. 즉, 만일 $e_{\text{or}} = 0$이라면, 즉 만일 당해 산업의 산출량이

---

2) 2) 왜냐하면, 만일 p_{wr}가 임금단위로 측정된 산출물 1단위의 기대가격(期待價格)이라고 한다면, 다음과 같이 되기 때문이다.

즉
$$\triangle D_{wr} = \triangle (p_{wr} O_r) = p_{wr} \triangle O_r + O_r \triangle p_{wr}$$
$$= \frac{D_{wr}}{O_r} \cdot \triangle O_r + O_r \triangle p_{wr}$$

이며, 따라서 $O_r \triangle p_{wr} = \triangle D_{wr} (1 - e_{\text{or}})$

즉
$$\triangle D_{wr} = \frac{O_r \triangle p_{wr}}{1-e_{\text{or}}}$$

그런데 $O_r \triangle p_{wr} = \triangle D_{wr} - p_{wr} \triangle O_r = \triangle D_{wr} -$ (한계주요비용) $\cdot \triangle O = \triangle P$

따라서
$$\triangle D_{wr} = \frac{1}{1-e_{\text{or}}} \triangle P_r$$

완전히 비탄력적(非彈力的)이라면, 증가한 (임금단위로 측정된) 총유효수요는 이윤(利潤)으로서 기업자에게 귀속될 것이 기대된다. 즉, $\triangle D_{wr} = \triangle P_r$이 된다. 한편, 만일 $e_{or} = 1$, 즉 산출량의 탄력성(彈力性)이 1이라면, 증가한 유효수요의 어떤 부분도 이윤으로는 귀속되지 않을 것이 기대되며, 한계주요비용으로 산입(算入)되는 요소들에 의해 그 전체가 흡수될 것이다.

뿐만 아니라, 만일 한 산업의 산출량이 그 산업에 고용되고 있는 노동(勞動)의 함수 $\varnothing(N_r)$이라고 한다면, 우리는 다음의 식을 얻는다.[3]

$$\frac{1 - e_{or}}{e_{er}} = - \frac{N_r \varnothing''(N_r)}{p_{wr}[\varnothing'(N_r)]^2}$$

여기에서 p_{wr}는 임금단위로 측정된 산출물 1단위의 기대가격(期待價格)이다. 이와 같이 $e_{or} = 1$이라는 조건은 $\varnothing''(N_r) = 0$, 즉 고용의 증가에 대응하는 수확(收穫)은 불변(不變)이라는 것을 의미한다.

그런데 고전파이론의 상정(想定)에 의하면, 실질임금(實質賃金)은 항상 노동의 한계비효용(限界非效用)과 같고, 또 후자는 고용의 증가에 따라 증가하며, 따라서 다른 사정에 변화가 없고 만일 실질임금이 감소한다면 노동공급도 감소한다는 것인데, 이러한 상정(想定)이 있는 한에 있어서는 그것은 실제에 있어서는 임금단위로 측정된 지출을 증가시킨다는 것은 불가능하다는 것을 상정하는 것이나 다름없다. 만일 이것이 옳다면 고용의 탄력성(彈力性)이라는 개념은 적용될 분야가 없을 것이다. 뿐만 아니라, 이 경우에는, 화폐로 측정된 지출의 증가에 의해 고용을

---

3) 왜냐하면, $D_{wr} = p_{wr} O_r$이므로, 우리는 다음과 같은 식을 얻을 수 있기 때문이다.

즉 $1 = p_{wr} \dfrac{dO_r}{dD_{wr}} + O_r \dfrac{dp_{wr}}{dD_{wr}} = e_{or} - \dfrac{N_r \varnothing''(N_r) e_{er}}{[\varnothing'(N_r)]^2 p_{wr}}$

증가시키는 것은 불가능하게 될 것이다. 왜냐하면, 화폐지출의 증가에 비례하여 화폐임금도 증가하게 될 것이고, 따라서 임금단위로 측정된 지출의 증가는 있을 수 없을 것이며 이에 따라 고용의 증가 또한 있을 수 없을 것이기 때문이다. 그러나 만일 고전파의 상정이 옳지 않다고 한다면, 화폐로 측정된 지출을 증가시킴으로써 실질임금이 저락하여 노동의 한계비효용과 같게 될 때까지 ― 이 점에서는 정의상 완전고용이 달성될 것이다 ― 고용을 증가시킬 수 있게 될 것이다.

물론, 보통의 경우에 있어서는 e_{or} 는 영(零)과 1사이의 중간의 값을 가질 것이다. 따라서 화폐지출이 증가함에 따라 (임금단위로 측정된) 물가가 상승하는 정도, 즉 실질임금이 하락하는 정도는, 임금단위로 측정된 지출에 호응하는 산출량의 탄력성(彈力性)에 의존한다.

유효수요(有效需要) D_{wr} 의 변화에 호응하는 기대가격 p_{wr} 의 탄력성,

즉 $\dfrac{dp_{wr}}{dD_{wr}} \cdot \dfrac{D_{wr}}{p_{wr}}$ 을 e'_{pr} 이라고 하자.

$O_r \cdot p_{wr} = D_{wr}$ 이므로 우리는 다음의 식을 얻는다.

$$\frac{dO_r}{dD_{wr}} \cdot \frac{D_{wr}}{O_r} + \frac{dp_{wr}}{dD_{wr}} \cdot \frac{D_{wr}}{p_{wr}} = 1$$

또는 $e'_{pr} + e_{or} = 1$

이것은 곧 (임금단위로 측정된) 유효수요의 변화에 호응하는 가격(價格) 및 산출량(産出量)의 두 탄력성(彈力性)의 합계는 1과 같게 되는 것을 말한다. 이 법칙에 의하면, 유효수요는 첫째는 산출량에 영향을 미침으로써, 또 둘째는 가격에 영향을 미침으로써 스스로를 소진하고 말게 되는 것이다.

만일 우리가 산업 전체를 고찰하고 있으며 산출량 전체를 측정하는 단위를 가지고 있다고 상정할 수가 있다면, 똑같은 논증(論證)을 통하여

$e_p{}' + e_o = 1$ 을 얻게 된다. 이 경우의 각부호(脚符號) r 을 가지지 않는 탄력성은 산업 전체에 적용되는 것이다.

그러면 지금 여러 가치(價値)들을 임금단위(賃金單位)가 아니라 화폐(貨幣)로 측정하여, 산업 전체에 관한 우리의 결론을 이 경우로 확장해 보자.

만일 W 는 노동 1단위의 화폐임금(貨幣賃金)을 나타내는 것으로 하고 p 는 화폐로 측정된 산출물 전체의 1단위의 기대가격(期待價格)을 나타내는 것으로 한다면, 우리는 화폐로 측정된 유효수요의 변화에 호응하는 화폐가격(貨幣價格)의 탄력성을 $e_p (= \dfrac{Ddp}{pdD})$ 라고 하고, 화폐로 측정된 유효수요의 변화에 호응하는 화폐임금의 탄력성을 $e_w (= \dfrac{DdW}{WdD})$ 라고 할 수 있다. 그렇다면 다음의 관계가 성립한다는 것을 쉽게 보일 수가 있다.

$$e_p = 1 - e_o(1 - e_w) \quad {}^{4)}$$

이 방정식은, 우리가 다음 장(章)에서 보는 바와 같이, 일반화(一般化)

---

4) 왜냐하면 $p = p_w \cdot W$ 이고 $D = D_w \cdot W$ 이기 때문에 우리는 다음과 같은 식을 얻는다.

$$\Delta p = W \Delta p_w + \frac{p}{W} \Delta W$$
$$= W \cdot e_p{}' \frac{p_w}{D_w} \Delta D_w + \frac{p}{W} \Delta W$$
$$= e_p{}' \frac{p}{D} (\Delta D - \frac{D}{W} \Delta W) + \frac{p}{W} \Delta W$$
$$= e_p{}' \frac{p}{D} \Delta D + \Delta W \frac{p}{W} (1 - e_p{}')$$

따라서
$$e_p = \frac{D \Delta p}{p \Delta D} = e_p{}' + \frac{D}{p \Delta D} \cdot \frac{\Delta W \cdot p}{W} (1 - e_p{}')$$
$$= e_p{}' + e_w (1 - e_p{}')$$
$$= 1 - e_o (1 - e_w)$$

된 화폐수량설(貨幣數量說)로의 제1보이다. 만일 $e_o = 0$ 이거나 또는 e_w = 1이라면, 산출량(産出量)은 변화하지 않고 물가(物價)는 화폐로 측정된 유효수요와 똑같은 비율로 상승할 것이다. 그렇지 않은 경우에는, 물가는 유효수요보다 적은 비율로 상승할 것이다.

Ⅱ

다시 고용함수로 돌아가자. 우리는 위에서 총유효수요(總有效需要)의 각 수준에 대응하여, 각개 산업의 산출물들 간에 이루어지는 유효수요의 배분(配分)이 일의적(一義的)으로 존재하는 것으로 상정한 바 있다. 그런데 총지출(總支出)이 변화한다고 해도 이에 대응하는 각개 산업의 산출물에 대한 지출(支出)은 일반적으로는 똑같은 비율로 증가하지는 않을 것이다 ― 그 이유는 첫째, 개개인의 소득이 증가함에 따라 그들은 그들이 구입하는 각 산업의 생산물의 양을 똑같은 비율로 증가시키지는 않을 것이고, 둘째, 여러 가지 생산물의 가격이 그 생산물에 대한 지출의 증가에 호응하는 정도가 서로 다르다는 데에 있다.

이것으로 미루어 볼 때, 만일 우리가 소득(所得)의 증가가 지출되는 데에는 단 한 가지 방법밖에 없는 것이 아니라는 것을 인정한다면, 우리가 지금까지 우리의 분석의 기초로 삼아온 상정(想定), 즉 고용의 변화는 오직 (임금단위로 측정된) 총유효수요의 변화에만 의존한다는 상정은 하나의 손쉬운 근사법(近似法) 이상의 것이 될 수 없다는 것을 알게 된다. 왜냐하면, 총수요(總需要)의 증가가 여러 재화들 간에 배분되는 방식을 우리가 어떻게 상정하느냐가 고용량을 적지 않게 좌우할 수 있기 때문이다. 예를 들어, 만일 [유효]수요의 증가가 대부분 고용의 탄력성이 높은 생산물을 향하여 이루어진다면, 유효수요가 고용의 탄력성이 낮은 생산물을 향하여 증가하는 경우에 비해, 고용의 총증가(總增加)는 더 클 것이다.

똑같은 이치로, 만일 수요의 방향이 고용의 탄력성이 상대적으로 낮은 생산물에 유리하게 변화한다면, 총수요에 아무런 변화가 없는데도 고용은 감소할 수 있는 것이다.

이와 같은 것을 고려한다는 것은, 만일 우리가 어느 정도의 기간 이전에는 예견하지 못하는 수요(需要)의 양(量) 또는 방향(方向)의 변화라는 의미에 있어서의 단기적인 현상들을 문제로 삼는 경우에는 특히 중요하다. 어떤 산출물들은 생산하는 데 시간이 걸리고, 따라서 이들의 공급을 신속히 증가시킨다는 것은 현실적으로 불가능하다. 그래서 만일 부가적인 수요가 예고 없이 이러한 생산물에 대하여 일어나게 된다면, 그들은 낮은 고용탄력성(雇用彈力性)을 보일 것이다. 하기는, 충분한 예고가 주어진다면 그들의 고용탄력성이 1에 접근할 수도 있겠지만.

내가 생산기간(生産期間)이라는 개념의 주요한 의미를 발견하는 것은 이러한 관계에 있어서이다. 나는 [생산기간을] 다음과 같이 표현하는 편이 더욱 좋으리라고 생각한다.5) 즉, 어떤 산출물이 그것의 최대 고용탄력성을 나타내기 위해서는 그것에 대한 수요의 변화의 예고(豫告)가 n 시간 단위 전에 주어져야 한다면, 그 산출물의 생산기간은 n 이라고 할 수 있다. 분명히, 이러한 의미에서 소비재(消費財)는 전체적으로 볼 때 생산기간이 가장 길다고 볼 수 있는데, 그 이유는 모든 생산과정 중에서 그들이 최종단계를 이루기 때문이다. 그리하여, 만일 유효수요의 증가에 대한 최초의 충동(衝動)이 소비(消費)의 증가로부터 오는 경우에는 초기의 고

---

5) 이것은 통상적인 정의(定義)와 완전히 동일한 것은 아니지만, 이것은 이 관념이 가지는 중요한 의미를 함축하고 있다고 생각한다.

용탄력성이 그 궁극적 균형수준을 하회(下廻)하는 정도는 그 충동이 투자(投資)의 증가로부터 오는 경우에 비해 훨씬 클 것이다. 뿐만 아니라, 만일 증가된 수요가 비교적 낮은 고용탄력성을 가진 생산물로 향하고 있는 경우에는, 그것의 더 큰 비율은 기업자들의 소득을 늘어나게 만들게 되고 더 적은 비율이 임금소득자나 그 밖의 주요비용요소(主要費用要素)의 소득을 늘어나게 만들 것이다. 그런데 기업자들은 임금소득자에 비해 그들의 소득의 증분(增分) 중에서 더 많은 저축을 할 가능성이 크므로, 지출(支出)에 대한 반작용들은 아마도 어느 정도 덜 유리하게 되는 결과를 나타낼 것이다. 그러나 이들 반작용의 대부분은 이 두 가지 경우에 대동소이(大同小異)할 것이므로, 양자 간의 구분을 지나치게 강조해서는 안 된다.[6]

수요의 예상(豫想) 변화에 대한 예고가 아무리 미리 기업자들에게 주어진다고 하더라도, 생산의 각 단계에서 잉여재고(剩餘在庫)와 잉여능력(剩餘能力)이 존재하지 않는 한, 주어진 투자의 증가에 호응하는 초기의 고용탄력성(雇用彈力性)이 그 궁극적인 균형치(均衡値)만큼 크게 될 수는 없다. 그 반면에, 잉여재고의 고갈(枯渴)은 투자 증가량에 상쇄적인 효과를 가질 것이다. 만일 우리가 처음에는 생산과정의 모든 단계에 약간의 잉여가 존재한다고 가정한다면, 초기의 고용탄력성은 1에 가까울 것이다. 그러나 재고가 흡수되고 난 이후부터 생산[과정]의 초기 단계로부터의 공급의 증가가 미처 충분한 율(率)로 나오기 이전의 기간 동안에는, 그 탄력성은 줄어들 것이다. 그리고 그것은 새로운 균형점으로 접근함에 따라 다시 1을 향하여 증가할 것이다. 그러나 이 분석은 고용이 증가함에 따라 더 많은 지출을 흡수할 지대요인(地代要因)이 있는 한에 있어서는, 또는 이자율이 증가하는 한에 있어서는, 다소의 수정을 받는다. 이

---

6) 나의 『화폐론』 제4편에는 위의 문제에 관한 좀 더 많은 논의가 있다.

와 같은 이유로 말미암아, 변화하는 경제에 있어서는 완전한 가격의 안정은 불가능하다 — 물론 소비성향(消費性向)이 꼭 알맞을 정도의 일시적인 변동을 하도록 보장해 주는 어떤 특수한 장치가 있다면 사정은 다르겠지만. 그러나 이러한 양상으로 일어나는 가격불안정(價格不安定)은, 과잉생산 능력을 만들어 내기 쉬운 일종의 이윤자극(利潤刺戟)으로 인도하지는 않는다. 왜냐하면, 불의(不意)의 이득은 생산[과정]의 비교적 후기 단계에 있는 생산물을 우연히 소유하고 있는 기업자에게 전부 귀속되고, 적절한 종류의 특수한 자원을 보유하지 않은 기업자에게는 이 이득을 자기에게로 유인해 들이기 위해 할 수 있는 일이라고는 아무것도 없기 때문이다. 그러므로 변화로 말미암은 불가피한 가격불안정은 기업자들의 행동들을 좌우할 수는 없고, 다만 기정사실화된 불의의 부(富)를 운 좋은 사람들에게 안겨줄 따름인 것이다(가정된 변화의 방향이 반대일 경우에도 같은 논리가 적절한 수정을 가하여 타당하다). 이 사실은 물가안정(物價安定)을 겨냥한 실제 정책에 관하여 현시대에서 행해지고 있는 약간의 의론(議論)에서는 간과되고 있는 것으로 생각된다. 항상 변화하기 쉬운 사회에서는 그러한 정책이 완전한 성공을 거둘 수 없다는 것은 사실이다. 그러나 그렇다고 해서 가격의 안정상태(安定狀態)로부터의 사소한 일시적인 이탈이 있을 때마다 누적적인 불균형이 필연적으로 일어난다고 할 수는 없다.

III

이상에서 우리는 유효수요(有效需要)가 부족한 경우, 현존의 실질임금(實質賃金) 이하에서 취업할 용의가 있는 실업자(失業者)들이 있다는 의미에서 노동의 과소고용(過少雇傭)이 존재한다는 것을 밝힌 바 있다. 따라서 유효수요가 증가함에 따라서 고용은 증가하고 — 비록 현존의 실질임금과 같거나 아니면 그보다 낮은 실질임금에서이기는 하지만 — 마침내 그때의 현존 실질임금으로 고용할 수 있는 잉여노동이 전혀 존재하지 않는 점에 도달하게 된다. 즉, 화폐임금이 (이 점을 지난 다음에는) 물가보다 더 빨리 상승하지 않는 한, 더 많은 사람(또는, 노동시간)들이 고용될 수는 없는 것이다. 그 다음의 문제는, 만일 이 점에 도달하였을 때 지출(支出)이 여전히 계속해서 증가한다면 어떤 일이 일어나겠는가 하는 것이다.

이 점에 이르기까지는, 주어진 자본설비에 더욱 많은 노동을 적용함으로써 일어나는 수확(收穫)의 체감(遞減)은 실질임금의 감소에 대한 노동자들의 묵인에 의해 상쇄되어 왔다. 그러나 이 점을 지나고 나면, 노동 1단위를 증가시키기 위해서는 생산물의 증가량과 등가(等價)의 것에 의한 유인(誘引)을 필요로 하는데, 다른 한편으로는 노동 1단위를 추가로 적용함으로써 얻는 수확은 [이전보다] 감소된 양의 생산물일 것이다. 따라서 엄격한 균형조건(均衡條件)은 임금(賃金)과 물가(物價), 그리고 그 결과로 이윤(利潤)도 또한 모두 지출(支出)과 똑같은 비율로 상승할 것을 요구하며, 산출량이나 고용량을 포함하는 「실물적(實物的)」인 상태는 모든 점에서 변하지 않을 것을 필요로 한다. 다시 말해, 우리는 소박한 화폐수량설(「유통속도(流通速度)」라는 말은 「소득속도(所得速度)」를 의미하는 것으로 해석한다)이 완전히 만족되는 상태에 도달한 것이다. 왜냐하면, 산출량은 변하지 않고 물가는 MV와 정비례하여 상승하는 것이기 때문이다.

그럼에도 불구하고 이것을 실제의 경우에 적용하는 데 있어 염두에 두어야 할, 이 결론에 대한 몇 가지 실제적인 제한조건이 있다.

(1) 적어도 한동안은 기업자는 모든 가격(價格)의 상승(上昇)에 현혹되어 생산물로 측정된 그들의 개개의 이윤을 극대화하는 수준 이상으로 고용을 증가시키는 수가 있을지도 모른다. 왜냐하면, 그들은 항상 화폐로 측정된 매상금액(賣上金額)의 증가를 생산을 확대시키라는 신호(信號)로 간주하는 습관을 가지고 있기 때문에, 생산의 확장 방침이 사실에 있어서는 이미 그들의 최선의 이익이 되지 못하는 경우에도 계속 생산을 확장시킬 수 있기 때문이다. 즉, 그들은 새로운 가격환경 하에서 그들의 한계사용자비용(限界使用者費用)을 과소평가할 수가 있기 때문이다.

(2) 기업자가 이자소득자(利子所得者)에게 넘겨주어야 하는 이윤(利潤)의 부분은 화폐로 고정되어 있기 때문에, 물가(物價)의 상승은 비록 산출량의 어떤 변화가 수반되지 않는 경우에 있어서조차도 기업자에게 유리하게, 이자소득자에게 불리하게 소득을 재분배하게 될 것이며, 이러한 소득재분배(所得再分配)는 소비성향(消費性向)에 반작용을 미칠 것이다. 그러나 이것은 완전고용이 달성될 때에야 비로소 시작되는 과정이 아니다. 그것은 지출이 증가하는 동안 줄곧 진행을 계속하는 과정일 것이다. 만일 이자소득자가 기업자보다 적게 지출하는 경향이 있다고 한다면, 전자[이자소득자]로부터 실질소득이 점차 유출되어 나간다고 하는 것은, 그것과 반대의 가정이 타당한 경우에 비해, 더 적은 화폐량의 증가와 더 적은 이자율의 인하를 가지고도 완전고용에 도달할 수 있으리라는 것을 의미할 것이다. 완전고용이 도달된 후에는, 물가가 더욱더 상승한다는 것은, 만약 제1의 가정이 여전히 타당하다고 한다면, 이자율이 물가의 한없는 상승을 막기 위하여 어느 정도 상승하지 않으면 안 된다는 것, 그리고 또 화폐량의 증가의 비율은 지출의 증가의 비율에 비하여 더 적을 것이라는 것을 의미할 것이다. 다른 한편으로, 만약 제2의 가정이 타당하다고 한다면, 역(逆)의 관계가 성립할 것이다. 또 이자소득자의 실

질소득이 감소함에 따라 그의 상대적인 빈곤화가 진행되는 결과로 제1의 가정으로부터 제2의 가정으로의 전환이 행하여지는 점에 도달할 수도 있을 것이다. 그리고 그 점에 도달하는 것은 완전고용이 도달되기 전이 될 수도 있고 후가 될 수도 있을 것이다.

Ⅳ

인플레이션과 디플레이션 사이의 외견상 명백한 비대칭성(非對稱性)에는, 추측컨대, 좀 이해하기 어려운 점이 있을 것이다. 왜냐하면, 완전고용을 위하여 필요한 수준에 미달하는 유효수요의 디플레이션은 고용(雇用)과 물가(物價)를 다 같이 저락(低落)시킬 것인데, 이 수준을 초과하는 유효수요의 인플레이션은 오직 물가(物價)에만 영향을 미칠 따름일 것이기 때문이다. 그러나 이 비대칭성은 다만, 노동자는 항상 당해 고용량의 한계비효용(限界非效用) 이하의 실질임금을 수반하는 규모에서 취업하기를 거부할 지위에 있기는 하지만, 당해 고용량의 한계비효용보다 크지 않은 실질임금을 수반하는 규모에서 일자리가 제공될 것을 요구할 수 있는 지위에는 있지 않다는 사실을 반영하는 것에 불과한 것이다.

제21장

가격 이론

I

경제학자들이 가치론(價値論)이라고 불리는 것을 연구 대상으로 하고 있는 경우에는, 그들은 가격(價格)은 수요공급(需要供給)의 상태에 의해 지배되며, 특히 한계비용(限界費用)의 변화와 단기공급의 탄력성(彈力性)이 지배적인 역할을 연출한다고 가르치는 것을 상례로 하여 왔다. 그런데 그들이 제2권, 또는 더욱 흔히는 별개의 저작(著作)으로, 화폐 및 가격의 이론으로 이행하면, 우리는 이미 이 평범한 그러나 알기 쉬운 개념을 들을 수 없고, 가격(價格)은 화폐량(貨幣量)에 의해, 화폐의 소득속도(所得速度)에 의해, 거래량에 대한 상대적인 유통속도(流通速度)에 의해, 화폐 퇴장(退藏)에 의해, 강제저축에 의해, 인플레이션과 디플레이션, 기타 등등에 의해 지배되는 별천지(別天地)로 진입하게 되며, 여기에서는 더욱 모호한 이런 숙어(熟語)들을 수요공급의 탄력성(彈力性)이라는 이전의 개념과 관련시키고자 하는 시도는 거의 또는 전혀 이루어지지 않고 있는 것이다. 만일 우리가 배운 것을 반성하여 그것을 합리화하고자 한다면, [화폐 및 가격이론의] 비교적 단순한 논의에서는, 공급(供給)의 탄력

성은 제로(零)이며, 수요(需要)는 화폐량(貨幣量)과 정비례가 되어 있어야
한다는 것 같고, 반면에 좀 더 차원 높은 논의에서는 분명한 것은 아무것
도 없고, 모든 것이 가능한 오리무중(五里霧中)의 경지에서 헤매게 되는
것이다. 우리는 누구나 다, 때로는 달의 이쪽 면에 와 있고 때로는 저쪽
면에 가 있으면서도, 그러한 것에 아주 익숙해서, 마치 깨어 있을 때의
생활과 꿈꾸는 때의 생활의 양식과도 같은 관계에 있는 이 양면(兩面)을
연결지어 주고 있는 것이 어떤 통로나 여정(旅程)인지를 모르고 있는 것
이다.

앞의 여러 장(章)들의 목적 중의 하나는 이러한 이중생활로부터 탈출
하여 가격이론(價格理論) 전체를 가치이론(價値理論)과 긴밀하게 결합되
도록 다시 되돌려 놓자는 데 있었다. 경제학을 한편으로는 가치(價値) 및
분배(分配)의 이론으로, 다른 한편으로는 화폐(貨幣)의 이론으로 분류한
다는 것은 나의 생각으로는 잘못된 분류이다. 내가 제창하고자 하는 올
바른 양분법(兩分法)은, 한편으로는 개개의 산업 또는 기업의 이론 및 주
어진 자원의 양(量)에 대한 여러 가지 보수(報酬) 및 여러 가지 용도에 대
한 배분(配分)에 관한 이론을 두고, 다른 한편으로는 전체로서의 생산(生
産) 및 고용(雇用)의 이론을 두는 방법이다. 우리가 사용하고 있는 자원
들의 총량은 불변이고, 또 잠정적으로, 다른 산업이나 기업의 조건들도
불변이라는 가정 하에서 우리의 연구대상을 개개의 산업이나 기업으로
제한한다면, 말할 나위도 없이, 우리가 화폐의 중요한 특질에 관해서 관
심을 가질 필요는 없다. 그러나 우리가 무엇이 전체적으로 산출량과 고
용을 결정하느냐의 문제로 넘어가는 즉시로 우리는 화폐경제의 완전한
이론을 필요로 하게 된다.

또는, 아마도 우리는 정상적 균형(stationary equili- brium)의 이론
과 이동적 균형(shifting equilibrium)의 이론 사이에 분류의 선을 설정

할 수도 있을 것이다 — 후자의 의미는, 장래에 관한 견해(見解)의 변화
가 현재의 상황을 좌우할 수 있는 경제체계에 관한 이론이라는 것이다.
무릇 화폐의 중요성은 본질적으로 그것이 현재와 장래 사이의 연쇄가 된다는
것으로부터 흘러나오는 것이기 때문이다. 우리는 여러 가지 용도에 대한 자
원의 어떠한 배분(配分)이, 장래에 대한 우리의 견해가 고정되어 있고 또
어떤 점으로 보더라도 신뢰할 수 있는 세계에서의, 정상적인 경제적 동
기(動機)들의 영향 하에서 성립하는 균형과 양립할 수 있는가를 고찰할
수가 있다; — 나아가서는 아마도, 변화하지 않는 경제와 변화하기는 하
되 모든 것이 처음부터 예견되는 경제로 분류할 수도 있을 것이다. 또는
우리는 이 단순화된 초보적인 단계로부터, 우리의 종전의 기대가 실망으
로 돌아가기도 쉽고 또 장래에 대한 기대가 현재의 우리의 행동을 좌우
하기도 하는 현실세계의 문제로 이행할 수도 있다. 현재와 장래를 연결
하는 연쇄로서의 화폐의 특질이 우리의 계산 속으로 들어와야 하는 것은
우리가 이 이행(移行)을 완료했을 때이다. 그러나 비록 이동적 균형의 이
론은 필연적으로 화폐경제에 준거하여 추구되어야 하기는 하지만, 그것
은 여전히 가치(價値) 및 분배(分配)의 이론이고 별개의 「화폐이론」은
아니다. 화폐는 그 중요한 속성에 있어서는 무엇보다도 현재를 장래와
연결시키는 미묘한 장치이며, 따라서 우리는 화폐에 준거하지 않고는 기
대(期待)의 변화가 현재의 활동(活動)에 대하여 어떤 효과를 미치느냐 하
는 문제에 대한 논의는 그 실마리조차 잡을 수가 없는 것이다. 우리가
또 금이나 은, 또는 법정화폐(法定貨幣)와 같은 수단들을 철폐한다고 하
더라도, 그로써도 화폐를 말살할 수는 없다. 어떤 종류의 내구재(耐久財)
가 존재하는 한에 있어서는 그것은 화폐적인 속성을 가질 수 있는 것이
며,[1] 따라서 화폐경제의 특질적인 문제들을 제기할 수 있는 것이다.

---

1) 상기 제17장 참조.

II

하나의 산업(産業)에 있어서는 그 산업에만 해당되는 특유의 가격수준은, 일부는 그 한계생산비에 포함되는 생산요소(生産要素)들의 보수율(報酬率)에 의존하고 또 일부는 생산의 규모에 의존한다. 우리가 산업 전체의 문제로 이행한다고 하더라도 이 결론을 완화할 이유는 없다. 일반적 가격수준은, 일부는 한계생산비에 포함되는 생산요소들의 보수율에 의존하고, 또 일부는 전체로서의 생산규모, 즉 (설비와 기술이 주어졌다고 한다면) 고용량에 의존한다. 우리가 전체로서의 생산의 문제로 이행하는 경우, 어떤 산업에 있어서의 생산비(生産費)는 그 일부가 다른 산업의 산출량(産出量)에 의존한다는 것은 사실이다. 그러나 우리가 염두에 두어야 할 더욱 중요한 변화는 수요(需要)의 변화가 생산비와 산출량의 양자 모두에 미치는 효과이다. 전체로서의 수요는 변화하지 않는다는 가정 하에서, 우리가 전체로서의 수요만 다루고 단일의 생산물에 대한 개별적인 수요는 더 이상 다루지 않기로 한다면, 우리가 완전히 새로운 관념을 도입하지 않으면 안 되는 것은 수요의 측면에 있어서이다.

III

만약 우리가 한계생산비에 포함되는 여러 가지 생산요소(生産要素)에 대한 보수율(報酬率)이 모두 똑같은 비율로, 즉 임금단위(賃金單位)와 같은 비율로 변화한다는 단순화를 위한 가정을 해도 좋다면, 일반적인 가격수준(價格水準)은 (설비와 기술이 주어졌다고 한다면) 일부는 임금단위에 의존하고 일부는 고용량(雇用量)에 의존한다는 결론을 얻게 된다. 따라서 화폐량(貨幣量)의 변화가 가격수준에 미치는 효과는 임금단위에 미치는 효과와 고용에 미치는 효과가 복합된 것으로 생각할 수 있다.

이와 관련된 관념들을 밝히기 위해서 우리는 우리의 가정을 더욱 단순화하여, (1) 사용되지 않고 있는 모든 자원은 동질적(同質的)이며, 욕구되고 있는 것을 생산하는 효율에 있어서는 서로 대체(代替)가능하며, (2) 한계생산비에 포함되는 생산요소들은, 이들의 잉여(剩餘)가 사용되지 않는 상태로 존재하는 한, 똑같은 화폐임금으로 만족한다고 가정하자. 이 경우에는 실업(失業)이 다소라도 있는 한에 있어서는 우리는 불변의 수확(收穫)과 비(非)신축적인 임금단위를 가지게 된다. 그러므로 화폐량의 증가는, 얼마만큼의 실업이라도 존재하는 경우에는, 가격(價格)들에 대해서는 전혀 아무런 효과도 가질 수 없고, 고용(雇用)은 화폐량의 증가에 의해 이룩된 유효수요의 어떤 증가와도 정확히 정비례하여 증가하며, 반면에, 완전고용이 도달되는 즉시로 유효수요의 증가와 정확히 정비례하여 증가하는 것은 그때부터는 임금단위(賃金單位)와 가격(價格)들이라는 이치가 되는 것이다. 그리하여 만일 실업이 있는 한에 있어서는 공급은 완전히 탄력적(彈力的)이며, 완전고용에 도달하는 즉시로 그것은 완전히 비탄력적(非彈力的)이라면, 또 유효수요는 화폐량과 정비례하여 변화한다면, 화폐수량설(貨幣數量說)은 다음과 같이 천명될 수 있다. 「실업(失業)이 있는 한에 있어서는 고용이 화폐량(貨幣量)과 똑같은 비율로 변화할 것이며, 완전고용이 있는 경우에는 가격들이 화폐량과 똑같은 비율로 변화할 것이다.」

그러나 우리는 화폐수량설을 천명할 수 있게 되기 위하여 충분히 많은 수(數)의 단순화를 위한 가정들을 도입함으로써 전통(傳統)을 만족시커준 바 있으므로, 지금부터는 현실의 사태를 좌우하는 있을 수 있는 여러 가지 복잡한 사항들을 고찰하고자 한다.

(1) 유효수요는 화폐수량과 정비례하여 변화하지는 않는다.

(2) 여러 가지 자원들은 동질적(同質的)이 아니기 때문에, 고용이 점차 증가함에 따라 수확(收穫)은 불변(不變)이 아니라 체감(遞減)할 것이다.

(3) 여러 가지 자원들은 대체가능(代替可能)한 것이 아니기 때문에, 다른 재화의 생산을 위해 아직도 사용되지 않고 있는 자원이 존재하고 있는데도 어떤 재화의 공급은 비탄력적(非彈力的)인 상태에 도달할 수 있을 것이다.

(4) 임금단위(賃金單位)는 완전고용이 도달되기 전에 상승(上昇)하는 경향을 보일 것이다.

(5) 한계생산비에 포함되는 생산요소들의 보수(報酬)는 모두 똑같은 비율로 변화하지는 않을 것이다.

이와 같이 우리는 먼저 화폐량의 변화가 유효수요량(有效需要量)에 미치는 효과를 고찰해야 한다. 그런데 유효수요의 증가는 일반적으로 말해서 일부는 고용량(雇用量)의 증가를 가져오는 데 그 자체를 소진하고, 또 일부는 가격(價格)들의 수준을 상승시키는 데 그 자체를 소진할 것이다. 그리하여 실업(失業)의 상태 하에서는 가격은 불변이 아니며, 또 완전고용(完全雇用)의 상태 하에서는 가격은 화폐량과 비례하여 상승하는 것은 아니다. 고용이 증가함에 따라 가격들이 점차 상승하는 것이 현실 세계의 상황인 것이다. 가격의 이론, 다시 말해서, 화폐량의 변화에 응하는 가격의 탄력성을 결정할 목적을 가진, 화폐량의 변화와 가격수준의 변화 사이의 관계에 관한 분석은, 위에서 열거한 다섯 가지의 교란 요인의 분석을 지향해야 하는 것이다.

이들 각각에 대하여 우리는 하나씩 고찰해 보고자 한다. 그러나 이 고찰 방법이 우리에게 이 다섯 가지가 엄밀히 말해 서로 독립적(獨立的)이라는 인상을 주어서는 안 된다. 예를 들어, 유효수요(有效需要)의 증가의 효과가 산출량의 증가와 가격들의 상승으로 구분되는 그 비율(比率)은 화폐량이 유효수요량과 연관되는 방식에 영향을 미칠 수 있는 것이다. 혹은, 또한 여러 가지 생산요소에 대한 보수가 변화하는 비율의 차이가 화폐량과 유효수요량과의 관계에 영향을 미칠 수도 있을 것이다. 우리의 분석의 목적은 오류가 전혀 없는 해답을 제공해 주는 기계나 또는 맹목적인 조작의 방법을 마련하자는 데 있는 것이 아니라, 특정한 문제를 철저하게 추리해 내기 위한 조직화되고 질서정연한 방법을 우리 스스로에게 마련해 두자는 데 있다. 그리고 복잡하게 만드는 요인들을 하나씩 분리시킴으로써 잠정적 결론에 도달하고 난 후에는, 우리는 다시 우리 자신에게로 돌아와서 우리가 할 수 있는 능력을 다하여, 여러 요인(要因)들 상호간의 개연적(蓋然的)인 반작용을 고찰하도록 해야 할 것이다. 이것이 경제학적(經濟學的) 사고(思考)의 본질인 것이다. 우리의 형식적 사고의 원리를(그러나 이러한 원리가 없다면 우리는 숲 속에서 길을 잃어버리고 말 것이다) 적용하는 이 밖의 어떤 방법도 우리를 오류로 인도할 것이다. 우리가 본 장(章)의 제6절에서 전개하고자 하는 것과 같은 경제 분석체계(分析體系)의 공식화를 위해 기호를 사용하는 사이비 수리적(數理的) 방법의 일대 맹점(盲點)은, 그것이 관련된 여러 요인(要因)들 간의 엄밀한 독립성을 명백하게 가정함으로써, 일단 이 가설(假說)이 인정되지 않게 되면 그것이 가지는 모든 설득력과 권위를 잃어버리게 된다는 데 있다. 이에 반하여, 맹목적으로 조작하는 것이 아니라 우리가 무엇을 하고 있는지, 용어(用語)가 무엇을 의미하는지를 시종 염두에 두고 있는 보통의 논술에 있어서는, 우리는 필요한 유보(留保)나 조건(條

件), 그리고 나중에 추가해야 할 조정(調整) 등을 「우리의 뒤통수에(at the back of our heads)」 간직할 수가 있는 것이다. 그러나 이런 방식으로 우리는 모든 편미분(偏微分)은 [결국] 제로(零)가 된다고 가정하는 대수(代數)풀이의 몇 페이지의 「뒤쪽에」 복잡한 편미분을 간직해 둘 수는 없는 노릇이다. 최근의 「수리(數理)」경제학의 너무나 많은 부분은 그것이 의거하고 있는 당초의 가정들과 똑같이 부정확한 단순한 날조물에 불과하며, 그것은 그 저자로 하여금 멋진 체하지만 쓸데없는 기호(記號)의 미궁(迷宮) 속에서 현실세계의 복잡성과 상호의존 관계를 그 시계(視界)로부터 놓치게 하는 것이다.

Ⅳ

(1) 화폐량의 변화가 유효수요량(有效需要量)에 미치는 일차적인 효과는 이자율(利子率)에 대한 그것의 영향을 통해서 나타난다. 만일 이것이 유일(唯一)의 반작용(反作用)이라고 한다면, 그 수량적인 효과는 다음의 세 가지 요인으로부터 구할 수 있다 — 그것은 (a) 새로운 화폐가 자발적인 보유자(保有者)에 의해 흡수되기 위하여 이자율이 얼마만큼 하락해야 하는가를 나타내는 유동성선호표(流動性選好表)를 통하여, (b) 이자율의 주어진 하락이 투자(投資)를 얼마나 증가시킬 것인가를 나타내는 [자본의] 한계효율표를 통하여, 그리고 (c) 투자의 주어진 증가가 얼마만큼 전체로서의 유효수요(有效需要)를 증가시키는가를 나타내는 투자승수(投資乘數)를 통해서이다.

그러나 이 분석은, 우리의 연구에 순서와 방법을 도입하는 데 있어 유용하기는 하나, 만일 우리가 상기의 (a), (b) 및 (c)는 그 자신들이 모두 부분적으로는 우리가 아직도 고찰하지 못한 (2), (3), (4) 및 (5)와 같은 교란요인(攪亂要因)들에 의존한다는 사실을 망각한다면, 하나의 기만적일 정도의 단순성(單純性)을 나타낼 것이다. 그것은 다음과 같은 이유 때문이다. 즉, 유동성선호표 그 자체가 새로운 화폐의 얼마가 소득(所得) 유통과 산업(産業) 유통에 흡수되는가에 의존하는바, 이것은 또 유효수요가 얼마만큼 증가하고, 그 증가분이 어떻게 가격(價格)의 상승, 임금(賃金)의 상승 및 산출량 및 고용량 사이에 배분되는가에 의존한다. 뿐만아니라, 한계효율표는 부분적으로 화폐량의 증가에 부수하는 제반 사정이 장래의 화폐적 전망에 대한 기대(期待)에 어떤 효과를 미치느냐에 의존한다. 그리고 끝으로, 승수(乘數)는 유효수요의 증가로부터 나오는 새로운 소득(所得)이 여러 계층의 소비자들 사이에 분배(分配)되는 방식에 의해 영향을 받을 것이다. 가능한 상호작용의 이 목록이 완전한 것은 물론 아니다. 그럼에도 불구하고, 만일 모든 사실들을 다 우리의 수중(手中)에 갖고 있다면, 우리는 확정적인 결과를 얻을 수 있을 만큼 충분한 수의 연립방정식(聯立方程式)을 가지게 될 것이다. 모든 것이 고려된 다음에, 화폐량(貨幣量)의 증가에 상응하고 또 그것과 균형을 이루는 유효수요량의 확정적인 증가량(增加量)이 존재할 것이다. 그뿐 아니라, 화폐량의 증가가 유효수요량의 감소와 결부된다는 것은 매우 예외적인 경우에 한할 것이다.

유효수요량과 화폐량의 비율(比率)은 흔히 「화폐의 소득속도(所得速度)」라 불리는 것과 밀접하게 대응하는 것이다 ─ 다만 유효수요가 대응하는 소득은 실제로 실현된 소득이 아니라 그것에 대한 기대가 생산 활동을 시작하게 만드는 소득이고, 또 순소득(純所得)이 아니라 조소득(粗所得)이라는 차이가 있을 뿐이다. 그러나 「화폐의 소득속도」는 그 자체에 있어서는 아무것도 설명하지 못하는 단순한 호칭(呼稱)에 불과하다.

그것이 불변(不變)이라고 기대할만한 이유는 없다. 왜냐하면 그것은, 앞에서 말한 논의가 나타내는 바와 같이, 많은 복잡하고 가변적인 요소에 의존하는 것이기 때문이다. 나의 생각으로는 이 용어의 사용이 인과관계(因果關係)의 진정한 성격을 흐리게 하고 오직 혼란으로 유도하였을 따름이다.

(2) 앞에서(제49면) 밝힌 바와 같이, 수확(收穫)이 체감하느냐 또는 불변이냐의 구별은 부분적으로는 노동자들이 그들의 능률(能率)에 엄밀하게 비례하는 보수(報酬)를 받느냐 아니냐에 의존한다. 만일 비례적인 보수를 받는다면, 고용이 증가할 때 (임금단위로 측정된) 노동비용은 불변일 것이다. 그러나 만일 일정한 등급의 노동자들의 임금이 개개인의 능률과는 관계없이 일률적이라고 한다면, 설비의 효율과는 무관하게 노동비용은 상승할 것이다. 뿐만 아니라, 만일 설비가 동질적이 아니고 그 약간의 부분은 생산물 1단위에 대하여 더 큰 주요비용(主要費用)을 소요한다면, 한계주요비용은 노동비용의 증가로 말미암은 비용의 증가를 초과하여 증가할 것이다.

그러므로 공급가격(供給價格)은 일반적으로 주어진 설비로부터의 산출량(産出量)이 증가함에 따라 증가할 것이다. 그리하여 산출량의 증가는, 임금단위의 어떤 변화가 없이도, 가격의 상승과 관련을 가질 것이다.

(3) 우리는 (2)에서 공급(供給)이 완전히 탄력적(彈力的)으로 되지 않을 가능성을 예상해 왔다. 만일 특화되어 있는 유휴자원(遊休資源)의 각각의 수량에 완전한 균형이 잡혀 있다면, 그들 자원 모두에 대하여 동시에 완전사용점(完全使用點)이 도달될 것이다. 그러나 일반적으로는, 어떤 서비스나 재화에 대한 수요는 어떤 수준을 넘어서면 그들의 공급이 당분간은 완전히 비(非)탄력적으로 되는 그런 수준에 도달하는데, 그 반

면에 다른 방향에 있어서는 아직도 상당량의 잉여자원(剩餘資源)이 존재
할 수 있을 것이다. 그러므로 산출량(産出量)이 증가함에 따라 일련의
「병목현상(bottle-neck)」이 연속적으로 일어나는데, 그 현상이 일어나
면 특정 재화의 공급은 탄력성을 상실하고 그 가격은 수요를 다른 방면
으로 전환시키는 데 필요한 어떤 수준까지 상승하지 않을 수 없게 될 것
이다.

　모든 종류의 효율적인 유휴자원이 사용을 기다리고 있는 한에 있어
서는, 산출량이 증가함에 따라 가격의 일반적 수준이 크게 상승하는 경
우는 별로 없을 것이다. 그러나 산출량이 「병목현상」에 도달하기 시작
하기에 충분할 정도의 증가를 보이는 즉시로, 어떤 종류의 재화의 가격
은 급격히 상승할 가능성이 농후하게 된다.

　그러나 이 표제(表題) 하에 있어서는, 앞의 (2)의 표제 하에 있어서와
같이, 공급의 탄력성은 부분적으로는 시간의 경과에 의존한다. 만약 우
리가 설비량(設備量) 그 자체가 변화하기에 충분한 시차(時差)를 상정(想
定)한다면, 공급의 탄력성은 궁극적으로는 결정적으로 커질 것이다. 그
러므로 실업이 만연한 상황에서 다소의 유효수요의 변화가 일어난다면,
그것은 가격(價格)을 거의 상승시키지 않고 주로 고용(雇用)을 증가시키
는 데 그 자체를 소진하게 될 것이다. 그 반면에 더 큰 유효수요의 변화
는, 그것이 예견되지 않았을 때에는 어떤 일시적인 「병목현상」에 도달
하게 되어, 고용(雇用)과는 달리 가격(價格)을 상승시키는 데 그 스스로
를 소진하게 될 것이다. 이 경우 가격의 상승은 나중에 있어서보다 초기
에 더욱 크게 일어날 것이다.

　(4) 임금단위(賃金單位)가 완전고용이 도달되기 전에 상승하는 경향
이 있다는 것은 별다른 주석(註釋)이나 설명을 필요로 하지 않는다. 모
든 노동자들의 집단은, 다른 사정에 변화가 없는 한, 그 집단의 임금상

승으로 이득을 볼 것이기 때문에, 모든 집단이 이런 방향으로 압력을 가하는 것은 당연한 일이고, 기업자들은 사업이 호조(好調)를 보일 때에 더욱 쉽게 이 압력에 응할 것이다. 이러한 이유로 유효수요의 어떤 증가라도 그 일부는 임금단위의 상승(上昇) 경향을 만족시키는 데 흡수될 것이다.

이와 같이 화폐로 측정된 유효수요의 증가에 호응하여, 화폐임금이 임금재(賃金財)의 가격 상승과 완전히 비례하여 상승하지 않을 수 없는 완전고용(完全雇用)이라는 마지막 분계점(分界點)이 있을 뿐 아니라, 유효수요의 증가가 비록 임금재의 가격 상승과 완전히 비례해서는 아니라 하더라도 화폐임금을 상승시키는 경향이 있는 분계점 이전에 출현하는 일련의 반(半) 분계적(分界的)인 점들이 있는 것이다. 그리고 유효수요가 감소하는 경우에도 마찬가지이다. 실제 경험에 있어서는 유효수요의 근소한 변화가 있을 때마다 임금단위는 화폐액으로 표시하여 연속적으로 변화하지는 않고 불연속적으로 변화한다. 이러한 불연속점(不連續點)은 노동자들의 심리에 의해, 그리고 또 고용주들과 노동조합의 정책에 의해 결정된다. 이 불연속적인 점들은, 외국에 있어서의 임금비용에 대한 상대적인 변화를 의미하는 개방체제(開放體制) 하에서는, 그리고 봉쇄체제 하에서도 장래에 있어서 기대되는 임금비용에 비한 상대적인 변화를 의미하는 경기순환 과정에 있어서는, 상당한 실제적인 중요성을 가질 수 있다. 화폐로 측정된 유효수요의 그 이상의 증가가 임금단위의 불연속적인 상승을 야기하기 쉬운 이 점들은, 어떤 관점에서 보면, 완전고용의 상황에서 유효수요의 증가에 뒤따라 일어나는 절대적 인플레이션(후의 제 365면 참조)과 어느 정도의 유사성(비록 대단히 불완전한 것이기는 하나)을 가지는 반(半)인플레이션의 점들이라고 생각할 수 있다. 뿐만 아니라 이 점들은 역사적으로 상당히 중요한 것이다. 그러나 이들은 쉽사리 이론적인 일반화(一般化)가 될 수 있는 것들은 아니다.

(5) 우리가 행한 최초의 단순화는 한계생산비에 포함되는 여러 가지 생산요소들의 보수(報酬)는 모두 똑같은 비율(比率)로 변화한다는 가정을 하는 데 있었다. 그러나 실제에 있어서는 화폐로 표시되는 여러 가지 생산요소의 보수율(報酬率)은 그 경직성의 정도를 달리할 것이고, 또 제공되는 화폐 보수의 변화에 응하는 공급의 탄력성도 다를 것이다. 이러한 사정만 없다면, 가격 수준은 두 가지 요인, 즉 임금단위와 고용량의 복합적 결과라고 할 수도 있을 것이다.

한계생산비를 구성하는 요소 가운데서 임금단위와는 그 변화의 비율을 달리하고 또 변동의 폭도 훨씬 클 가능성이 많은 가장 중요한 것은 아마도 한계사용자비용(限界使用者費用)일 것이다. 왜냐하면, 만일(아마도 실제로 그렇게 될 것처럼) 유효수요의 증가가 장비(裝備)의 대체가 필요하게 되는 시기에 관한 일반적인 기대(期待)에 급속한 변화를 가지고 온다면, 한계사용자비용은 고용이 개선되기 시작함과 동시에 급속히 증가할 것이기 때문이다.

한계주요비용(限界主要費用)에 포함되는 모든 생산요소들에 대한 보수가 임금단위와 똑같은 비율로 변화한다고 상정하는 것은 많은 목적을 위하여 매우 유용한 1차적 근사법(近似法)이 되기는 하지만, 한계주요비용에 포함되는 생산요소들의 보수의 가중평균(加重平均)을 취하여 이것을 비용단위(cost-unit)라고 부르는 편이 아마도 더 좋을는지 모른다. 비용단위 또는, 앞의 근사법에 따르면, 임금단위는 이와 같이 가치(價値)의 본질적인 기준이라고 볼 수 있다. 그리고 가격수준은, 기술과 설비의 상태가 일정하다고 하면, 일부는 비용단위에 의존하고 일부는 산출량의 규모에 의존하는데, 그것은 산출량이 증가하는 경우, 단기에 있어서의 수확체감(收穫遞減)의 원칙에 따라, 비용단위의 증가보다도 더 높은 비율로 증가할 것이다. 생산요소들의 대표적인 1단위로부터의 한계수확(限界收穫)이 점차 하락하여, 그 산출량을 생산하기에 꼭 알맞은 생산요소들의 양(量)이 공급될 수 있는 최저수준의 보수와 같게 되는, 그러한 수준까지 산출량이 증가할 때 완전고용이 실현되는 것이다.

V

유효수요(有效需要)의 양이 더욱 증가하더라도 산출량은 그 이상 증가하지 않고 오직 유효수요의 증가와 정비례하여 비용단위만이 증가할 경우, 우리는 진성(眞性)인플레이션(true inflation)의 상태라고 불러도 적절할 상태에 도달한다. 이 점에 이르기까지는 화폐 팽창의 효과는 전적으로 정도의 문제이며, 그 이전에는 우리는 확연한 선을 그어서 거기서부터 인플레이션이 시작되었다고 선언할 수 있는 점은 존재하지 않는다. 그 이전의 화폐량(貨幣量)의 변화는 모두, 그것이 유효수요를 증가시키는 한, 일부는 비용단위를 증가시키고 일부는 산출량을 증가시킴으로써 그 스스로를 소진하게 되는 것이다.

따라서 진성인플레이션이 시작되는 분계적(分界的) 수준의 양측에는 일종의 비대칭성(非對稱性)이 있는 것 같다. 왜냐하면, 분계적 수준 이하로의 유효수요의 축소는 비용단위로 측정된 그 [유효수요의] 양을 감소시킬 것인데, 이 분계적 수준 이상으로의 유효수요의 확대는 일반적으로 비용단위로 측정된 그 [유효수요의] 양을 증가시키는 효과를 가지지 않을 것이기 때문이다. 이 결과는 생산요소들, 특히 노동자가, 그들의 화폐보수(貨幣報酬)의 인하(引下)에는 저항하려고 하는 데 반하여 그 증가에 대해서는 이에 대응한 저항의 동기가 존재하지 않는다는 가정으로부터 나온다. 그러나 전반적인 변화가 아닌 보수의 변화는 그 변화가 상향(上向)일 때에는 그 영향을 받는 특정 요소에 대하여 유익하고, 하향(下向)일 때에는 유해하다는 사정으로 말미암아, 이 가정이 충분히 사실에 근거를 두고 있다는 것은 명백한 일이다.

이에 반하여, 만일 완전고용 이하가 되는 경향이 있을 때에는 언제나 화폐임금이 무제한으로 하락한다면, 그 비대칭성(非對稱性)은 사실 사라질 것이다. 그러나 이 경우에는, 이자율(利子率)이 더욱 하락할 수 없게 되거나 아니면 임금(賃金)이 제로(零)가 되기 전에는 완전고용 이하의 곳에는 안식처가 없게 될 것이다. 실제에 있어 화폐경제 제도에 가치(價値)들의 어떤 안정이 있으려면, 화폐로 측정된 그 가치가 비록 고정되어 있지는 않다고 하더라도 적어도 점착적(粘着的)인 그 **어떤** 요인(要因)이 존재해야 하는 것이다.

화폐량의 증가는 어떤 것이든 인플레적이라고 하는 견해(인플레적이라는 말이 단순히 물가가 상승한다는 것을 의미하지 않는 한)는 생산요소들의 실질보수(實質報酬)의 인하는 항상 그 요소들의 공급의 감소를 유발한다는 고전파이론의 기초적 가정과 결부되어 있는 것이다.

VI

제 20장에서 도입한 기호의 조력(助力)을 얻어 우리는, 만약 우리가 원한다면, 상기의 요점을 수식(數式)으로 나타낼 수 있다.

이제 M을 화폐량, V를 그 소득속도(이에 관한 정의는 위에서 지적한 바와 같은 사소한 점에서 통설(通說)의 정의와 다르다), D를 유효수요라 하고 $MV = D$라고 쓰기로 하자. 그래서 만약 V가 불변이라고 한다면,

$e_p(=\dfrac{Ddp}{pdD})$가 1인 한, 물가는 화폐량과 같은 비율로 변화할 것이다.

$e_o = 0$이거나 혹은 $e_w = 1$이라면 이 조건은 만족된다(위의 제287면 참조).

$e_w = 1$이라는 조건은 화폐로 측정된 임금단위가 유효수요와 같은 비율로

상승한다는 것을 의미한다. 왜냐하면 $e_w = \dfrac{DdW}{WdD}$이기 때문이다. 그리

고 $e_o = 0$이라는 조건은 산출량이 이미 유효수요의 증가에 대하여 아무

런 반응도 보이지 않게 되었다는 것을 의미한다. 왜냐하면 $e_o = \dfrac{DdO}{OdD}$

이기 때문이다. 산출량은 양자 어느 경우에도 불변일 것이다.

다음으로 우리는 소득속도(所得速度)가 불변이 아닌 경우를 또 하나
의 탄력성(彈力性), 즉 화폐량의 변화에 대한 유효수요의 탄력성을 도입
함으로써 취급할 수가 있다. 그 탄력성은 다음과 같다.

$$e_d = \frac{MdD}{DdM}$$

이것으로부터 다음의 식을 얻는다.

$$\frac{Mdp}{pdM} = e_p \cdot e_d$$

이 경우 $e_p = 1 - e_e \cdot e_o(1 - e_w)$이다. 따라서 다음과 같이 된다.

$$e = e_d - (1 - e_w)e_d \cdot e_e e_o$$
$$= e_d(1 - e_e e_o + e_e e_o \cdot e_w)$$

여기에서 각부호가 없는 e, 즉 $(\dfrac{Mdp}{pdM})$는 이 피라밋의 정점을 나타
내고, 화폐량(貨幣量)에 대한 화폐가격(貨幣價格)들의 반응을 측정한다.

이 마지막 식(式)은 화폐량의 변화에 대응하는 여러 가격들의 비례적
인 변화를 나타내는 것이기 때문에, 그것은 화폐수량설(貨幣數量說)의

일반화된 기술(記述)이라고 간주될 수 있다. 나 자신은 이런 종류의 조작 (操作)에 많은 가치를 부여하지 않는데, 이런 조작도 어떤 변수가 독립변 수로 간주되느냐에 대하여 (편미분은 시종(始終) 무시되고 있다) 보통 언어 로 하는 논의에 있어서와 같은 정도의 암묵적인 가정을 함축하고 있다 는, 전에도 말한 바 있는 경고(警告)를 여기에서 또 한 번 반복하고자 한 다. 그리고 한편으로 나는 그것이 우리를 보통의 논의 이상으로 전진시 켜 줄 수 있는지에 대하여 의심스럽게 생각한다. 추측컨대, 우리가 여러 가격(價格)들과 화폐량(貨幣量)의 관계를 공식적인 방식으로 표현하려고 하는 경우, 이런 것의 서식화(書式化)가 이바지하는 바의 최선의 목적은, 그 관계가 극히 복잡하다는 사실을 밝히는 일이 아닌가 생각된다. 그러 나 한 가지 지적할만한 가치가 있다고 생각되는 것은, 화폐량의 변화가 가격들에 미치는 영향을 좌우하는 e_d, e_w, e_e 및 e_o 의 네 가지 항목 가 운데서 e_d는 각 상황 하에서 화폐에 대한 수요를 결정하는 유동성(流動 性) 요인들을 나타내고, e_w 는 고용이 증가함에 따라 화폐임금이 상승하 는 정도를 결정하는 노동(勞動) 요인들(혹은, 더욱 엄밀하게 말하면, 주요비 용에 포함되는 요인들)을 나타내고, e_e 와 e_o는 기존의 설비에 더 많은 고 용이 이루어짐에 따라 수확(收穫)이 체감하는 율(率)을 결정하는 물리적 요인들을 나타낸다는 사실이다.

만일 사람들이 그들의 소득의 일부를 화폐로 보유하는 비율이 불변 이라고 한다면 $e_d = 1$이 되고, 화폐임금이 고정되어 있다면 $e_w = 0$이 되며, 수확이 시종일관 불변이어서 한계수확이 평균수확과 동등하다면 $e_e e_o = 1$이 되고, 노동이나 설비 중 어느 것이건 완전고용 상태에 있다 면 $e_e e_o = 0$이 된다.

그런데 만일 $e_d = 1$인 동시에 $e_w = 1$이거나, 아니면 또 $e_d = 1$, $e_w = 0$이며 $e_e \cdot e_o = 0$이거나, 아니면 또 $e_d = 1$이고 $e_o = 1$이 된다면,

$e = 1$이 된다. 그 밖에도 $e = 1$이 되는 여러 가지 특수한 경우가 존재한다는 것은 명백한 일이다. 그러나 일반적으로 e는 1은 아니다. 현실세계에 관한 수긍할 수 있는 가정들을 기초로 하여, 그리고 또 e_d와 e_w가 커지는 「화폐로부터의 도피」의 경우를 제외하면, e는 통례적으로 1보다 작다고 일반화하더라도 무방할 것이 아닌가 추측된다.

VII

지금까지 우리는 주로 화폐량의 변화가 단기(短期)에 있어 가격들에 대하여 어떤 방식으로 영향을 미치는가에 관한 것을 고찰해 왔다. 그런데 장기(長期)에 있어서는 더욱 간단한 관계가 없겠는가?

이것은 순수이론(純粹理論)의 문제라기보다는 오히려 역사적(歷史的)인 일반화(一般化)의 문제이다. 만일 유동성선호의 상태가 어느 정도 장기적 불변성을 보이는 경향이 있다면, 낙관의 시기와 비관의 시기에 걸친 평균으로서의 유동성선호를 만족시키기에 필요한 화폐량(貨幣量)과 국민소득(國民所得)의 사이에는 모종의 대체적인 관계가 있을 법하다. 예를 들어, 이자율이 일정한 심리적 최저수준을 초과한다고 한다면, 사람들이 그 이상[소득의 비율]은 장기간에 걸쳐 유휴잔고(遊休殘高)의 형태로 수중에 보유하려고 하지 않는, 국민소득의 어떤 상당히 안정적인 비율이 있을 것이다. 그래서 만일 활동적 유통을 위해 요구되는 액(額)을 초과하는 화폐량이 국민소득의 이 비율을 능가한다면, 이자율은 조만간이 최저수준의 부근까지 하락하는 경향이 있을 것이다. 그러면 이자율의 하락은, 다른 사정에 변화가 없는 한, 유효수요를 증가시키고, 유효수요의 증가는 임금단위가 불연속적인 상승을 보이기 시작하고 가격들에 대

하여 이에 상응하는 효과를 미치기 시작하는 하나 내지 그 이상의 반분
계적(半分界的)인 점에 도달할 것이다. 국민소득에 대한 잉여화폐량(剩餘
貨幣量)의 비율이 비정상적으로 낮은 경우에는, 반대의 경향이 일어날
것이다. 그리하여 일정 기간 동안에서의 변동의 순효과(純效果)는 공중
(公衆)의 심리가 조만간 복귀하는 경향을 보이는 국민소득과 화폐량 간
의 안정적인 비율에 적합한 평균치(平均値)를 확립하는 데 있다.

  이와 같은 경향은 추측컨대 하방(下方)으로 작용할 때보다는 상방(上
方)으로 작용할 때에 마찰이 적을 것이다. 그러나 만일 화폐량이 장기간
부족한 채 그대로 머물러 있다면, 활로(活路)는 보통 임금단위를 억지로
내리고 그렇게 함으로써 부채의 부담을 가중시키는 것보다는 오히려 화
폐량을 증가시키기 위하여 화폐본위(貨幣本位)를 변경하거나 또는 화폐
제도(貨幣制度)를 개혁하는 데 있을 것이다. 그래서 가격들의 장기적 추
이는 거의 항상 상향(上向)이었다. 왜냐하면, 화폐가 비교적 풍부할 때에
는 임금단위는 상승하지만, 화폐가 비교적 부족할 때에는 실질화폐량을
증가시키는 그 어떤 수단이 발견되는 것이기 때문이다.

  19세기 동안에는 인구와 발명의 증가, 신천지의 개척, 확신의 상태
및 평균 (이를테면) 10년마다 일어나는 전쟁은, 소비성향과 결부해서 생
각할 때, 상당히 만족스러운 평균고용(平均雇用) 수준을 부(富)의 소유자
들이 심리적으로 능히 용인할 수 있을 정도로 높은 이자율(利子率)과 양
립할 수 있도록 하는 자본의 한계효율표(限界效率表)를 유지하기에 충분
했던 것처럼 보인다. 거의 150년이라는 기간 동안 주요 금융 중심지에서
의 장기(長期)의 전형적인 이자율(利子率)은 약 5퍼센트였으며 일류증권
(一流證券)의 이자율은 3퍼센트 내지 3.5퍼센트였고, 그리고 이들 이자
율은, 참을 수 없을 정도로 낮지는 않은 평균고용과 양립하는 투자율(投
資率)을 자극할 수 있기에 알맞을 정도로 낮은 수준이었던 것이다. 때에

따라서는 임금단위(賃金單位)가 조정된 때도 있었지만, 그러나 그것보다는 더욱 빈번히 화폐본위 또는 화폐제도가 (특히 은행지폐의 발달을 통하여) 조정됨으로써, 임금단위로 측정된 화폐량(貨幣量)이, 위에서 지적한 기준 이자율을 크게 하회하는 적이 거의 드물었던 이자율 하에서, 정상적인 유동성선호를 충족시킬 수 있도록 충분히 확보되는 것이 상례였던 것이다. 임금단위의 경향은 관례적으로 대체로 꾸준한 상승 추세였으나, 노동의 능률 또한 증가하고 있었다. 그리하여 여러 세력들의 균형은 상당한 정도의 물가의 안정을 허용할 수 있는 것이었다 — 1820년부터 1914년까지의 사우어벡크(Sauerbeck's) 물가지수(物價指數)의 최고의 5개년 평균은 최저의 수준을 겨우 50퍼센트 초과한 데 불과하였다. 이것은 우연한 일이 아니었다. 그것은 개개의 고용주 집단이 충분히 강력하여 임금단위가 생산능률보다 훨씬 빨리 상승하는 것을 막을 수 있었던 시대, 그리고 화폐제도가 충분히 신축적인 동시에 또한 충분히 보수적이어서, 부(富)의 소유자들이 그들의 유동성선호의 영향 하에서 주저없이 용인할 수 있는 최저 평균이자율(最低平均利子率)을 정착시킬 수 있도록 하는 평균화폐량(平均貨幣量) — 임금단위로 측정한 — 을 공급할 수 있었던 시대에 있어서의, 여러 세력들의 균형에 의한 것이었다고 해도 무방하다. 물론, 고용의 평균수준은 완전고용보다는 상당히 낮았다. 그러나 혁명적인 변화를 불러일으킬 정도로 참기 어렵게 낮은 것은 아니었다.

　오늘에 있어서는, 그리고 아마 장래에 있어서도, 자본의 한계효율표(限界效率表)는 여러 가지 이유로 19세기에 있어서보다는 훨씬 낮다. 따라서 우리 시대의 문제의 준열하고 특이한 성격은, 온당한 평균고용수준을 가능하게 하는 평균이자율(平均利子率)이 부(富)의 소유자에게는 용인되기 어려운 것이기 때문에, 화폐량의 조작만으로 그와 같은 평균이자율을 정립하기가 용이하지 않다는 가능성으로부터 나온다. 단순히 임금단위로 측정한 화폐의 충분한 공급을 보장하는 것만으로 10년간, 20년간, 또는 30년간의 평균에 있어 견딜 수 있을 정도의 고용수준을 실현할 수 있는 한에 있어서는, 19세기조차도 해결의 길을 발견할 수가 있었다. 만약 이것이 지금 우리의 유일한 문제라면 — 만일 충분한 정도의 평가절하(平價切下)가 우리가 필요로 하는 것의 전부라면 — 오늘의 우리들도 분명히 해결의 방도를 발견할 것이다.

그러나 현대 경제에 있어서 가장 안정적이고 가장 움직이기 어려운 요소는, 지금에 이르기까지, 부(富)의 소유자의 대부분에게 용인될 수 있는 최저이자율(最低利子率)이라 할 수 있고, 또 장래에 있어서도 그럴 것이다.2) 만일 견딜 수 있는 수준의 고용을 실현하기에는 이자율이 19세기에 있어서의 평균율(平均率)보다 훨씬 낮아야 할 필요가 있다면, 그것이 단순한 화폐량의 조작만으로 이루어질 수 있는지 심히 의심스럽다. 부(富)의 소유자에게 그의 유동성을 희생시키는 유인으로 쓸 수 있는 순수익(純利益)을 산출하기 위해서는, 자금의 차용자(借用者)가 자본의 한계효율표에 의해 앞으로 얻을 것을 기대하는 백분비(百分比)로 표시되는 수익률(收益率)로부터 우리는 다음과 같은 것을 공제해야 한다. (1) 차용자와 대여자(貸與者)를 같이 모이게 하는 비용, (2) 소득세 및 부가세, (3) 대여자가 그의 위험과 불확실성을 보상하기 위해 요구하는 일정 금액. 만일 우리가 받아들일 수 있는 수준의 평균고용상태 하에서 이 순수익이 극히 미미한 것이라면, 옛날부터 내려오는 방법은 쓸모가 없을 것이다.

2) 배죠트(Bagehot)가 인용하고 있는 다음과 같은 19세기의 속담을 상기해 보라. 「존 불(John Bull : 전형적인 영국인을 나타내는 상징적 인물 — 역자)은 많은 것을 참을 수 있지만 2퍼센트[의 이자율]은 참지 못한다.」

우리의 당면문제로 되돌아온다면, 국민소득과 화폐량 사이의 장기적인 관계는 유동성선호(流動性選好)에 의존할 것이다. 그리고 물가(物價)의 장기의 안정 또는 불안정은 생산조직의 능률의 증가율에 비하여 임금단위(또는 더욱 정확하게 말한다면 비용단위)의 상승 경향이 얼마나 강하냐에 의존할 것이다.

제 6 편

일반이론에서의 시사점에 관한 주석

"경제학자와 정치철학자들의 사상(思想)은, 그것이 옳을 때에나 틀릴 때에나, 일반적으로 생각되고 있는 것보다 더 강력하다. 사실 세계를 지배하는 것은 이밖에 별로 없는 것이다. 자신은 어떤 지적(知的)인 영향으로부터도 완전히 해방되어 있다고 믿는 실무가(實務家)들도, 이미 고인(故人)이 된 어떤 경제학자의 노예인 것이 보통이다. 허공(虛空)에서 소리를 듣는다는 권좌(權座)에 앉아 있는 미치광이들도 그들의 미친 생각을 수년 전의 어떤 학구적(學究的)인 잡문(雜文)으로부터 빼내고 있는 것이다. 나는 기득권익(旣得權益)의 위력(威力)은, 사상의 점진적인 침투에 비하면, 매우 과장되어 있다고 확신한다. 물론 사상(思想)의 침투는 당장에 이루어지는 것이 아니라 일정 기간을 두고 이루어진다. 왜냐하면 경제 및 정치철학 분야에 있어서는 25세 내지 30세를 지나서는 새로운 이론에 의해 영향을 받는 사람은 많지 않으며, 따라서 공무원이나 정치가, 그리고 심지어 선동가(煽動家)들까지도 일상사태에 적용하는 관념(觀念)에는 최신의 것은 별로 없는 것 같기 때문이다. 그러나 빠르든 늦든, 선(善)에 대해서든 악(惡)에 대해서든, 위험한 것은 사상(思想)이지 기득권익(旣得權益)은 아니다."　　(본문 p.462에서)

제 22장

경기순환에 관한 주석

    우리는 지나간 장(章)들에서 어떤 시기에 있어서의 고용량(雇用量)을 결정하는 것이 무엇인가를 밝혔다고 주장하는 바이다. 따라서 만일 이 주장이 옳다면, 우리의 이론은 당연히 경기순환(景氣循環)의 현상을 설명할 수 있어야 한다.

    만일 우리가 경기순환의 실례를 가지고 그 상세한 부분을 검토해 본다면, 우리는 그것이 고도로 복잡하고, 따라서 그것을 완전히 설명하기 위해서는 우리의 분석 중의 모든 요소가 다 필요하게 된다는 것을 알 수 있을 것이다. 특히 우리는 소비성향(消費性向), 유동성선호(流動性選好)의 상태 및 자본의 한계효율(限界效率) 등에 있어서의 변동 모두가 일역(一役)을 담당하고 있다는 것을 발견할 것이다. 그러나 내가 지적하고자 하는 것은, 경기순환의 기본 성격과 특히 우리가 순환(循環)이라고 부르는 것을 정당화하는 시간적 계기(繼起) 및 그 기간의 규칙성(規則性)은 주로 자본의 한계효율이 변동하는 방식에 의존한다는 사실이다. 나의 생각으로는, 경기순환이란 비록 그것이 경제체계의 그 밖의 중요한 단기(短期) 변수들의 변화와 결합함으로써 복잡하게 되고 또 흔히 심화되기도 하지만, 자본의 한계효율의 순환적(循環的)인 변화에 의해 야기되는 것으로 보는 것이 가장 적절하다. 이 명제(命題)를 전개하기 위해서는 하나의 장(章)보다는 한 권의 책을 필요로 할 것이며, 또 제반 사실의 세밀한 검토가 필요할 것이다. 그러나 우리의 지금까지의 이론이 시사하는 연구의 방향을 제시하기 위해서는 다음과 같은 짧은 주석으로 충분할 것이다.

I

순환적(循環的) 운동이라는 말을 우리는 다음과 같은 의미로 해석한다. 즉, 경제체계가 이를테면 상방(上方)으로 진행하는 과정에서, 그것을 상방으로 추진하는 힘들은 처음에는 힘을 모아서 서로 누적적인 효과를 나타내지만 점차 그 힘을 상실하여 어떤 특정 점에 도달하게 되면 그 반대방향으로 작용하는 힘들에 의해 대체되고, 그 힘은 다시 한동안 힘을 모아서 서로를 강화하는데, 그것이 절정(絶頂)에 도달하게 되면 그들도 또한 쇠약해져서 그 반대의 힘에 지위를 양보하게 되는 것이다. 그러나 우리는 순환적 운동이라는 말로써, 상방(上方) 또는 하방(下方)으로의 경향이 일단 시작되면 영구히 같은 방향으로 계속되는 것이 아니라 궁극적으로는 역전(逆轉)된다는 것만을 의미하는 것은 아니다. 그 용어는 상승 또는 하강 운동의 시간적 계기(繼起)와 지속 기간에 있어서 [우리가] 인식할 수 있는 어느 정도의 규칙성(規則性)이 있다는 의미도 또한 함축하는 것이다.

그러나 우리의 설명이 충분한 것이 되기 위해서는 경기순환이라고 우리가 부르는 것의 특징 중에서 또 한 가지 설명해야 할 것이 있다. 공황(恐慌)의 현상이 그것이다 — 이것은 상승(上昇) 경향이 하강(下降)경향에 의해 교체될 때에는 흔히 돌연하고 난폭한 양상을 띤다는 사실을 말하는 것인데, 하강 경향이 상승 경향에 의해 교체되는 경우에는 원칙적으로 이와 같은 첨예한 전환점(轉換點)은 없다.

투자(投資)의 변동은 그것이 어떤 것이든, 그것에 대응하는 소비성향(消費性向)의 변동에 의해 상쇄되지 않는 이상, 당연히 고용(雇用)의 변동을 가지고 올 것이다. 따라서 투자량은 매우 복잡한 영향들 하에 노출되어 있으므로 투자 그 자체의 변동이나 또는 자본의 한계효율(限界效率)의 변동이 순환적인 성격을 띤다는 것은 거의 있을 수 없는 일이다. 특히, 하나의 특수한 경우, 즉 농업의 변동과 결부되어 있는 특수한 경우는 본 장(章)의 뒷부분에서 별도로 고찰될 것이다. 그러나 내가 지적하고자 하는 것은, 19세기 상황에서의 전형적인 산업적 경기순환의 경우에는, 자본의 한계효율의 변동이 순환적인 특징을 가지지 않을 수 없었을 몇 가지 확실한 이유가 있었다는 사실이다. 이러한 이유는 그 자체에 있어서나 또는 경기순환에 대한 설명으로서나 결코 생소한 것은 아니다. 여기에서의 나의 유일한 목적은 그것을 위에서 말한 이론과 결합시키는 일이다.

Ⅱ

호황(好況)의 후기 단계와 「공황」의 내습(來襲)으로부터 논의를 시작함으로써 나의 서술의 실마리를 삼는 것이 최선일 것이다.

우리는 이미 위에서 자본의 한계효율(限界效率)[1]은 자본재의 현재에

---

1) 오해의 여지가 없는 문맥에 있어서는 「자본의 한계효율표」를 의미하는 경우에 「자본의 한계효율」 이라고 쓰는 것이 편리한 경우가 많다.

서의 풍부함이나 결핍 및 자본재(資本財) 생산의 현재의 생산비(生産費)에 의존할 뿐 아니라, 자본재의 장래수익(將來收益)에 관한 현재의 기대(期待)에도 또한 의존한다는 것을 보았다. 따라서 내구적(耐久的)인 자산의 경우에 있어서는, 유리하게 보이는 새로운 투자의 규모를 결정하는 데 있어서 장래에 대한 기대가 지배적인 역할을 연출한다고 보는 것은 자연스럽기도 하고 또 합리적이기도 하다. 그러나 이미 우리가 본 바와 같이, 그와 같은 기대의 근거는 극히 신빙성이 적다. 그 기대는 무상하게 변동하는 신빙성 없는 근거에 기초를 두고 있기 때문에 돌연하고 난폭한 변화를 하기가 일쑤인 것이다.

그런데, 우리는 「공황」을 설명하는 데 있어 상거래 목적과 투기목적으로 화폐수요가 증가하는 데 영향을 받아 이자율(利子率)이 상승하는 경향이 있다는 점을 강조하는 것을 관례로 삼아 왔다. 경우에 따라서는 이 요소는 확실히 사태를 더욱 심각하게 만들고, 또 어쩌면 가끔은 점화적(點火的)인 역할을 담당할 수도 있을 것이다. 그러나 공황에 대한 더욱 전형적이고 흔히 지배적인 설명은 주로 이자율의 상승에 있는 것이 아니고, 자본의 한계효율(限界效率)의 돌연한 붕괴(崩壞)에 있다는 것을 나는 지적하고자 한다.

호황(好況)의 후기 단계의 특징은, 자본재의 장래 수익이 자본재가 풍부해지는 경향, 그 생산비의 상승, 그리고 아마도 또 이자율의 상승 등을 모두 상쇄할 수 있을 정도로 충분히 강력하다는 낙관적(樂觀的)인 기대(期待)에 있다. 지나치게 낙관적이고 매기(買氣)가 과잉(過剩)인 시장에 환멸감이 떨어질 경우 그것은 돌연하고 심지어 파국적인 힘으로 떨어진다는 것은, 자기가 매입(買入)하고 있는 것에 대하여 거의 아는 것이 없는 매수자(買受者)들과, 자본 자산의 장래의 수익에 대한 합리적인 추정보다는 오히려 시장의 인기가 금후 어떻게 변화할 것인가를 예측하는 데 더욱 관심이 많은 투기자들의 영향 하에 있는 조직화된 투자시장(投資市場)이 가지는 본질(本質)에 연유하는 것이다.[2] 뿐만 아니라, 자본의 한계효율(限界效率)의 붕괴에 따른 장래에 관한 낭패감과 불확실감은 당연히 유동성선호(流動性選好)의 급격한 증가를 — 따라서 또 이자율(利子率)의 상승을 — 촉진한다. 이와 같이 자본의 한계효율의 붕괴가 이자율의 상승을 수반하는 경향이 있다는 사실은 투자의 감소를 아주 심각하게 만드는 수가 있다. 그러나 사태의 핵심은 어디까지나 자본의 한계효율의 붕괴에서 발견될 수 있는 것이다. 전 단계에서의 거액의 신투자(新投資)에 가장 많이 공헌한 바 있는 그런 유형의 자본의 경우에는 특히 그렇다. 유동성선호는 그것이 상거래와 투기의 증가와 결부되어 나타나는 경우를 제외하고는 자본의 한계효율의 붕괴가 있은 다음이 아니면 증가하지 않는다.

불황(不況)이 심히 제어하기 어렵게 되는 것은 실로 이 때문이다. 나중에 가서는 이자율(利子率)의 하락이 경기회복에 대하여 큰 도움이 되고 아마도 그것에 대한 필요조건이 될 것이다. 그러나 당장에는 자본의 한계효율의 붕괴가 아주 철저하게 이루어져서 현실적으로 이자율(利子率)이 아무리 하락하더라도 충분하지 못한 경우가 있을 수 있다. 만일 이자율의 하락이 그 자체로서 유효한 구제책이 될 수 있다는 것이 판명된다면, 경기회복의 달성은 별로 긴 시간의 경과 없이, 그리고 화폐 당국의 다소간의 직접적인 통제 하에 있는 수단에 의해, 이루어질 수 있을 것이다. 그러나 현실에 있어서는 이것이 보통의 경우는 아니며, 통제할

---

2) 나는 이미 (제12장에서) 다음의 점을 밝힌 바 있다. 즉, 개개의 투자가는 신(新)투자에 대하여 스스로 직접 책임을 지는 것은 아니다. 그럼에도 불구하고 직접 책임을 지는 기업자들은, 설사 그들이 실상을 더 잘 알고 있다고 하더라도, 시장(市場)의 생각과 같은 생각을 하는 것이 금융적으로 유리하며, 또 불가피한 경우가 흔히 있다는 것을 발견할 것이다.

수도 없고 승복하지도 않는 산업계(産業界)의 심리(心理)에 의해 실제로 결정되는 자본의 한계효율을 부활시킨다는 것은 그리 쉬운 일이 아니다. 개인주의적 자본주의 경제에 있어서 극히 통제하기 어려운 것은, 일상의 용어로 말하자면, 확신(確信)의 회복이다. 이러한 불황의 측면을 은행가들이나 실업가들은 정당하게 강조하고 있는데,「순수한 화폐적」구제책에 신뢰를 두는 경제학자들은 과소평가하고 있다.

여기서 나는 나의 역설점(力說點)에 도달했다. 경기순환에 있어서의 시간요소(時間要素)의 설명, 즉 회복이 시작되기 전에 어떤 특정한 규칙성 있는 길이를 가진 기간의 경과가 필요하다는 사실의 설명은, 자본의 한계효율의 회복을 지배하는 영향들 가운데서 구해야 할 것이다. 하강운동(下降運動)의 지속 기간이 우발적이 아닌 일정한 규칙적인 길이를, 이를테면 이번에는 1년간 변동하고 다음에는 10년간 변동하는 것이 아니라 말하자면 3년 내지 5년이라는 등의 어느 정도의 습관적인 규칙성을 나타내는 일정한 길이를, 가지고 있는 데에는 몇 가지 이유가 있다. 그 이유로는 첫째, 어떤 특정한 시대에 있어서의 정상적인 성장률(成長率)과 관련되어 있는 내구적 자산의 수명(壽命)의 길이를 들 수 있고, 둘째, 잉여재고(剩餘在庫)의 보관비용을 들 수 있다.

공황 시에는 어떤 사태가 일어나는가 하는 문제로 돌아가 보자. 호황이 계속하는 한에 있어서는, 대부분의 신(新)투자는 만족할만한 경상수익(經常收益)을 나타냈다. 환멸이 일어나는 것은 예상수익(豫想收益)의 신뢰성이 졸지에 의심스러워지기 때문이며, 아마도 새로 생산되는 내구재의 재고(在庫)가 부단히 증가함에 따라 경상수익이 떨어지는 조짐을 보이기 때문이다. 만일 현재의 생산비가 나중에 있어서의 그것보다도 높다고 생각된다면, 이것은 자본의 한계효율을 저하시키는 또 하나의 이유가 될 것이다. 일단 의혹이 일어나면 그것은 급속하게 퍼진다. 이와

같이, 불황(不況)의 초기에 있어서는 한계효율(限界效率)이 무시할 정도
이거나 아니면 심지어 마이너스(負)가 되어 있는 자본이 아마 많이 있을
것이다. 그러나 사용(使用), 썩음 및 진부화(陳腐化)에 의한 자본의 부족
이 충분히 명확하게 그 희귀한 상태를 드러냄으로써 [자본의] 한계효율이
상승하기까지 경과해야 하는 시간(時間)의 간격은, 주어진 한 시대의 자
본의 평균 내구성(耐久性)의 어느 정도 안정적인 함수(函數)라 볼 수 있
다. 만일 시대의 특징들이 달라진다면, 그 표준적 시간의 간격도 달라질
것이다. 예를 들어, 만일 우리가 인구 증가의 기간을 지나서 인구 감소
의 기간으로 진입한다면, 순환의 특징적 국면은 길어질 것이다. 그러나
위에서 말한 바와 같이, 우리는 불황의 지속 기간이 왜 주어진 시대에
있어서의 내구자산의 수명(壽命)의 길이와 정상적인 성장률(成長率)에 대
하여 확정적인 관계를 가져야 하느냐에 대한 실질적 이유를 알고 있는
것이다.

둘째의 안정적인 시간 요소는 잉여재고(剩餘在庫)를 너무 길지도 않
고 너무 짧지도 않은 일정 기간 동안에 흡수하도록 강요하는 잉여재고의
보관비용(保管費用) 때문에 나타난다. 공황이 일어난 후의 신(新)투자의
돌연한 중지는 아마도 미완성재(未完成財)의 잉여재고(剩餘在庫)의 축적
을 가져올 것이다. 이들 재고의 보관비용은 연 10퍼센트를 하회하는 경
우는 별로 없을 것이다. 그리하여 이들 가격의 하락은 그 흡수가 일정
기간, 이를테면, 기껏해야 3년 내지 5년 사이에 이루어지도록 하는 제한
을 가져오기에 충분한 것이어야 할 것이다. 그런데 재고 흡수의 과정은
마이너스(負)의 투자(投資)를 의미하는 것으로서 그것은 고용(雇用)을 더
욱 저해한다. 이 과정이 끝나게 되면 뚜렷한 구제(救濟)를 경험하게 될
것이다.

그뿐 아니라, 하강(下降) 국면에 있어서의 산출량(産出量)의 감소에

필연적으로 부수되는 경영자본(經營資本)의 감퇴는 마이너스(負) 투자의
또 하나의 요소를 이루는 것으로서, 그것은 아마도 [규모가] 클 것이다.
그리고 일단 경기후퇴가 시작되면 그것은 하강 방향으로 강한 누적적인
영향을 미친다. 전형적인 불황의 최초의 단계에 있어서는, 추측컨대, 재
고를 증가시키기 위한 투자가 있어서 이것이 경영자본의 마이너스(負)의
투자를 상쇄하는 데 도움이 될 것이다. 그 다음 단계에 있어서는 얼마동
안 재고와 경영자본의 양자에 모두 마이너스(負)의 투자가 있을 것이며,
최저점(最低點)을 지난 다음에는 재고에 마이너스(負)의 투자가 더욱 진
행되어 그것이 부분적으로 경영자본에 있어서의 재투자를 상쇄하게 될
것이며, 끝으로, 회복이 상당히 진행된 다음에는 두 요인이 다 동시에
투자에 유리하게 될 것이다. 내구재에 대한 투자변동(投資變動)의 부가
적이고 또 중첩적인 효과는 이러한 배경에 비추어 검토되어야 한다. 이
러한 유형의 투자의 감퇴가 순환적 변동에 시동을 걸었을 때에는, 순환
의 진행이 어느 정도 경과할 때까지는 그러한 투자에서는 회복에 대한
자극이 거의 없을 것이다.3)

　　불행하게도 자본의 한계효율의 현저한 하락은 또한 소비성향에 불리
한 영향을 미치는 경향이 있다. 왜냐하면 그것은 주식거래소에서의 상장
(上場) 유가증권(有價證券)의 시장가치의 격심한 하락을 수반하기 때문이
다. 그런데 이것은 주식거래소의 투자대상물에 적극적인 관심을 가지는
계급에 대해서는, 특히 그들이 차입 자금을 쓰고 있는 경우에는, 당연히
[소비성향에 대하여] 매우 억압적인 영향으로 작용한다. 추측컨대, 이런 사
람들은 지출(支出)에 대한 그들의 의향에 있어, 그들의 소득(所得)의 상
태에 의해서보다는 오히려 그들의 투자물(投資物)의 가치(價値)의 등락에
의해 더욱 많은 영향을 받을 것이다. 오늘의 미국에서와 같이, 「주식투

---

3) 나의 『화폐론』 제4편에서의 논의의 약간 부분은 상기와 관련을 가지고 있다.

자열(株式投資熱)이 왕성한」사람들에 대해서는 주식시장의 활황(活況)은 만족스러운 정도의 소비성향을 위한 거의 필수적인 조건이 될 것이다. 그리고 일반적으로 오늘에 이르기까지 간과되어온 이 사정은 자본의 한계효율 저락의 억압적인 효과를 분명히 더욱 심화시키는 역할을 수행하고 있는 것이다.

일단 경기회복이 시작되었을 때에는, 그것이 그 스스로를 바탕으로 성장하고 누적화(累積化)해 가는 방식은 명료하다. 그러나 고정자본(固定資本)과 물자의 재고(在庫) 양자가 모두 당분간 과다하고 동시에 경영자본은 감소하는 하강 국면에 있어서는 자본의 한계효율표가 매우 낮게 하락함으로써, 만족할만한 신투자율(新投資率)을 확보할 수 있도록 그것을 다시 교정한다는 것은 이자율(利子率)의 어떤 실현 가능한 하락(下落)에 의해서도 거의 가망이 없을 수도 있는 것이다. 이와 같이 현재처럼 여러 시장들이 조직화되고 서로 영향을 받고 있는 마당에서는, 시장에 의한 자본의 한계효율의 평가가 매우 엄청나게 넓은 폭의 변동을 드러내고 있으므로, 그것은 이자율(利子率)의 대응적인 변동에 의해서는 충분히 상쇄될 도리가 없는 것이다. 뿐만 아니라, 그것에 호응하여 일어나는 주식시장에서의 움직임은, 우리가 위에서 본 바와 같이, 소비성향을 그것이 가장 필요한 바로 그때에 억압할 수도 있다. 따라서 자유방임의 상태 하에서는 고용(雇用)의 대폭적인 변동을 제거한다는 것은, 기대하는 것 자체가 무리일 정도로 투자시장(投資市場)의 심리(心理)에 철저한 변화가 없는 한, 결국 불가능할는지 모른다. 그래서 나는 경상투자량(經常投資量)을 지시하는 임무를 개인의 수중에 위임하는 것은 안전하지 못하다고 결론짓는다.

III

지금까지의 분석은, 과잉투자(過剩投資)가 호황(好況)의 특징이라고 보는 사람들, 그리고 이러한 과잉투자를 회피하는 것이 뒤따라 일어나는 불황(不況)에 대한 유일한 구제책(救濟策)이라고 보는 사람들, 그리고 위에서 설명한 이유로 말미암아 불황은 낮은 이자율(利子率)을 가지고는 예방할 수가 없기는 하나 그렇다고 해서 호황도 높은 이자율을 가지고 예방할 수가 없다고 보는 사람들의 견해와 일치하는 것처럼 보일는지 모른다. 불황에 대한 저이자율(低利子率)의 유효성보다는 호황에 대한 고이자율(高利子率)의 유효성이 훨씬 더 크다는 주장에는 확실히 일리가 있다.

그러나 위의 분석으로부터 이와 같은 결론을 도출한다는 것은 나의 분석을 잘못 해석하는 것이며, 나의 사고방식에 의하면 심각한 오류를 내포하는 것이다. 왜냐하면, 과잉투자라는 용어는 애매모호한 것이기 때문이다. 이 용어는 투자를 촉진시킨 기대(期待)를 실망시킬 운명에 있는 투자나, 심각한 실업상태 하에서는 더 이상 쓸모가 없게 된 투자를 지적할 수도 있고, 혹은 또 각종 자본재가 매우 풍부하게 되어, 완전고용의 상태 하에 있어서조차도 그 존속기간을 통하여 그 대치비용(代置費用) 이상의 수익을 얻을 것이 기대되는 신투자가 전혀 존재하지 않는 상태를 지적할 수도 있다. 오직 후자의 상태만이, 엄밀하게 말해서, 그 이상의 어떤 투자를 행하는 것은 완전한 자원의 낭비라는 의미에서 과잉투자(過剩投資)의 상태라 할 것이다.4) 그뿐 아니라, 설사 이러한 의미에 있어서

---

4) 그러나 소비성향의 시간상(時間上)의 배분(配分)에 관한 어떤 가정 하에서는 마이너스(負)의 수익을 거두는 투자도, 사회 전체에 대해서 만족을 극대화시킬 것이라

의 과잉투자가 호황의 정상적인 특징이라 하더라도 그 구제의 방도는, 어떤 유용한 투자를 저지하고 소비성향을 더욱 감소시킬 개연성이 있는 고이자율(高利子率)을 졸지에 과(課)하는 데 있는 것이 아니라, 소득(所得)을 재분배(再分配)하거나 또는 그 밖의 방법에 의해 소비성향을 자극하기 위한 대담한 조처를 취하는 데 있는 것이다.

그러나 나의 분석에 의하면, 호황의 특징이 과잉투자(過剩投資)에 있다고 말할 수 있는 것은 오직 전자(前者)의 의미에 있어서뿐이다. 내가 전형적(典型的)이라고 지적하는 상태는 사회 전체가 그 이상의 자본에 대한 용도를 찾을 수 없을 정도로 자본이 매우 풍부한 상태를 말하는 것이 아니라, 불가피하게 실망으로 끝날 운명에 있는 기대(期待)에 의해 투자(投資)가 추진되기 때문에, 불안정하고 지속될 수 없는 상황 하에서 투자가 이루어지고 있는 상태를 말하는 것이다.

호황(好況)의 환상(幻像)으로 말미암아 특정한 유형의 자본자산이 너무 많이 생산됨으로써 그 산출량의 일부분이, 어떤 기준에서 보더라도, 자원의 낭비가 되는 경우는 물론 있을 수도 있고 또 실제로 있을 가능성도 많다 ─ 이런 일은 때로는 호황이 아닌 경우에도 일어난다는 것을 첨언해도 좋을 것이다. 다시 말해, 그것은 방향착오의 투자로 유도하는 것이다. 그러나 호황의 기본적인 특징은 이것보다도, 완전고용의 상태에 있어서는 실제로 2퍼센트의 수익을 거둘 투자가, 이를테면 6퍼센트의 수익을 거두리라는 기대 하에서 행해지고 또 그렇게 평가된다는 사실이다. 환멸이 올 때에는 이 기대는 반대로 「비관(悲觀)의 오류」에 의해 교체되는바, 그 결과 실제로 완전고용의 상태에 있어서는 2퍼센트의 수익을 거두는 투자가 제로(零) 이하의 수익밖에 거두지 못할 것으로 기대되는 것이다. 그리고 그 결과 나타나는 신투자(新投資)의 붕괴로 실업상태

─────────────

는 의미에서, 경제성이 있다고 할 수 있다.

가 초래되는데, 그때에는 완전고용 상태에서 2퍼센트의 수익을 충분히 거둘 수 있었을 투자가 실제로는 제로(零) 이하의 수익밖에 거두지 못하게 되는 것이다. 우리는 주택(住宅)이 부족하지만 그럼에도 불구하고 아무도 이미 있는 주택에서 거주할 자력(資力)이 없는 상태에 도달하게 되는 것이다.

이리하여 호황의 대책은 이자율(利子率)의 인상(引上)이 아니라 이자율의 인하(引下)라는 것이 된다![5] 왜냐하면 그것은 이른바 호황이 지속될 수 있도록 해주기 때문이다. 경기순환의 올바른 대책은 호황을 제거하고 그렇게 함으로써 우리를 영구적으로 반불황(半不況) 상태에 두는 데 있는 것이 아니라, 불황을 제거하고 그럼으로써 우리를 영구적으로 준호황(準好況) 상태에 두는 데 있는 것이다.

그러므로 불황으로 끝날 운명에 있는 호황은, 정상적인 기대의 상태하에서라면 완전고용을 실현하기에는 너무 높은 이자율(利子率)이 잘못된 기대(期待)의 상태 — 그것이 존속하는 한 이 이자율은 실제로 제지(制止) 요인이 되지 못한다 — 와 결부됨으로써 일어나게 되는 것이다. 호황은 과도한 낙관이 냉정히 생각하면 너무 높다고 보아야 할 이자율에 대하여 승전고(勝戰鼓)를 울리는 상태라 할 수 있다.

전쟁 동안을 제외하고는, 완전고용에 도달할 정도로 강세를 보였던 호황(好況)을 우리가 최근에 경험한 적이 있는지 나는 의심스럽게 생각한다. 미국에 있어서는 고용이 1928~29년 동안에 정상적인 기준에서 볼 때 매우 만족스러운 정도였다. 그러나 아마 고도로 전문화된 약간의 노동단체들의 경우를 제외하고는, 노동이 부족하다는 징표를 나는 본 적

---

5) 반대의 주장을 할 수 있는 약간의 논거(論據)에 대해서는 아래(제391면)를 보라. 왜냐하면, 우리가 우리의 현재의 방책에 대변혁을 가할 수가 없다고 한다면, 나는 호황 때에 이자율을 인상하는 것이, 생각할 수 있는 여러 상황에서는, 해악이 비교적 적은 편이라는 데 의견을 같이하기 때문이다.

이 없다. 약간의 「병목현상(bottle-necks)」이 일어나기는 했으나 전체로서의 산출량은 아직도 더욱 확대될 여지를 가지고 있었다. 또 주택 공급의 수준과 시설이 매우 높아서 누구나 — 물론 완전고용을 가상하여 — 그 주택의 수명이 남아있는 동안, 이자(利子)는 전혀 도외시하고, 그 주택의 대치비용(代置費用)을 겨우 보상할 수 있는 데 불과한 정도의 집세를 내기만 하면 얼마든지 원하는 대로 집을 세낼 수 있다는 의미에서의 과잉투자(過剩投資)도 없었다. 또한 교통, 공공사업 및 농업개량은 그 부가적 투자의 수익이 합리적인 기대로서는 이미 그 대치비용만큼도 되지 못할 정도로까지 추진되었다는 의미에서의 과잉투자도 없었다. 사실은 바로 그 반대였다. 1929년의 미국에 엄밀한 의미에서의 과잉투자가 존재했다고 주장하는 것은 어불성설(語不成說)일 것이다. 사태의 진상은 그와는 다른 성격의 것이었다. 그 이전의 5년 동안에 신투자(新投資)는 총량적으로 엄청난 규모로 이루어졌기 때문에 그 이상의 부가적 투자의 예상수익은, 냉정하게 생각하면, 빠른 속도로 하락하고 있었다. 선견지명(先見之明)이 있었다면 자본의 한계효율(限界效率)이 전례 없이 낮은 수준으로 저락(低落)하고 있었음을 알았을 것이었다. 그래서 그 「호황」은, 장기이자율(長期利子率)을 매우 낮은 수준까지 인하(引下)함과 동시에 과잉개발의 위험이 있는 특정 방향에 대한 방향착오의 투자를 제거하지 않는 한, 건전한 기초 위에서 지속될 수가 없었던 것이다. 실제로 이 자율은, 투기적인 흥분의 영향 하에 있음으로써 과잉개발의 위험이 유난히 많은 특별한 방향으로 이루어지는 [투자의] 경우를 제외하고는, 어떤 새로운 투자도 억제할 수 있을 정도로 충분히 높았다. 그리고 투기적 흥분을 극복할 만큼 충분히 높은 이자율은, 동시에, 어떤 유형의 합리적인 신투자(新投資)도 억제했을 것이었다. 이리하여 비정상적으로 많은 신투자가 장기간 지속됨으로써 일어나는 제반 사태에 대한 구제책으로서의 이자율(利子率)의 인상(引上)은, 환자를 죽임으로써 병을 고치는 구제책의 부류에 속하는 것이다.

영국이나 미국과 같은 부국(富國)에 있어서 완전고용에 가까운 상태가 몇 년이고 지속되는 일은, 현존의 소비성향에 변화가 없다고 가정한다면, 궁극적으로는 완전투자(完全投資)의 상태를 가져올 정도의 거액의 신투자량(新投資量)과 결부된다는 것은 충분히 있을 수 있는 일이다. 여기서 완전투자의 상태라고 하는 것은 어떤 종류의 내구재(耐久財)든지 간에 그 새로운 증가분으로부터 대치비용을 초과하는 총조수익액(總粗收益額)을 기대하는 것은 합리적인 계산을 기초로 해서는 이미 불가능한 상태를 의미한다. 그뿐 아니라, 이 상태는 비교적 빨리 — 이를테면 25년이나 또는 그 이내에 — 도달될 수도 있을 것이다. 내가 엄밀한 의미에 있어서의 완전투자의 상태는 아직 실현된 적이 없고 또 순간적으로조차도 실현된 적이 없다고 주장한다고 해서, 내가 이것을 부인하는 것으로 해석되어서는 안 될 것이다.

나아가서는, 설사 우리가 우리 시대의 호황은 순간적으로는 엄밀한 의미에 있어서의 완전투자 내지 과잉투자의 상태와 결부되는 경향이 있다고 가정하더라도, 이자율의 인상(引上)이 이에 대한 적절한 대책이 될 수 있다고 보는 것은 어불성설일 것이다. 왜냐하면, 이 경우에는 질환의 원인이 과소소비(過少消費)에 있다고 보는 사람들의 주장이 전적으로 성립할 것이기 때문이다. 대책은 소득의 재분배 및 그 밖의 방법에 의한 소비성향의 증가를 목적으로 하는 방안들 가운데 존재할 것이다. 그렇게 되면 고용의 일정 수준을 유지하기 위하여 필요한 경상투자량(經常投資量)은 더 소액(少額)으로도 족할 것이다.

Ⅳ

현대사회에 있어서의 과소고용(過少雇傭)에 대한 만성적인 경향은 과소소비(過少消費) ― 다시 말해서 소비성향을 부당하게 낮게 만드는 사회적 관행 및 부(富)의 분배 ― 에서 그 원인을 찾아야 한다고 여러 가지 관점으로부터 주장하는 중요한 학설(學說)들에 관하여, 이 시점에서 한 마디 해 두는 것이 좋을 듯하다.

무지(無知)하거나 아니면 투기적(投機的)인 개개인의 개별적인 판단에 의해 결정되는 변덕스러운 자본의 한계효율과, 관성적인 수준 이하로는 거의 또는 전혀 하락하지 않는 이자율(利子率)의 제약 하에서 계획도 없고 또 통제도 없이 투자량이 결정되는 현상 ― 즉, 적어도 최근까지 존재하였던 상태 ― 하에서는, 이들 학설(學說)은 실제 정책의 길잡이로서는 의심의 여지없이 정당하였다. 왜냐하면, 그와 같은 상황 하에서는 고용(雇用)의 평균수준을 더욱 만족스러운 수준까지 제고시킬 그 밖의 수단이 없기 때문이다. 만일 투자를 상당히 증가시키는 것이 실행불가능하다면, 소비(消費)를 증가시키지 않고는 더욱 높은 수준의 고용을 확보할 수단이 없는 것이다.

실제상으로 내가 이들 여러 학설들과 의견을 달리하는 것은, 다만 이들은 투자(投資)의 증가로부터 얻을 수 있는 사회적 이익(利益)이 아직도 많음에도 불구하고 소비(消費)의 증가를 조금 지나치게 강조하지 않았는가 생각된다는 점이다. 그러나 이론적으로는 이들 여러 학설들은 생산(生產)을 확대하는 데 있어서는 두 가지 방법이 있다는 사실을 간과하고 있다는 점에서 비판을 면하기 어렵다. 비록 우리가 자본(資本)을 더욱 완만하게 증가시키고 소비(消費)를 증가시키는 데 노력을 집중시키는 편이 더 좋다는 결의를 한다고 하더라도, 우리는 그것을 대신할 수 있는 방안을 깊이 고려한 다음에 두 눈을 바로 뜨고 그것을 결의해야 한다. 나 자신은 자본의 존재량(存在量)을 그것이 희소하지 않게 될 때까지 증가시키는 것이 큰 사회적 이익임을 굳게 믿고 있다. 그러나 이것은 실제상의 판단이며, 이론적인 당위(當爲)는 아니다.

뿐만 아니라, 나는 가장 현명한 방법은 양 전선(戰線)에서 동시에 전진(前進)하는 데 있다는 것을 주저함이 없이 인정하고자 한다. 자본의 한계효율(限界效率)을 점진적으로 감소시킬 목적으로 투자율(投資率)을 사회적으로 통제해야 한다고 말하면서도 동시에 나는, 다른 한편으로, 소비성향을 증가시키기 위한 모든 정책의 채택을 지지하려는 바이다. 왜냐하면, 우리가 투자에 대하여 무엇을 하든지 간에 현존의 소비성향을 가지고는 도저히 완전고용을 유지하기는 어려울 것으로 생각되기 때문이다. 따라서 두 개의 정책을 서로 작용시키도록 하는 ― 한편으로는 투자(投資)를 촉진시키면서, 그것과 동시에 소비(消費)를 현존 소비성향 하에서 투자의 증가에 대응하는 수준으로만이 아니라 그것보다 더욱 높은 수준으로 높이는 ― 여지가 있는 것이다.

만일 ― 예증(例證)을 위하여 우수리가 없는 대략적인 수자를 쓰자면 ― 오늘의 산출량의 평균수준이 계속적인 완전고용 하의 수준보다 15퍼센트 낮다고 하고, 이 산출량 중의 10퍼센트가 순투자(純投資)를 나타내고 90퍼센트가 소비(消費)를 나타내는 것으로 한다면 ― 그리고 만일 현재의 소비성향을 가지고 완전고용을 확보하기 위해서는 순투자가 50퍼센트 증가해야 한다고 한다면, 따라서 완전고용 하에 있어서 산출량을 100으로부터 115로, 소비를 90으로부터 100으로, 순투자를 10으로부터 15로 증가시켜야 한다면 ―, 우리는 아마 완전고용 하에서 소비가 90으로부터 103으로 증가하고 순투자가 10으로부터 12로 증가하도록, 소비성향을 수정하도록 목표를 세워도 좋을 것이다.

V

또 하나의 학설은 경기순환의 해결책을 소비 또는 투자의 증가에서 구하지 않고, 직장을 찾아다니는 노동(勞動)의 공급을 감소시키는 데서 구한다. 즉, 고용 또는 산출량을 증가시키지 않고 현존 고용량을 재배치(再配置)하고자 하는 것이다.

이것은 나에게는 지나치게 때 이른 — 소비를 증가시키는 정책보다도 훨씬 더 그런 — 정책으로 보인다. 모든 사람들이 여가(餘暇) 증가의 이익과 소득(所得) 증가의 이익을 비교평량(比較評量)하는 시점이 도래할 것이다. 그러나 내가 생각하기에는, 현재에는 대부분의 사람들이 여가의 증가보다는 소득의 증가를 선호할 것이라고 생각할만한 유력한 증거가 있으며, 나는 소득의 증가를 선호하는 사람들에게 더 많은 여가를 즐기도록 강요할만한 충분한 이유가 어디에 있는지 알 수가 없다.

VI

경기순환에 대한 해결책은 이자율(利子率)을 인상함으로써 호황(好況)을 그 초기단계에서 방지하는 데 있다고 하는 학설(學說)이 존재한다는 것은 기이한 사실이라 할 것이다. 이 정책을 어떻게든 정당화시킬 수 있는 유일의 이론노선은 로버트슨(D.H. Robertson) 씨에 의해 제창된 것인데, 그는 결국 완전고용(完全雇用)은 실현불가능의 이상(理想)이며,

우리가 바랄 수 있는 최선의 것은 현재보다는 훨씬 더 안정된, 그리고 평균적으로는 아마도 현재보다는 어느 정도 더 높은 고용수준이라고 상정하는 것이다.

만일 우리가 투자(投資)의 통제나 아니면 소비성향(消費性向)을 좌우하는 정책의 주요 변화를 있을 수 없는 것으로 제쳐 놓고, 대체로 말해서 기존의 사태가 계속되는 것으로 상정한다면, 가장 잘못 인도된 낙관론자까지 능히 제지할 수 있는 높은 이자율(利子率)을 통하여, 항상 초기 단계의 호황(好況)의 싹을 잘라버리는 은행정책(銀行政策)으로부터, 더욱 유리한 평균적인 기대상태가 나올 수 있으리라는 주장에도 일리가 있다고 생각한다. 불황의 특징인 기대(期待)의 좌절(挫折)은 대단히 많은 손실과 낭비를 가져올 것이기 때문에, 만일 저지책(沮止策)이 적용된다면, 유익한 투자(投資)의 평균수준은 더욱 높아질 것이다. 이 논의가 그 자체의 가정 하에서 옳은가 옳지 않은가를 확인하는 것은 어려운 일이며, 자세한 증거가 부족한 마당에서 그것은 현실적인 판단에 맡겨진 문제이다. 그것은, 심지어 나중에 전적으로 방향이 잘못된 것으로 판명되는 투자(投資)로부터도 소비(消費)의 증가가 뒤따르며, 그것으로부터 사회적 이익이 생겨난다는 것, 그래서 그와 같은 투자조차도 전혀 투자가 없는 경우보다는 더 유익할 수 있으리라는 것을 무시하는 것일는지도 모른다. 그럼에도 불구하고, 미국에 있어서의 1929년형의 호황에 직면해서는 그 당시 연방준비제도(聯邦準備制度)가 가지고 있던 무기(武器) 이외의 것으로 무장되지도 않은 상태에서는, 가장 현명한 화폐통제조차도 여러 가지 곤란에 빠지게 될는지 모른다. 그 손바닥 안에 있는 기타 어떤 방도(方途)도 별다른 결과를 거두지 못했을 것이다. 이것이 어떻든 간에, 그와 같은 견해는 위험하고 또 불필요하게 패배주의적인 것으로 나에게는 보인다. 그것은 현존 경제기구(經濟機構)에 있어서의 결함들 중의 너무나 많은 것을 영구적으로 승인할 것을 사람들에게 권장하거나 아니면 적어도 상정(想定)하는 것이다.

그러나 고용의 수준이, 이를테면, 지난 10년간의 평균을 상당히 상회하는 경향에 있는 경우에는 즉시로 고이자율(高利子率)을 가지고 그 경향을 억제하려는 준엄한 견해는, 사유(思惟)의 혼란은 고사하고 전혀 근거가 없는 주장에 의해 지지를 받는 경우가 흔히 있다. 어떤 경우에는 이 견해는, 호황기에는 투자(投資)가 저축(貯蓄)을 능가하는 경향이 있고, 이자율(利子率)을 높이는 것은 한편으로는 투자(投資)를 억제하고 다른 한편으로는 저축(貯蓄)을 자극함으로써 균형을 회복할 것이라는 신념에 근원을 두고 있다. 이것은 저축과 투자가 균등하지 않을 수도 있다는 뜻을 함축하고 있으며, 따라서 그것은 이들 용어가 어떤 특수한 의미에서 규정되기 전에는 아무런 의미가 없는 것이다. 또는 경우에 따라서는 투자의 증가에 따른 저축의 증가는 그것이 원칙적으로 여러 가격(價格)들의 상승을 유발한다는 이유로, 바람직하지 못한 동시에 정의(正義)에도 어긋난다는 견해가 표명되기도 한다. 그러나 만일 이것이 사실이라면, 기존 수준의 산출량(産出量)과 고용(雇用)의 상향(上向) 변화는 어떤 것이든지 비난받아야 할 것이다. 왜냐하면 여러 가격(價格)들의 상승은 기본적으로는 투자(投資)의 증가로 말미암은 것이 아니기 때문이다 — 여러 가격들의 상승은 단기에 있어서는 수확체감(收穫遞減)이라는 물리적 사실로 인하여, 또는 산출량이 증가할 때에는 화폐로 표시된 비용단위(費用單位)가 상승하는 경향으로 인하여, 공급가격(供給價格)이 보통 산출량의 증가에 따라 증가한다는 사실에 기인하는 것이다. 만일 공급가격이 일정불변이 되는 조건이 구비되어 있다면 물론 가격들의 상승은 없을 것이다. 그러나 저축의 증가가 투자의 증가에 수반하여 일어난다는 사정에는 변함이 없는 것이다. 저축(貯蓄)의 증가를 가져오는 것은 산출

량(産出量)의 증가이며, 가격들의 상승은 단순히 산출량 증가의 부산물
에 불과하다. 그리고 산출량의 증가는 저축의 증가 없이도 그 대신 소비
성향의 증대가 있으면 똑같이 일어날 수 있는 것이다. 오직 산출량이 낮
기 때문에 낮을 수밖에 없는 여러 가격으로 구매할 수 있는 정당한 기득
권(既得權)을 가지는 사람은 아무도 없다.

혹은 또, 투자(投資)의 증가가 화폐량의 증가에 의해 조작된 이자율
(利子率)의 하락으로 촉진된다면 해악(害惡)이 슬그머니 기어들어 올 것
이라는 견해도 있다. 그러나 기존의 이자율에 어떤 특별한 공덕(功德)이
있는 것은 아니며, 신화폐(新貨幣)가 어떤 사람에게 「강제로 주어진」 것
도 아니다. 신화폐는 더 낮은 이자율이나 또는 거래량의 증가에 대응하
는 유동성선호(流動性選好)의 증가를 만족시키기 위하여 창조된 것이며,
그것은 더욱 낮은 이자율에서 대여하기보다는 차라리 화폐를 보유할 것
을 선택하는 개인의 수중에 보유되는 것이다. 혹은 또, 호황의 특징은 추
측컨대 마이너스(負)의 순투자(純投資)를 의미하는 「자본 소모」, 즉 과도
한 소비성향에 있다는 견해가 표명되기도 한다. 경기순환의 현상이 전후
유럽의 통화제도(通貨制度)의 붕괴의 기간 동안에 일어났던 것과 같은
통화도피(通貨逃避)의 현상과 혼동되지 않는 한, 실증(實證)은 전혀 반대
이다. 뿐만 아니라, 설사 그것이 사실이라 하더라도, 투자부족의 상황
하에 있어서는 이자율의 인상(引上)보다는 이자율의 인하(引下)가 더욱
수긍할 수 있는 정책일 것이다. 아마도 총산출량(總産出量)은 변화할 능
력이 없다는 암묵적인 가정을 설정하지 않는다면 나는 이들 학설에 어떤
의미를 찾아낼 수가 없다. 그런데, 산출량(産出量)이 불변이라는 가정을
하는 이론은 경기순환을 설명하는 데에는 분명히 별로 쓸모가 없는 것이
다.

VII

옛날의 경기순환 연구, 특히 제본스(W.S. Jevons)에 의한 연구에 있어서는 경기순환의 원인은 공업(工業)의 현상에 있는 것이 아니라 오히려 계절[의 변화]에 의한 농업(農業)의 변동에 있다고 했다. 앞에서 말한 이론에 비추어 볼 때, 이것은 이 문제에 대한 극히 납득이 가는 접근인 것 같다. 왜냐하면, 오늘에 있어서조차도 농업생산물의 재고량(在庫量)의 해마다의 변동은 경상투자율(經常投資率)의 변화의 원인 가운데서 가장 큰 개별 항목의 하나이며, 제본스가 집필할 당시에 있어서는 ― 특히 그의 통계의 대부분이 적용시기에 있어서는 더욱 ― 이 요인은 틀림없이 다른 모든 것을 훨씬 능가하였을 것이기 때문이다.

경기순환이란 주로 농산물 수확(收穫)의 풍흉(豊凶) 여하에 기인한다는 제본스의 이론은 다음과 같이 고쳐서 표현될 수 있다. 평년에 없던 대수확(大收穫)이 거두어질 때에는 다음 해로 이월되는 양(量)에 큰 부가(附加)가 이루어지는 것이 보통이다. 이 부가분의 판매대전(販賣代錢)은 농민의 경상소득에 추가되고 그들에 의해 소득(所得)으로 취급된다. 반면에, 이월량(移越量)의 증가로 사회의 그 밖의 여러 계층의 소득 지출이 고갈되는 것이 아니고, 그것은 그들의 저축으로부터 조달된다. 다시 말해, 이월량의 부가는 경상투자(經常投資)의 부가(附加)가 되는 것이다. 이 결론은 설사 가격들이 급격하게 저락한다고 하더라도 그대로 타당하다. 마찬가지로, 흉작의 경우에는 이월량은 경상소비를 위하여 인출(引出)되며, 따라서 이에 대응하는 소비자의 소득지출 부분은 농민의 경상소득을 창조하지 않는다. 다시 말해, 이월량에서 인출되는 부분은 그만큼의 경상투자(經常投資)의 감소를 가지고 온다. 이리하여, 만일 다른 방면에서의 투자가 불변이라면, 이월량에 상당한 부가(附加)가 있는 연도와, 이월량에 상당한 감소(減少)가 있는 연도 사이의 총투자의 차이는 거액이 될 수 있다. 그래서 농업이 지배적인 산업으로 되어 있는 사회에 있어서는, 그것은 투자의 변동의 어떤 다른 통상적인 원인과 비교할 때 압도적으로 클 것이다. 따라서 경기 상승(上昇)의 전환점이 풍작(豊作)에 의해, 하강(下降)의 전환점이 흉작(凶作)에 의해 표시된다는 것은 당연한 일이다. 풍작과 흉작의 규칙적인 순환에는 자연적인 원인이 있다는 더욱 일보 전진한 이론은, 물론 여기서는, 우리와 관계가 없는 별개의 문제이다.

비교적 최근에, 경기(景氣)를 위해 바람직한 것은 풍작이 아니라 흉작이라는 이론이 전개되고 있다. 그 이유는, 흉작이 사람들로 하여금 낮은 실질보수를 감수하면서 자발적으로 노동하도록 만들기 때문이라고도 하고, 흉작의 결과로 생기는 구매력의 재분배(再分配)는 소비에 대해 유리한 것으로 생각되기 때문이라고 하기도 한다. 내가 위에서 경기순환의 설명으로서 수확의 [풍흉] 현상을 서술했을 때, 나의 의중에 있었던 것은 이런 이론이 아니었다는 것은 말할 나위도 없다.

그러나 현대 세계에 있어서는 [경기] 변동의 농업적 원인은 전에 비해 그 중요성이 크게 저하되었는데, 거기에는 두 가지 이유가 있다. 첫째는, 전체 산출량에서 농산물이 차지하는 비중이 현저하게 저하하였다는 사실이다. 그리고 둘째는, 대부분의 농산물을 위한 세계시장이 발달한 결과 남반구(南半球)와 북반구(北半球)로부터 동시에 공급을 받음으로써 작황(作況)의 풍흉의 결과를 어느 정도 평균화하는 결과가 되었다는 사실이다. 이것은 세계의 수확량의 변동률이 개별 국가에 있어서의 수확량의 변동률에 비해 훨씬 작기 때문이다. 그러나 어떤 한 나라가 주로 자기 나라의 수확에 의존하였던 옛날에 있어서는, 농작물의 이월량(移越量)의

변화에 필적할만한 크기를 가진 투자(投資) 변동의 원인은, 전쟁을 빼고
는 이 밖의 다른 것에서 찾기란 어려운 일이었다.

오늘에 있어서조차도, 경상투자율을 결정하는 데 있어서 농산물이건
광산물이건 여러 가지 원자재(原資材)의 재고(在庫)의 변동이 수행하는
역할에 대하여 세심한 주의를 기울인다는 것은 중요한 일이다. 나는 전
환점에 도달한 후에 불황으로부터의 회복의 속도가 완만한 것은 주로 과
잉재고(過剩在庫)가 정상적인 수준으로 감소할 때에 생기는 디플레적인
효과 때문이라고 보고 싶다. 처음에는 호황이 중단된 후에 일어나는 재
고의 누적 때문에 경기 붕괴의 속도는 완화된다. 그러나 우리는 나중에
가서 이 [완화라는] 구제에 대한 대가를 그 다음에 오는 경기 회복의 속도
가 느려진다는 형태로 지불해야 한다. 때에 따라서는 물론, 재고(在庫)의
감퇴가 어느 정도의 회복이 간취(看取)될 수 있기 전에 사실상 완료되어
야만 하는 경우도 있을 것이다. 왜냐하면, 다른 방면에 대한 투자율(投資
率)은, 그것과 상쇄작용을 하는 재고(在庫)에 대한 마이너스(負)의 경상투
자가 없는 경우에는, 경기상승의 운동을 일으키기에 충분하다고 하더라
도, 그와 같은 마이너스의 투자가 여전히 진행되는 한 전혀 불충분할 수
가 있기 때문이다.

이에 대한 두드러진 한 예는 미국의 「뉴딜(New Deal)」의 초기단계
에서 보았다고 생각된다. 루즈벨트 대통령의 거액의 공채지출(公債支出)
이 시작되었을 때, 모든 종류의 재고 — 특히 농산물의 재고 — 는 아직
도 매우 높은 수준에 있었다. 「뉴딜」은 부분적으로는 이들 재고를 — 경
상산출량(經常産出量)의 삭감 및 그 밖의 모든 수단을 동원하여 — 감소
시키기 위한 집요한 시도를 그 내용으로 하고 있었다. 정상적인 수준으
로 재고를 감소시키는 것은 필수적인 과정이었다. — 그리고 감내되어야
했던 과정이었다. 그러나 그 과정이 계속되는 동안에는 — 즉, 약 2년

동안은 ― 그것은 다른 방면에서 누적되고 있었던 공채지출[의 효과]를 상쇄하는 큰 요인이 되었다. 실질적인 회복으로의 길이 열린 것은 겨우 그것이 완료된 후의 일이었다.

최근의 미국의 경험은 또한 완성재 및 미완성재의 재고 ― 최근 일반적으로 쓰이는 용어로는 「재고(inventories)」 ― 의 변동이 경기순환의 주요 운동 내에서 작은 파동을 야기하는 데 있어 어떤 역할을 수행하는가에 대한 좋은 예를 보여주고 있다. 수개월 후에 보편화되리라고 기대되는 소비(消費)의 규모에 대비하기 위하여 산업을 가동하는 제조업자는, 일반적으로 현실보다는 약간 앞서가는 방향으로, 다소의 오산(誤算)을 하기 쉽다. 그들이 자신들의 과오를 발견할 때에는 잠시 동안 잉여재고의 흡수를 허용하기 위하여 그 생산을 경상소비(經常消費)보다 낮은 수준으로 인하해야 한다. 그리고 약간 먼저 달리다가 또다시 뒤로 처지게 되는 사이의 보조(步調)의 차이가 경상투자율(經常投資率)에 미치는 효과는, 현재의 미국에서 입수 가능한 월등히 완전한 통계를 배경으로 할 때 아주 뚜렷이 그 모습을 드러내기에 충분하다는 것이 판명되었다.

제 23 장

중상주의, 고리금지법, 검인부 화폐 및 과소소비설에 관한 소론(小論)

I

약 2백 년 동안, 경제이론가들과 실무자들은 모두 수출초과(輸出超過)는 일국(一國)에 대하여 특히 유리하고, 수입초과(輸入超過)는, 특히 그것이 귀금속의 해외유출을 수반하는 경우에는, 심각한 위험이 있는 것으로 믿어 의심하지 않았다. 그러나 지난 백 년 동안 놀랄만한 의견의 분규(紛糾)가 있었다. 대부분의 나라의 정치가 및 실무자의 대다수는, 그리고 반대 의견의 발상지인 영국에서조차, 그들의 반 수 가까이가 아직도 전래(傳來)의 교의(敎義)를 신봉하고 있다. 그러나 다른 한편으로 모든 경제이론가들은 거의 예외 없이 이런 문제에 관한 염려는 극히 단기적인 시야를 제외하고는 절대로 근거가 없는 것으로 보고 있다. 대외무역(對外貿易)의 기계장치는 자기조정적(自己調整的)인 것으로서 이것에 대하여 간섭을 하려는 시도는 쓸데없는 노력일 뿐 아니라 그것은 국제분업(國際分業)의 이익을 상실케 하기 때문에, 그것을 실행에 옮기는 나라들은 크게 빈곤해지지 않을 수 없다는 것이 이 주장의 논거이다. 전통에 따라 옛 의견을 중상주의(重商主義: mercantilism)라 부르고, 새로운 의견을 자유무역주의(自由貿易主義: free trade)라고 부르는 것이 편리할 것이다. 다만, 이들 용어는, 양자의 각각이 광의(廣義)와 협의(狹義)를 다 가지고 있기 때문에, 그때그때의 문맥에 따라서 해석되어야 할 것은 물론이다.

일반적으로 말해서 현대 경제학자들은, 비단 통상적으로 국제분업(國際分業)으로부터의 차익[이익으로부터 손해를 공제한 차액]은 보통 중상주의 정책이 정당하게 주장할 수 있는 것과 같은 이익을 능가할 수 있기에 충분할 뿐만 아니라, 중상주의의 이론은 자초지종 지적(知的) 혼란에 기초를 두고 있다고 주장해 왔다.

예를 들어 마샬은[1], 비록 중상주의에 대한 그의 언급이 전적으로 동정(同情)을 결여한 것은 아니었으나, 중상주의의 중심적인 이론 그 자체에 대해서는 아무런 경의(敬意)도 가지고 있지 않았으며, 내가 이하에서 검토하고자 하는 그들의 주장이 가지는 여러 가지 진리에 대해서도 언급조차 하지 않았다.[2] 마찬가지로 자유무역론자(自由貿易論者)들은, 예를 들어 유치산업(幼稚産業)의 장려나 교역조건(交易條件)의 개선 등에 관한 최근의 여러 가지 논쟁에서 이론적인 양보를 할 용의를 보이고는 있으

---

1) 그의 『산업과 무역』, 부록 D. 『화폐, 신용 및 상업』 제130면 및 『경제학원리』, 부록 I. 참조.

2) 중상주의에 대한 그의 견해는 그의 『원리』의 제1판, 제51면의 각주에 잘 요약되어 있다. 「영국 및 독일 양국에 있어서는 화폐가 국부(國富)에 대하여 가지는 관계에 대한 전근대적인 여러 가지 의견에 관하여 많은 연구가 행해져 왔다. 그들의 의견은, 대략, 일국의 순부(純富)의 증가는 그 나라에 있어서의 귀금속의 축적의 증가에 의해서만 달성될 수가 있다는 의도적인 상정(想定)의 결과 오류를 범했다기보다는 오히려 화폐의 기능에 관한 명확한 이해가 결여되고 있었기 때문에 혼란에 빠져들었다고 볼 수 있다.」

나, 그 양보도 중상주의의 주장의 진정한 내용과는 무관한 것이다. 현세기의 첫 사반기(四半期)의 재정논쟁(財政論爭)의 과정에 있어서도, 보호정책이 국내의 고용을 증가시킬 수도 있다는 주장에 대하여 경제학자들이 일보의 양보라도 허용한 예를 나는 상기(想起)할 수가 없다. 한 예로서 내 자신이 쓴 것을 인용하는 것이 아마 가장 공평할 것이다. 최근의 1923년까지만 해도 종래 교시(敎示)된 것에 대하여 하등의 의심도 가지지 않았고, 이 문제에 관해서도 아무런 유보의견(留保意見)도 품지 않았던 충실한 고전학파의 문도(門徒)였던 나는 다음과 같이 쓴 적이 있다. 「만일 보호정책이 할 수 없는 일이 한 가지 있다면, 그것은 실업(失業)을 구제하는 일이다. … 있을 수는 있으나 실제로는 가능성이 희박한 이익(利益)을 기초로 하고 있는 보호주의에 대한 옹호론도 있다. 그러나 이에 대한 간단한 해답은 없다. 그러나 실업을 구제할 수 있다는 주장은, 보호주의의 오류를 가장 비대하고 조잡한 형태로 나타내는 것이다.」[3] 초기의 중상주의 이론에 관해서는 알아들을만한 해설을 전혀 구득(求得)할 수가 없다. 그래서 우리는 그것은 허튼 소리와 큰 차이가 없는 것이라고 믿도록 배워 왔다. 고전학파의 지배는 그처럼 절대적으로 압도적이고 완전한 것이었다.

Ⅱ

우선 먼저 지금에 와서는 중상주의(重商主義) 이론에 있어서의 과학적 진리의 요소라고 내게 생각되는 것을 나 자신의 말로 서술하고자 한다. 그리고 나서 이것과 중상주의자들의 실제의 주장과를 비교할 것이

---

3) *The Nation and the Athenaeum*, 1923년 11월 24일.

다. 여기서 공공연하게 주장되는 이익이란 국가이익을 말하는 것이고 전 세계의 이익이 되기는 어렵다는 것을 처음부터 염두에 두어야 한다.

어떤 나라의 부(富)가 상당히 급속하게 성장하고 있는 경우에는, 자유 방임의 상태 하에서는, 신투자에 대한 유인의 부족으로 이 행복한 사태가 더욱 진전하지 못하게 될 우려가 있다. 사회적 정치적 환경이 주어져 있고 소비성향을 결정하는 국민의 특성이 일정하다면, 발전하는 나라의 복지는, 이미 설명한 바와 같은 이유로, 기본적으로는 그와 같은 유인(誘因)들이 충분히 있느냐 없느냐에 의존한다. 이들 유인은 국내투자에도 있을 수 있고 대외투자(후자에는 귀금속의 축적도 포함된다)에도 있을 수 있는데, 양자가 서로 합하여 총투자(總投資)가 되는 것이다. 총투자의 양이 이윤동기(利潤動機)에만 의해 결정되는 상황에서는, 국내 투자의 기회는 결국 국내 이자율에 의해 지배되며, 다른 한편으로 대외투자량은 필연적으로 무역차액(貿易差額)의 크기에 의해 결정된다. 이와 같이, 공공당국의 보호 하에 행해지는 직접투자는 거론할 가치조차 없는 사회에 있어서는, 정부가 당연히 전념해야 할 경제적 대상은 국내이자율과 무역차액이라 할 수 있다.

그런데, 만일 임금단위가 어느 정도 안정적이고 상당한 크기의 자생적인 변화가 일어나지 않는다면(이것은 거의 항상 만족되는 조건이다), 또 유동성선호의 상태도 그 단기변동의 평균을 취할 경우 어느 정도 안정적이고, 그리고 또 은행업무의 관례도 또한 안정적이라고 한다면, 이자율의 추세는 유동성에 대한 사회의 욕구를 충족하기 위한, 임금단위로 측정된 귀금속의 양에 의해 좌우될 것이다. 동시에 거액의 대외 대부와 해외에 위치하는 부(富)의 직접적 소유가 거의 실행 불가능한 시대에 있어서는, 귀금속의 양의 증가 또는 감소는 무역차액이 순조로운지 역조(逆調)에 있는지에 크게 의존할 것이다.

그리하여 우연히도 당국이 순조로운 무역차액을 달성하기에 여념이 없었다는 사실이 두 가지의 목적에 다 유용하였을 뿐 아니라, 사실 그 두 가지 목적을 달성하는 유일의 채택 가능한 수단이었다. 당국이 국내 이자율 또는 그 밖의 국내 투자유인에 대하여 직접적인 통제력을 가지지 못했던 시대에 있어서는, 순조로운 무역차액의 증가를 도모하는 방안이야말로 대외투자를 증가시키기 위하여 그들이 채택할 수 있는 유일한 직접적 수단이었다. 그리고 동시에 순조로운 무역차액이 귀금속의 유입에 대하여 미치는 효과야말로 국내 이자율을 하락시키고 따라서 국내 투자유인을 강화하기 위한 그들의 유일한 간접적 수단이었다.

그러나 이 정책의 성공에는 두 가지 제약이 있다는 것을 간과해서는 안 된다. 만일 국내 이자율이 매우 낮은 수준으로 하락하여 그것이 투자량을 충분히 자극하고 고용의 증가가 마침내 임금단위가 상승하는 여러 분계점(分界點) 중의 약간을 돌파하는 수준까지 온다면, 국내생산비 수준이 상승하고 그것이 대외 무역차액에 불리한 반작용을 미치기 시작할 것이며, 따라서 무역차액을 증가시키려는 노력은 과잉 수행되어 드디어는 스스로를 좌절시킬 수 있을 것이다. 또한 만일 국내 이자율이 타국의 이자율에 비해 상대적으로 저락하여 그것이 순조로운 무역차액과는 균형이 맞지 않는 대외 대부액(貸付額)을 자극하기에 족한 것이라면, 이미 얻은 이익을 역전시키기에 충분할 정도로 귀금속이 유출하게 될 것이다. 이 두 가지 제약조건의 어느 하나가 발동할 위험은, 크고 국제적으로 중요한 나라의 경우일수록 증가한다. 그 이유는 광산으로부터의 귀금속의 경상산출량이 비교적 소규모인 상태에 있어서는, 일국에 대한 화폐의 유입(流入)은 타국으로부터의 유출(流出)을 의미하며, 따라서 국내에 있어서의 생산비 상승(上昇)과 이자율 하락(下落)의 불리한 영향은 (만일 중상주의 정책이 너무 극단적으로 추진된다면) 타국에 있어서의 생산비 하락(下

落)과 이자율 상승(上昇)에 의해 더욱 격화되리라는 데 있다.

　15세기 후반과 16세기에 있어서의 스페인의 경제사는 귀금속의 과다 (過多)가 임금단위에 미치는 효과 때문에 대외무역이 파괴된 나라의 한 예를 보여준다. 20세기의 1차대전 전의 영국은 대외 대부와 해외에서의 재산 구입이 과도하게 편의(便宜)했던 점이 국내에서의 완전고용을 확보 하는 데 필요한 국내 이자율의 하락을 빈번히 방해했었던 나라의 한 예를 보여준다. 인도의 역사는 전시대를 통하여 유동성(流動性)에 대한 선호(選好)가 극단적으로 강한 뜨거운 염원이 되어, 거액의 만성적인 귀금속 유입조차도 실물적 부(富)의 성장과 양립할 수 있는 수준으로 이자율을 하락시키기에는 오히려 부족하게 됨으로써 빈곤하게 된 나라의 한 예를 보여준다.

　그럼에도 불구하고, 만일 우리가 어느 정도 안정적인 임금단위(賃金單位)와, 소비성향과 유동성선호를 결정하는 국민의 특성(特性), 그리고 화폐량을 귀금속의 보유량과 비신축적으로 결부시키는 화폐제도(貨幣制度)를 가지고 있는 사회의 경우를 고찰한다면, 당국이 무역차액의 상태에 세심한 주의를 기울인다는 것이 번영의 지속을 위해 필수적일 것이다. 왜냐하면 순조로운 무역차액은, 그것이 과다하지만 않다면, 지극히 고무적인 것이 되는 반면에, 역조의 무역차액은 멀지 않아서 지속적인 불황의 상태를 만들어낼 것이기 때문이다.

　그렇다고 해서 최대한의 수입제한(輸入制限)이 최대한의 순조로운 무역차액을 조장하리라는 결론이 나오는 것은 아니다. 초기의 중상주의자들은 이 점을 크게 강조하였으며, 장기적인 안목으로 볼 때 무역제한은 순조로운 차액에 불리한 작용을 가져오기 쉽다는 이유로 무역제한에 반기를 드는 경우가 많았다. 확실히 19세기 중엽의 영국의 특수사정 하에서는 거의 완전한 자유무역이야말로 순조로운 차액을 발전시키는 데 가장 유력한 정책이었다고 주장할 수도 있다. 전후 유럽에 있어서의 현대의 무역제한의 경험은 순조로운 차액을 조장하도록 고안되었던 것이지만 실제로는 반대의 추세를 빚어내게 된, 자유무역에 대한 잘못된 억압의 다양한 예를 보여준다.

이와 같은 이유와 그 밖의 이유로 독자들은 우리의 주장으로부터 도출될 수 있는 실제적인 정책에 대한 성급한 결론에 도달해서는 안 된다. 무역제한(貿易制限)은, 그것이 특별한 근거에 의거하여 정당화될 수 있는 것이 아니라면, 일반적인 성격을 가진 강력한 반대론에 봉착하게 되는 것이다. 국제분업(國際分業)의 이익은 고전학파에 의해서 지나치게 강조되기는 하였으나, 실재적(實在的)이고 또 실질적(實質的)이다. 우리 자신의 나라가 순조로운 무역차액으로부터 얻는 이익은 다른 어떤 나라에 대하여 동등한 불이익을 가져올 가능성이 있다는 사실(중상주의자들이 완전히 잘 알고 있던 점)은, 일국이 공평하고 타당한 비율 이상의 귀금속을 독점하지 않도록 큰 절도(節度)를 가져야 한다는 것을 의미할 뿐만 아니라, 절도를 결여한 정책은 모든 나라에게 일률적으로 손상을 입히는, 순조로운 무역차액을 위한 무의미한 국제경쟁을 유발한다는 것을 의미하기도 한다.4) 그리고 끝으로, 무역제한 정책은 그 표면상의 목적 달성을 위해서조차도 믿음직하지 못한 수단이다. 왜냐하면, 개인적 이익(利益)이나 행정적 무능(無能)이나 그 일의 고유한 곤란성(困難性) 때문에 그것은 원래의 목적과는 엉뚱한 정반대의 결과를 초래할 수 있기 때문이다.

그러므로 나의 비판의 중점은, 나를 길러주고 다년간 내가 가르치기도 한 자유방임주의의 이론적 기초의 불충분성 — 즉, 이자율과 투자량은

---

4) 불황(不況)을 임금 인하로 타개하려는 임금단위 신축정책은, 똑같은 이유로, 이웃나라의 희생으로 자국의 이익을 도모하는 수단이 되기 쉽다.

최적의 수준에 있을 수 있도록 자체 조정력을 가지고 있기 때문에 무역 차액에 집착한다는 것은 시간의 낭비라고 하는 관념 ― 을 겨냥하여 이루어진다. 왜냐하면 경제학자라고 하는 동업자들은 수세기 동안 실천적 경세책(經世策)의 주요 목표로 되어 있었던 것을 하나의 철부지의 망상으로 취급하는 주제넘은 과오를 범해온 것이 판명되었기 때문이다.

이 잘못된 이론의 영향 하에 런던시티[the City of London: 시장(市長) 및 시 의회가 지배하는 1평방마일 지역으로 금융·상업의 중심지역― 역주]는 점차 균형 유지를 위한 상상할 수 있는 가장 위험한 기술, 즉 외국환(外國換)의 경직적인 평가(平價)와 결부된 은행이자율(銀行利子率) 기술을 창안하게 되었다. 왜냐하면, 이것은 완전고용과 양립할 수 있는 국내 이자율을 유지하려는 목표를 전적으로 포기하는 것을 의미하는 것이기 때문이다. 실제에 있어서는 국제수지(國際收支)를 무시할 수는 없기 때문에 그것을 통제하는 수단이 서서히 발전된 것인데, 그것은 국내 이자율을 보호하는 대신 그것을 희생하여 맹목적인 힘들의 작용에 맡겨버리는 것이었다. 최근에 와서는 실무에 종사하는 런던의 은행가들도 많은 경험을 쌓게 되어, 사람들은 영국에 있어서는 은행이자율 기술이, 국내에 실업을 만들어 내게 하는 상태에서 국제수지를 옹호하기 위해 쓰이는 일은 다시는 없으리라고 기대할 수 있는 지경에까지 와 있다.

개별 기업에 관한 이론, 또는 일정 양(量)의 자원의 사용으로부터 나오는 생산물의 분배(分配)에 관한 이론이라는 견지에서 볼 때, 고전파이론은 경제학적 사고(思考)에 대하여 그 정당성을 의심할 여지가 없는 공헌을 해왔다. 사고용구(思考用具)의 한 부분으로 고전파이론을 쓰지 않고는 이 문제에 관해 선명한 사유(思惟)를 한다는 것은 불가능하다. 고전학파가 그들의 선행자들의 가치 있는 것을 무시하였다는 지적을 한다고 해서, 내가 이 사실을 의문시한다고 생각해서는 안 된다. 그럼에도 불구하고, 전체로서의 경제체계(經濟體系)와 그 체계의 모든 자원의 최적사용(最適使用)을 확보하는 데 관심을 두는 경세책(經世策)에 대한 공헌으로서, 16세기 및 17세기에서의 경제사상의 초기 선구자들의 방법은 단편적이나마 현실적 예지(叡智)에 도달한 것이었다고 할 수 있다. 그런데 리카도(D. Ricardo)의 비현실적인 추상화(抽象化)가 이것을 처음에는 망각하고 나중에는 말살해버리고 말았다. 그들이 고리금지법(이 장(章)의 후단에서 이것을 다시 거론한다)을 제정함으로써, 국내 화폐량을 유지함으로써, 그리고 임금단위의 상승을 억제함으로써, 이자율(利子率)을 낮게 유지하고자 전심전력을 다한 것은 현명했다. 또 그들은 화폐의 외국으로의 불가피한 유출이나, 임금단위의 상승이나,5) 또는 그 밖의 어떤 원인에 의해 화폐량이 분명히 부족하게 되었을 경우, 화폐량을 회복하기 위한 최후의 수단으로서 평가절하(平價切下)를 불사(不辭)한 것도 또한 현명하였다.

Ⅲ

경제사상의 초기 선구자들은 그 이면에 깔려 있는 이론적 기초는 별로 의식하지 못한 채, 실천적 예지의 여러 가지 금언(金言)에 상도(想到)하게 된 것 같다. 따라서 그들이 권장한 것과 아울러, 그들이 제시한 이

---

5) 솔론(Solon)의 시대 이후, 그리고 통계가 있었다면 그 이전의 수세기 동안의 경험은 인간성(人間性)에 관한 지식이 당연히 우리에게 다음의 것을 기대하도록 한다는 것을 보여주고 있다. 즉, 장기간에 있어서는 임금단위는 부단히 상승하는 경향을 가지고 있다는 것, 그리고 임금단위는 경제사회의 쇠퇴와 해체가 있을 때에 한하여 인하될 수 있다는 것이 그것이다. 따라서 진보와 인구의 증가를 사상(捨象)하더라도, 화폐량(貨幣量)의 점차적인 증가는 불가피하다는 것이 입증된 셈이다.

유를 간략하게 검토해 보고자 한다. 이 일은 헥셔(Heckscher) 교수의 「중상주의(Mercantilism)」에 관한 대저(大著)를 참조함으로써 쉽게 되었다. 이 책에서는 2세기에 걸친 경제사상의 기본적 특징이 처음으로 경제학의 일반 독자에게 소개되어 있는 것이다. 다음의 여러 인용문은 주로 그의 저서로부터 채택한 것이다.[6]

(1) 중상주의(重商主義) 사상은 이자율(利子率)이 적절한 수준에서 확립되리라는 자기조절적(自己調節的)인 경향이 있다고 일찍이 상정한 적이 없다. 그것과는 반대로 그들은 부당한 고(高)이자율이 부(富)의 성장에 대한 주요 장애물이라는 것을 강조하였고, 그들은 심지어 이자율은 유동성선호와 화폐량에 의존한다는 것까지 알고 있었다. 그들은 유동성선호의 감소와 화폐량의 증가에 다 함께 관심을 가지고 있었으며, 그들 중의 몇 명은 그들이 화폐량의 증가에 전념하는 이유는 그들이 이자율의 인하를 원하기 때문이라는 것을 분명히 했다. 헥셔 교수는 이 측면에 관한 그들의 이론을 다음과 같이 요약하였다.

"더욱 혜안(慧眼) 있는 중상주의자들의 입장은 이 점에 있어서, 다른 여러 점에 있어서도 그렇지만, 일정 범위 내에 있어서는 완전히 명료했다. 그들에게 있어서 화폐(貨幣)는 토지(土地)와 대등한 지위를 가진 — 오늘날의 용어를 사용하면 — 하나의 생산요소(生産要素)이며, 때로는 「자연적인」 부(富)와 구별되어야 하는 「인위적인」 부(富)로 간주되었고, 자본에 대한 이자(利子)는 마치 토지에 대한 지대(地代)와 같이 화폐대여(貸與)에 대한 보수였다. 중상주의자들이 이자율의 높이가 결정되는

_____

6) 헥셔 교수는 그 자신이 대체로 고전학파의 신봉자이고, 중상주의 이론에 대해서는 나보다는 동정의 정도가 훨씬 약하기 때문에, 그의 저서로부터 인용하는 것이 나의 목적을 위해서는 매우 적합하다. 따라서 그의 인용문의 선택은 그들의 현명함을 증명하고자 하는 욕구에 의해 어떻게든 편파적으로 되어 있을 위험성은 없다.

객관적인 이유를 찾고자 했을 때 — 그리고 그 노력은 이 시기를 통하여 점차 높아 갔다 — 그들은 그 이유를 총화폐량(總貨幣量)에서 발견하였다. 우리가 입수할 수 있는 풍부한 자료로부터 우선 먼저 이 관념이 얼마나 오랫동안 지속되었으며, 얼마나 뿌리 깊고 또 실천적인 고려(考慮)로부터 독립되어 있었는가를 증명하기 위해 가장 전형적인 몇 가지 예만을 선정해 보자.

영국에 있어서의 1620년대 초기의 화폐정책을 둘러싼 논쟁의 주역들이나, 동인도회사의 무역에 관한 논쟁의 주역들이나 모두 이 점에 대해서는 완전한 의견의 일치를 보고 있었다. 제라르 마린(Gerard Malynes)은 그의 주장에 대한 상세한 이유를 들면서 「화폐의 증가는 고리 대차(貸借)의 가격(價格) 또는 율(率)을 저하시킨다」라고 했다(『상인의 법률』 및 『자유무역의 유지』, 1622년). 맹렬하고 조심성도 적은 편인 그의 반대자인 에드워드 밋셀덴(Edward Misselden)은 「고리(高利)에 대한 대책은 화폐를 풍부히 하는 데 있을 것이다」라고 대답했다(『자유무역, 또는 무역번영책』, 동년). 반세기 후의 지도적 저술가 중에서 동인도회사의 전능적인 지도자이고 또 동사(同社)의 가장 능숙한 옹호자였던 차일드(Child)는 그가 강력하게 요구한 법정 최고이자율이 어느 정도로 네덜란드의 「화폐」를 영국으로부터 철수시키는 결과를 가져올 것인가를 논하고 있다(1668년). 그는 어음이 통화(通貨)로 사용됨으로써 그 이전(移轉)이 쉽게 되는 것이 이 가공할 불이익을 제거하는 길이라고 생각하였다. 왜냐하면, 이렇게 함으로써, 그의 말에 따르면, 「확실히 우리가 국내에서 사용하고 있는 현금 총액의 적어도 절반에 이르는 부족분은 보충될 것이기 때문」이다. 이익의 상반(相反)에 의해 전혀 영향을 받지 않았던 또하나의 저술가인 페티(Petty)는 이자율이 10퍼센트로부터 6퍼센트로 「자연적으로」 떨어지는 현상을 화폐량의 증가로써 설명하고(『정치산술론』, 1676년), 이자를 받고 대여하는 것을 과잉 「주화(鑄貨)」를 가진 나라에 알맞은 대책으로 권장하였는데(『화폐 소론(小論)』, 1682년), 여기서 그는 다른 사람들과 의견이 일치하고 있었던 것이다.

　이러한 추론이 결코 영국에만 한정된 것이 아니라는 것은 당연한 일이었다. 예를 들어, 수년 후(1701년 및 1706년) 프랑스의 상인들과 정치가들은 당시의 주화의 부족(disette des especes)을 높은 이자율의 원인이라고 비난하고, 화폐의 유통[량]을 증가시킴으로써 높은 이자율을 인하할 것을 열망하였다.7)"

　페티(Petty)와의 논쟁 과정에서 최초로 이자율(利子率)과 화폐량(貨幣量) 간의 관계를 추상적인 말로 표명한 것은, 아마도, 위대한 로크(Locke)였다.8) 그는 페티의 최고이자율 제안에 대하여, 그것은 토지에 대하여 최고지대를 결정하는 것과 같이 실행이 불가능하다는 이유로 반대하였다. 왜냐하면 「화폐는 이자에 의해 그와 같은 해마다의 소득을 만들어 내는 것이므로, 화폐의 자연적 가치는 왕국(王國)의 거래총액(즉, 모든 상품의 일반적인 배출구)에 비례한 그 당시 왕국에 유통하고 있는 화폐의 총액에 의존」하기 때문이다.9) 로크의 설명에 의하면, 화폐는 두 가지 가치를 가진다. (1) 이자율에 의해 표시되는 그 사용가치. 이 점에서 화폐는 토지(土地)의 성질을 가지고 있다. 전자의 소득은 지대(地代)라고 불리는데, 후자의 소득은 사용료(使用料: Use)라고 불린다.10) (2) 그 교환가치. 「그리고 이 점에 있어서는 화폐는 재화(財貨)의 성질을 가진다」. 즉, 그 교환가치는 「그런 재화가 풍부한가 아니면 희소한가에 비하여 화

─────────

7) 헥셔, 『중상주의(Mercantilism)』 제2권, 제200, 201면 인용문을 극히 미소하게나마 축약하였다.

8) 『이자 인하와 화폐가치 상승의 결과에 관한 약간의 고찰』, 1692년. 그러나 이것이 쓰인 것은 수년 전의 일이었다.

9) 그는 다음과 같은 말을 첨가하였다. 「화폐의 양[에 의존할] 뿐 아니라 유통의 속도에도[의존한다]」.

10) "Use"라는 말은 물론 「이자(利子)」를 의미하는 고풍(古風)의 영어다.

폐가 풍부한가 아니면 희소한가에 의존하고, 이자 여하에는 의존하지 않는다」.

이와 같이 로크는 쌍둥이적 화폐수량설(貨幣數量說)의 아버지였다. 첫째, 그는 이자율(利子率)은 총거래량에 대한 화폐량[유통속도를 감안한 후의]의 비율(比率)에 의존한다고 보았다. 둘째, 그는 화폐의 교환가치는 시장에서의 재화 총량에 대한 화폐량의 비율에 의존한다고 보았다. 그러나 — 한쪽 발을 중상주의의 세계에 두고, 다른 발을 고전파의 세계에 두면서[11] — 그는 이 두 개의 명제(命題)의 관계를 혼동하고 있었으며 유동성선호의 변동의 가능성은 완전히 간과하고 있었다. 그러나 그는, 이자율의 인하는 물가수준에 대하여 아무런 직접적 영향을 가져오는 것이 아니며, 그것이 가격들을 좌우하는 것은 「오직 이자율의 변동이 무역상 화폐 또는 재화의 유출입(流出入)을 초래하여, 멀지 않은 장래에 영국에 있어서의 양자의 비율을 종래의 비율과는 다른 것으로 만드는 경우」, 즉 이자율의 인하(引下)가 현금의 수출 또는 산출량의 증가를 가져오는 경우에 한한다는 것을 열심히 설명하였다. 그러나 나의 생각으로는, 그는

---

11) 얼마 후의 흄(Hume)은 고전파의 세계에 한 쪽 발과 다른 한 쪽 발의 절반을 두고 있었다. 왜냐하면 흄은 우리가 살고 있는 현실의 세계는 균형을 향하여 부단히 움직이고 있는 과도적(過渡的) 상태라는 사실을 간과하고 있지 않았다는 점에서 아직도 충분히 중상주의자(重商主義者)였다고 할 수 있으나, 그는 그와 같은 과도적 상태에 대비한 균형상태(均衡狀態)의 중요성을 강조하는 경제학자들의 관행을 시작했기 때문이다. 「금전의 양(量)의 증가가 산업에 대하여 유리한 것은, 화폐의 획득과 가격 상승과의 사이의 시기, 즉 중간적 상태에 있어서뿐이다 … 일국의 국내적인 행복을 위해서는 화폐량의 다과(多寡)는 문제가 아니다. 군왕(君王)이 취할 수 있는 좋은 정책이란 화폐량의 증가를, 만일 가능하다면, 그대로 유지하는 것뿐이다. 왜냐하면, 그는 이 수단으로 그 나라의 산업활동에 활력을 주고, 모든 실질적인 힘과 부(富)를 구성하는 노동의 상태를 증가시키기 때문이다. 화폐가 감소하는 나라는 실제로 그때, 더 많은 화폐를 가지지는 않으나, 그것이 증가하는 추세에 있는 다른 나라에 비해 약하고 또 참담하다.」(『화폐에 관하여』라는 소론(小論), 1752년).

끝내 진정한 종합(綜合)에 도달하지는 못했다.12)

중상주의의 사유(思惟)가 이자율과 자본의 한계효율 사이의 관계를 얼마나 쉽게 구별했는가는, 로크가 『고리대차(高利貸借)에 관하여 벗에게 주는 서한』으로부터 인용하고 있는 다음의 구절(1621년판)에 의해 증명된다. "고리대차는 상거래를 파괴한다. 이자로부터의 이익은 상거래로부터의 이윤보다도 크고, 그 때문에 부유한 상인들은 일을 중지해버리고, 그들의 축적된 부(富)를 이자 획득을 위하여 투자하고 소상인들은 파산한다." 포트리(Fortrey)는 부(富)를 증가시키는 수단으로서의 낮은 이자율에 중점을 두는 또 하나의 예를 보여주고 있다(『영국의 이자와 개선』, 1663년).

중상주의자들은 만일 과도한 유동성선호가 유입된 귀금속을 퇴장(退藏)시키게 된다면 이자율에 대한 유리한 영향이 상실될 것이라는 문제를 간과하지 않았다. 그럼에도 불구하고, 국가의 힘을 증진시키고자 하는 목적이 그들에게 국가 재보(財寶)의 축적을 변호하도록 유도한 경우(예를 들어, 먼(Mun))도 더러는 있었다. 그러나 다른 사람들은 이 정책을 솔직히 반대하고 있다.

"예를 들어, 슈뢰더(Schrötter)는 어떻게 일국의 유통계가 국가 재보의 현저한 증가에 의해 그 화폐의 전액을 빼앗기는가에 관한 무시무시한

---

12) 충실한 고전파 경제학자로서의 헥셔(Heckscher) 교수가 로크(Locke)의 이론에 관한 그의 설명을 다음과 같은 주석을 달면서 요약하고 있는 것은, 이자(利子)를 화폐에 대한 이자로 해석하는 중상주의의 견해(이 견해는 나에게는 이제 의심의 여지 없이 옳은 것으로 생각된다)는 완전히 잠적하였다는 것을 증명하고 있다. 헥셔 교수는 말하기를, 「로크의 이론은 … 만일 이자가 진실로 화폐 대여의 가격(價格)과 동의어(同義語)라면, 반박의 여지가 없을 것이다. 그러나 그것은 사실이 아니므로, 로크의 이론은 전혀 초점이 맞지 않는다.」 (상게서, 제2권, 제204면)

정황을 그리는 데 있어 흔히 쓰는 중상주의의 논조(論調)를 채택하고 있
다. … 그는 또 수도원(修道院)에 의한 재보의 축적과 귀금속의 수출초
과 사이에 완전한 논리적 평행관계(平行關係)가 있다는 것을 인정하고
있다. 그에게는 이것이야말로 생각할 수 있는 최악의 일이었다. 다브난
트(Davenant)는 많은 동양의 나라들 — 이 나라들은 세계의 다른 어떤
나라들보다도 금은(金銀)을 많이 가지고 있다고 믿어지고 있었다 — 의
극한적인 빈곤(貧困)을 재보(財寶)가 「국왕의 금궤 속에 사장되고 있
다」는 사실로 설명하였다. … 만일 국가에 의한 퇴장(退藏)이, 선의로
해석해서 의심스러운 천혜(天惠)이고, 그보다는 오히려 큰 위험으로 여
겨지는 경우가 많다면, 개인에 의한 퇴장이 마치 흑사병처럼 혐오의 대
상이 된다는 것은 말할 나위도 없다. 그것은 수많은 중상주의의 저술가
들이 소리높이 비난한 여러 가지 경향 중의 하나였고, 나는 이에 반대하
는 [중상주의자의] 소리는 하나도 들을 수 없으리라고 생각한다."13)

(2) 중상주의자들은 염가(廉價)로 판매하는 것의 어리석음과 지나친
경쟁이 일국의 교역조건(交易條件)을 불리하게 만들 수 있다는 것을 알
고 있었다. 그래서 마린(Malynes)은 그의 『상인의 법률』(1622년)에서 다
음과 같이 썼다. "무역을 증진한다는 구실로 왕국에 해(害)를 입히면서
타국보다 염가로 파는 일이 없도록 힘써야 한다. 사실 상품이 아주 저렴
할 때에는 무역은 증진하지 않는다. 염가는 물건들을 싸게 하는 적은 화
폐수요와 화폐의 희소에 그 원인이 있다. 따라서 역(逆)으로 화폐가 풍부
하고 상품이 많이 수요되어 더욱 고가(高價)로 되는 경우에는 무역은 증
진한다."14) 헥셔 교수는 중상주의 사상에 있어서의 이 요소를 다음과 같
이 요약하고 있다.

13) 헥셔(Heckscher), 상게서. 제2권, 제210, 211면.
14) 헥셔, 상게서, 제2권, 제228면.

　　"1세기 반에 걸쳐, 이 입장은 재삼재사(再三再四) 다음과 같이 정식화 되었다. 즉, 다른 나라들에 비하여 화폐액이 비교적 적은 나라에 있어서 는「싸게 팔고 비싸게 사지」않으면 안 된다는 것이다.……

　　『공공복지론(公共福祉論)』의 원판에 있어서조차, 즉 16세기 중엽에 있어서조차, 이 태도는 이미 표명되고 있었다. 헤일스(Hales)는 실제로 다음과 같이 말한 바 있다.「그러나 외국인이 그들의 상품을 팔아서 우 리의 상품을 사는 데 만족한다고 할 때, 우리의 상품이 그들에게 충분히 염가인데도 불구하고 왜 그들은 다른 물건(그 뜻은 특히 우리가 그들로부터 사고 있는 물건을 지적한다)의 가격을 밀어 올리지 않을 수 없게 되는가? 그리고 이 경우에는 우리는 여전히 패배자이며, 그들은 비싸게 팔고 우 리의 물건을 충분히 싸게 사기 때문에 그들은 우리에 대하여 승리자의 입장에 서게 될 것이다. 그 결과 그들은 부유하게 되고 우리는 궁핍하게 될 것이다. 나는 그것보다는 오히려 현재 우리가 하고 있는 바와 같이 우리 상품의 가격을, 그들이 그들 상품의 가격을 올리고 있는 것과 같 이, 올려야 한다고 생각한다. 그렇게 함으로써 손해를 보는 사람도 있겠 지만, 그 수는 그렇지 않을 경우처럼 많지는 않을 것이다.」이 점에 관 하여 그는 수십 년 후(1551년)에 그의 저서의 편집자의 전폭적인 찬성을 얻었다. 17세기에도 이 태도는 그 의미에 하등의 근본적인 변화가 가해 지지 않고 그대로 반복되고 있다. 그러므로 마린은 이 불행한 사태는 그 가 무엇보다도 우려한 것, 즉 외국에 의한 영국 화폐의 과소평가(過小評 價)의 결과라고 믿었다. …… 똑같은 관념은 그 후에도 부단히 반복되고 있다. 페티는 그의『현자(賢者)에게는 한 마디로 족하다』(1665년 집필, 1691년 출판)에서, 화폐량을 증가시키고자 하는 극성스러운 노력은「우 리가 우리의 이웃나라에 비하여 산술적 비례에 있어서나 기하적 비례에 있어서나 다 같이 더 많은 화폐를 가지게 되었을 때에」비로소 중지될 수 있을 것으로 믿었다. 이 저작의 집필과 출판 사이의 기간 동안에, 코 크(Coke)는 다음과 같이 단언하였다.「만일 우리의 재보(財寶)가 우리의 이웃나라에 비하여 많다고만 한다면, 나는 우리가 현재 가지고 있는 재보

의 5분의 1만을 갖게 된다고 할지라도 상관하지 않겠노라." 15)(1675년)

(3) 중상주의자들은 고전파들이 2세기 후에 어불성설(語不成說)이라고 비난한 명제, 즉 「재화에 대한 공포(恐怖)」와 화폐의 희소(稀少)가 실업의 원인이 된다는 명제를 창시한 사람들이었다.

"실업(失業)의 논의를 수입금지의 하나의 이유로 적용한 최고(最古)의 한 예는 1426년 플로렌스에서 발견된다.… 이 문제에 대한 영국의 입법례(立法例)는 적어도 1455년까지 소급할 수 있다.… 나중에 매우 유명하게 된 리용(Lyons)의 견직공업의 기초를 만든 거의 동시대의 1466년의 프랑스의 정령(政令)은, 실제로는 외국상품 배척을 목적으로 하는 것이 아니었기 때문에 그리 흥미를 끌지 못했다. 그러나 그것 역시도 수만 인의 실업 상태에 있는 남녀에게 직장을 마련해 줄 가능성을 지적하기는 했다. 당시 이 논의가 얼마나 널리 보급되어 있었는가를 알 수가 있다.……

거의 대부분의 사회적 및 경제적 문제들에 관해서도 그렇지만, 이 문제에 관한 최초의 논쟁은 16세기의 중엽 또는 오히려 그것보다 좀더 먼 저인 헨리 8세 및 에드워드 6세의 치하의 영국에서 전개되었다. 이에 관련하여 우리는 분명히 늦어도 1530년대에 쓰인 일련의 저술들을 지적하지 않을 수 없는데, 그 중의 두 개는 하여튼 클레멘트 암스트롱(Clement Armstrong)에 의해 쓰인 것으로 믿어지고 있다. …… 그는 그것을, 예를 들어, 다음과 같은 말로 정식화하고 있다. 「해마다 영국으로 유입되는 외국상품이 대단히 많은 양에 달하고 있다는 것은, 화폐의 희소를 야기하였을 뿐 아니라 모든 수공업을 파괴하였다. 이 수공업에 의해 대다수의 평민들은 그들이 먹는 육류나 음료를 살 수 있는 화폐를 얻기 위한 생업(生業)을 가졌을 터인데, 이제는 만부득이(萬不得已)하여

---

15) 헥셔, 상게서, 제2권, 제235면.

무위걸식(無爲乞食)하고 도둑질하게 된 것이다.」16)

　이와 같은 종류의 사태에 관하여 내가 알고 있는 가장 전형적인 중상주의적인 논의의 가장 좋은 한 예는, 심각한 불황이 특히 직물 수출업에 일어났을 때 화폐의 희소상태에 관한 1621년 영국 하원(下院)에서의 토의라 하겠다. 가장 영향력이 큰 의원 중의 한 사람이었던 에드윈 샌디스 경(Sir Edwin Sandys)은 이 사정을 매우 명료하게 서술하였다. 그는, 농민이나 장인(匠人)들은 거의 도처에서 고통을 받고 있고, 나라에 화폐가 결핍되고 있는 까닭으로 직기가 놀고 있으며, 소농(小農)들은 「농작물의 결핍 때문이 아니라(참으로 고마운 일이다) 화폐의 결핍 때문에」 그들의 계약 이행을 거부하지 않을 수 없게 되었다고 서술하고 있다. 이 사태는 이처럼 결핍증을 절실히 느끼게 된 화폐는 도대체 어디로 갔을 것인가에 대한 상세한 검토를 유도하였다. 귀금속의 수출(수출초과)이나, 아니면 국내에서의 그것과 대응하는 활동들에 따른 귀금속의 잠적에 기여하였다고 생각되는 모든 인사(人士)들에게 갖가지 공격이 가해졌다." 17)

　중상주의자들은 그들의 정책이 헥셔 교수가 표현한 대로 「일석이조(一石二鳥)」의 효과를 가진다는 것을 알고 있었다. 「한편으로는 그 나라는 실업의 원인이 된다고 믿어지는 달갑지 않은 재화의 과잉을 없애고, 다른 한편으로는 그 나라의 화폐의 전 존재량(存在量)이 증가하여」,18) 그 결과 이자율이 하락한다는 이익이 생겨나는 것이다.

　중상주의자들이 그들의 실제적인 경험으로부터 도출한 관념들을 연구해 보면, 인류의 역사를 통하여 저축성향(貯蓄性向)이 투자성향(投資性向)보다도 강력하다는 만성적인 추세가 항상 있어 왔다는 것을 인정하지

16) 헥셔, 상게서, 제2권, 제122면.
17) 헥셔, 상게서, 제2권, 제223면.
18) 헥셔, 상게서, 제2권, 제178면.

않을 수 없게 된다. 투자유인이 약하다는 것은 모든 시대를 통하여 경제문제의 관건이 되어 왔다. 오늘에 있어서는 이 유인이 약한 이유는 현존의 축적(蓄積)이 크다는 점에 있을 것이다. 그러나 옛날에는 모든 종류의 위험이나 모험이 더욱 큰 역할을 담당했을 것이다. 어쨌든 결과는 다 같다. 개인이 소비(消費)를 억제함으로써 자신의 개인적인 부(富)를 증가시키고자 하는 욕구는, 기업자들이 내구자산의 제조를 위하여 노동을 고용함으로써 국부(國富)를 증진하도록 하는 유인보다는 강한 것이 통례(通例)가 되어온 것이다.

　(4) 중상주의자들은 그들 정책의 국가주의적인 성격과 그것이 전쟁을 유발하는 경향이 있다는 데 대해서는 어떤 착각에도 빠져 있지 않았다. 그들이 지향하고 있었던 것은, 그들도 자인(自認)하듯이, 국민의 이익과 상대적 힘이었다.[19)]

　우리는 하나의 국제통화제도(國際通貨制度)가 빚어내는 이와 같은 불가피한 결과를 받아들이는 데 있어서 표명된 그들의 무관심한 태도에 대하여 그들을 비판할 수도 있다. 그러나 지적(知的)이라는 관점에서 볼 때 그들의 현실주의는, 고정적인 국제 금본위(金本位)와 국제 대부(貸付)의 자유방임을 제창하면서 이 정책이야말로 자유를 가장 잘 조장한다고 믿는 우리 시대 사람들의 사유(思惟)의 혼란보다는 훨씬 우월하다고 할 것

---

19) 「국가의 내부에 있어서는, 중상주의는 철저하게 동태적(動態的)인 목표를 추구하고 있었다. 그러나 중요한 것은 이것이 세계에 있어서의 총(總)경제자원이라고 하는 정태적(靜態的)인 관념과 연결되어 있었다는 사실이다. 끝없는 상업전쟁을 야기한 근본적인 부조화(不調和)가 조성된 것은 이 때문이었다. … 이것이 중상주의의 비극이었다. 보편적으로 정태적인 이상을 가졌던 중세에 있어서나, 보편적으로 동태적인 이상을 가졌던 자유방임주의나 다 같이 이런 결과를 모면하였다.」(헥셔, 상게서, 제2권, 제25, 26면).

이다.

왜냐하면, 상당히 장기간에 걸쳐 많든 적든 고정된 화폐 계약과 관습의 제약을 받아오고, 국내의 유통 화폐량과 국내 이자율이 전전(戰前)의 영국에 있어서와 같이 주로 국제수지(國際收支)에 의해 결정되는 경제에 있어서는, 정부 당국이 국내의 실업(失業) 극복을 위해 채택할 수 있는 정통적인 수단으로서는 이웃나라를 희생시키면서 수출 초과와 화폐용 금속의 수입을 위해 투쟁하는 것 이외에 별 방도가 없기 때문이다. 각국의 이익을 그 이웃나라의 이익과 대립하는 관계에 둔다는 점에 있어, 국제적 금(또는 옛날에는 은)본위만큼 효과적인 방안이 창안된 적은 역사상 일찍이 없었다. 왜냐하면, 금본위제도(金本位制度)는 국내의 번영을, 경쟁적인 시장 추구와 귀금속에 대한 경쟁적인 탐욕에 직접적으로 의존하게 하는 것이었기 때문이다. 어떤 요행스러운 우연의 일치에 의해 금은의 공급이 새로 풍부하게 이루어진다면, 그 투쟁은 어느 정도 완화될 수 있을 것이다. 그러나 부(富)의 성장과 한계소비성향(限界消費性向)의 감소에 따라, 그것은 더욱더 너 죽고 나 죽고 식의 경향을 보였다. 논리의 오류를 교정할 만큼 충분한 상식을 갖지 못했던 정통파 경제학자에 의해 연출된 역할은 최후의 일막(一幕)까지 비참한 결과를 면치 못했다. 왜냐하면, 곤경으로부터 탈출하기 위한 맹목적인 몸부림을 치는 과정에서 몇몇 나라는 [금본위제도 하에서는] 자율적으로 이자율을 결정하는 것을 불가능하게 했던 종전의 [국제적] 의무를 팽개쳐버렸는데, 이들 경제학자들은 종전의 질곡(桎梏)을 부활시키는 것이 전반적 회복을 위하여 필요한 첫걸음이라고 교시(敎示)하였기 때문이다.

사실에 있어서는 그 반대가 옳을 것이다. 국제관계에 대한 집착에 의해 제약받지 않고 자율적으로 이자율(利子率)을 결정하는 정책과, 국내고용의 최적수준을 겨냥하는 국가 투자계획(投資計劃)을 수립하는 정책이야말로 자국(自國)을 돕고 동시에 이웃나라도 돕는다는 의미에서 이중의 축복을 가져온다. 국내의 고용수준으로 측정하든 아니면 국제무역량으로 측정하든, 국제적으로 경제의 건강과 활력을 회복할 수 있게 하는 것은 바로 모든 나라들이 다같이 이와 같은 정책을 동시에 추구하는 데 있는 것이다.20)

IV

중상주의자들은 문제의 존재는 알고 있었으나 그것을 해결할 수 있는 데까지 자신들의 분석을 밀고 나아갈 능력은 없었다. 그러나 고전파는 그들의 전제(前提) 속으로 그 [문제의] 존재를 부정하는 조건들을 도입한 결과 그 문제를 무시해버렸다. 그 결과 경제이론(經濟理論)의 결론과 상식(常識)의 결론 사이에 균열을 만들어내게 되었다. 고전학파가 성취한 놀랄만한 성과는 「자연인(自然人)」이 가지는 여러 가지 신념을 극복하는 것이었는데, 그것은 또 동시에 오류를 범하는 것이었다. 그것은 바로 헥셔 교수가 다음과 같이 말한 그대로이다.

"따라서, 만일 화폐 및 화폐를 구성하는 소재(素材)에 대한 근본적인 태도가 십자군 시대로부터 18세기에 이르기까지 변하지 않았다고 한다면, 우리들은 뿌리 깊은 관념들을 취급하고 있다는 것을 알 수 있다. 똑같은 관념은 그 기간 동안에 포함되는 500년을 넘어서까지, 비록 「재화

---

20) 최초에 앨버트 토마스(Albert Thomas)씨가 책임자로 있다가 나중에 버틀러(H.B. Butler) 씨가 책임자로 있던 국제노동국(國際勞動局)에 의한 이 이치에 대한 모순 없는 평가는, 전전(戰前)에서의 수많은 국제단체가 발표한 의견 가운데서 우뚝 돋보이는 것이라 할 수 있다.

(財貨)에 대한 공포(恐怖)」와 비슷한 정도라고 까지는 할 수 없을지라도, 끈질기게 존속하였던 것으로 추측된다. …… 자유방임의 기간을 제외하면 이들 관념에 사로잡히지 않은 시대라고는 없다. 잠시나마 이 문제에 대한 「자연인(自然人)」의 신념을 극복한 것은 오직 자유방임의 유례없는 지적 강인성 덕택이다.[21]

「재화에 대한 공포」를 일소해 버리기 위해서는 순수이론으로서의 자유방임에 대한 무조건의 신봉이 필요했다. …… 「재화에 대한 공포」는 화폐경제에 있어서의 「자연인」의 자연스러운 태도이다. 자유무역주의는 자명(自明)한 것처럼 보이는 요인들의 존재를 부인하였다. 그리고 자유방임이 그 이데올로기에 속박되어 있는 사람들의 마음을 그 이상 더 사로잡을 수 없게 되자마자, 시정(市井) 사람들의 눈에는 신빙성이 적은 것으로 비치지 않을 수 없었다.[22]

나는 보나 로오(Bonar Law)씨가 경제학자들에 대해 한편으로는 격앙하고 또 한편으로는 곤혹을 느낀 것을 기억한다. 경제학자들이 자명한 것을 부정했기 때문이다. 그는 그 이유를 찾고자 무던히 고심했다. 우리는 고전학파 경제이론의 지배력과 어떤 종교의 지배력 사이에는 유사성(類似性)이 있음을 회상하게 된다. 왜냐하면, 사람들의 상식적인 관념 속으로 난해하고 심원(深遠)한 것을 도입하려고 할 때보다 자명한 것을 추방하려고 할 때에는 훨씬 더 위대한 사상(思想)의 힘이 발휘되어야 하기 때문이다.

V

---

21) 헥셔, 상게서, 제2권, 제176~7면.
22) 헥셔, 상게서, 제2권, 제335면.

한 가지 이와 관련된, 그러나 별개의 문제가 남아 있다. 수세기 동안, 아니 수천 년 동안 교양 있는 인사들에게 확실하고 또 명백한 것으로 여겨졌던 교리(敎理)가 있는데, 고전파는 그것을 유치하다고 부인했지만, 그것은 당연히 복권(復權)과 명예회복을 받아야 마땅한 것이다. 그 교리란, 이자율(利子率)은 사회적 이익에 가장 잘 부합하는 수준에서 자기조정(自己調整)하는 것이 아니고 항상 지나치게 높아지는 경향이 있기 때문에, 현명한 정부라면 법령과 관습으로, 그리고 심지어 도덕률의 제재(制裁)에 호소하는 한이 있더라도, 그것을 억제하는 데 진력해야 한다는 것이 그것이다.

고리금지령(高利禁止令)은 우리가 기록을 갖고 있는 가장 오래된 경제 관례(慣例) 중의 하나이다. 지나친 유동성선호(流動性選好)에 의한 투자유인의 파괴는 고대에 있어서나 중세기에 있어서나 가장 두드러진 해악이었고 부(富)의 성장에 대한 주요 장애였다. 그리고 그것은 당연하다. 경제생활에서의 위험과 모험 중에는 자본의 한계효율을 저하시키는 것이 있는가 하면, 또 다른 한편으로는 유동성선호를 증가시키는 역할을 하는 것도 있기 때문이다. 따라서 아무도 [자신이] 안전하다고 여기는 사람이 없던 세상에서는, 거의 불가피하게 이자율은, 사회가 구사(驅使)할 수 있는 모든 수단에 의해 억제되지 않는 한, 충분한 투자유인을 허용하기에는 항상 너무나 높이 상승하였다.

나는, 중세 교회의 이자율에 대한 태도는 본질적으로 불합리하며, 화폐 대여(貸與)로부터의 수익과 적극적인 투자(投資)로부터의 수익을 구별하기 위해 이루어진 미묘한 논의들은 어리석은 이론(理論)으로부터 실천적인 탈출구를 찾으려는 예수회적인 교활한 시도에 불과한 것이라고 믿도록 교육받았다. 그러나 나는 이제는, 이 문제에 관한 논의들은 고전파이론이 갈피를 잡기 어려울 정도로 혼동했었던 사항, 즉 이자율

(利子率)과 자본의 한계효율(限界效率)을, 분명히 구별해 놓으려는 정직한 지적(知的)인 노력으로 이해한다. 왜냐하면 이들 신학자들의 논설은 이제는 분명히 이자율을 인하하기 위하여 규칙, 관습 및 도덕률을 사용하면서, 자본의 한계효율표의 인상을 가능하게 하는 방식을 해명하고자 한 것으로 생각되기 때문이다.

심지어 아담 스미스조차도 고리금지령에 대한 태도는 극히 온건했었다. 왜냐하면 그는 개인의 저축(貯蓄)은 투자(投資)나 채권(債權)에 의해 흡수되는데, 투자에 의해 그 배출구가 실제로 발견된다는 보장은 없다는 것을 잘 알고 있었기 때문이다. 뿐만 아니라 그는, 저축이 그 배출구를 채권보다는 오히려 신(新)투자에서 발견할 기회를 증가시켜 주는 저(低)이자율에 찬의(贊意)를 가지고 있었다. 그리고 이러한 이유에서 그는 어떤 구절에서 고리금지법의 절도 있는 적용을 옹호한 바 있는데, 그 구절 때문에 벤담(Bentham)[23]으로부터 맹렬한 공격을 받게 된다.[24] 더욱이, 벤담의 비판의 주요 논거는, 아담 스미스의 스코틀랜드인 특유의 조심성이 「기업 발기인(企業發起人: projector)」에 대해 지나치게 엄격하다는 것과, 또 최고이자율 때문에 정당하고 사회적으로 유익한 위험 부담에 대한 대가로서는 남는 게 너무 없을 것이라는 데 있었다. 왜냐하면, 벤담이 이해하는 기업발기인이란 다음과 같은 사람들이었기 때문이다. 「부(富)의 추구에 있어서, 또는 그 밖의 어떤 다른 목적의 추구에 있어서조차도, 부(富)의 도움으로, 어떤 발명의 경로든지 개발하고자 진력하는 모든 사람들 …… 여하한 목적을 추구하든 간에, 그 과정에서 개선(改善)이라고 부를 수 있는 것을 목표로 하는 모든 사람들[이 기업 발기인

---

23) 그의 『고리(高利) 옹호론』에 부록으로 수록된 「아담 스미스에게 주는 서한」에 있다.

24) 『국부론(國富論)』, 제2편, 제4장.

이다.〕 …… 개선이란, 요컨대, 창의(創意)가 그 보조수단으로 부(富)를 필요로 하는 인간 능력의 모든 적용에 해당하는 것이다.」 물론 정당한 위험을 무릅쓰는 것에 방해가 되는 법률에 대하여 이의를 제기하고 있다는 점에 있어서는 벤담은 옳다. 벤담은 이렇게 말을 잇는다. 「조심성 있는 사람은 그와 같은 환경에 있어서는 좋은 계획을 나쁜 계획으로부터 골라내지 않을 것이다. 왜냐하면 그는 처음부터 계획 따위를 만지작거리지는 않을 터이기 때문이다.」[25]

상술한 것이 아담 스미스가 한 말이 의도했던 바로 그 참뜻인지 아닌지에 대해서는 의문의 여지가 있을 수 있을 것이다. 혹은 또 그것은 벤담을 통해(1787년 3월에 「백색 러시아의 크리쵸프」로부터 써 보낸 것이기는 하지만) 18세기를 향하여 말하고 있는 19세기 영국의 소리를 듣고 있는 것일까? 왜냐하면 투자유인이 가장 왕성했던 위대한 시대의 활력이야말로 투자유인이 결핍될 수 있다는 이론적 가능성을 간과(看過)하게 할 수 있기 때문이다.

VI

여기서 색다른, 그리고 부당하게 무시당하고 있는 예언자인 실비오

---

25) 이 문맥에서 벤담을 인용하기 시작한 이상, 나는 독자에게 그의 가장 멋진 구절을 상기시키지 않을 수 없다. 「기업 발기인이 그 발자국을 남기는 대로(大路), 즉 술책(術策)의 도정(道程)은, 광대하고, 아마 경계도 없고, 또 평탄하지만, 군데군데 카티어스(Curtius)를 삼켜버린 것과 같은 웅덩이가 있다. 이 웅덩이는 어떤 것이든, 인간의 희생이 그 속으로 빠져든 후에야 비로소 닫힐 수 있다. 그러나 일단 그것이 닫히면 다시 열리는 법은 없고, 따라서 길의 그 부분은 뒤에 오는 사람들에게는 안전한 것이 된다.」

겟셀(Silvio Gessel, 1862-1930년)에 관하여 언급하는 것이 편리할 것으로 생각된다. 그의 저작은 깊은 통찰력의 섬광(閃光)을 가지고 있으나, 그는 문제의 본질에는 문전에까지 갔으면서도 도달하지 못했다. 전후(戰後) 그의 신봉자들은 그의 여러 가지 저작(著作)의 사본을 나에게 수없이 보내주었다. 그러나 그의 논의가 가지고 있는 어떤 종류의 명료한 결점 때문에, 나는 그의 논의의 장점을 전혀 발견할 수가 없었다. 직관(直觀)이 불충분하게 분석되고 있는 경우에 흔히 그렇다시피, 그의 논의의 중요성은 내가 나 자신의 방법으로 나 자신의 결론에 도달했을 때에 겨우 명백해진 것이다. 그러는 동안에 나는 다른 학구적 경제학자와 같이, 그의 극히 독창적인 노작(勞作)을 하나의 기인(奇人)의 작품과 다를 바 없는 정도의 것으로 취급하고 있었다. 이 책의 독자 중에는 겟셀의 중요성에 관해 잘 알고 있는 사람이 드물 것으로 생각되므로, 나는 다른 경우라면 조화를 잃고 있다고 할 수 있을 정도로 많은 지면을 그를 위해 할애하고자 한다.

겟셀은 부에노스 아이레스에서 성공한 독일의[26) 상인이었다. 그는 특히 아르헨티나에서 격심했던 1880년대 후기의 공황을 계기로 화폐 문제의 연구에 착수하여, 처녀작 『사회적 국가에의 가교(架橋)로서의 주화(鑄貨)제도의 개혁』을 1891년 부에노스 아이레스에서 출간하였다. 화폐에 관한 그의 기본적인 관념은 『사태의 진수(眞髓)』라는 표제로 같은 해에 부에노스 아이레스에서 출판되었으며, 그 후 1906년 그가 생활에 쫓기지 않는 사람에게 허용된 가장 즐거운 소일거리, 즉 저작과 시험적 농업의 두 가지 일에 여생을 바칠 수 있는 유복한 사람으로 스위스에서 은퇴하기까지 많은 저서와 소책자를 연달아 간행하였다.

그의 대표적 저작의 제1부는 『완전한 노동수익(勞動收益)에 대한 권

---

26) 독일인 부친과 프랑스인 모친 사이에서 룩셈부르크 국경 부근에서 탄생했다.

리의 실현』이라는 표제로 1906년에 스위스의 레소트 제네비(Les Hauts Geneveys)에서 출판되고, 제2부는 1911년에 베를린에서 『이자(利子)에 관한 신(新)학설』이라는 표제로 출판되었다. 이 두 저서는 합본(合本)으로 『자유국가와 자유화폐에 의한 경제적 질서』라는 표제로 전쟁 중(1916년)에 베를린과 스위스에서 출판되어, 그의 생전에 6판을 거듭했다. 영역(필립 파이(Phillip Pye)씨에 의해 번역됨)은 『자연적 경제질서(經濟秩序)』라고 명명(命名)되었다. 1919년 4월에 겟셀은 단명(短命)했던 소비에트의 바바리아(Bavaria) 내각의 재무상으로 입각했으나, 나중에 군법회의에 회부되었다. 만년의 10년 동안은 베를린과 스위스에서 살면서 선전에 전념했다. 겟셀은 종래 헨리 조지(Henry George)를 둘러싸고 있었던 사람들의 반(半) 종교적인 열정을 자기 자신의 편으로 유인함으로써, 전 세계를 통하여 수천인의 신봉자를 거느리는 하나의 종파의 존숭(尊崇)하는 예언자가 되었다. 스위스·독일 자유국가 — 자유화폐 동맹 및 이와 유사한 각국 단체들의 최초의 국제회의가 1923년 바젤(Basle)에서 개최되었다. 1930년에 그가 타계한 후로는 오직 그의 교리와 같은 교리들만이 들끓게 할 수 있는 독특한 정열은 다른 예언자(내가 보는 바에 의하면, 그만큼 우수하지 못한) 쪽으로 넘어가서 오늘에 이르고 있다. 뷔치(Büchi) 박사는 영국에서의 운동의 지도자인데, 그 주력이 현재 미국에 머물러 있기 때문에, 그의 문헌은 텍사스주의 산 안토니오로부터 배포되고 있는 것 같다. 미국에서는 학구적 경제학자 가운데는 오직 어빙 피셔(Irving Fisher) 교수만이 이 운동의 의의를 인정하고 있을 뿐이다.

그의 신봉자들이 그에게 예언적인 장식을 입히기는 했지만, 겟셀의 주저(主著)는 냉정한 과학적인 언어로 쓰여 있다. 다만 일부 사람들이 과학자에게 있어서 합당하다고 생각하는 이상으로, 사회정의(社會正義)에 대한 감정적이고 정열적인 신심(信心)이 그 책의 전권(全卷)을 관류하고

있을 따름이다. 헨리 조지에 연유하는 부분은27), 비록 의심의 여지없이
그 운동의 힘의 주요 원천이기는 하지만, 그것은 완전히 부차적인 의미
밖에 가지고 있지 않다. 그 책의 목적은 전체로서는 반(反) 마르크스적
사회주의(社會主義) 건설에 있다고 할 수 있을 것이다. 그것은 자유방임주
의에 대한 일종의 반동이기는 하지만, 그것이 의거하는 이론적 기초는,
고전파의 가설(假說)을 인정하는 데 있는 것이 아니라 그것을 부인하는
데 있고, 경쟁(競爭)을 배제하는 데 있는 것이 아니라 그것을 풀어놓는
데 있다는 점에서 마르크스의 그것과는 전혀 다르다. 장래의 사람들은
마르크스의 정신보다는 겟셀의 정신으로부터 더욱 많은 것을 배울 것이
라고 나는 믿는다. 만일 어떤 독자가 『자연적 경제질서』의 서문(序文)을
참조한다면, 그는 겟셀의 도덕적 성품을 알 수 있을 것이다. 나의 생각
으로는, 마르크스주의에 대한 회답은 이 서문의 노선에 따라 발견되어야
할 것이다.

화폐 및 이자 이론에 대한 겟셀의 구체적 공헌은 다음과 같다. 첫째,
그는 명료하게 이자율(利子率)과 자본의 한계효율을 구별하고 실물자본
의 성장률(成長率)을 제한하는 것은 이자율이라고 주장한다. 다음에 그
는, 이자율은 순수한 화폐적 현상이며, 화폐의 특이성 ― 그것으로부터
화폐 이자율이 흘러나온다 ― 은 다음과 같은 사실에 있다고 지적한다.
즉, 부(富)를 보장(保藏)하는 수단으로 화폐를 보유한다는 것은 화폐 보유
자에게 무시할 수 있을 정도의 보유비용밖에 부담시키지 않으며, 또한
실제로 보유비용이 소요되는 재화의 재고와 같은 부(富)의 형태는 화폐에
의해 설정된 기준이 있기 때문에 수익을 낳을 수 있다는 것이 그것이다.
그는 이자율이 여러 시대에 걸쳐서 비교적 안정적이라는 사실을, 이자율

---

27) 토지의 국유화(國有化)가 행해질 경우, 보상금을 지불해야 한다고 하는 점에
서 겟셀은 조지와 다르다.

은 순수히 물적(物的) 특질에 의존할 수 없다는 것을 증거로 들었다. 왜냐하면, 순수한 물질이 한 시대로부터 다른 시대로 변화하는 것은 이자율의 관찰된 변화에 비해 훨씬 크지 않을 수 없기 때문이다. 즉, (나의 용어로 표현한다면) 항상적인 심리적 특질들에 의존하는 이자율은 안정되어 있고, 반면에, 주로 자본의 한계효율표를 결정하며 대폭적으로 변동하는 특질들은, 이자율을 결정하는 것이 아니라, (대체로) 일정한 이자율이 실물자본을 성장하도록 하는 율(率)을 결정한다.

그러나 겟셀의 이론에는 한 가지 큰 결함이 있다. 그는 축적되어 있는 재화(財貨)를 대여함으로써 수익을 얻을 수 있게 하는 것이 어찌하여 화폐 이자율의 존재뿐인지를 밝히고 있다. 그가 창작한 로빈슨 크루소 (Robinson Crusoe)와 어떤 이방인(異邦人)과의 대화[28]는 이 점을 보여주는 가장 훌륭한 ─ 종래 쓰여진 이러한 종류의 어떤 것에도 뒤떨어지지 않는 ─ 경제적 우화(寓話)이다. 그러나 화폐이자율은 대부분의 재화 이자율과는 달리 마이너스(負)가 될 수 없다는 이유를 밝히면서, 그는 화폐이자율이 왜 플러스(正)가 되어야 하는지에 대한 설명을 해야 할 필요성을 완전히 간과하고, 왜 화폐이자율이 (고전파가 주장하는 것처럼) 생산적 자본에 대한 수익에 의해 설정되는 기준에 의해 지배되지 않는지를 설명하지 못하고 있다. 이것은 유동성선호(流動性選好)의 관념을 그가 포착하지 못했기 때문이다. 그는 이자율 이론의 절반밖에 구성하지 못한 것이다.

그의 이론이 불완전하였다는 것이 그의 저작(著作)으로 하여금 학계의 인사들로부터 무시당하게 한 이유였음은 의심의 여지가 없다. 그럼에도 불구하고 그는 그의 이론을, 실천적인 제안을 할 수 있을 정도까지, 멀리 밀고 나갔다. 그 제안은 그가 제기한 형태로서는 실행가능성이 없

---

28) 『자연적 경제질서(經濟秩序)』, 제 297면 이하.

지만, 필요한, 불가결한 요소만큼은 갖추었다고 볼 수도 있다. 그는 실물자본(實物資本)의 성장은 화폐 이자율에 의해 억제되며, 만일 이 억제가 제거된다면, 실물자본의 성장은 현대 세계에 있어서는 매우 급속히 진행되고, 그 때문에 영(零)의 이자율이, 물론 당장은 아니라 할지라도, 비교적 단시일 내에 성취될 것이라고 주장한다. 그러므로 무엇보다도 필요한 것은 화폐 이자율을 인하(引下)하는 것이며, 이것은 화폐에게, 수익을 남지 않는 다른 재화에 있어서와 같이, 보관비용을 부담시킴으로써 달성할 수 있다고 그는 지적한다. 이 착안(着眼)이 그에게 유명한 「인지부(印紙附) 화폐(stamped money)」의 처방전을 쓰도록 한 것인데, 그의 이름은 주로 이것으로 알려지게 되었으며, 이것은 또한 어빙 피셔 교수의 축복을 받았다. 이 제안에 의하면, 정부지폐(이것은 적어도 어떤 종류의 은행지폐에도 분명히 적용되어야 할 필요가 있지만)는, 보험카드처럼, 사람들이 우체국에서 인지를 사서 매월 그것을 붙이지 않으면 그 가치를 유지할 수 없다. 물론 인지의 가격은 적당한 액(額)으로 정하면 된다. 이 액(額)은, 나의 이론에 의하면, 화폐 이자율(인지는 별도로 하고)이, 완전고용과 양립할 수 있는 신(新)투자율에 대응하는 자본의 한계효율을 초과하는 율(率)과 거의 비등한 것으로 되어야 할 것이다. 겟셀이 시사한 실제 요율(料率)은 주(週)당 1천분의 1인데, 그것은 연율(年率)로 5.2퍼센트에 상당한다. 현재의 상황으로 보면 이것은 너무 높을 것 같다. 그러나 그 타당한 율(率)은 수시로 변경되어야 할 것이며, 시행착오를 거쳐서 비로소 도달될 수 있을 것이다.

「인지부(印紙附)」 화폐의 배경을 이루는 관념(觀念)은 건전한 것이다. 물론 그것을 소규모로 실행에 옮길 방도를 강구할 수도 있다. 그러나 겟셀이 직시하지 못한 많은 난점이 있다. 특히 화폐는 그것에 부착되는 유동성할증(流動性割增)을 가진다는 점에서 유일무이(唯一無二)의 것은 아니며, 많은 다른 재화와 다른 점은 오직 그 정도의 차이가 있을 따름이라는 것, 즉 그 중요성은 다른 어떤 재화보다도 유동성할증이 더 크다는 데 있을 뿐이라는 것을 그는 알지 못했던 것이다. 그리하여 만일 인지 제도에 의해 정부지폐의 유동성할증이 박탈된다면, 일련의 대용수단(代用手段) ― 은행권, 요구불 채권(債權), 외국화폐, 보석, 귀금속 일반 등등 ― 이 그 뒤를 따를 것이다. 내가 위에서 언급한 바와 같이, 이 자율을 높은 수준으로 유지하는 데 도움이 된 것은 사람들이 수익(收益) 여하를 불문하고 토지의 소유를 열망했기 때문이라고 생각되었던 시대가 있었다. ― 하기는 겟셀이 주장하는 제도 하에서는 이러한 가능성은 토지의 국유화에 의해 제거될 것이기는 하지만.

VII

우리가 위에서 검토한 이론들은 대체로 유효수요(有效需要)의 구성요소 가운데서 투자유인이 충분한지 않은지에 의존하는 부분에 관한 것이었다. 그러나 실업(失業)의 해악을 [유효수요의] 다른 구성요소의 불충분성, 즉 소비성향의 불충분성에 기인하는 것으로 보는 것도 결코 새로운 것은 아니다. 그러나 그 시대의 경제적 해악을 이와 같이 또 하나의 측면으로부터 설명하려고 하는 것 ― 고전파 경제학자에게는 똑같이 인기가 없는 것이기는 하지만 ― 은 16, 17세기의 사상에 있어서는 별로 큰 중요성을 가지고 있지 않았던 것으로서, 비교적 최근에 와서야 겨우 그 세력이 커지게 된 것이다.

과소소비(過少消費)를 탓하는 것은 중상주의 사상에 있어서는 매우 부차적인 측면에 불과했으나, 헥셔 교수는 「사치(奢侈)의 효용과 검약

(儉約)의 폐해에 대한 뿌리 깊은 신앙」이라고 그가 부른 것에 대한 많은 예를 들고 있다. 「검약은 사실 실업의 원인이 된다고 간주되었다. 그것은 다음의 두 가지 이유에 의한 것이었다. 첫째로는, 실질소득은 교환에 투입되지 않은 화폐액만큼 감소하는 것으로 믿어졌기 때문이며, 둘째로는, 저축은 화폐를 유통으로부터 퇴거시키는 것으로 믿어졌기 때문이다.」[29] 1598년 라훼마(Laffemas)는 (『국가를 번영시키기 위한 재보와 부(富)』에서), 프랑스의 비단을 사용하는 데 반대하는 사람들을 다음과 같은 이유로 비난했다. 즉, 프랑스의 사치품을 사는 사람은 모두 가난한 사람들에게 생업을 마련해 주지만 수전노(守錢奴)는 이들을 궁핍 속에서 죽게 만들고 있다[30]는 것이다. 1662년에 페티(Petty)는 「오락, 호화로운 성장(盛裝), 개선문 등등」을, 그것을 만들기 위한 비용이 양조업자, 제빵업자, 재봉사, 양화점 등의 주머니 속으로 다시 흘러들어간다는 이유로 정당화했다. 포트리(Fortrey)는 「분에 넘친 의상(衣裳)」을 정당화했다. 폰 슈뢰더(Von Schrötter, 1686년)는 사치단속 법규를 반대하고, 의복의 과시 및 그 밖의 이와 비슷한 것들이 더 많은 것이 바람직하다고 단언했다. 바본(Barbon)은(1690년) 다음과 같이 썼다. 「방탕은 인간에게는 악덕행위가 되지만, 상업에 대해서는 그렇지 않다, …… 탐욕은 인간에 대해서도 상업에 대해서도 똑같이 해로운 악덕행위이다.」[31] 1695년에 캐리(Cary)는, 만일 각자가 보다 많은 지출을 한다면, 모든 사람들은 더 큰 소득을 얻고 「그리고 풍부한 생활을 할 수 있을 것이다」라고 주장했다.[32]

　　그러나 바본의 의견이 일반적으로 알려지게 된 것은 주로 버나드 맨

---

29) 헥셔, 상게서, 제2권, 제208면.
30) 상게서, 제2권, 제290면.
31) 상게서, 제2권, 제291면.
32) 상게서, 제2권, 제209면.

더빌(Bernard Mandeville)의 『꿀벌들의 우화(寓話)』에 의해서였다. 이 책은 1723년 미들섹스(Middlesex)의 대(大)배심원에 의해 사회적으로 유해(有害)한 것으로 판결됨으로써, 도덕과학사(道德科學史)에서 악명(惡名)이 자자한 것으로 유명하다. 이 책에 대하여 호평을 한 유일의 인물은 존슨(Johnson) 박사였는데, 그는 이 책이 그에게 의혹을 주지 않았고, 「현실의 삶에 대한 그의 안목을 크게 열어 주었다」고 확언하였다. 이 책의 반(反)도덕적 성격은 『국민 인명(人名) 사전』에서 레슬리 스티븐(Leslie Stephen)이 요약한 것으로 가장 잘 전달될 수 있다.

맨더빌은 이 책으로 사람들의 큰 분노를 샀다. 이 책에서는 교묘한 역설(逆說)로 도덕에 대한 조소적인 체계가 매력 있는 것으로 되고 있다. …… 번영은 저축에 의하기보다는 오히려 지출에 의해 증가된다는 그의 교의(敎義)는, 아직 절멸(絶滅)하지 않고 남아 있던 그 당시의 많은 경제적 류설(謬說)33)과 일치하고 있다. 그는 인간의 여러 가지 욕망은 본질적으로는 악(惡)이고 따라서 「사적(私的) 악덕(惡德)」을 만들어 내는 것이라고 하는 금욕주의의 입장을 취하고, 또한 부(富)는 「공적(公的) 이익」이라고 하는 일반적 견해를 수용하였기 때문에, 모든 문명은 악덕적 성향의 발전을 내포하고 있다는 것을 용이하게 보여줄 수 있었던 것이다. ……

『꿀벌들의 우화』의 본문은 풍자적인 시 ―「웅웅거리는 벌집, 일명

---

33) 『18세기의 영국 사상사』에서(제 297면) 스티븐은 「맨더빌에 의해 유명하게 된 류설(謬說)」에 언급하면서 다음과 같이 썼다. 「그것을 완전히 논박할 수 있는 이치는 재화(財貨)에 대한 수요는 노동(勞動)에 대한 수요가 아니라는 교리(敎理) ― 이 교리를 이해하는 사람은 거의 없고, 따라서 그것을 완전히 이해하느냐 못하느냐가 아마 경제학자의 재능을 평가하는 최선의 시금석(試金石)이 될 것이다 ― 속에 있다.」

(一名), 정직하게 된 악한(惡漢)들」인데, 거기에는 저축을 하기 위해 모든 주민들이 갑자기 사치스런 생활을 포기할 생각을 하고, 정부는 군비를 축소할 생각을 하게 된 어떤 번영하는 사회의 놀랄만한 궁상(窮狀)이 묘사되고 있다:

> 이제는 어떤 고위고관(高位高官)도
> 쓰기 위해 빚지고 살기는 싫어
> 하인들 제복은 전당포에 걸리게 되고
> 마차도 헐값으로 팔아버리고
> 멋진 말(馬)도 무더기로 팔아버리고
> 별장도 다 팔아서 빚을 갚았다.
> 소비(消費)는 사기(詐欺)처럼 멀리하고
> 외국에 파견한 군대도 철수했다.
> 외국인의 어떤 존경도
> 전승(戰勝)의 헛된 영광도 일소(一笑)에 부치며,
> 오직 국가만을 위해
> 정의(正義)와 자유(自由)가 위태로울 때 싸운다.

오만하던 클로(Chloe)는

> 진수성찬(珍羞盛饌)도 줄여버리고
> 튼튼한 옷을 사철 두고 입는다.

그리고 그 결과는 어떠한가? —

> 자아, 영광스러웠던 벌집을 상기(想起)하고,
> 정직(正直)과 상업(商業)이 어떻게 화합했는지를 보라.
> 외화(外華)는 가버리고, 나날이 여위게 되어
> 옛 모습 찾을 길 없다.

무릇, 떠나가 버린 것은 다만
해마다 큰 돈을 쓰던 자들만이 아니다.
그들에 기생(寄生)하던 무리들마저
날마다 [큰 돈을 쓰던 자들처럼] 떠나야 했다.
그들이 다른 업(業)을 찾아도 소용없어,
어디로 가나 재고(在庫)가 넘쳐흐르고,
토지와 집값은 떨어지고,
테베(Thebes)의 성벽과 같이
연극을 위해 세워진 성벽을 가진
황홀한 궁전에는 셋집 광고가 붙어 있다. ……
건축업은 송두리째 몰락하고,
장인(匠人)들은 일자리를 잃고 있다.
예술(藝術)로 이름난 화공(畵工)도 없고,
석공(石工)도 조각가도 이름이 없다.

그래서 「교훈」은 이렇다:

도덕(道德)만 가지고는 국가를 훌륭하게 하지 못해
황금시대(黃金時代)를 재현하는 국민은
자유로워야 한다.
정직(正直)에 대해서나 도토리에 대해서나.

우화에 계속되는 주석(註釋)으로부터 뽑은 다음의 두 개 구절은, 위에서 본 것이 결코 이론적 기초를 결여한 것이 아니라는 것을 보여줄 것이다.

어떤 사람들이 저축이라 부르기도 하는 이 검소한 생활은 개개인의 가정에 있어서는 재산을 일게 하는 가장 확실한 방법이기 때문에, 어떤 사람들은, 불모(不毛)의 나라든 비옥한 나라든 역시 똑같은 방법이

골고루 준수되기만 한다면(그들은 그것이 실행가능하다고 생각한다), 나라 전체에 대해서도 똑같은 결과를 가지고 올 것으로 상상한다. 예를 들어, 영국 사람들이 만일 이웃나라의 사람들처럼 검소하다면 그들은 현재보다도 훨씬 부유하게 될 것이라고 상상한다. 이것은 오류(誤謬)라고 나는 생각한다.34)

오히려 반대로, 맨더빌은 다음과 같이 결론을 내린다.

　　한 나라를 행복하게 만들고 우리가 번영이라고 부르는 상태를 가져오는 중요한 방책(方策)은, 모든 사람들에게 취업의 기회를 주는 데 있다. 그 목적을 달성하기 위해서는 정부는 다음과 같은 사항을 배려해야 한다. 우선 첫째로, 인간의 지혜로 발명할 수 있는 한 많은 종류의 제조공업 및 수공업을 장려하는 일이고, 둘째로는 농업 및 어업을, 인류 및 지표(地表) 전체가 미칠 수 있는 모든 부문에 발달시키는 일이다. 국민의 위대성과 행복이 필연적으로 기대되는 것은 이 정책에 연유하는 것이고 사치와 절약에 관한 사소한 법규에 연유하는 것은 아니다. 왜냐하면 금은(金銀) 가치의 등락에도 불구하고 모든 사람의 열락(悅樂)은 항상 지표의 과실과 사람들의 노동에 의존할 것이기 때문이다. 이 양자는 서로 합하여, 브라질의 금이나 포토시(Potosi)의 은보다 더 확실하고 더 무진장의, 그리고 더 실질적인 재보(財寶)가 된다.

이런 고약한 의견이, 개인과 국가에 의한 최대의 절약(節約) 이외에는 견실한 구제책이 발견될 수 없다고 하는 준엄한 교리(敎理的)를 가지고 있다는 점에 있어서 자기들이 훨씬 더 유덕적(有德的)이라고 생각했

---

34) 다음과 같이 쓴 고전파의 선구자 아담 스미스와 비교해 보라. 「각 개인의 가정의 행동에서의 검소(儉素)가 일대 왕국의 행동에는 우행(愚行)이 되리라는 법은 거의 없다」 — 이것은 아마 맨더빌의 위의 구절에 관련해서 쓰여진 것일지도 모른다.

던 도덕가나 경제학자들의 2세기에 걸친 비난을 불러일으켰다는 것은 조금도 이상할 것이 없다. 페티의「오락, 호화로운 성장, 개선문 등등」은 푼돈(分錢)을 아끼는 글래드스톤적(Gladstonian)인 재정정책(財政政策)에 그 자리를 양보하고, 음악이나 연극의 장관은 말할 것도 없고 병원, 유원 공지, 고상한 건물, 그리고 심지어 고적(古蹟)의 보존사업조차도 마련할「자력(資力)이 없고」, 이 모든 것이 절약심 없는 개인의 사사로운 자비심이나 너그럽고 아량 있는 태도 등에 위임되는 국가제도에 의해 대체되었다.

이 교리는 또 한 세기가 지나는 동안, 맬더스(Malthus)의 만년(晩年)에 유효수요(有效需要)의 부족이라는 관념이 실업(失業)에 대한 과학적 설명으로 확실한 자리를 잡게 될 때까지는 교양 있는 유지층(有志層)에 다시 나오지 못했다. 나는 이미 맬더스에 관한 나의 논문[35]에서 이에 대하여 어느 정도 자세하게 논한 바 있으므로, 여기에서는 이미 나의 논문에서 인용한 한두 개의 특징적인 구절을 반복하면 충분할 것이다.

> 우리는 세계의 거의 전역에서 가동되고 있지 않은 거대한 생산력(生産力)이 있음을 본다. 나는 이 현상을, 현실의 생산물의 정당한 분배의 결여로 말미암아, 생산을 계속하고자 하는 동기(動機)가 충분히 마련되고 있지 않기 때문이라고 설명한다.…… 신속하게 축적(蓄積)하고자 하는 기도는 ― 그것은 필연적으로 비생산적 소비의 상당한 감축을 의미한다 ― 일반적인 생산동기(生産動機)를 크게 손상함으로써 부(富)의 성장을 너무 일찍 멈추게 한다고 나는 명백히 주장한다. …… 그런데 매우 신속히 축적하고자 하는 기도가 장래의 축적의 동기와 힘을 거의 파괴하고, 나아가서는 증가하는 인구를 유지하고 고용하는 힘을 파괴하도록 하는 [방향으로] 노임(勞賃)과 이윤(利潤)간의 분배가 이루어지

---

35)『인물평전』, 제139~147면.

436 / 제 6편 일반이론에서의 시사점에 관한 주석

게 하는 것이 사실이라면, 그와 같은 축적의 기도, 즉 과도한 저축(貯蓄)은 나라에 대하여 진실로 유해하다는 것을 인정해야 하지 않을까?36)

문제는, 지주 및 자본가 측의 적합한 비율의 비생산적 소비(消費)가 수반되지 않는 생산의 증가에 기인하는 자본의 정체와, 이에 따른 노동수요의 정체가 일어날 때 그것이 나라에 대하여 손해를 끼치지 않을 수 있을 것인지의 여부, 다시 말해, 지주와 자본가의 비생산적 소비(消費)가 사회의 자연적 잉여(剩餘)에 대하여 적당한 비율로 할당되어 생산의 동기를 중단시킴이 없이 존속시키며, 처음에는 노동에 대한 부자연스러운 수요를 방지하고, 그 다음에는 그 노동수요의 불가피한 급격한 감소를 방지하는 경우에 비하여, 행복한 부(富)를 감쇄(減殺)하지 않을 수 있는가의 여부에 있다. 그러나 만일 이런 일이 일어날 수 있다면, 절약(節約)이라는 것이 생산자에 대해서는 유해할는지 모르지만 국가에 대해서는 유해할 수 없다거나, 또는 지주 및 자본가의 비생산적 소비의 증가(增加)는 생산의 동기가 저하(低下)해 가는 사태에 대한 적절한 대책이 될 수 없는 경우가 있다든가 하는 것이 어떻게 진실이라고 이야기할 수가 있겠는가?37)

아담 스미스는, 자본은 검약(儉約)에 의해 증가하고, 모든 검약가는 공공적 이익을 가져오며, 부(富)의 증가는 생산물이 소비를 초과하는 잉여(剩餘)에 의존한다고 말했다. 이들 명제(命題)가 대체로 옳다는 것은 전혀 의심의 여지가 없다. …… 그러나 명제들이 무제한으로 옳은 것은 아니라는 것, 그리고 저축(貯蓄)의 원리는, 과도하게 추진할 경우, 생산동기(生産動機)를 파괴하게 된다는 것도 또한 아주 분명하다.

---

36) 리카도에게 보낸 맬더스의 서한, 1821년 7월 7일부.
37) 리카도에게 보낸 맬더스의 서한, 1821년 7월 16일부(附).

만일 모든 사람들이 가장 소박한 식품, 가장 빈약한 의복, 가장 조악
(粗惡)한 가옥으로 만족한다면, 그 이외의 어떤 종류의 식품, 의복 및
주택도 존재할 수 없다는 것은 확실하다.……이 양극단(兩極端)은 명
료하다. 따라서 경제학(經濟學)의 힘을 가지고는 그 소재(所在)를 확인
할 수는 없지만, 생산력과 소비 의욕의 양자를 고려한 다음, 부(富)의
증가에 대한 자극이 최대가 되는 어떤 중간점이 존재해야 한다는 이치
가 되는 것이다.38)

　유능하고 독창적인 사람들에 의해 제시된, 내가 마주친 여러 의견들
가운데서, 소비되고 또 파괴된 생산물은 폐쇄된 시장이다라고 말한(Ⅰ. i.
ch.15) 세이(Say) 씨의 의견은 정당한 이론의 정반대이며, 또 천편일률
로 경험과 어긋나는 것으로 여겨진다. 그러나 이것은 재화는 오직 상
호간의 관계에 있어서만 고려되어야 한다 ― 소비자와의 관계에서 고
려되어서는 안 된다 ― 는 새로운 학설로부터 도출되는 것이다. 나는
묻고 싶다. 만일 빵과 물 이외의 모든 소비가 다음 반년 동안 정지된다
면, 도대체 재화(財貨)에 대한 수요는 어떻게 될 것인가? 그 얼마나 굉
장한 재화축적일 것인가! 그 얼마나 풍부한 시장일 것인가! 이 사태는
얼마나 방대한 시장을 가지고 올 것인가!39)

그러나 리카도는 맬더스가 말하는 것에 대해서는 마이동풍(馬耳東風)
이었다. 이 논쟁의 최후의 반향(反響)은 존 스튜어트 밀(J.S. Mill)이 그
의 임금기금설(賃金基金說)을 논의하는 대목40)에서 발견된다. 이 학설은

---

38) 맬더스의 『경제학원리』, (서문) 제8,9면.

39) 맬더스의 『경제학원리』, 제363면의 각주.

40) J.S. Mill, 『경제학원리』, 제1편, 제5장. 밀의 이론의 이 측면 ― 특히 그의
「재화에 대한 수요는 노동에 대한 수요가 아니다」 라는 교리(그것을 마샬은 임금기
금설에 관한 극히 불만족스러운 논의 가운데서 해명하고자 했다)에 관한 가장 중요
하고 가장 투철한 논의는 마머리(Mummery)와 홉슨(Hobson)의 『산업의 생리학』

밀 자신의 생각으로는 후기의 맬더스를 거부하는 데 있어 중대한 역할을 연출하는 것이었다. 물론 그는 후기의 맬더스를 둘러싼 논쟁의 분위기 속에서 성장했다. 밀의 후계자들은 그의 임금기금설을 거부했는데, 밀이 맬더스를 논박한 근거가 거기에 있다는 것은 간과했다. 그들의 방법은 그 문제를 해결하는 것이 아니라, 그것에 대한 언급을 회피함으로써 그 것을 경제학의 체계로부터 추방하려고 한 것이었다. 그래서 그 문제는 논쟁으로부터 완전히 자취를 감추고 말았다. 케언크로스(Cairncross) 씨 는 최근에, 별로 명성이 없는 빅토리아 시대의 사람들 사이[41]에서 이 문 제의 흔적을 찾으려 했으나, 그가 발견한 것은 아마도 그가 기대했던 것 보다도 훨씬 적었다.[42] 과소소비설(過少消費說)은 1889년 홉슨(J.A. Hobson) 및 마머리(A.F. Mummery)의 저서 『산업의 생리학(生理學)』이 나오기까지는 동면의 상태에 있었다. 이 책은 홉슨 씨가 거의 50년 동안 간단없는, 그러나 효력 없는 열성과 용기를 가지고 정통파(正統派)의 병 졸(兵卒)들에게 육탄으로 격돌한 많은 저서들 중 최초의, 그리고 가장 중 요한 저작이었다. 이 책은 오늘에는 아주 완전히 망각되어 있지만, 이 책의 출판은 어떤 의미에 있어서는 경제사상에 있어서의 하나의 시대를 구획짓는 것이었다.[43]

　『산업의 생리학(the Physiology of Industry)』은 A.F. 마머리와의 협력으로 쓰여진 책이다. 홉슨 씨는 이 책이 쓰여진 경위에 대해 다음과

제38면 이하에 있다.

41) 「빅토리아 시대의 사람들과 투자」, 『경제사』, 1936년

42) 훌러튼(Fullerton)의 노작(勞作) 『통화의 통제에 관하여』(1844년)는 그의 참 고문헌 중에서 가장 흥미 있는 문헌이다.

43) 1892년에 출판된 J.M. 로버트슨의 『저축의 허설(虛說)』은 마머리 및 홉슨의 이 설을 지지하고 있다. 그러나 그것은 크게 가치가 있거나 중요한 책은 아니다. 왜 냐하면 거기에는 『산업의 생리학』의 투철한 직관은 완전히 결핍되어 있기 때문이다.

같이 쓴 바 있다.44)

　　나의 경제학상의 이단적(異端的) 학설이 그 형태를 갖추기 시작한 것
은 1880년대의 중반기 이후의 일이었다. 헨리 조지의 토지가격에 대한
반대 운동과 노동계급에 대한 눈에 띄는 압박에 반항하는 여러 사회주
의자 단체의 초기의 선동은 두 분 부스(Booth) 씨에 의한 런던의 빈곤
에 관한 사실 폭로와 아울러 나의 감정에는 깊은 인상을 주었지만, 이
런 일이 정치경제학에 대한 나의 신앙을 파괴하지는 못했다. 그 신앙
의 파괴는 우연한 접촉이라고 할 수 있는 일에 기인했다.

　　엑스터(Exeter)에서 교편을 잡고 있을 때 나는 마머리(Mummery)라
고 하는 어떤 실업가와 교분을 가지게 되었다. 그는 그 당대에 있어서
나 그 후에 있어서나 마테호른(Matterhorn) 산의 새로운 등반로를 발
견한 대(大) 등반가로 알려져 있었고, 1895년에 유명한 히말라야 산맥
의 낭가 파바트(Nanga Parbat) 산에 등반하고자 시도하다가 죽은 인
물이었다. 그와 나와의 교제는 말할 나위도 없이 이와 같은 체력적인
차원에서 이루어진 것은 아니다. 그는 또 정신적인 등반가이기도 했으
며, 스스로 통로를 발견하고자 하는 천부의 안식(眼識)과 지적인 권위
를 무시하는 오기를 가지고 있었다. 이 사람은 과잉저축(過剩貯蓄)에
대한 논쟁에서 나를 궁지에 빠지게 했다. 그는 과잉저축을 불황기에
있어서의 자본과 노동의 과소사용(過少消費)의 원인으로 본 것이다. 오
랫동안 나는 정통파의 경제이론의 무기를 가지고 그의 의론을 타파하
고자 했다. 그러나 그는 마침내 나를 설복시켰으며, 나는 그와 더불어
『산업의 생리학』이라는 표제의 책을 써서 과잉저축론(過剩貯蓄論)을
완성하고자 했던 것이다. 이 책은 1889년에 간행되었다.

----

44) 1935년 7월 14일, 일요일, 콘웨이 홀에서 개최된 런던 윤리학회에서 행한
「경제학에서의 이단자의 고백」이라는 제목의 강연에서, 나는 홉슨 씨의 허가를 얻
어서 그것을 여기에 수록한다.

이것이 나의 이단적 경력을 드러낸 제1보였으나, 나는 그것이 엄청
난 결과를 빚으리라고는 전혀 예상하지 못했다. 왜냐하면 바로 그때에
나는 교직을 포기하고 대학 공개강좌의 경제학 및 문학 강사로서의 새
로운 경력을 시작하기로 되어 있었다. 최초의 충격을 받은 것은 런던
대학의 공개강좌 위원회가 나에게 경제학 강좌를 담당시킬 것을 거절
했을 때였다. 내가 알아낸 바에 의하면, 그 이유는, 나의 책을 읽고 그
것은 지구가 평면이라는 것을 증명하고자 하는 것과 같은 정도의 합리
성밖에 없다고 생각한 어떤 경제학 교수가 간섭한 때문이었다. 저축의
각 항목은 자본기구(資本機構)를 증가시키고 임금을 지불하기 위한 기
금(基金)을 증가시키게 되는데, 어떻게 유용한 저축량(貯蓄量)에 한계
가 있을 수 있는가? 견실한 경제학자들은 모든 산업발전의 원천을 저
지하려는 [나의] 논의를 공포의 눈으로 바라보지 않을 수 없었던 것이
다.45)

또 하나 재미있는 개인적 경험이 나에게 내가 죄를 범하고 있다는
느낌을 절실하게 해주었다. 런던에서 경제학 강의를 하지 못하게 되기
는 했으나, 옥스퍼드 대학의 공개강좌운동의 더욱 관대한 주선에 의해,
노동계급의 생활에 관한 현실문제에 한해서라면, 그 지방에서 강연을
해도 좋다는 허락을 받았다. 그런데 때마침 자선사업협회가 경제문제
에 관한 강의운동을 계획하고 나에게 어떤 과목을 담당해줄 것을 제안
해 왔다. 나는 이 새로운 강의의 일을 맡을 용의가 있다는 의사표명을
했는데, 돌연히 아무런 설명도 없이 이 강의 초대가 취소되었다. 그때
에 와서도 나는, 검약의 미덕(美德)을 의문시하고 있는 것처럼 보였다
는 점에서, 내가 용서받기 어려운 죄를 범하고 있다는 것을 거의 알아

---

45) 홉슨은 무엄하게도 『산업의 생리학』의 제26면에서 다음과 같이 썼던 것이
다. 「검약(儉約)은 국부(國富)의 원천이고, 한 나라도 검약하면 할수록 부(富)가 증가
한다. 이것은 거의 모든 경제학자들이 보통 가르치는 바이다. 그들 중의 많은 사람은
윤리적 위엄의 격조를 띠면서 검약의 무한한 가치에 대해 설법한다. 그들의 지겨운
노래의 모든 것 가운데서 오직 이 가락만이 공중의 귀를 즐겁게 했던 것이다.」

차리지 못하고 있었던 것이다.

이 초기의 저작에서 홉슨 씨는 그 후의 저작에서보다 더욱 직접적으로 고전파경제학(그는 그것에 의해 성장하였다)에 언급하면서, 그의 협력자와 더불어 자기의 의견을 진술하고 있다. 이 이유 때문에, 그리고 또 그 저서가 그의 이론을 표명한 최초의 것이기 때문에, 나는 그 저서로부터의 인용을 통하여 그 저자들의 비판과 직관이 얼마나 중요하며 단단한 기초를 가진 것인가를 밝히고자 한다. 그들은 그 책의 서문에서 그들이 공격하고자 하는 결론의 성질을 다음과 같이 지적하고 있다:

저축(貯蓄)은 개인에 대해서와 마찬가지로 사회를 부유하게 하고 소비(消費)는 개인과 사회를 가난하게 한다는데, 이것은 적당한 화폐(貨幣)의 애호(愛好)는 모든 경제적 선(善)의 근원이라고 하는 주장이라고 일반적으로 규정해도 좋을 것이다. 저축은 단순히 검약하는 개인을 부유하게 할 뿐 아니라, 임금을 올리고 실업자에 대하여 일자리를 제공하고 모든 면에서 혜택을 준다. 일간신문에서부터 최신의 경제논문에 이르기까지, 설교단에서부터 하원(下院)에 이르기까지, 이 결론은 재삼 반복되어 마침내는 이에 대하여 의문을 표시하는 것은 무조건 불손한 것으로 여겨지게 되었다. 그러나 리카도의 저작이 출판될 때까지는 교육받은 사람들은, 대다수의 경제사상가들의 지지를 받으면서, 이 교리를 줄기차게 거부했다. 그 학설(學說)이 마침내 받아들여진 이유는 순전히, 오늘에 와서는 깨어져버린, 임금기금설(賃金基金說)에 당해낼 능력이 없었기 때문이다. 그 결론이 그 논리적 기초를 이루는 논의보다도 장수하고 있는 이유는, 그것을 주장한 위대한 사람들의 지배적인 권위 이외의 어떠한 가설(假說)로써도 이것을 설명할 수는 없다. 이 이론을 조목조목 공격하려고 감행한 경제학비판자도 있었으나, 그들은 그 주요 결론을 건드리기가 어려워 몸을 움츠려버렸다. 우리의 목적은 이와 같은 결론이 타당하지 못하다는 것, 저축의 습관이 과도하게 발휘될 수도 있다는 것, 그리고 그 습관의 과도한 발휘는 사회를 가난하게 하고, 노동자들의 일터를 빼앗고, 임금을 인하하고, 경제 전체에 불황으로 알려져 있는 우울과 침체를 확산시킨다는 것을 밝히고자 하는 데 있다. ……

생산의 목적은 소비자에게 「유용품(有用品)과 편의품(便宜品)」을 제공하는 데 있으며, 그 과정은 최초의 원료 처리로부터 그것이 최후에 유용품 내지 편의품으로 소비되는 순간에 이르는 연속적인 과정이다. 자본의 유일한 용도는 이 유용품 및 편의품의 생산을 돕는 데 있으므로, 사용되는 자본 총량은 매일 또는 매주 소비되는 유용품 및 편의품의 총량과 함께 필연적으로 변할 것이다. 그런데 저축(貯蓄)은 한편으로는 현존 자본 총량을 증가시키면서 동시에 소비되는 유용품 및 편의품의 양을 감소시킨다. 따라서 이 습관의 과도한 발휘는 사용을 위해 필요한 양 이상의 자본의 축적을 가져오며, 이 과잉(過剩)은 일반적 과잉생산의 형태로 존재하게 될 것이다.[46]

이 구절의 마지막 문장에서 홉슨의 오류(誤謬)의 근원이 나타나 있다. 그 오류란, 그것이 과도한 저축으로 말미암아 실제의 자본축적량이 필요량 이상으로 되는 경우라고 생각하는 데 있다. 사실은 그것은 오직 예견(豫見)이 잘못됨으로써 일어날 수 있는 제 2차적인 해악(害惡)의 경우에 불과한 것이다. 제 1차적인 해악은 완전고용(完全雇用)의 상태에서 요구되는 자본과 같은 액(額) 이상의 저축을 하려는 성향(性向)에 있는데, 그 성향으로 말미암아 예견이 잘못된 경우를 제외하고는 완전고용이 성취될 수 없는 것이다. 그러나 한두 페이지 뒤에서 그는 사태의 반면(半面)을, 내가 보기에는, 완전히 정확하게 묘사하고 있다. 그러나 여기에서도 그는 아직도 이자율이나 산업계의 확신의 상태 등 — 그는 아마 이

---

46) 홉슨 및 마머리, 『산업의 생리학』, (서문) 제 3~5면.

요인(要因)들을 주어진 것으로 보고 있는 듯하다 ― 의 변화가 어떤 역할을 연출할 가능성이 있다는 것을 무시하고 있는 것은 사실이다.

　이리하여 우리는 다음과 같은 결론에 도달하였다. 아담 스미스 이래의 모든 경제학설이 입각하고 있는 기초 ― 즉, 해마다의 생산량(生産量)은 자연력, 자본 및 노동의 사용가능 총량에 의해 결정된다는 것 ― 는 오류(誤謬)다. 이와는 반대로, 생산량은 이들 여러 가지 총량에 의해 규정되는 한도를 결코 초과하지는 못하지만, 과도한 저축(貯蓄)과 따라서 그것으로부터 생기는 과잉공급의 누적이 가져다주는 생산의 억제 작용에 의해, 이 최고 수준보다도 훨씬 낮게 끌어내려질 것이며, 또 실제로 끌어내려지고 있다. 즉, 현대의 산업사회의 정상적인 상태에 있어서는 소비(消費)가 생산을 제한하는 것이며, 생산(生産)이 소비를 제한하는 것은 아니다.[47]

끝으로 그는 이 이론이 정통적인 자유무역론의 타당성과 어떤 관련성이 있는가에 대하여 다음과 같이 지적한다.

　우리는 또, 정통파 경제학자가 우리의 미국에 있는 사촌형제(從兄弟)들이나 그 밖의 보호무역론자 집단들에 대하여 멋대로 던지고 있는 상업적 백치(白痴)라는 비난은, 지금까지 제시되고 있는 어떠한 자유무역론에 의해서도 더 이상 유지될 수 없다는 것을 지적하고자 한다. 왜냐하면 이 논의는 모두 초과공급(超過供給)은 불가능하다는 가정 위에 서 있는 것이기 때문이다.[48]

　그 다음에 오는 논의는 물론 불완전하다. 그러나 그것은 자본(資本)이란 저축성향(貯蓄性向)에 의해 생겨나는 것이 아니라 현실의 소비(消

　47) 홉슨 및 마머리, 『산업의 생리학』, (서문) 제4면.
　48) 상게서, (서문) 제9면.

444 / 제6편 일반이론에서의 시사점에 관한 주석

費) 및 예상되는 소비의 결과로 나타나는 수요(需要)에 호응하여 생겨나는 것이라는 사실에 대한 최초의 명문적(明文的) 서술인 것이다. 다음과 같은 발췌한 인용문은 이에 대한 사고의 실마리를 보여주고 있다.

어떤 사회의 자본(資本)은 여러 가지 재화(財貨)의 소비(消費)의 증가가 수반되지 않고는 잘 증가할 수 없다는 것은 명백한 사실이다.‧‧‧‧‧‧ 저축과 자본의 모든 증가는, 그것이 실효를 거두기 위해서는, 곧 장래의 소비(消費)가 뒤따라 증가해야 한다.[49] ‧‧‧‧‧‧ 그리고 우리가 장래의 소비라고 할 때에는, 우리는 현재로부터 10년, 20년, 혹은 50년 이후의 장래가 아니라 현재로부터 별로 멀지 않은 장래를 말하는 것이다. ‧‧‧‧‧‧ 만일 절약(節約)이나 예비심(豫備心)의 증가로 말미암아 사람들이 현재에 더욱 많이 저축한다면, 그들은 장래에는 더 많이 소비할 것에 동의해야 한다.[50] ‧‧‧‧‧‧ 생산과정에서의 어떤 시점에 있어서도 경상소비율(經常消費率)을 위한 재화를 마련하는 데 소요되는 것보다 더 많은 양의 자본이 경제적으로 존재할 수가 없다.[51] ‧‧‧‧‧‧나의 검약은 어떠한 방법에 있어서든지 사회의 경제적 검약(儉約)의 총량(總量)을 좌우하는 것은 아니고, 오직 검약한 양의 한 특정 부분이 나 자신에 의해 행해지든가, 아니면 다른 어떤 사람에 의해 행해지든가를 결정하는 데 불과하다는 것은 명백하다. 우리는 사회의 일부 사람들의 검약이 어떻게 다른 부분의 사람들로 하여금 그들의 소득을 넘어선 생활을 하도록 강요하는가를 밝히고자 한다.[52] ‧‧‧‧‧‧대부분의 현대경제학자들은 소비가 불충분하게 될 어떤 가능성이 있을 수 있다는 것을 부인한다. 사람들로 하여금 과도하게 검약하도록 하는 어떤 경제적인 힘의 작용을 우리들은 발견할 수가 있을 것인가? 가령 그러한 힘이 존재한다고 한다면,

---

49) 상게서, 제27면.
50) 상게서, 제50, 51면.
51) 상게서, 제69면.
52) 상게서, 제113면

그것에 대한 유력한 억제장치가 상업기구에 의해 마련될 수는 없을 것인가?

　다음과 같은 점이 밝혀질 것이다. 첫째, 고도로 조직된 모든 산업사회에서는 과도한 절약을 하도록 자연적으로 유인하는 힘이 부단히 작용한다. 둘째, 상업기구에 의해 마련되었다고 하는 [과대 저축에 대한] 억제는 중대한 상업상의 해악을 방지하는 데 전혀 효력이 없거나 또는 불충분하다는 것이다.53) ……맬더스와 찰머스(Chalmers)의 주장에 대하여 리카도가 준 다음과 같은 간단한 대답이 대부분의 후세의 경제학자들에 의해 충분한 것으로 승인되었던 것처럼 보인다. 「생산물(生産物)은 항상 생산물이나 또는 용역(用役)에 의해 구입되며 화폐는 단순히 그 교환을 가능하게 하는 중개물(仲介物)에 불과하다. 그러므로 생산의 증가는 그것에 대응한 소득력(所得力) 및 소비력(消費力)의 증가를 수반하는 것으로서, 과잉생산의 가능성은 존재하지 않는다.」(리카도, 『경제학원리』, 제362면)54)

　홉슨과 마머리는 이자(利子)란 화폐의 사용에 대한 대가 이외의 아무것도 아니라는 것을 알고 있었다.55) 그들은 또 그들의 반대자들이 「저축에 대한 억제력으로 작용하며, 생산과 소비 사이의 적당한 관계를 회복하게 하는 이자율(또는 이윤)의 하락」이 있을 수 있다고 주장할 것이라는 것을 잘 알고 있었다.56) 이에 대한 대답으로 그들은 다음과 같이 지적한다. 「만일, 이윤의 감소가 사람들로 하여금 저축(貯蓄)을 줄이도록 한다면, 그것은 그들에게 더욱 많이 소비하도록 하거나 아니면 그들에게 더 적게 생산하도록 하거나, 두 가지 중의 하나를 통해 그와 같은 결과가

---

53) 상게서, 제100면.
54) 상게서, 제101면
55) 상게서, 제79면.
56) 상게서, 제117상.

나타날 것이다.」[57] 전자에 대해서는 그들은, 이윤이 감소하면 사회의 총 소득(總所得)이 감소하며, 따라서 「소득의 평균율(平均率)이 감소할 때에는 절약에 대한 프리미엄이 이에 대응하여 감소한다는 사실에 의해 각 개인이 그들의 소비율(消費率)을 증가시켜야 할 것으로 생각할 수는 없다」라고 생각한다. 그리고 두 번째의 명제에 대해서는 그들은 「우리들의 의도는 과잉공급에 기인하는 이윤의 저하가 생산을 억제한다는 것, 그리고 이 억제의 작용을 인정하는 것이 우리들의 논의의 중심점이 되고 있다는 것을 결코 부인하려는 것은 아니다」[58] 라고 논한다. 그러나 그럼에도 불구하고 그들의 이론은 결코 완벽하지는 않았다. 그 근본적인 이유는 그들이 독립적인 이자율의 이론을 가지고 있지 않았기 때문이다. 그 결과 홉슨 씨는 과소소비(過少消費)가 과잉투자(過剩投資) ― 이윤을 내지 못하는 투자라는 의미에 있어서의 ― 를 가져온다는 데 대하여 지나친 강조를 하게 되고(특히 그의 그 후의 저서들에서), 상대적으로 약한 소비성향(消費性向)은 그것을 보상할만한 신(新)투자량의 수반을 필요로 하면서도 그것을 보장받는 것은 아니기 때문에 실업의 발생을 돕는 결과가 된다는 것을 설명하지 않았다. 그와 같은 신(新)투자는, 설사 일시적으로는 그릇된 낙관에 의해 일어나는 경우가 있다고 하더라도, 일반적으로는 예상이윤(豫想利潤)이 이자율에 의해 설정되는 기준 이하로 떨어짐으로써 전혀 일어나지 못하게 될 것이다.

전쟁 이후로 지금까지 이단적인 과소소비설이 범람해 왔다. 그 중에서도 더글러스 소령(Major Douglas)의 이론이 가장 유명하다. 더글러스 소령의 주장의 강점은 물론 정통파가 그의 파괴적인 비판의 많은 것에 대하여 효력 있는 대답을 할 수 없었다는 점에 크게 의존하는 것이었다.

---

57) 상게서, 제130면.
58) 상게서. 제131면.

다른 한편으로는 그의 진단(診斷)의 세목(細目), 특히 이른바 A+B 정리 (定理)는 단지 신비성만을 많이 지니고 있다. 만일 더글러스 소령이 그의 B항목을, 대체(代替) 또는 갱신(更新)을 위한 경상지출(經常支出)의 대응 이 없는 기업자의 금융적 준비에 한정하였다면, 그는 진리에 더욱 접근 할 수 있었을 것이다. 그러나 심지어 그 경우에 있어서도 이와 같은 대비 (對備)가 소비지출의 증가 및 다른 방면에 대한 신(新)투자에 의해 상쇄될 가능성을 고려하는 것이 필요하다. 더글러스 소령은 그의 적수인 정통파 의 약간의 사람들과 달라서, 적어도 현대경제가 당면하고 있는 문제들을 완전히 망각하고 있지는 않았다고 주장할 수 있는 권리를 가지고 있다. 그러나 그는 맨더빌, 맬더스, 겟셀 및 홉슨과 같은 반열(班列) ― 이단자 의 용감한 대열에 있어서의 소령이 아니라, [그 반열에 속한다면] 아마도 하 나의 졸병으로서 ― 에 속한다고 주장할만한 권리를 거의 확립하지 못했 다. 맨더빌, 맬더스, 겟셀 및 홉슨은, 명쾌하고 수미일관(首尾一貫)하게, 그리고 평이한 논리에 의해 도달하면서도 사실과는 부합하지 않는 가설 에 기초하여, 잘못된 주장을 하기보다는 오히려 자신들의 직관에 따라, 불명료하고 불완전하게나마, 진리를 찾아내기를 선호한 사람들이었던 것이다.

제 24 장

일반이론이 도출하는 사회철학에 관한 결언

I

우리가 살고 있는 경제사회의 두드러진 결함은 완전고용(完全雇用)을 성취하지 못한다는 점, 그리고 부(富)와 소득(所得)의 분배(分配)가 자의적이고 불평등하다는 점에 있다. 앞에서의 이론이 이 두 가지 중 전자에 대해 가지는 관계는 명백하다. 그러나 그것에는 후자와도 관련 있는 두 가지 중요한 점이 있다.

19세기 말엽으로부터, 특히 영국에 있어서는, 부(富)와 소득의 대단히 큰 격차를 제거하기 위한 중요한 전진(前進)은 직접세 ― 소득세, 부가세 및 상속세 ― 의 방법을 통해 이루어졌다. 많은 사람들은 이 과정이 더욱더 추진될 것을 희망하고 있을 것으로 생각된다. 그러나 그들은 두 가지 점을 고려하여 그 생각을 실제로 펴나가지 못하고 있는 것이다. 즉, 그 두 가지 생각이란, [첫째] 부분적으로는 교묘한 탈세(脫稅)를 아주 할 만한 가치가 있는 것으로 만들지 모른다는 우려와, 또한 위험부담에 대한 동기(動機)를 지나치게 저해할지 모른다는 우려가 그것이며, [둘째] 나의 생각으로는, 주로 자본(資本)의 성장은 개인의 저축동기(貯蓄動機)의 강도에 의존한다는 관념과, 그리고 이 [자본의] 성장의 대부분은 부자의 잉여(剩餘)에서 나오는 저축에 의존한다는 관념이 이것이다. 우리의 주장은 이 두 가지 고려 가운데 처음의 것에 대해서는 영향을 미치지 않는다. 그러나 그것은 둘째의 것에 대한 우리의 태도를 상당히 수정할 것이다. 왜냐하면, 우리가 본 바와 같이, 완전고용이 달성되는 점에 도달할 때까지는 자본(資本)의 성장이 낮은 수준의 소비성향(消費性向)에 의존하는 것은 전혀 아니고 오히려 그와는 반대로 그것에 의해 저해되며, 오직 완전고용의 상태에 한하여 낮은 소비성향이 자본의 성장에 도움이 될 수 있기 때문이다. 뿐만 아니라, 기존의 상황에서는 여러 기관에 의한 저축(貯蓄) 및 감채기금(減債基金)의 형태를 통한 저축은 필요 이상으로 많고, 소비성향을 증가시킬 수 있도록 소득의 재분배를 도모하는 방안들이 자본의 성장에 적극적으로 기여하게 될 것이라는 점을 경험이 보여주고 있다.

이 문제에 관한 기존의 일반적 관념이 얼마나 어지러운가는, 상속세(相續稅)가 한 나라의 자본으로서의 부(富)의 감소를 가져오는 원인이 된다는 믿음이 매우 널리 퍼져 있다는 사실에 잘 나타나 있다. 국가가 상속세의 수입을 통상적 지출에 충당하고, 그 결과 소득세 및 소비세가 그만큼 감소 내지 철폐된다고 가정한다면, 상속세를 중과하는 재정정책은 사회의 소비성향을 증가시키는 효과를 가지고 온다는 것은 물론 틀림이 없다. 그러나 관습적인 소비성향의 증가가 일반적으로 (즉, 완전고용의 경우를 제외하고는) 투자유인(投資誘因)을 동시에 증가시키는 데 도움이 되는데, 이런 한에 있어서는 일반적으로 도출되는 추론은 진실과는 바로 정반대이다.

이리하여 우리의 논의는 다음과 같은 결론을 도출하게 된다. 즉, 현대적인 상황에 있어서는 부(富)의 성장은, 일반적으로 상정되고 있는 바와 같이, 부자의 절제(節制)에 의존하는 것은 전혀 아니고, 오히려 그것에 의해 저해될 가능성이 크다는 것이다. 그러므로 부(富)의 큰 불평등(不平等)을 사회적으로 정당화하는 하나의 큰 이유가 제거되게 된다. 나는 우리의 이론과는 무관한 어떤 다른 이유에서, 그것이 경우에 따라서는 어느 정도의 불평등을 정당화할 수도 있으리라는 것을 완전히 부인하는 것은 아니다. 그러나 우리의 이론은 지금까지 우리가 조심스럽게 진행해 나가는 것이 현명하리라고 생각했던 여러 가지 이유들 중 가장 중요한 이유를 제거한 것만큼은 사실이다. 이것은 특히 상속세에 대한 우리의 태도에 영향을 미친다. 왜냐하면, 소득의 불평등을 정당화하는 데에는 약간의 이유가 있다고 하더라도 그것은 유산(遺産)의 불평등에 그대로 적용되는 것은 아니기 때문이다.

나 자신으로서는 소득(所得)과 부(富)의 상당한 불평등을 정당화하는 사회적 및 심리적 이유가 있다고 생각하지만, 그것이 오늘날 존재하는 것 같은 큰 격차를 정당화할 수는 없다. 가치 있는 인간의 행동 가운데는 그것이 완전한 결실을 맺기 위해서는 치부(致富)의 동기와 부(富)의 개인소유(個人所有)의 환경을 필요로 하는 것이 있다. 뿐만 아니라, 위험한 인간의 성벽(性癖) 중에는 치부(致富)와 부(富)의 사유(私有)의 기회가 존재함으로써 비교적 무해한 방향으로 유도될 수 있는 것이 있으며, 그 성벽이 이 방면에서 만족되지 못하는 경우에는 그것은 잔인성이나, 개인적인 권력, 권세의 무모한 추구 및 그 밖의 여러 가지 형태의 개인적 세력(勢力) 부식(扶植)에서 그 돌파구를 찾게 될 것이다. 인간이 그 동포 시민(市民)에 대하여 군림하는 것보다는 그의 은행잔고(銀行殘高)에 대하여 폭군 노릇을 하는 편이 더 바람직하다. 후자는 전자에 도달하기 위한 수단에 불과하다는 비난을 받는 경우가 가끔 있기는 하나, 때로는 적어도 후자가 전자의 대체물(代替物)이 되는 경우도 있다. 그러나 이러한 행동을 위한 자극이나 이러한 성벽의 만족을 위한 경기는 꼭 현재에 있어서와 같은 높은 현상금을 걸고 연출되어야 할 필요는 없다. 경연자(競演者)들이 익숙해지기만 한다면 훨씬 더 낮은 현상금으로도 그 목적이 똑같이 잘 달성될 수 있다. 인간의 본성을 변혁(變革)하는 일을 그것을 제어(制御)하는 일과 혼동해서는 안 된다. 이상사회(理想社會)에 있어서는 사람들은 현상금에 대해서는 아무런 관심을 갖지 않도록 교육되거나 고취되거나 또는 양육될 수 있다고 하더라도, 그래도 보통 사람이나 또는 사회적으로 중요한 일부 사람들까지도 사실상 치부(致富)의 열정에 깊게 빠져 있는 한에 있어서는, 그 경기를 규칙(規則)과 제한(制限)의 범위 내에서 연출하도록 허용하는 것이 현명하고 분별 있는 정치술(政治術)일 것이다.

II

그러나 부(富)의 불평등(不平等)의 장래와 관련이 있는 우리의 논의, 즉 우리의 이자율(利子率)의 이론으로부터, 제2의 훨씬 더 근본적인 추론이 도출된다. 어느 정도 높은 이자율이 정당하다는 주장의 근거는 그것이 저축(貯蓄)에 대한 충분한 유인(誘因)을 마련하는 데 필요하다고 하는 점에 있었다. 그러나 우리가 밝힌 바와 같이, 유효저축(有效貯蓄)의 정도는 필연적으로 투자(投資)의 규모에 의해 결정되며, 투자의 규모는 낮은 이자율에 의해 ― 우리가 완전고용과 대응하는 점을 넘어서까지 이 방법으로 투자를 자극하려고 하지 않는다면 ― 촉진되는 것이다. 따라서 우리가 완전고용이 있는 점까지 자본의 한계효율표(限界效率表)에 비하여 상대적으로 이자율을 하락시키는 것이 우리에게 가장 유리하다.

이 기준에 의한다면, 이자율은 지금에 이르기까지 [시장을] 지배해온 수준을 훨씬 하회하리라는 것은 의심의 여지가 없다. 그리고 증가 일로에 있는 자본량에 대응하는 자본의 한계효율표를 추측할 수 있는 한에 있어서는, 어느 정도 계속적인 완전고용의 상태를 유지하는 것이 실현 가능하려면 이자율은 아마도 줄곧 하락해야 할 것이다. — 물론 총소비성향(국가를 포함하여)에 과도한 변화가 있다면 이야기는 다르겠지만.

나는 자본의 한계효율이 매우 낮은 수치로 하락하는 점에 이르도록 자본량(資本量)을 증가시키는 것이 어렵지 않으리라는 의미에서, 자본에 대한 수요는 아주 제한되어 있다고 확신한다. 이것은 자본기구(capital instruments)의 사용 비용(費用)이 거의 무(無)에 가깝게 된다는 것을 의미하는 것은 아니고, 다만 그 자본기구로부터의 수익(收益)이 손모(損耗)와 진부화(陳腐化)에 의한 자본감가(資本減價)를 보전함과 동시에 위험을 보상하고 기술 및 판단의 행사[에 대한 대가]를 보상하고 나면 별로 남는 것이 없으리라는 것을 의미할 따름이다. 요약해서 말하자면, 그 존속 기간 동안에 있어서의 내구재(耐久財)의 총수익(總收益)은, 단명한 재(財)의 경우에 있어서와 같이, 그것을 생산하기 위한 노동비용에 위험비용과 기술 및 감독 비용을 가산한 것을 겨우 보상하게 될 정도로 된다는 것이다.

그런데, 이와 같은 사태는 어느 정도의 개인주의(個人主義)와 완전히 양립할 수 있는 것이기는 하지만, 그러나 그것은 또 이자생활자의 안락사(安樂死)를, 또 따라서 자본의 희소가치를 [최대한] 이용하려는 자본가의 누적적인 압력이 안락사당하는 것을 의미하게 될 것이다. 오늘날에 있어서의 이자율(利子率)은 지대(地代)의 경우에 있어서와 마찬가지로 결코 어떤 진정한 희생에 대한 보수가 아니다. 토지가 희소하기 때문에 토지의 소유자가 지대를 얻는 것과 마찬가지로, 자본이 희소하기 때문에 자본의 소유자는 이자를 얻는 것이다. 그러나 토지가 희소하다는 데 대해서는 본질적인 이유가 있을지 모르지만, 자본이 희소하다는 데 대해서는 그런 본질적인 이유가 없다. 이자라는 형태의 보수가 제공될 때 비로소 진정한 희생이 바쳐질 수 있다는 의미에서, 그러한 희소성(稀少性)이 존재해야 할 본질적인 이유는 장기적으로는 아마 존재하지 않을 것이다. 다만, 개인의 소비성향이 자본이 충분히 풍부하게 되기도 전에 완전고용 하에서의 순저축(純貯蓄)을 끝나게 하는 성격의 것일 경우에는 예외이다. 그러나 이런 경우에 있어서조차도 국가의 기관을 통해 사회의 공동저축(共同貯蓄)을, 자본이 희소하지 않게 되는 점까지 자본을 성장하도록 하는 수준에서, 유지할 수는 있을 것이다.

따라서 나는 자본주의의 이자생활자적인 측면은 그것의 역할이 끝날 때에는 소멸되는 과도적인 단계로 보는 것이다. 그리고 그것의 이자생활자적인 측면의 소멸과 함께, 거기에 있는 그 밖의 많은 것이 상전벽해(桑田碧海)의 변모를 면치 못할 것이다. 뿐만 아니라 이자생활자의 안락사, 아무런 기능 없는 투자자의 안락사는 갑작스러운 것이 아니고, 최근 우리가 영국에서 보고 있는 바와 같은 점진적인, 그러나 장기적으로 계속되는 사태에 불과하며, 그 어떤 혁명도 필요로 하지 않는다는 것은, 내가 제창하고 있는 사태의 질서의 큰 이점이라 할 것이다.

이리하여 우리는 실제로(여기에는 달성 불가능한 것은 하나도 없다) 자본이 희소하지 않게 될 때까지 자본량을 증가시켜서 기능 없는 투자자가 더 이상 보너스를 받지 않도록 지향해야 할 것이며, 또 직접과세의 방법을 통해 금융가, 기업가 및 기타 등등(그들은 확실히 그들의 기능을 그렇게도 좋아하기 때문에 그들의 노동은 현재에 있어서보다 훨씬 싼 값으로 얻을 수 있을 것이다)의 지능(知能)과 결단(決斷)과 행정기술(行政技術)이 합리적인 보수조건으로 사회에 봉사하는 사업에 이용될 수 있도록 지향해야 할 것이다.

동시에 우리는, 국가의 정책에 구체화되는 사회 공동의 의지(意志)가 얼마만큼 투자유인(投資誘因)을 강화시키고 보충시키는 데 돌려져야 하는가, 그리고 또 [향후] 1세대 내지 2세대 동안에 자본으로부터 그 희소가치를 박탈한다는 우리의 목표를 포기함이 없이, 일반의 소비성향(消費性向)을 어느 정도로 자극시키는 것이 안전한가는 오직 경험만이 밝혀줄 수 있다는 것을 인정해야 한다. [사태의 추이에 따라서는] 소비성향이 이자율 하락의 효과에 의해 매우 쉽게 강화될 수 있기 때문에, 현재에 있어서 보다 별로 크지 않은 축적률(蓄積率)로도 완전고용은 무난히 달성될 수 있다는 결과가 나타날는지도 모른다. 이런 경우에는 큰 소득과 상속에 대하여 고율(高率)의 과세(課稅)를 한다는 계획은, 그것이 현재 수준보다도 상당히 낮은 축적률을 수반하는 완전고용으로 인도하리라는 반대에 봉착하게 될 것이다. 나는 이와 같은 결과의 가능성 내지 그 개연성(蓋然性)조차도 부정할 생각은 없다. 왜냐하면, 이와 같은 일에 있어서는 보통 사람들이 달라진 상황에 어떤 반응을 보일 것인가를 예언한다는 것은 성급한 일이기 때문이다. 그러나 만일 현재에 있어서보다 별로 더 크지 않은 축적률로 완전고용에 근사한 상태를 무난히 확보할 수 있게 된다면, 하나의 큰 현안문제는 적어도 해결을 보는 셈이다. 그리고 현재 살고 있는 세대에게, 그들의 상속자를 위해 언젠가는 완전투자의 상태를 확립할 수 있도록 그들의 소비를 제한할 것을 어떤 규모로, 또 어떤 방법으로 종용하는 것이 정당 내지 온당한가의 문제는 별개의 의사결정에 맡겨져야 할 것이다.

Ⅲ

그 밖의 약간의 점들에 있어서는 앞에서 말한 이론은 그 함의(含意)에 있어서 알맞을 정도로 보수적(保守的)이라 할 수 있다. 왜냐하면 그 이론은 현재 주로 사적(私的)인 창의(創意)에 위임되고 있는 문제들에 대하여 어떤 종류의 중앙통제(中央統制)를 확립하는 것이 매우 중요하다는 것을 시사하기는 하지만, 그 반면에, 광범위한 분야의 활동에는 아무런 영향이 없을 것이기 때문이다. 국가는, 부분적으로는 과세를 통하여, 부분적으로는 이자율을 정함으로써, 그리고 또 부분적으로는 아마도 다른 방법을 통하여, 소비성향(消費性向)에 대해 지도적인 영향력을 행사해야 할 것이다. 그뿐 아니라 이자율에 대한 은행정책의 영향력이 그 자체로서 최적투자율(最適投資率)을 결정하기에 충분하리라는 가능성은 희박한 것으로 보인다. 따라서 나는 상당히 광범위한 투자(投資)의 사회화(社會化)가 완전고용에 가까운 상태를 확보하는 유일한 수단이 되리라고 생각한다. 다만 이것은 반드시 정부 당국이 개인의 창의와 협조하기 위해서 여러 가지 방법으로 타협하거나 고안하거나 하는 것을 모두 배제할 필요는 없다. 그러나 이 점 이외에는 사회의 대부분의 경제생활을 포괄할 국가사회주의(國家社會主義) 체제를 옹호할만한 분명한 이유는 없다. 국가가 인수할 중요한 사항은 생산용구(生産用具)의 소유가 아니다. 만일 국가가 생산용구를 증가시키기 위해 투입되는 총자본양(總資本量)과 그것을 소유하는 사람에 대한 보수의 기본율(基本率)을 결정할 수 있다면, 국가는 그것으로써 필요한 모든 일을 다 성취하게 되는 셈이 된다. 뿐만 아니라 사회화를 위하여 필요한 조처는 점진적으로, 그리고 사회의 일반 전통을 파괴하지 않고 도입될 수 있는 것이다.

일반적으로 용인되고 있는 고전파(古典派) 경제이론에 대한 우리의 비판은, 그 분석에 어떤 논리적 하자(瑕疵)가 발견된다는 데 있다기보다는 오히려 그 이론의 암묵적(暗黙的)인 가정(假定)들이 거의 또는 전혀 충족될 수 없는 것이기 때문에, 고전파 이론은 현실세계의 경제문제를 해결할 수 없다는 데 있는 것이다. 그러나 만일 우리의 중앙통제가 완전고용에 실제 가능한 한 가장 근사하게 대응하는 총산출량(總産出量)을 달성하는 데 성공한다면, 고전파 이론은 이 점 이후로는 또다시 그 자신의 본령으로 되돌아오게 된다. 만일 우리가 산출량(産出量)이 일정하다고 가정한다면, 즉 산출량은 고전파의 사상체계 이외의 힘들에 의해 결정된다고 가정한다면, 특히 무엇을 생산할 것인가, 그것을 생산하기 위해서는 생산요소(生産要素)가 어떤 비율로 결합되어야 할 것인가, 그리고 최종생산물의 가치는 그들 사이에서 어떻게 분배되어야 할 것인가를 결정하는 것은 개인의 이기심(利己心)이라고 하는 고전파의 분석방법에는, 반대할만한 하등의 이유가 없을 것이다. 또 만일 우리가 절약(節約)의 문제를 [고전파이론과] 달리 취급하기만 한다면, 완전경쟁 및 불완전경쟁의 각각의 상태에서, 개인의 이익과 공공의 이익 사이의 일치(一致)의 정도에 관한 근대 고전파이론에 대해서도 반대할만한 하등의 이유가 없다. 이와 같이, 소비성향과 투자유인 사이의 조절을 도모하기 위한 중앙통제(中央統制)의 필요성을 별도로 한다면, 종래 이상으로 경제생활을 사회화할 이유는 없는 것이다.

이 점을 구체적으로 기술(記述)하자면, 나는 현존의 제도가 현재 사용되고 있는 생산요소를 크게 잘못 사용하고 있다고 생각할 이유는 없다고 생각한다. 물론 예견(豫見)이 잘못될 수는 있다. 그러나 이것은 중앙집권화된 결의에 의해서도 피할 수는 없을 것이다. 노동할 의향과 능력을 가지고 있는 1천만 명 가운데서 9백만 명이 고용되고 있는 경우에,

이 9백만 명의 노동이 잘못 사용되고 있다는 증거는 없다. 현재의 체제에 대한 비난은 이 9백만 명이 다른 일에 고용되어야 한다는 데 있는 것이 아니라, 나머지 1백만 명에 대해 일자리가 주어져야 한다는 데 있는 것이다. 현존의 체제가 무너지고 있는 것은 실제 고용의 방향(方向)을 결정하는 점에서가 아니라, 그 양(量)을 결정하는 점에서인 것이다.

이리하여 나는, 고전파이론의 결함을 메우는 결과는, 「맨체스터 학파의 체계」를 버리는 것이 아니라 경제력(經濟力)들의 자유로운 활동이 생산의 총잠재능력(總潛在能力)을 실현하기 위하여 요구되는 환경이 어떤 성질의 것인가를 지적하는 것이라고 하는 겟셀의 의견에 동의한다. 완전고용을 확보하기 위하여 필요한 중앙통제는, 물론, 정부의 전통적인 기능의 현저한 확대를 수반할 것이다. 나아가서는 근대 고전파이론도 경제력들의 자유로운 활동을 억제 또는 지도하는 것이 필요하게 되는 여러 가지 상황에 주목해 왔다. 그러나 아직도 개인의 창의와 책임이 작용해야 할 광범위한 영역은 남아 있을 것이다. 이 영역 내에 있어서는 개인주의의 전통적인 여러 가지 이점이 여전히 그 효력을 지니는 것이다.

잠시 말을 멈추어서, 그 이점이 어떤 것인가를 상기(想起)해 보자. 그 이점(利點)이란 일부는 능률(能率)의 이점 ― 분권화(分權化)의 이점과 이기심(利己心)의 작용의 이점 ― 이다. 의사결정의 분권화와 개인의 책임이 능률에 대하여 미치는 이점은 아마도 19세기에 상상했던 것보다 오히려 더 클 것이고, 또 이기심에 대한 호소에의 반동(反動)은 너무 지나치게 되었는지도 모른다. 그러나 무엇보다도 개인주의는, 만약 그 단점과 남용을 일소할 수가 있다면, 다른 어떤 체제와 비교해 보더라도, 개인적 선택이 작용할 수 있는 영역을 크게 확대한다는 의미에서, 개인의 자유에 대한 최량(最良)의 방패가 된다. 개인주의는 또한 생활의 다양성(多樣

性)을 위한 최량의 방패이기도 하다. 이 생활의 다양성은 바로 개인적
선택이 [작용하는] 영역이 확대된 결과이며, 이것의 상실은 획일적인 또는
전체주의적인 국가의 모든 손실 중에서 최대의 것이다. 왜냐하면, 이 다
양성은 과거 몇 세대에 걸친 가장 확실하고 가장 성공적인 선택들을 구
현하고 있는 전통(傳統)을 보존하고, 형형색색의 기호(嗜好)들로 현재를
채색하며, 또 전통과 기호의 시녀(侍女)일 뿐 아니타 실험(實驗)의 시녀
가 되기도 하기 때문에, 장래를 개선하는 가장 유력한 수단이 되기 때문
이다.

　　그러므로 소비성향과 투자유인의 상호관계를 조정하고자 하는 일에
관련되는 정부 기능의 확대는 19세기의 정치평론가나 현대 미국의 금융
업자에게는 개인주의에 대한 가공할 침해로 보일지 모르나, 나는 그와는
반대로, 그것이 현존의 경제형태들의 발본적인 파괴(破壞)를 회피하는
유일한 실행 가능한 수단이라는 이유로, 또 개인의 창의(創意)가 성공적
으로 기능을 발휘하기 위한 조건이라는 이유로, 나는 이것을 옹호하고자
한다.

　　왜냐하면, 만일 유효수요(有效需要)가 부족하면, 자원을 낭비한다는
공공(公共)의 비방이 참을 수 없는 것이 될 뿐 아니라, 이 자원들을 활용
하려고 하는 개인 사업가는 그의 진로를 가로막는 불리한 조건하에서 활
동하게 되기 때문이다. 그가 참여하는 주사위 도박에는 영점(零點)이 많
고, 따라서 도박자들은, 만일 그들이 그 도박을 끝까지 할 정력이 있고
또 하기를 원한다면, 전체로서는 손해를 보게 될 것이다. 지금까지는 세
계의 부(富)의 증분(增分)은 개개인의 플러스(正)의 저축 총액에 미달했
다. 그리고 그 차이는 용기와 창의(創意)는 가지고 있으면서도 그것이 특
별한 기술(技術)과 이상적(異常的)인 행운(幸運) 등에 의해 보충되지 않은
사람들의 손실(損失)에 의해 메워져 왔던 것이다. 그러나 만일 유효수요

가 충분하다면, 보통의 기술이나 보통의 행운으로도 충분하다.

오늘날의 전제주의적(專制主義的) 국가체제는 능률(能率)과 자유(自由)를 희생시켜 실업문제를 해결하고 있는 것으로 보인다. 짧은 흥분의 기간을 별도로 한다면, 금일의 자본주의적인 개인주의(個人主義)와 관련되어 있는 — 나의 의견으로는 불가피하게 관련되어 있는 — 실업사태를 세계는 그리 오래 참지 못하게 되리라는 것은 확실하다. 그러나 문제에 대한 올바른 분석만 한다면 능률과 자유를 보지(保持)하면서 병폐를 치료하는 것도 가능하리라 생각된다.

IV

논의의 과정에서 나는 신(新)체제가 구(舊)체제에 비해 평화(平和)에 대하여 바람직스러운 것이라고 말한 바 있다. 이 점은 다시 반복하고 강조할만한 가치가 있다.

전쟁에는 몇 가지 원인이 있다. 전쟁으로부터, 적어도 기대에 있어서는, 통쾌한 흥분을 맛보는 독재자들이나 이와 유사한 인물들은 자국민의 선천적인 호전성(好戰性)에 불을 붙이기가 쉽다는 것을 알고 있다. 그러나 이것을 넘어서, 국민의 열정에 부채질 하는 일을 용이하게 해주는 요인으로는 전쟁의 경제적 원인, 즉 인구의 압력과 시장 확보를 위한 경쟁적 투쟁을 들 수 있다. 여기에서의 논의와 밀접한 관계를 가지는 것은 제2의 요인이며, 그것은 19세기에서 아마도 지배적인 역할을 연출했던 것이며, 또다시 그러한 역할을 연출할는지도 모른다.

나는 앞 장(章)에서, 자유방임의 국내체제와 19세기 후반에 정통적인 것으로 되어 있었던 국제적 금본위(金本位) 하에서는, 국내에서의 경제적 곤경을 완화할 수 있는 방법으로는 시장 확보를 위한 경쟁적 투쟁 이외에는 없었다는 것을 지적하였다. 왜냐하면, 만성적인 혹은 간헐적인 과소고용(過少雇用)의 상태를 구제할 수 있는 방책은, 소득계정(所得計定)에서 무역차액(貿易差額)을 개선하는 방책을 제외하고는 모두 효력이 없었기 때문이다.

그리하여 경제학자들은 현재 행해지고 있는 국제경제체제는 국제분업(國際分業)의 이익을 가져오는 동시에 각국의 이익(利益)을 조화(調和)시킨다고 하면서 이에 대하여 박수갈채를 보내는 것을 상례(常例)로 하였지만, 바로 여기에 바람직하지 못한 작용을 미치는 힘이 숨겨져 있는 것이다. 부유하고 긴 역사를 가진 나라가 시장획득을 위한 투쟁을 소홀히 한다면 그 번영은 위축되고 쇠퇴하게 되리라고 믿은 정치가들은 상식과 사태의 진정한 추이에 관한 올바른 이해를 가지고 행동했던 것이다.

그러나 만일 여러 나라들이 그들의 국내정책에 의해 완전고용을 달성할 방법이 있다는 것을 알게 된다면(그리고, 한 가지 추가하고자 하는 것은, 만일 그들의 인구[증가]의 추세가 균형[수준]에 도달한다면), 한 나라의 이익을 이웃 나라의 그것과 대립되는 것으로 만들게 하는 중요한 경제적 힘들은 불필요하게 될 것이다. 국제적 분업(分業)과 타당한 조건 하에서 국제적 대부(貸付)가 행해질 여지도 여전히 존재할 것이다. 그러나 자국 상품을 타국에 강매하거나 이웃나라의 매출을 격퇴시켜야 할 절박한 동기는, 그것도 한 나라가 다른 나라로부터 구입하고자 하는 것에 대해 대금을 지불할 수 있기 위해서가 아니라 무역수지가 자국(自國)에 대해 유리하게 전개되도록 국제수지(國際收支)의 균형을 뒤집으려는 명백한 목적을 가지고 그렇게 할 동기는, 더 이상 존재하지 않게 될 것이다. 국제무역은 현재와 같은 상태, 즉 외국시장에 대한 판매를 극력 추진하고 구입은 적극적으로 제한함으로써 국내에 있어서의 고용을 유지하기 위해

필사적인 방편(方便)을 쓰는 상태 ─ 이런 상태는 설사 한 나라에서 성공하더라도 단순히 그 싸움에서 패배한 이웃나라에게 실업의 문제를 전가하는 데 불과하다 ─ 는 없어지고, 상호이익(相互利益)의 조건 속에서 재화와 용역의 자발적이고 교란 없는 교환(交換)이 이루어질 것이다.

V

이와 같은 관념들의 실현은 가공(架空)의 희망에 불과한 것일까? 이들 관념은 과연 정치사회의 발전을 지배하는 동기(動機)들 중에서 그 근거가 박약한 것일까? 이들 관념에 의해 저해되는 이익(利益)들은 이들에 의해 증진되는 이익들보다 더 강하고 명백한 것들일까?

나는 여기서 그 대답을 제시하려고 시도하지 않을 것이다. 이들 관념을 서서히 구현해 나가기 위한 실제적인 방안을 그 윤곽이나마 제시하기 위해서는 이 책과는 그 성격이 다른 별개의 한 권의 책이 필요할 것이다. 그러나 만약 사고(思考)에 잘못이 없다면 ─ 이것은 필연적으로 저자 자신의 저술(著述)의 기초가 되는 가설(假說)이지만 ─ 장기간에 있어서의 그 효험(效驗)에 대해 왈가왈부 하는 것은 옳지 못할 것이라고 예언하고자 한다. 이 순간에 있어서도 사람들은 더욱 근본적인 진단을 절실히 고대하고 있고, 그것을 수용하고자 하는 태세는 어느 때보다 강하며, 설사 그것이 그럴싸하게 생각되는 정도의 것이라 하더라도 그것을 한번 실행에 옮겨보고자 간절히 바라고 있다. 그러나 이와 같은 현재의 사조(思潮)를 별도로 하더라도, 경제학자와 정치철학자들의 사상(思想)은, 그것이 옳을 때에나 틀릴 때에나, 일반적으로 생각되고 있는 것보다 더 강력하다. 사실 세계를 지배하는 것은 이밖에 별로 없는 것이다. 자신은 어떤 지적(知的)인 영향으로부터도 완전히 해방되어 있다고 믿는 실무가(實務家)들도, 이미 고인(故人)이 된 어떤 경제학자의 노예인 것이 보통이다. 허공(虛空)에서 소리를 듣는다는 권좌(權座)에 앉아 있는 미치광이들도 그들의 미친 생각을 수년 전의 어떤 학구적(學究的)인 잡문(雜文)으로부터 빼내고 있는 것이다. 나는 기득권익(旣得權益)의 위력은, 사상의 점진적인 침투에 비하면, 매우 과장되어 있다고 확신한다. 물론 사상의 침투는 당장에 이루어지는 것이 아니라 일정 기간을 두고 이루어진다. 왜냐하면 경제 및 정치철학 분야에 있어서는 25세 내지 30세를 지나서는 새로운 이론에 의해 영향을 받는 사람은 많지 않으며, 따라서 공무원이나 정치가, 그리고 심지어 선동가(煽動家)들까지도 일상사태에 적용하는 관념(觀念)에는 최신의 것은 별로 없는 것 같기 때문이다. 그러나 빠르든 늦든, 선(善)에 대해서든 악(惡)에 대해서든, 위험한 것은 사상이지 기득권익(旣得權益)은 아니다.

— THE END —

〔사항 색인〕

[인명 색인]

Armstrong, Clement, 415

Barbon, N., 430
Bentham, J., 96, 422
Böhm~Bawerk, E. von, 209n, 216n, 255n
Bonar Law, A., 420
Booth, Charles, 439
Büchi, Dr, 425
Bull, John, 371n
Butler, H.B., 419n

Cairncross, A.K., 438
Carver, T.N., 208
Cary, J., 430
Cassel, G., 208, 215, 223
Chalmers, 445
Child, J., 409
Clark, C.G., 120
Curtius 423n

Davenant, C., 413
Douglas, C.H., 38, 446~7

Edgeworth, F.Y., 3n, 24, 38, 219
Fisher, Irving, 164~5, 167, 425, 428
Flux, A.W., 208

Fortrey, S., 412, 430
Fullerton, J., 438n

George, Henry, 425~6, 439
Gessel, Silvio, 38, 424~9, 447, 457

Hales, 414
Hansen, Alvin 230
Harrod, R.F., 10, 213
Hawtrey, R.G., 10, 59n, 86n, 90~1, 94
Hayek, F. von, 45n, 69, 94, 96, 229
Heckscher, E., 408, 410, 412~3n, 415~7, 419~20, 429~30
Hobson, J.A., 24, 43, 437, 446~7
Hume. D., 411

Jevons, W.S., 395
Johnson, Dr. 431

Kahn, R.F., 10, 133, 136, 140, 142
Keynes, J.M., 5
Knight, F.H., 209n
Kuznets, S.S., 120~2, 149

Laffemas, 430

역자 조순(趙淳) 약력

서울대학교 상과대학 전문부 졸업
미국 보오든대학(Bowdoin College) 경제학과 졸업
미국 캘리포니아 주립대학교(University of California. Berkeley) 대학원 수료, 경제학박사
미국 뉴우햄프서 주립대학교 조교수 역임
육군사관학교 교수 역임/ 서울대학교 상과대학 교수 역임
서울대학교 사회과학대학장 역임/ 한국 국제경제학회장 역임
경제기획원 장관 역임/ 한국은행 총재 역임/ 서울특별시장 역임/ 도산서원 원장 역임
민족문화추진회장 역임/

〈저서 및 역서〉
『경제학원론』(법문사, 1974) 『케인즈』(유풍출판사, 1981)
『한국경제의 현실과 진로』(비봉출판사, 1981) 『화폐금융론』(비봉출판사, 1985)
『고용, 이자 및 화폐의 일반이론』(1985)

고용, 이자 및 화폐의 일반이론

초 판 발행 | 1985년 8월 15일
개역판 1쇄 발행 | 2007년 12월 24일
개역판 8쇄 발행 | 2025년 4월 20일

역 자 | 조 순
펴낸이 | 박기봉
펴낸곳 | **비봉출판사**
출판등록| 317-2007-57 (1980년 5월 23일)

주 소 | 서울 금천구 가산디지털2로 98, 2-808(가산동, IT캐슬)
전 화 | (02)2082-7444
팩 스 | (02)2082-7449
E-mail | bbongbooks@hanmail.net

ISBN | 978-89-376-0358-7 93320

값 25,000원